南开大学马克思主义研究文库（第一辑）

人性的探索

王元明　著

南開大學出版社
天　津

图书在版编目(CIP)数据

人性的探索 / 王元明著. —天津：南开大学出版社，2019.7
(南开大学马克思主义研究文库. 第一辑)
ISBN 978-7-310-05830-3

Ⅰ. ①人… Ⅱ. ①王… Ⅲ. ①人性—研究 Ⅳ. ①B038

中国版本图书馆 CIP 数据核字(2019)第 162028 号

南开大学出版社出版发行
出版人:刘运峰
地址:天津市南开区卫津路 94 号　邮政编码:300071
营销部电话:(022)23508339　23500755
营销部传真:(022)23508542　邮购部电话:(022)23502200
*
天津丰富彩艺印刷有限公司印刷
全国各地新华书店经销
*
2019 年 7 月第 1 版　2019 年 7 月第 1 次印刷
240×170 毫米　16 开本　19.75 印张　4 插页　330 千字
定价:78.00 元

如遇图书印装质量问题,请与本社营销部联系调换,电话:(022)23507125

出版说明

今年正值新中国成立七十周年，南开大学建校一百周年，在新的历史起点，为进一步加强和巩固马克思主义在哲学社会科学中的指导地位，推动加快构建中国特色哲学社会科学的理论体系和话语体系，我们将陆续出版“南开大学马克思主义研究文库”，集中展示南开大学哲学社会科学领域的有关专家学者，长期以来在马克思主义理论应用、发展和创新方面所做的贡献。文库将以专著、文选等多种形式，彰显马克思主义理论的强大活力和生命力。

此次结集出版的为第一辑，共 10 种，分别为：《季陶达文集》（季陶达）、《魏埙文集》（魏埙）、《“返本开新”的哲学之路》（陈晏清）、《新世纪的文化思考》（方克立）、《高峰文集》（高峰）、《毛泽东哲学思想的当代价值》（杨瑞森）、《马克思主义与中国现代化历程》（刘景泉）、《人性的探索》（王元明）、《党史党建研究文集》（邵云瑞等）、《马克思主义社会学理论研究》（张向东）。需要说明的是，这些著述或收录于书中的一些文章，有不少之前在别的出版社出版或在报刊上发表过。由于时代和认识的局限，书中有些观点今天看来难免有所偏颇或值得商榷；语言文字、标点符号、计量单位、体例格式等方面，也有不符合现行规范之处。但为保持这些著述的原始风格，我们在编辑出版时除对一些明显的错误做了更正，对个别不合时宜的内容做了适当删改外，其他均遵从原著，未予改动。恳请广大读者在阅读这些著述时，能有所鉴别。

南开大学马克思主义学院

南开大学出版社

2019 年 8 月

目 录

一、人性的探索

（一）"世间奇妙多，人类居其首"

人是万物之灵，自从世界上产生了人类，世界就发生了翻天覆地的变化。人类创造了无数世界上原来没有的东西，人类成了地球上万物的统治者。人之所以能取得如此巨大的成就、就是因为人能认识世界，并能通过实践改造世界。人在不断对外部世界进行认识和改造的同时，也不断对自身进行认识。人类在早期就开始了对自身的探索，在原始的神话中有就许多关于人的本性的猜测。在印加神话中有神三次造人的故事。神第一次用泥土造了人，但泥人太愚笨，被神捣毁了。神第二次用木头造了人。但木头人很粗野、恶毒，又被神捣毁了，但有少数逃进森林，成了猿猴。神第三次用生面造了人，面人很聪明，也很狡猾。疲乏的神让他们生存下来，尽管他们还很不完善。神还蒙蔽了面人的头脑，使他们容易犯错误，也不能发现世界的最终秘密。在这个神话中，早期人类把聪明智慧看成人的最突出特征，也看到人的不完善和容易犯错误。后来随着哲学的产生，人的本性问题就逐渐成为哲学家十分关注的问题，而且越是到近、现代，人的本性问题就越是哲学研究的中心问题。现代德国哲学家恩斯特•卡西尔（Ernst Cassirer，1874—1954）在《人论》的一开始就说："认识自我乃是哲学探究的最高目标——这看来是众所公认的。在各种不同哲学流派之间的一切争论中，这个目标始终未被改变和动摇过：它已被证明是阿基米德点，是一切思潮的牢固而不可动摇的中心。"[①]

人的本性问题虽然是从古至今的思想家十分注意探索和研究的问题，然

① 卡西尔：《人论》，上海译文出版社 1985 年版，第 3 页。

而同人在认识外部世界方面的长足进步相比，人对自己本性的认识却进展缓慢，步履艰难。人的本性问题是古今中外哲学家争论最激烈、分歧最大的问题。古希腊著名悲剧家索福克勒斯在《安提歌妮》中就说：“世间奇妙多，人类居其首。”到了 18 世纪，法国启蒙思想家卢梭也指出：“人类的各种知识中最有用而又最不完备的，就是关于‘人’的知识。”①

人的本性问题之所以成为人类思想史上理解最不一致、争论最多的问题，一方面是由于人本身在生理、心理、社会文化等等方面极其复杂，另一方面是由于人们对于人的本性的认识较对任何事物的认识更强烈地受着他们所处的时代和阶级地位的制约，任何人性观点都是与其政治思想、社会理想紧密联系在一起的。因此，尽管从古到今关于人性的理论错综复杂，众说纷纭，但从时代的、阶级的角度来分析，也可以找出人类关于自己本性探索的某些规律性来。

从古代到近代、现代，人性的探索经历了专制—民主—自由三个阶段。

专制：在古代社会，人性学说基本上是为维护专制主义政治统治而论证的。在古代的奴隶社会和封建社会，对人性进行探索的思想家，提出各种各样的人性观点，但有共同的特点，就是把人的欲望要求说成是罪恶，扼杀人的欲望要求，使人不成其为人，从而引出基本相同的政治结论：维护专制统治，只不过有的论证人性与专制统治的一致性，有的论证人性违背专制统治，强调改造人性的必要性。

民主：近代资产阶级人性理论是反对封建专制统治的，是为资产阶级民主而论证的。从文艺复兴以来，资产阶级思想家也提出了各种各样的人性观点，但其共同特点是，充分肯定了人的欲望要求的合理性，把人的自然欲望说成人的本性，并引出基本相同的政治结论：封建专制制度是违反人性的，要求建立一种符合人性的资产阶级民主制度。

自由：现代西方资产阶级的人性理论，抗议人的异化，为追求一种充分自由的社会而论证。现代西方的一些资产阶级思想家不满意现代资本主义对人的压抑和人的异化现象，提出了与近代资产阶级人性理论差别较大的人性学说。尽管他们的观点各不相同，互相批评，但有其共同特点，就是反对近代资产阶级关于永恒不变的人性的观点，把不确定性、创造性看成人的本性，主张改造现代社会（但并不主张消灭资本主义私有制），实现一种使人充分自

① 卢梭：《论人类不平等的起源和基础》，商务印书馆 1982 年版，第 62 页。

由的社会，认为只有这种社会才符合人性，才能把人的创造性充分发挥出来。

（二）古代社会的人性理论与专制主义

古代社会对人性的探索论述最早最系统的是中国。中国在春秋时代就开始了对人性的探讨。战国时期的思想家们就提出了系统的人性理论并展开了激烈的争论。战国时期关于人性的观点不下十余种，但影响较大并有系统材料流传下来的主要有孟子的性善论，庄子的性自然论，荀子的性恶论，韩非的性好利论。这些人性学说都是与当时的社会政治问题紧密联系的。

自殷周以来，中国就是君主专制政体，战国时期形成区域性官僚行政君主专制。当战国时期的思想家们争论人性问题时，君主专制在中国已至少生存了一千年。这一时期，除了庄子的性自然论批判君主专制外，其他人性论都是从不同的角度来维护君主专制。在殷周时期，主要是通过神化君主来维护君主专制，君权神授是君主专制最有力的辩护词。战国时期的思想家们则主要是通过对人性的探讨以及对君主的圣化来维护君主专制。“圣化”就是把君主说成是极聪明，极有才能，明达事理而且品德极高尚的圣人。

孟子的性善论把仁、义、礼、智说成是人生而具有的品德，是人的本性。这种性善论从两个方面为君主专制服务。一方面，它把君主专制所需要的品德——服从（在子为孝，在臣为忠）说成人的本性。人们服从君主专制的统治，就是按自己的本性行事，就是善；人们反对君主专制统治，就是违背自己的本性，就是恶。同时，孟子把对个人利益和幸福的追求说成是“人欲”，是妨害人的本性的，应当去掉，做到“寡欲”。孟子的性善论就是要把人塑造成君主专制下的清心寡欲的顺民。另一方面，它把君主圣化，树立君主的绝对权威。在孟子看来，圣人之所以不同于一般人，是由于圣人把人生而具有的仁、义、礼、智这“四端”扩充和发挥到极完善的程度。因此圣人理所当然地应该当王，当君主。只有圣人当王，才会将其仁义之心由己推人，推恩于全社会，实行仁政。孟子认为尧、舜、周文王、周武王就是这样的“圣王”。对于聪明而仁爱的圣王，难道还能不推崇和拥戴吗？

荀子的性恶论认为人之性恶，就是人生来就有各种欲望要求，顺从这种本性发展，人与人就会争夺，就会使社会陷于混乱。要使人类社会正常地存在下去，必须由圣人制礼义，对人们实行教化，使人们改恶从善。在荀子看来，所有的人都性恶，但圣人善于改造自己，去掉了恶的本性，变成了善性，而且积善成圣，圣人再制礼义教化众人。圣人的功劳是巨大的，圣人制礼义可以使人们分出上下、尊卑的等级来，上下都安守本分，就不会发生争夺，使社会得以存在和发展；圣人制礼义还可以教化人心，变恶为善，自觉服从这些等级。圣人使天下归于治。荀子把“圣”“王”“君”都看成是一体的。可见尽管荀子的人性观点与孟子完全相反，而其政治结论完全一致，人们应当服服帖帖地服从专制君主“圣王”的统治。

韩非的性好利论认为，人的本性是好利恶害。在他看来，君主也有好利之心，不过君主最大的利是国富兵强，只有国富兵强他才能被尊为“人主”。这样就把国家看成君主的私物，把君主抬高到公共利益代表的崇高地位上。韩非还把君主说成是与道同体的，是道的体现。道既是万物之源，同时又是事物的运动规律。既然君主是公共利益的代表，又是道的体现者，掌握着至道真理，当然君主就是“圣”，理所应当地成为统治一切人的至尊。韩非的人性学说不仅论证了君主专制的合理性，而且还为专制君主如何维持其统治出谋划策，因而受到秦始皇的赏识。

庄子的性自然论把人的本能行为说成是人的自然本性。庄子主张保持和恢复人的自然本性，反对君主专制，主张无为而治。就是认为不自私自利、没有任何权力欲望的人才可以为君主，才可以对天下实行无为而治，即不进行统治和管理，一切顺着人的自然本性，天下才会永远太平。由于这种思想对君主专制不利，所以不受封建统治者的欢迎。

中国春秋战国时期人性学说的兴起，冲破了殷周神学的统治，从逻辑上说人性学说的发展趋势应当是对君主专制的批判，引出自由、民主、个性解放的思想。西欧文艺复兴以后的思想家大都是这样。但由于时代和阶级的局限性的制约，战国时期关于人性的探讨和争论不但没有带来对君主专制的批判和对自由、民主、个性解放的提倡，这些人性理论反而成了君主专制主义的理论根据，成为压抑人、剥夺人、使人不成其为人的专制主义理论，就是庄子对君主专制的批判，也没有引出个性解放，而是使人成为逃避现实、离开社会的自然人。

汉唐之际是封建社会处于大一统的中央集权的君主专制统治时期，尽管中间经过不少战乱和分裂。这一时期的人性理论都是为维护大一统的君主专制统治服务的。所以汉唐这一漫长的历史时期关于人性的理论比较贫乏，而且主要是把人性分成三等的理论。西汉的董仲舒提出了天人感应、君权神授的神化了的儒家学说，他把人性分成三等：圣人之性、中民之性、斗筲之性。君主是圣人之性，天生就善；一部分人是斗筲之性，天生就恶；大部分人是中民之性，可善可恶。君主是天的代表，君主的任务就是承天意化民之性，使之为善。唐代出现了儒、佛、道三教并立的局面，韩愈崇儒排佛反道，主张恢复已经中断了的儒家传统，提出了性三品学说：人之性有上品、中品、下品三等。性上品的人，生来就善，是天生的圣人，是当然的王者。正是这些圣王教会了人们各种生产劳动，把人们组织起来形成社会，才使人们得以生存和繁衍。如果没有圣王，人类早灭绝了。因此，性中品、性下品的人民群众就应当服从圣王的统治，拿出粟米丝麻来供养圣王。董仲舒的性三等和韩愈的性三品说是孔子“惟上智与下愚不移”观点的扩展，把孔子关于人智力水平上的先验论推移到人性善恶上，把专制君主圣化，要求广大人民群众接受君主的教化和专制统治。这种人性学说比战国时期的人性理论更适合于维护大一统的君主专制统治。

宋、元、明、清时期已到了封建社会的后期，为了维护封建制度，专制统治进一步加强，形成了绝对君主独裁的局面。要维护这种绝对君主独裁，在思想上就要求强化封建的伦理观念，于是产生了宋明理学。宋明理学是以封建道德为核心的、具有严密理论体系的儒家学说。它是中国封建社会后期700 多年的官方哲学。宋明理学关于人性的观点分为以下两派。

一派是程（程颢、程颐）朱（朱熹）理学的人性二元论，把人性分成天命之性与气质之性。天命之性纯善，是和天理一致的。气质之性有善有恶。

另一派是陆（陆九渊）王（王守仁）心学的人性一元论，认为人心就是人性，吾心良知既是天理，又是人与生俱来的天赋本性。人的本性是至善的。

程朱理学与陆王心学表面上分歧很大，争论得各不相让，但在两点上是基本相同的：

第一，二者都把封建道德观念说成人的本性，只不过程朱理学认为这些观念是从天上掉下来的，陆王心学认为这些观念是人心中固有的。程朱理学以客观唯心主义的形式把封建道德观念仁、义、礼、智等说成是世界的天理，又说人的天命之性是天理赋予人的本性，因此是至善的。陆王心学是以主观唯心主义的形式把封建道德观念说成是人心先天固有的良知，是人的本性。这样，二者就都可以把遵守封建道德、服从封建礼教说成是顺乎天理，顺乎本性。

第二，二者的归宿点都是“存天理，灭人欲”，主张违反人性的禁欲主义，为专制统治服务。程朱理学认为天命之性纯善，气质之性有善有恶，要想使天命之性表现出来，就必须存天理，灭人欲，以改变气质之性中的恶。陆王心学认为人的本性良知是至善的，但易为人欲所蔽，所以，必须存天理，灭人欲，克尽人欲之私，才能使人的本性良知发扬光大。可见二者都是要求人们放弃一切欲望要求，服从封建礼教，即服从上尊下卑的封建等级秩序，服从君主专制统治。因此，中国封建社会后期的统治者把宋明理学尤其是程朱理学作为占统治地位的官方哲学。

在欧洲，古希腊人也很早就开始了对人性的探索。在古希腊德尔斐的阿波罗神庙前的石碑上就镌刻着“认识你自己”的神谕，它表达了人认识自己本性的迫切愿望。公元前 5 世纪智者学派的普罗塔哥拉提出“人是万物的尺度”，对人性进行了较系统的论述，把哲学从天上降到人间。但在古希腊占统治地位并且对后世有巨大影响的则主要是柏拉图以及亚里士多德关于人性的学说。

古希腊时期的社会是城邦奴隶制社会，奴隶主贵族垄断了政治统治权力，不仅奴隶没有被当成人看，就是非贵族的平民也没有人的地位和尊严。公元前 5 世纪工商业的发展使工商业奴隶主的势力不断增强，奴隶主民主派在同贵族派的斗争中一度取得了胜利，普罗塔哥拉根据自己的人性学说论证了人人具有参政美德，为奴隶主民主制奠定了思想基础。在普罗塔哥拉思想的影响下，一些激进派智者公然否定奴隶制。为了维护奴隶制和奴隶主贵族的统治，一些奴隶主贵族的思想代表在对人性进行论述的基础上，提出了实行奴隶主贵族专制统治的政治学说。

奴隶主贵族的主要思想代表是柏拉图。他认为人的本性是灵魂，灵魂中占统治地位的是理性，帮助理性进行控制的是激情，被控制的是欲望。国家是扩大的个人。国家中占统治地位的是少数统治者，辅助统治的是军人，劳动者等级是服从者和以上两个等级的奉养者。如果三个等级各安其位，这个国家就是“正义”的国家，这就是他的“理想国”。他认为劳动者参与政事的民主制是“乱民政治”，是“不正义”，是国家的最大祸害。

柏拉图的学生亚里士多德在许多方面批判了柏拉图。他反对少数奴隶主贵族统治，也反对民主制，而主张由中等奴隶主统治。但他也认为人的本性是灵魂，是理性。灵魂支配躯体，灵魂中的理性控制非理性，所以在社会中就应该是奴隶主统治奴隶，奴隶被奴役是自然的、合理的。

可见古希腊最主要的人性学说是为奴隶制以及奴隶主贵族专制统治进行

论证的。

公元5世纪，欧洲进入中世纪封建社会。在中世纪欧洲，基督教成为唯一占统治地位的意识形态，基督教神学具有至高无上的权威，成为维护封建教会专制统治的精神支柱。这一时期占统治地位的人性理论是原罪性恶论，即罗马帝国时期教父学的主要代表奥古斯丁的“原罪”说。原罪说认为，人类的始祖亚当和夏娃在伊甸园里偷吃了智慧树上的果实，犯了罪，使得人的本性是邪恶的（因为人生来就有欲望，人的欲望是邪恶的），人人天生就有罪。任何人都不能拯救自己，只有经过教会这个中介信仰上帝，才能得到上帝的恩典而得救。这种人性理论就把上帝说成至高至尊的，把人说成卑微、渺小、邪恶的，取消了人的尊严与力量，扼杀了人的欲望与要求，使人总是处在一种忏悔与赎罪感之中，从而甘心情愿地接受封建教会的专制统治，以求得到上帝的肯定而得救。这种人性理论是维护封建教会专制统治的思想工具。

（三）近代社会的人性理论与资产阶级民主

欧洲中世纪末期，在意大利半岛最早产生了资本主义生产关系，随之出现了代表新兴市民资产阶级反对宗教神学的文艺复兴运动，其中最主要的思潮是人文主义。人文主义还不是一种哲学理论体系，而是涉及文学、艺术、科学、哲学等各个思想领域的一种具有共同倾向的思潮。它针对以神为中心、否定人的价值和尊严、宣扬禁欲主义的宗教神学，提出要以人为中心，提倡人性，反对神性；提倡人道，反对神道；主张个性解放，反对宗教桎梏。

人文主义否定宗教神学的原罪性恶论，认为人的本性就是人的“自然”，人的自然欲望和情感是天然的，人们追求幸福是正当合理的，是听从自然的指引，根本不是罪恶。人追求幸福的要求是无法压制的，封建教会的禁欲主义是与人类的天性作对，必然碰得头破血流。人文主义维护了人的自然权利，给宗教神学以巨大冲击，是一次伟大的思想解放运动。

但人文主义是一种刚产生的市民资产阶级思想，仍没有摆脱神学的束缚，没有形成系统的理论体系，还没有提出政治民主的要求。

十七八世纪，在欧洲，资本主义的生产关系得到较大发展，资产阶级成为在经济生活中举足轻重的力量。但封建教会和地主阶级仍然掌握着国家政权，成为资本主义经济进一步发展的巨大障碍。这时资产阶级斗争的目标就不仅仅是争取个性解放、追求幸福，而是要夺取政权。与这种资产阶级的政治斗争相适应，资产阶级革命时期的思想家就提出了系统的人性理论和政治民主的要求。这一时期的人性理论是反对封建专制统治、为资产阶级民主而呼喊的理论。

17 世纪英国哲学家霍布斯站在唯物主义立场上，彻底否定神的存在，抛开原罪问题，就人本身探讨人性。他认为人的本性是自我保存，人与人是平等的，人人有权追求自己的幸福。但平等的人为了自我保存就会彼此侵犯，人与人是狼的关系。因此，在自然状态下会出现谁都不能自我保存的普遍惊恐的混乱状态。为了使人类避免互相侵犯而过和平的生活，人民订立契约，把自己的权利交给主权者（统治者），建立国家。统治者的权力是人民赋予的，但人民无权收回。他认为绝对君权的统治可以避免纷争，使人民过和平生活。这样他就彻底否定了封建教会所宣扬的“神创国家”与“君权神授”之说，打掉了教会加给封建专制国家的神圣灵光。他主张的绝对君权不是封建地主阶级的君主专制，而是以君主制的形式来实行大资产阶级和新贵族的专政。霍布斯的理论表现了英国资产阶级的妥协性，也说明资产阶级在革命初期还没有同封建专制统治划清界限，还没有找到资产阶级民主共和国这一政治形式。

18 世纪法国启蒙学者卢梭提出了不同于霍布斯的人性理论和社会契约论。他认为未被私有制和文明污染过的自然人不仅有自我保存的要求和自爱的本性，而且对同类有同情心和怜悯心。这是人性的两个方面，人是生而自由、平等的，自由和平等是人本性的结果，是天即自然赋予人的权利。因此，人类在自然状态下是安宁幸福的。私有制的产生，造成了贫富之间的对立，致使人们为争夺财产而流血厮杀。富人为了保障自己的财产和安全，就以保障所有人的安全和自由的名义，诱骗穷人与他们订立契约，建立国家。人们建立国家、拥立国君的目的是为了保护自己的自由。然而国君必然腐化，必然会成为压迫人民的专制暴君。这时，人民有权用暴力革命推翻专制暴君的统治，建立一种真正社会契约的国家。真正社会契约的国家是主权在民的自由、平等的国家：它是由社会中所有的人订立契约建立起来的；国家主权在任何时候都应属于人民，国家法律是人民共同意志的体现；政府官吏是人民委派的办事员，不是人民的主人；这种社会是既无巨富又无赤贫的私有制社会。

卢梭提出的自由、平等是天赋人权的人性理论以及主权在民的社会契约论，论证了推翻封建等级制和专制暴君统治的合理性，论证了建立资产阶级民主政治的正义性，为法国资产阶级革命做了理论准备，在资产阶级革命中起了巨大作用。18 世纪的法国大革命就是在“人权、自由、平等”的口号下进行的，法国大革命后建立的资产阶级民主共和国就是实践了卢梭的社会契约论。

同卢梭一样，18 世纪法国唯物主义哲学家也在其人性理论的基础上论证了用资产阶级民主政治代替封建专制统治的必要性。爱尔维修、霍尔巴赫是其著名代表。

他们是彻底的无神论者，对宗教神学进行了尖锐批判，认为宗教是专制暴君欺骗人民、维持自己统治的工具。他们否定了原罪性恶论，认为人是具有感受性的肉体的人，趋乐避苦的自爱是人人共有的本性。人的一切情感和欲望都是自然的、合理的。他们又认为爱人也是人的本性，因为人不能独自使自己幸福，人所需要的一切东西中，最需要的是人，他人、社会对人的幸福是必需的、有益的。人既自爱又爱人，所以人的本性不是邪恶的。世上原来没有坏人，坏人是环境和制度造成的。在封建专制制度下，由于君主的权力至高无上，君主注定会走向腐败和罪恶，造成罪恶的社会，使人对自己的同胞像一只狼。封建专制制度是一切罪恶的根源。他们主张用革命摧毁封建专制统治，建立最高权力属于一切公民的民主国家，并通过立法和教育改造社会，提高人性。18 世纪法国唯物主义者的人性学说和政治理论，在法国资产阶级革命中也起了重要作用。

19 世纪初，德国资产阶级开始了同封建贵族争夺政权的斗争，资产阶级的激进阶层提出了推翻君主专制建立民主共和国的要求。在这种情况下产生了费尔巴哈哲学。

费尔巴哈反对封建专制的理论斗争，首先是批判宗教神学，指出神是人的本质的异化，人按照自己的形象和本质创造了神。这就把神的本质归结于人的本质。他认为人的本质是追求幸福时意向、理性和爱。在他强调人与动物一样是一种自然实体时，把追求幸福看作人的本质；在他强调人与动物的区别时，把理性看作人的本质；在他强调人是一个“社会实体”时，把爱看作人的本质。在他看来，人只有在与人的关系中才成其为人，所以人与他人发生联系就有一种天生的感情——爱。

费尔巴哈在本质学说的基础上，提出他的政治学说。他认为人与人的联系与依赖只有在国家中才能实现，人只有在国家中才实际成为人，因此，参与国家事务是人的政治愿望。而在君主专制统治下，国家权力掌握在君主一人手中，完全削夺了人们参与国事的权利，这是与人的本质相违背的，使人不成其为人。因此，他主张用民主共和制代替君主专制。因为真正能够使人成其为人、真正实现人的本质的国家只能是民主共和国。他讲的民主共和国实质是资产阶级民主共和国。

中国明代中叶以后，在封建社会内部也产生了资本主义萌芽，在一些地区商品经济有了明显发展，产生了新的市民阶层。这一阶层为了反对封建势力的控制，产生了初步民主的要求。于是，在中国产生了一些代表新的市民阶层的思想家，提出与中国传统思想大不相同的人性学说，并对封建专制统治进行了批判，最具代表性的是明末清初的黄宗羲和清代中叶的戴震。

黄宗羲把人性说成是自私的，但他并不认为这种自私的人性是恶的，而认为是正当的。然而专制君主把天下视为一己之产业，荼毒天下之肝脑，敲剥天下之骨髓，离散天下之子女，使天下人不敢自私，不敢自利。黄宗羲指出君主是天下之大害，对于这样的暴君应予诛伐，决不能拘泥于“君君臣臣”而忠于一人一姓。他认为君主是天下之大害，然而又想不出用什么样的制度来代替君主专制制度，因此，他并不主张取消君主，而只是要君主明白为君的职分是为民兴利除害，变君主独治为君臣共治。这当然是不切实际的幻想，这是由刚产生的市民阶层的软弱和不成熟的阶级局限性决定的。尽管如此，黄宗羲的思想里已经有了民主启蒙的内容。

戴震一反程、朱、陆、王的人性学说，提出欲、情、知三者都是人性，而欲望是最基本的人性，是人存在的基础。他尤其反对宋明理学把天理与人欲对立起来，主张理在欲中，理并不是消灭和禁止人们的欲望，而是使人的欲望得到正当的满足。他指出宋明理学“存天理，灭人欲”的理欲之辨是残忍的杀人工具，他针锋相对地提出“体民之情，遂民之欲”的主张。戴震对宋明理学的批判代表了新兴市民阶层的愿望。但戴震没有提出政治民主的要求。

1840 年鸦片战争以后，帝国主义对中国的入侵，一方面刺激了中国资本主义的发展，产生了民族资产阶级；另一方面又使中国面临亡国灭种的危险。中国一些资产阶级思想家看到中国封建专制制度的腐朽和西方的强大，主张向西方学习，通过改良的办法，革除封建制度的弊端，发展资本主义，使中国富强起来。这时他们提出了带有西方资产阶级色彩、又有中国封建主义影响的人性理论和政治学说，最典型的代表是严复和康有为。

严复是在英国留过学的资产阶级改良主义思想家。他认为人的本性是背苦趋乐，人是生而自由的，人民是国家的真正主人，君主只是人民的仆人。然而封建君主盗窃了人民的权力，是祸国害民的窃国大盗，因此才会国弱民穷。由此，要想救亡图存，必须学习西方的民主政治，改变君主专制统治。这些思想是受西方资产阶级思想影响的结果。但严复又认为中国的人民在民力、民智、民德方面还达不到西方的水平，因此中国还不能实行民主政治。他反对减君权、兴议院，更反对取消君主，晚年成为宣传封建主义的顽固派。

康有为是中国资产阶级改良主义思想家的领袖。他提出人的本性是人的求乐免苦的自然属性，人性平等、人人平等。真正的人道就是“依人以为道”，为人民求乐去苦。中国的封建专制制度以及宋明理学的“存天理，灭人欲”，使人们陷入无穷苦难之中，是违反人道的。因此，必须经过自上而下的改良，才可能实现每个人的独立、自由、平等，建立民主共和政体，免除人民的痛苦，实现人人快乐的“大同”社会。同时，康有为又认为中国尚未进入“大同”，只能实行君主立宪，不能取消君主。戊戌变法失败后，康有为就堕为反对革命的保皇派、反对民主共和制的复辟祖师。

严复和康有为思想的两面性，反映了中国民族资产阶级的软弱性和对封建主义的妥协性。中国民族资产阶级不可能彻底否定封建主义，也不可能建立真正的资产阶级民主共和国。即使资产阶级革命派在辛亥革命中推翻了封建帝制，也没有完成这一历史使命。

（四）现代西方的人性理论与对新自由的追求

19 世纪下半叶，西方各主要资本主义国家都完成了资产阶级革命。资本主义制度的普遍确立并没有实现资产阶级革命时期启蒙学者美好的预言，社会不平等更加严重，周期性的经济危机不断造成灾难性的后果，人们并没有获得真正的自由与幸福。19 世纪末 20 世纪初，西方各主要国家相继由自由竞争的资本主义过渡到垄断的资本主义即帝国主义。各帝国主义国家都极力对外扩张，终于爆发了 1914—1918 年的第一次世界大战，战后，1929 年末爆发了世界经济危机，不久又爆发了 1939—1945 年的第二次世界大战。两次世界大战严重破坏了人类优秀的物质文明和精神文明，人的尊严、人的价值都被践踏，资产阶级革命时期所宣扬的自由、平等、人权、理性王国都化成了泡影。在这种情况下，人们在资产革命时期产生的对理性与科学的颂扬、对社会进步的乐观态度扫荡殆尽，代之而起的是感到前途渺茫的悲观态度。第二次世界大战以后，西方社会的生产力和科学技术得到较大的发展，但人的异化问题更加严重。人们感到自身软弱无力，似乎是无形的社会力量的玩物，成了丧失思维自由和行动自由被社会操纵的东西。这样，人的问题，尤其是人的尊严和价值问题，人的前途和命运问题，成为社会各阶层人们十分注意和普遍关心的问题。因而，这一时期产生了以研究人的问题为中心的现代人本主义思潮（本质上是现代资产阶级的思潮）并得到广泛传播。人的本性问题也是现代人本主义思潮十分注意的问题。现代西方思想家关于人性的论述主要是抗议人的异化，追求人的自由发展。

现代人本主义哲学最早的流派是唯意志主义，最著名的代表人物是叔本华（A. Schopenhauer，1788—1860）和尼采。叔本华认为世界的本质是生命意志，人的本质也是生命意志。生命意志是不可遏止的盲目冲动和欲求，欲求的目标是求生存，理性只是意志的产物和工具。人的欲求永无止境，并不断受到阻抑，人生在本质上是形态繁多的痛苦，人生是一场悲剧。人只有通过禁欲直至死亡寂灭，否定生命意志，才能摆脱痛苦。尼采继承了叔本华的唯意志主义，认为人的本质是非理性的意志，但一反叔本华悲观低沉的情调，认为生命意志就是权力意志（或强力意志），是扩张自己的冲动。尼采认为人是尚未定型的动物，人成为怎么样的人取决于人的冒险、奋斗、创造，即人的自我超越。他主张人要成为强者、超人。人生没有意义和价值，但人可以创造意义和价值；人生是悲剧，但必须把这一悲剧演得威武雄壮。尼采主张，为了使人类进化，强者、超人应奴役甚至淘汰弱者，建立一种新的奴隶制，以使强者、超人得到充分自由的发展。尼采的思想在 20 世纪前期产生了巨大影响，尼采是存在主义哲学的思想先驱。

第一次世界大战后，在备受战争创伤的德国，产生了存在主义哲学，很快传到法国。在第二次世界大战期间又产生了以萨特的哲学为代表的法国存在主义哲学。萨特认为，人的存在是真正的存在。他继承了尼采关于人是尚未定型的动物的思想，提出人的存在先于本质，人一开始只有存在，没有本质，后来人自己选择并创造了自己的本质，人是自己本质的创造者。他认为人是自由的，自由是选择的自主性。人要勇于选择，敢于冒险，积极行动，创造自己独特的本质。他摒弃了尼采的强者奴役弱者的思想，反对社会对个人自由的限制，提出实现无政府的、个人充分自由的民主社会的政治理想。

20世纪20年代，在存在主义产生的同时，德国舍勒创立了哲学人类学。舍勒继承并发展了唯意主义关于人的本质是一种盲目冲动的思想，把人说成是生命冲动和精神的统一，人是生命的精神化和精神的生命化。其后，格伦的生物哲学人类学则继承了尼采关于人是尚未定型的动物的观点，认为人在肉体器官上的非专门化使人具有未确定性，从而使人具有向世界的开放性，使人产生了精神和创造性。兰德曼在此基础上又提出了文化哲学人类学。他指出，人的非专门化、未确定性使人是不完善的，人为了完善自己就必须发挥自己的创造性，人是有创造性的、自由的。人的创造是文化创造，文化是人创造的成果和结晶。人是文化创造者周时人又受文化的制约，人又是文化的创造物。人是文化的、社会的、历史的、传统的存在。他认为在无限多样的人中有其固有的本性——未确定性与创造性，人是文化的存在。他批判了存在主义离开社会历史文化背景抽象地谈人的创造性和自由，认为那只是一种浪漫主义的幻想。

20世纪初，与叔本华和尼采的思想相联系，在奥地利产生了弗洛伊德的精神分析学说。弗洛伊德是个精神病医生，他研究了病态的人，认为在人的内心深层压抑着无意识的本能欲望，它是人的整个精神活动的基础，其中最重要的是人的性本能。因此，弗洛伊德就把人的本质看成人的性本能。性本能是人精神的动力也是人创造力的源泉，性本能的升华就创造出艺术、科学和社会文明。他认为人的本能欲望的活动原则是满足原则，既无条件地要求满足，因此它与社会文明是对立的。本能欲望破坏社会文明，社会文明靠压抑本能欲望而发展。他向往一个既有文明又能满足人的本能欲望的社会，但又认为这种非压抑的文明是不可能实现的，因而陷入悲观主义。

弗洛伊德精神分析学说的创立产生了很大影响，在20世纪30年代以后，美国又产生了新精神分析学派，美籍德国哲学家弗洛姆是其中著名代表之一。弗洛姆既是新精神分析学的创始人之一，又是法兰克福学派的西方马克思主义的重要代表，提出了人道主义精神分析学。弗洛姆反对弗洛伊德把人的本性归结为固定不变的本能欲望，认为人是社会文化的产物；他又反对把人完全看成是由社会文化塑造的观点，认为人还有其固有的本性。他认为人的本性是良善的，破坏性不是人的本性，它只是人的发展受挫折的结果。人的固有本性就是人的基本精神需要，其中最主要的是：自我意识、爱与创造性的工作。社会是否健全的标准是看其能否满足人的基本精神需要，是否有利于人的健全发展。他认为现代社会是一种不健全的社会，必须通过全面改革，才能实现有利于人健全发展的人道主义社会。

在弗洛姆提出人道主义精神分析学以后不久，在20世纪50年代以后，美国心理学家马斯洛批判了弗洛伊德的精神分析学（第一思潮）和行为主义心理学（第二思潮），创立了人本主义心理学（第三思潮）。他认为弗洛伊德只研究病态的人、行为主义心理学家只研究动物，都不可能真正揭示人性。要揭示人性必须研究正常的人，而且是出类拔萃的自我实现的人，这样的人才是人性的真正代表。他反对弗洛伊德以及本能论者把人性看成是其固定的生物本能，也反对文化相对论者否定人固有的本性、把人完全看成社会文化塑造的结果，他认为人有一种微弱的、又完全不同于动物的本性，他称之为“似本能”。这种人的本性“似本能”就是人的基本需要。人的基本需要主要包括生理的需要、安全的需要、爱与友谊的需要、自尊的需要、自我实现的需要即把自己的潜能发挥出来创造性工作的需要。前二者为低级需要，后三者为高级需要。高级需要的满足既有利于他人和社会，同时能给自己带来更大的幸福和欢乐。人的高级需要是代表人性的需要，人的本性不是自私的、邪恶的，应为人性的自由发展创造条件。他不满意现代社会对人的压抑和控制，设想能产生一种能适合人性自由发展、人们既充分自由又充满爱、有利于人们自我实现的社会文化——“尤赛琴”文化。

（五）人性探索的足迹

任何哲学理论都有二重性：意识形态性与科学理论性。关于人的本性的学说也是这样。它的意识形态是指，任何人性理论都同思想家所处的时代、社会和阶级地位相联系，都同他的政治思想与社会理想相联系，是有阶级性的。以上对人性理论发展过程的考察充分说明了这一点。它的科学理论性是指，各种人性理论尽管受思想家所处的时代和阶级地位的制约，但这些人性理论都是不同时代、不同阶级的思想家对人的本性认识和探索的结晶，从不同的角度和侧面接触或揭示了人性的某些方面。各种人性理论都程度不同地包含着某些有价值的东西，为认识人的本性提供了思想资料。正如哲学史就是认识史一样，人性理论的发展史就是人类对自己本性的探索史。尽管每一种人性理论都有很大的片面性，但这种对人性的不断探索使人类对自身的认识越来越深刻，越来越接近人的本性。

在古代奴隶社会和封建社会，各种人性理论基本上是为奴隶主贵族的专制统治和封建地主阶级专制统治论证的，但这些人性理论也提出了一些有价值的东西。

中国春秋时期就开始了对人性的探讨，如单襄公把反对压迫、要求自由说成人的本性，晏婴把争说成人的本性，子尾把求富说成人的本性，等等。尽管这种探讨只表现为只言片语的朴素看法，但它否定了以前一切从天（神）那里寻找根据的天命论，从人自身寻找人事问题的原因，在对人性的认识史上有重要意义。

中国战国时期孟子、庄子、荀子、韩非的人性理论都提出了一些值得注意的问题。

孟子的性善论认为人生来就有仁、义、礼、智这四种品德，是一种先天道德论，是错误的。但他反对告子把食色本能说成人的本性，主张从人与动物相区别的角度来探索人性，认为人与动物的根本区别在于人有道德。虽然道德并不是人与动物的根本区别，但他探索人性的这一角度是可取的。此外，孟子提出“民为贵”、民心向背是国家兴亡关键的思想，在封建社会也有进步意义。

庄子的性自然论把人的本性等同于动物自然性，完全否定了人的能动性，这是错误的。但庄子也提出许多有价值的东西。他指出仁、义、礼、智是违背人的自然本性的；提出人在自然面前是平等的；指出专制君主是破坏人性的罪魁，是最大的骗子和盗贼；反对“人为物役”，是反对人的异化的最早呼声。这些对正确认识人性和批判封建专制制度具有一定意义。

荀子的性恶论把人的欲望要求说成是恶，这是错误的。但他批判了孟子的先天道德论，从人的需要、人的欲望要求出发探索人性，这在对人性的认识上是一个进步，因为人的欲望要求比道德要原始得多。此外，荀子关于社会环境决定人的道德观念的思想，把人看成是必须生活在群体中的动物，包含着历史唯物主义因素。

韩非的性好利论把好利恶害说成是人的本性，实际上把人等同于动物，是错误的。但他作为先秦最后一位思想家，在人性问题上摆脱了人性善恶的窠臼。这对孟子的性善论和荀子的性恶论是一个进步。因为他既不承认人天生就有仁、义、礼、智，也不像荀子一样把人的欲望要求说成是恶，更没有引出禁欲主义的结论。就对人性的论述而言，他接近于近代资产阶级思想关于人性是自我保存的观点。

汉朝的董仲舒、唐朝的韩愈把人性分为三等，这种观点是错误的，并且比战国时期的人性理论有所倒退，它把人开始就放在不平等的水平上。尽管如此，这些观点都在不同程度上看到教育对人（尤其是性中品的人）的思想品德有重要影响作用。

宋明理学中的程朱理学把人性分为天命之性与气质之性，是根据封建统治阶级的需要虚构出来的。但程朱理学否定了孔子上智下愚不移的说法，认为经过学习与修养，人人都可以去恶从善。这比董仲舒、韩愈的性下品者本性不变的思想有所进步。此外，从抽象的意义上说，程朱理学强调人的修养要注意追求内心高尚的境界，不要受外物诱惑也是有一定意义的。

宋明理学中的陆王心学提出人的本性是吾心良知，实际是孟子性善论的先天道德论的翻版。但是，陆王心学把吾心良知说成是人的本性，又说成是宇宙本体，较之以前把宇宙本体归结于“天”“天理”是一个进步，虽然这种观点是主观唯心主义的，但这是对人的地位、人的价值的认识日益提高的表现。并且陆王心学反对程朱理学对儒家经典寻章摘句，反对圣人之言是真理标准，把吾心良知作为判断是非的标准，主张发挥人之本心，这对于提高人的主体性、破除人们对儒家权威的崇拜，解放思想，有一定积极意义。另外，陆、王心学主张在良知面前人人平等，圣人的良知与愚夫愚妇的良知是同一的，这对封建等级制度在客观上有一定否定作用。

中国古代的人性学说是非常丰富的，不仅是我们探索人性的宝贵思想资料，也是优秀的文化遗产。

在古希腊的奴隶社会里，使哲学研究由以自然为中心转向以人为中心的是智者学派的普罗塔哥拉，他所提出的“人是万物的尺度”的口号是一种主观唯心主义和相对主义口号，但它也包含了对人区别于动物、高于动物的认识。普罗塔哥拉指出人与动物的根本区别在于人的智慧和创造性。人创造了政治、法律和习俗，从而结成城邦和社会，形成强大的力量，战胜其他一切动物。他还指出人人具有政治的智慧与品德，为奴隶主民主制奠定了思想基础。普罗塔哥拉的思想还影响了激进派智者，使他们得出了否定奴隶制的结论。普罗塔哥拉的人性学说在人性认识史上有重要开拓作用。

古希腊的柏拉图、亚里士多德用人性即理性的学说推论奴隶制以及奴隶主贵族专制统治的合理性，这是荒谬的。因为人的精神与社会、国家是性质完全不同的两个领域。但是他们第一次把人的精神分为理性与非理性（激情、欲望），这是对人的精神，同时也是对人性认识的深入。并且他们强调理性对非理性的控制与指导，奠定了古代理性主义的思想基础，并对近代理性主义有重大影响。

中世纪宗教神学的原罪性恶论是错误的，但它还是看到了人的情感欲望可能把人引向恶的一面。

文艺复兴时期的人文主义反对宗教神学，提出人的本性是人的“自然”，把追求幸福说成是人性的表现。当然这种人性观点是肤浅的、错误的，但它把情感欲望看成是正当的、合理的，这比原罪性恶论就大大前进了一步，对捍卫人的自然权利、反对禁欲主义有重要的进步作用。

17 世纪英国哲学家霍布斯把自我保存说成人的本性，并得出人对人是狼的结论，这是错误的。但霍布斯抛开了神学外衣，反对禁欲主义，提出人人具有平等的自我保存权利，比人文主义的人性学说就更系统了。此外，他用人性理论说明国家的产生，对“神创国家”的观点以重大打击。

18 世纪法国启蒙学者卢梭认为研究人的本性只能研究无知无欲的自然人，这就忽略了人最重要的社会性，并且他把自由、平等说成是自然赋予人的权利，也是不科学的。但他在人性理论方面又比霍布斯前进了一步。霍布斯只看到人自我保存的一面，而卢梭既看到人自我保存的一面，又看到对别人的同情与怜悯的一面，这样他对自然状态的描述是人与人友好相处，比霍布斯把自然状态描述为人对人是狼，就更符合原始社会的状况。更可贵的是，卢梭反对霍布斯把人的本性看成自私的，指出自私是私有制的产物。此外，卢梭的天赋人权和主权在民的思想在资产阶级革命中起了重大的进步作用。

18 世纪法国唯物主义哲学家爱尔维修、霍尔巴赫把自爱与爱人说成人的本性，他们看到的主要是肉体的自然的人，没有抓住人的社会性。但他们还是深化和发展了霍布斯、卢梭的人性理论。霍布斯讲人的自我保存，卢梭讲人的自我保存与对同类的怜悯，都讲得很抽象。爱尔维修、霍尔巴赫则从人的肉体感受性出发，说明人能感受痛苦和快乐，因此，人有趋乐避苦的自爱本性。他们从人的社会性、从人的幸福离不开其他人的角度讲人的爱人本性。这样就使人性理论更深入、具体了。此外，他们提出的人是环境和教育的产物的观点，是唯物主义的。他们看到了社会环境尤其是政治法律制度对人的重大影响，并且引申出否定封建专制统治的革命结论。

19 世纪德国哲学家费尔巴哈从抽象的人出发，把人的生理需要和精神属性概括为人的本质，即把追求幸福、理性与爱说成是一切时代、一切人的本质，这仍是一种抽象的人性论。但他在人性理论方面比 18 世纪法国唯物主义者又有所前进。这表现为两点：一是他在把人与动物的本质区别说成是理性时，把理性看成是关于自己类本质的意识，这比法国唯物主义者对理性的理解深刻，后者还没有看到这一点；二是他把人看成“社会实体”，认为孤立的个人没有具备人的本质，人的本质包含在团体之中，包含在人与人的统一之中。尽管他并没有贯彻这一思想，但提出这一思想就使他的人性理论达到近代资产阶级人性理论的顶峰。

中国明末清初的黄宗羲代表新生的市民阶层提出人的本性是自私的，这种观点是错误的，但它肯定了人民的物质利益要求的合理性，比长期以来围绕着封建道德讲人性是一种进步。尤其是由此推出君主是天下之大害，对后人有重要的影响作用。

清代中期的戴震反对程朱理学离开人的欲望要求讲天理之性，也反对陆王心学离开人的欲望要求讲良知本性，把人的需要与欲望要求纳入人性之中，把欲望说成是最基本的人性。他对宋朗理学的核心思想“存天理，灭人欲”进行了批判，指出这是“以理杀人”。戴震的批判宣告了宋明理学的终结。戴震的学说在中国人性学说史上具有划时代的意义。

鸦片战争以后，严复、康有为等把西方资产阶级人性学说与政治理论吸收过来，把人的本性说成是趋乐避苦，主张人生而自由、平等，对封建专制统治进行了批判，提出了建立民主共和国的要求。这些对中国人民从封建主义思想束缚中解放出来起了十分重大的进步作用。

在西方社会，资本主义制度的普遍确立并没有实现资产阶级革命时期所宣扬的人权、自由、平等。现代西方资产阶级思想家对人性的探索发生了重大转折，他们不注重于理性和人性的善恶，而注重于人的非理性和创造性，为人性的探索选择了新的角度。

德国唯意志主义哲学家尼采把人的本质看成是非理性的权力意志，只看到人的创造性，而看不到人的社会性，这是错误的。但尼采提出了传统理性主义所忽略了的人的非理性因素，为全面揭示人的本质选择了新的角度。尼采反对人有一成不变的本质的观点，提出人是尚未定型的动物，强调人的创造性与自我超越性，在人性探索上起了重要的转折作用。

法国存在主义哲学家萨特关于人的存在先于本质的人性学说，是尼采关于人是尚未定型的动物的观点的发挥。他离开社会条件从人的主观性出发，片面强调人的自由选择和自我创造活动，这是错误的。但萨特反对近代资产阶级主张永恒不变的人性的观点，提出人比物的高贵之处在于人是自己本质的创造者，在于人的创造性和自我超越性，强调每个人的本质的特殊性，这是对人性的一种新的探索。

德国文化哲学人类学家兰德曼把人看成既是文化的创造者，又是文化的创造物。他把人的生物学特性作为研究人的起点，对文化没有深入的分析，因此不可能正确说明人的本质。但他对人的创造性的研究比存在主义更加深入。兰德曼把人的创造看成是文化创造，比萨特只讲人创造自己的本质更深刻。尤其是兰德曼批判了存在主义离开人的社会历史文化条件抽象地讲人的自由和创造性的错误，把人放在广阔的文化背景中，认为人是文化的、社会的、历史的、传统的存在，这样对人性的认识就大大前进了一步。

奥地利精神分析学家弗洛伊德继承了尼采的非理性主义，把人的本能欲望特别是性本能说成是人的本质，得出人性自私的结论，是错误的。这种观点似乎又回到了中世纪的原罪性恶论，而实际上他在人性研究上是有重大贡献的。第一，他的人性学说是对人们普遍忽视的无意识领域进行探索的基础上提出来的，他第一次系统地研究了人的无意识本能欲望。第二，他破除了性问题的神秘感，第一次对性本能进行了系统研究。第三，他提出性本能是创造力的源泉，把非理性的本能欲望与创造性联系起来，这是值得注意的。四，他不主张禁欲主义，其主导思想是维护人的自然欲望。

美籍德国哲学家弗洛姆批判了弗洛伊德人性即性本能的理论，把人的基本精神需要说成人的本性，没有看到社会性是人的本质属性，不可能正确说明人的本质。但也必须看到弗洛姆在人性研究上达到较高水平。第一，在有没有人的本性的问题上，他一方面反对弗洛伊德把人的本能欲望说成人固定不变的本性，指出人是社会文化的产物；另一方面他也反对认为人没有本性、人是无限可塑的观点，主张人还有其本性，否定了尼采和萨特认为人没有本质、只是自己创造自己的本质的说法。这就对人性问题确立了较正确的立足点。第二，他从人与动物相区别的基本精神需要出发探索人的本性，并且对人的基本精神需要——自我意识、自发的爱、自发创造性等进行了较为深入的研究，这就对人性的认识更深入了一步。

美国心理学家马斯洛的自我实现的人性学说，过分强调人性中的先天因素而相对忽视了后天现实社会对人格发展的影响，是片面的。但他和弗洛姆一样，在人性研究上也达到较高水平。第一，他在研究方法上比弗洛伊德的精神分析学说和行为主义心理学大大前进了一步。弗洛伊德只研究精神病患者，行为主义者主要研究动物，马斯洛认为这是远远不够的，要揭示人的本性必须研究正常人，而且必须研究出类拔萃的自我实现的人。第二，他提出要探索人的本性必须研究人的需要，并且在人类认识史上第一次系统地分析了人的低级需要、高级需要及二者的关系，指出高级需要才是代表人性的需要。高级需要的追求和满足不是自私的，因而，人的本性不是自私的、邪恶的。这不仅对人本性的认识深入了，同时也是对贬低人性的性恶论的有力驳斥。第三，他指出人的创造性潜能的发挥即自我实现是人的最高级需要，这样就把创造性活动看成是人与动物的最根本区别。这是对人性认识的一项重要成就。

（六）人性探索的正确方向

人类对自己本性的探索自古至今从来没有停止，并且不断有所前进，但这些人性学说都没有正确说明人的本性问题。只有马克思主义才正确地说明了人的本性，为人类探索自己的本性开辟了更广阔的道路，指出了正确的方向。

古今中外的思想家从不同角度和侧面探索了人的本性，都取得一定成果，但有两个共同的缺陷：一是这些人性理论离开人的社会关系，从抽象的人出发来探索人的本性，得出的是抽象的人性论；二是用抽象的人性论去说明社会，构想所谓符合人性的理想社会。因此，这些人性学说是一种唯心史观，既不可能正确说明人性，更不可能正确说明社会历史。

与这些人性学说相反，马克思主义在人性理论上有两大革命变革：一是指出人类社会的历史不是由人性决定的，虽然社会是由人组成的，社会历史是由人创造的，但社会是一个客观物质体系，社会的发展是一个有规律的客观过程：二是反对从抽象的人出发，而是从现实的社会的人出发来探索人性，指出现实的人性是一切社会关系的总和。总之，马克思主义不是用人性说明社会，而是用社会说明人性。这样就既揭示了社会的本质和社会发展规律，又正确说明了人的本性，指出一条随着社会的进步逐步实现人的全面自由发展的道路。

马克思的历史唯物主义反对把所谓人性作为社会存在和发展的基础，而认为人们在生产劳动中形成的社会物质关系是社会的基础。历史唯物主义主张社会存在决定社会意识，物质资料的生产方式是社会发展的决定力量；社会基本矛盾（生产力与生产关系的矛盾、经济基础与上层建筑的矛盾）是社会发展的根本动力，阶级斗争是阶级社会发展的直接动力；人民群众是社会历史的创造者；社会发展是一个由生产力的发展引起生产关系的变革乃至一切社会关系变化的有规律的过程。

马克思主义从现实的、社会的人出发，得出三个紧密相连的人性观点：

第一，人的需要就是人的本性。要研究人的本性必须研究人的需要。离开人的需要不可能真正认识人的本性。孟子讲的先天具有仁、义、礼、智的人性，程朱理学讲的天命之性，陆王心学讲的良知本性都是离开人的需要把封建道德说成人的本性，所以，其人性学说是错误的。有些思想家在讲人性时看到人的需要，然而只看到人的低级生理需要，并且只看到其破坏作用，得出人性恶的禁欲主义的结论。如荀子的性恶论与中世纪神学的原罪性恶论，资产阶级思想家否定了禁欲主义的性恶论，但却把人的低级生理需要和欲望说成人的本性，没有把人与动物区别开来。马克思主义认为必须从人与动物相区别的角度来研究人的需要，研究人的社会性需要。社会性需要是人区别于动物的本质的特征，人的本质属性是社会性。

第二，人的类本质是自由自觉的活动。人与动物的区别不仅在于二者的需要不同，而且还在于满足需要的方式不同。动物为满足需要进行的是世代遗传下来的本能活动。而人为满足需要进行的是自由自觉的活动，劳动是最主要的自由自觉活动，是一种制造工具、使用工具改造自然的自觉创造性活动。劳动是人类存在和发展的最基本的实践活动，也是人区别于动物的根本特征。

第三，人的本质在其现实性上是一切社会关系的总和。人们为了满足自己需要进行的劳动，必然使人们结成一定的生产关系，并在一定生产关系的基础上形成各种社会关系。人都是一定社会关系中的人，人是名副其实的社会动物。人在错综复杂的社会关系中生活，社会关系就制约人的需要，决定人的现实本性。社会关系是多方面的，现实的人身上汇集着现实的各种社会关系的各种因素，只有把握现实的各种社会关系才能把握具体的人性。在阶级社会中，人性是带有阶级性的具体人性。社会关系是具体的、历史的，现实的人性也是具体的、历史的，不存在抽象的、永恒不变的人性。

以上关于人性的三个论断是紧密联系在一起的。人有区别于动物的基本需要，这是人的本性；至于这些基本需要以何种方式满足，人会形成什么样的现实人性，则取决于一切社会关系的总和以及人在社会关系制约下的创造性活动。

马克思主义认为人与社会是密不可分地相互依赖的。社会是人的社会，社会离不开人；人总是社会的人，人不能离开社会，社会一般起决定作用。所以，人的发展与社会进步是统一的。人的全面自由的发展是随着社会的进步逐步实现的历史过程。人的全面自由发展，既离不开社会生产力的发展，又离不开社会关系的变革。从原始社会到奴隶社会、封建社会、资本主义社会，生产力的发展与社会关系的发展使人的自由程度不断提高。但只有经过社会主义社会达到共产主义社会，才能使人类由必然王国飞跃到自由王国，使人实现全面自由的发展，实现人类的彻底解放。

二、古代社会的人性理论

——专制主义的理论基础，使人不成其为人

在古代的奴隶社会和封建社会，对人性进行探索的思想家，提出各种各样的人性观点，但有共同的特点，就是把人的欲望要求说成是罪恶，扼杀人的欲望要求，使人不成其为人，从而引出基本相同的政治结论：维护奴隶主贵族专制或封建专制统治，只不过有的论证人性与专制统治的一致性，有的论证人性违背专制统治及改造人性的必要性。这正如马克思所指出的："专制制度的唯一原则就是轻视人类，使人不成其为人。"①

（一）中国战国时期人性学说的兴起与专制主义的进一步确立

中国对人性的探讨最早开始于春秋时代。春秋时代是社会大变动的时代，诸侯、卿、大夫、士为了争夺土地和权力展开了激的斗争，许多人置君臣、父子之义于不顾，弑君弑父层出不穷，而且出现了"民散""民叛"，"民为盗贼"，使统治者惶恐不已。在这场大变动中，许多统治者因得不到民的支持或因民的反抗而垮台，而有些统治者却因善于争取民众而崛起。在这种情况下，在统治阶层中出现了重民思想。如梁国因民溃被秦灭亡，楚沈尹戌说："民弃其上，不亡何待？"（《左传·昭公二十三年》）陈国的逢滑对陈怀公说："臣闻国之兴也，视民如伤，是其福也。其亡也，以民为土芥，是其祸也。"（《左传·哀公元年》）统治者的重民是看到了民心的向背决定着统治者的成败，民的总体决定着他们的命运。他们并不重视民中的个人，民中的个体在他们心中是无足轻重的。春秋时代的许多政治家，为了更好地对民进行统治，开始

① 《马克思恩格斯全集》第1卷，第411页。

积极地探讨人性。中国历史上，对人性的探讨从一开始就是为维护君主的政治统治服务的。

春秋时代，最早提出“人性”这一概念并加以解释的是单襄公。他说：“夫人性，陵上者也，不可盖也。求盖人，其抑下滋甚，故圣人贵让。且谚曰：‘兽恶其网，民恶其上。’”（《国语·周语》）单襄公把反对压迫、要求自由说成是人的本性，就像野兽讨厌网一样，人讨厌压迫和束缚。齐国的晏婴说：“凡有血气，皆有争心。”（《左传·昭公十年》）他把争看成人的本性。齐国的子尾说：“富，人之所欲也。”（《左传·襄公二十八年》）他把求富说成人的本性。类似的看法还有王孙雒：“民之恶死而欲富贵以长没也，与我同。”（《国语·吴语》）也有人认为人性就是人所共有的感情，如晋尹铎说：“思乐而喜，思难而惧，人之道也。”（《国语·晋语》）这些政治家与思想家主张统治者应当考虑和满足人的这些要求。不然就是违反人性，就不会得到人民的支持。

春秋时期有关人性的论述，虽然是朴素的，但在认识史上是具有革命意义的。在人性提出之前，人的一切都要从天那里寻找原因和根据，而人性的提出就是对神性的否定，主张人事问题应从人自身去寻找。

到了战国时期，各派思想家几乎都对人性问题发表了意见，人性问题成了当时对人的认识的基本命题。当时对人性的观点不下十余种。但许多观点仅留下只言片语。材料比较丰富、对后世影响较大的主要有四种：孟子的性善论、庄子的性自然论、荀子的性恶论、韩非子的性好利论。这四种观点对人性的探讨和论述，都是与社会政治统治问题紧密地联系起来的。

1. 孟子的性善论与人生而忠孝

孟子，名轲，字子舆，邹国（今山东省邹县）人。约生于公元前 372 年，约死于公元前 289 年。曾受业于孔子之孙子思的门人，得孔子学说的嫡传。孟子学成之后曾周游列国，备受礼遇，曾一度为齐宣王客卿。但终因他的学说被认为“迂远而阔于事情”，得不到重用。晚年退而设帐授徒，与弟子公孙丑、万章等坐而论道，著书立说，传于后世，即《孟子》七篇。他的学说对我国后来的封建社会发生了巨大影响。孟子被尊为封建社会的“亚圣”。

在战国时期，孟子第一个提出了系统的人性善的理论。“孟子道性善，言必称尧舜。”（《孟子·滕文公上》，以后只注篇名）性善论是孟子整个学说的理论基础。

孟子认为人的本性是善的，就是说仁、义、礼、智等道德品质是人生而就有的，是与生俱来的本性。孟子是从人见小孩落井而自然产生不忍人之心而推出他的性善论的。不忍人之心就是不忍看见别人痛苦的心。一个小孩行将落井，一个人看见必然立即前去搭救。这个人去救小孩一不是为了讨好小孩的父母，二不是为了使自己的好名声传扬乡里，也不是厌恶孩子的啼哭声，而是出于不忍人之心或“恻隐之心”。孟子从这件事上就引申出他的性善论。他说：“人皆有不忍人之心。……所以谓人皆有不忍人之心者，令人乍见孺子将入于井，皆有怵惕恻隐之心，非所以内交于孺子之父母也，非所以要誉于乡党朋友也，非恶其声而然也。由是观之：无恻隐之心，非人也；无羞恶之心，非人也；无辞让之心，非人也；无是非之心，非人也。恻隐之心，仁之端也；羞恶之心，义之端也，辞让之心，礼之端也；是非之心，智之端也。人之有是四端也，犹其有四体也。”（《公孙丑上》）孟子由见孺子入井而生恻隐的人类自救本能，推导出仁、义、礼、智四种道德观念的萌芽（四端）如同四肢一样，是人生而就有的。

孟子认为仁、义、礼、智是人心所固有的，不是外力加给每个人的。他说：“仁、义、礼、智，非由外铄我也，我固有之也。”（《告子上》）他还说：“君子所性，虽大行不加焉，虽穷居不损焉，分定故也。君子所性，仁、义、礼、智根于心。”（《尽心上》）就是说仁义礼智是人心固有的本质，君子得志时不会添加什么，穷居时也不会改变什么，因为这是不变的职分。正因为这些道德观念是生而就有的、先验的，因此，他把它们说成是“良知”“良能”。他说：“人之所不学而能者，其良能也；所不虑而知者，其良知也。孩提之童无不知爱其亲者，及其长也，无不知敬其兄也。亲亲，仁也；敬长，义也。”（《尽心上》）就是说亲父母、敬兄长这些仁义道德观念都是无须培养、教育就有的良知、良能。

孟子认为，人之所以不同于禽兽，就在于人有自觉的道德观念而禽兽没有。他说：“人之所以异于禽兽者几希，庶民去之，君子存之。”（《离娄下》）就是说人区别于禽兽的特性很少，这很少的区别就在于人有仁义道德。这种思想在孔子那里已露端倪。孔子在谈到孝时说，孝不能停留在“养”上，因为禽兽也有“养”，只有“敬”才能与动物区别开来，“敬”即礼。

既然人的本性是善的，那么为什么人们有善恶的不同呢？孟子认为，仁、义、礼、智这“四端”与生俱来，人人相同。有的人能成为善人是由于他努力培养与扩充这些“善端”。他认为圣人就是把这“四端”发展到完全程度的人。人都有“四端”，如果都能扩而充之，就都可以成为圣人。所以他说：“人皆可以为尧舜。”（《告子下》）但有的人不去培养与扩充这些“善端”，所以不能成为善人。他说：“凡有四端于我者，知皆扩而充之矣，若火之始然，泉之始达。苟能充之，足以保四海；苟不充之，不足以事父母。”（《公孙丑上》）扩充善端就像火烧起来、泉水流出来，可以保护天下人；如果不扩充善端，连自己的父母也不去奉养。

孟子的性善论是在同告子的性无善无不善的辩论中详尽发挥的。

告子主张人性无善无不善，所谓善性是后来经过社会环境的教育被塑造成的。告子说：“性犹杞柳也，义犹桮棬也；以人性为仁义，犹以杞柳为桮棬。”（《告子上》）就是说人性好比杞柳树，仁义好比是杯盘，使人性具备仁义，就像用杞柳树做成杯盘，必须经过一番加工才行。

孟子反驳说：“子能顺杞柳之性以为桮棬乎？将戕贼杞柳而后以为桮棬也。如将戕贼杞柳以为桮棬，则亦将戕贼人为仁义与？率天下之人而祸仁义者，必子之言夫！”（《告子上》）就是说只有残害杞柳的本性才能做成杯盘，那么你也要残害人的本性才能具备仁义吗？带领天下人祸害仁义的一定是你这种论调。本来告子用杞柳加工成杯盘来比喻人的善性是后天形成的，然而孟子偷换了辩论的命题，说把杞柳加工成杯盘是残害杞柳本性的结果，难道仁义也是残害人性的结果吗？

告子又说：“性犹湍水也，决诸东方则东流，决诸西方则西流。人性之无分于善与不善也，犹水之无分于东西也。”（《告子上》）就是说人性就像急流的水，在东方开个缺口就向东方流去，在西方开个缺口就向西方流去。人性不分善与不善，就像水不分东流、西流一样。

孟子反驳说：“水信无分于东西，无分于上下乎？人性之善也，犹水之就下也。人无有不善，水无有不下。今夫水，搏而跃之，可以过颡；激而行之，可使在山。是岂水之性哉？其势则然也。人之可使为不善，其性亦犹是也。”（《告子上》）就是说水的确不分东流、西流，然而向下流则是水的本性。人性向善，就像水性向下一样。对水拍打能使它跳跃起来高出人的额头，逼迫它也可以使它流上山，但这不是水的本性，而是形势造成的。人可以做坏事，这也不是人的本性。这里，孟子以真证假。水无不下是真的，人无不善是假的。

告子又说：“生之谓性。”（《告子上》）就是说天生的禀赋就是性。还说：“食色，性也。”（《告子上》）告子把吃喝与性本能说成是人的本性。告子没有看到人和动物的根本区别，把人的本性只看成食色的本能要求。孟子抓住这

一点反驳说："然则犬之性犹牛之性，牛之性犹人之性与？"（《告子上》）

孟子为了说明人性本善，人人相同，还用人们感觉的相同性推论人的本性相同。他说："口之于味也，有同耆焉；耳之于声也，有同听焉；目之于色也，有同美焉。至于心，独无所同然：乎？心之所同然者何也？谓理也，义也圣。人先得我心之同然耳。故理义之悦我心，犹刍豢之悦我口。"（《告子上》）就是说人们的口对于味道有相同的嗜好；耳朵对声音有相同的欣赏能力；眼睛对于美色有相同的审美情趣。难道人们的心就没有相同的爱尸好吗？人心相同的爱好是仁义，就像人们都喜欢吃猪羊肉一样。

孟子一方面把仁、义、礼、智说成人的本性，同时也承认人的感官欲望也属于人的本性。他说："口之于味也，目之于色也，耳之于声也，鼻之于臭也，四肢之于安佚也，性也。"（《尽心下》）口喜欢美味，目喜欢美色，耳喜欢美声，鼻喜欢芳香气味，四肢喜欢舒适，这是人的天性。这样人的本性就成了两个，二者关系如何呢？孟子认为感性欲望是"小体""小性"，仁义礼智是"大体""大性"，小体要服从大体，小性要服从大性。他说："体有贵贱，有大小。无以小害大，无以贱害贵。养其小者为小人，养其大者为大人。"（《告子上》）他认为耳目等感官易受外物诱惑，而心这一器官能思考，思则能得到人本来的善性。然而感官欲望往往是不服从仁义之性的，于是孟子主张通过寡欲来存仁义之性。他说："养心莫善于寡欲。"（《尽心下》）他不仅主张寡欲，而且主张必要时"舍生取义"。"生亦我所欲也，义亦我所欲也；二者不可得兼，舍生而取义者也。"（《告子上》）在孟子看来，欲望的多少与善性失去的多少成正比。这种克服欲望保留善性的思想，为后来宋明儒家发展为"存天理，灭人欲"的禁欲主义。

孟子为了坚持性善论，还对杨朱、墨翟进行了批判。杨朱主张"贵生""重己"，重视个人生命的保存，反对别人对自己的侵夺，也反对侵夺别人，主张仁义不是人的本性。墨翟主张"兼爱""爱无差"等，反对"亲亲""敬长"的等级宗法关系。杨朱和墨翟的学说在当时影响很大，而且是反儒的，所以孟子对杨朱、墨翟进行了激烈抨击："杨朱、墨翟之言盈天下，天下之言不归杨，则归墨。杨氏为我，是无君也；墨氏兼爱，是无父也。无父无君，是禽兽也。"（《滕文公下》）就是说杨朱主张"为我"，人若为我，不肯作臣，就是目无君主；墨翟主张"兼爱"，把对于自己父母的爱等于对别人的爱，就是目无父母。目无君父，就是禽兽。他说，如果杨朱、墨翟的学说不停止流行，孔子的学说就不能发扬光大，仁义的道路就会被堵塞。堵塞了仁义的道路，就会助长“臣弑其君，子弑其父”的行为，就等于带领野兽吃人。他把杨、墨的学说说成是“邪说”“淫辞”。孟子极力驳斥杨、墨的学说，以捍卫儒家学说，认为这样做才算圣人之徒。“能距言杨、墨者，圣人之徒也。”（《滕文公下》）在对杨、墨的批判中可以更清楚地看出，孟子讲的人性善，主要指的是忠君、孝父。同时这种批判表现了孟子把其他学说都视为异端邪说加以讨伐，表现了其在思想文化上的专制主义。

孟子的性善论是其仁政学说的思想基础。在孟子看来，仁义是人先天具有的本性，将仁义从人的心中扩充开来，推广到全社会，就会形成“仁政”的政治原则。先王正是把这种仁义之心、“不忍人之心”由己推人，推广到社会，才形成“不忍人之政”即仁政的。他说：“人皆有不忍人之心。先王有不忍人之心，有不忍人之政矣。以不忍人之心，行不忍人之政，治天下可运之掌握上。”（《公孙丑上》）孟子讲的仁政，就是把仁义等道德原则作为制定政策的根据，把敬长慈幼等一套道德原则推广到全体社会成员身上。他说：亲亲是仁，敬长是义，“人人亲其亲，敬其长，而天下平。”（《离娄上》）每个社会成员都亲亲敬长，自觉遵守封建道德规范，社会就会和谐一致，实现天下太平的政治局面。

孟子的仁政学说在经济上主张保持小农生产的相对稳定，适当满足小农的土地要求，使他们“仰足以事父母，俯足以蓄妻子，乐岁终身饱，凶岁免于死亡”。（《梁惠王上》）孟子反对封建君主不顾人民的死活而横征暴敛，并且对一些君主进行了尖锐的批评。他当面指责梁惠王说：“庖有肥肉，厩有肥马，民有饥色，野有饿莩，此率兽而食人也。”（《梁惠王上》）他的仁政学说反对单纯用刑罚等暴力手段，而强调用道德教化来争取人心，争取人民的服从和拥护。他指出民心的向背，是国家兴亡的关键。他说：“桀纣之失天下也，失其民也，失其民者，失其心也。得天下有道，得其民，斯得天下矣；得其民有道，得其心，斯得民矣；得其心有道，所欲与之聚之，所恶勿施，尔也。民之归仁也，犹水之就下、兽之走旷也。”（《离娄上》）孟子还从封建统治者的根本利益出发，提出“民为贵”的思想：“民为贵，社稷次之，君为轻。”（《尽心下》）孟子的仁政思想对于缓和阶级矛盾，稳定封建的经济制度和政治统治有巨大作用，所以孟子的性善论和仁政思想长期在封建社会中保持独尊的地位。

但是，从根本上说，孟子的性善论是一种错误的理论。

第一，孟子的性善论是一种先天道德论，把仁、义、礼、智等道德观念说成先天就有的。而且其推论方法也是错误的。如果说见孺子入井而生恻隐之心是人生而就有的自救本能的话，而亲亲、敬长、忠君等道德观念则完全是在一定社会环境中培养起来的，绝不是生而有的。从恻隐之心人皆有之，推出仁、义、礼、智人皆有之，这在逻辑上是以偏概全、无类演绎的错误。

第二，孟子把仁义礼智等封建道德观念说成是人区别于动物的本性，限制了人的全面发展。道德是人与动物的区别之一，但绝不是人区别于动物的根本标志。人与动物相区别的根本标志是生产劳动。道德是社会生活中不可缺少的，但它只是人们社会生活的一部分，并且对复杂的社会生活不起决定作用。以孟子为代表的儒家学派却把道德而且是封建道德说成是人与动物区别的根本标志。这样，在道德与经济的关系上，就是重道德轻经济，贵义而贱利。他说："亦曰仁义而已矣，何必曰利。"(《梁惠王上》)这种思想到汉代被董仲舒发展为"正其谊不谋其利，明其道不计其功"，把经济生活置于可有可无的地位。这就颠倒了社会经济生活与道德的关系，成为阻碍我国生产力发展的传统精神桎梏。另外，这种观点把人的广泛的精神生活只限于道德生活，把人仅仅局限在道德领域，限制了人的全面发展，扼杀了人充分发挥自己积极性与创造性的可能性，把人变成封建道德的工具。孟子所讲的仁、义、礼、智，其精神实质就是要把人束缚在封建伦理的关系网中，在这个关系网中每个人都没有自己的独立价值和地位，都是作为附属物而存在。儒家道德中最温情脉脉的就是"孝"。然而，正是孝道使人一生下来就失去了独立的意义。因为孝道的主旨是子女对父母无条件的绝对服从，子女是作为附属物而存在的。孟子认为，子对父要绝对服从。他常说舜是个大孝子，舜的父亲瞽腴是个不慈的父，对舜百般虐待，可是舜还是百依百顺。可见，儒家正是在最富有人情的关系中，巧妙地取消了人的独立性，把人变成道德的工具。为了把人变成道德的工具，孟子特别强调和倡导自我净化，时时处处反省自己是否符合仁义道德，时时处处克制自己的欲望。只有"寡欲"，才能道德化。当然，适当克制自己的欲望是必要的。但人毕竟是有血有肉的活生生的人，孟子要人放弃一切欲望，就是要使人成为一个畸形的人、异化的人，成为执行封建道德的工具。

第三，孟子的性善论及仁政学说归根到底是为封建专制主义服务的。孟子的性善论和仁政学说一方面要求封建统治者以仁爱之心对人民，得到民心，以维护自己的统治；另一方面则是要求人民以仁义礼智之心来约束自己，像服从自己的父亲兄长一样，服从封建专制主义统治。孟子的性善论正是把君主专制统治所需要的品德说成是人的本性。中国君主专制主义的最显著特点是家天下，君臣如父子。孝子与忠臣的内在统一就是服从。孟子说："未有仁而遗其亲者也，未有义而后其君者也。"（《梁惠王上》）就是说有"仁"的人必能孝于其父母，有"义"的人必能忠于其君王。孟子把"义"说成是"人之正路"，这条路通向的就是忠君。孟子虽然对一些君主进行过猛烈抨击，但他提倡的仁、义、礼、智是从普遍意义上维护君主专制统治的。

2. 庄子的人性自然论与无为而治

道家关于人性的论述，《老子》中涉及一些，但主要是表现在《庄子》中。

庄子，名周，宋国蒙（今河南商丘东北）人，约生于公元前369年，约死于公元前295年。庄子是先秦时代著名的思想家。他对传统和现实进行激烈批判，富于追求个人自由的浪漫主义精神。他文笔汪洋恣肆、恢诡谲奇，是中国历史上很有特色的哲人。

庄子曾做过蒙地方的漆园吏，时间不长，以后便从事讲学和著述。他一生生活贫困，有时靠打草鞋过活。然而，他坚决不去做官。终身贫困、隐而不仕。《史记·老子韩非列传》记载："楚威王闻庄周贤，使使厚币迎之，许以为相。庄周笑谓楚使者曰：'千金，重利；卿相，尊位也。子独不见郊祭之牺牛乎？养食之数岁，衣以文绣，以入大庙。当是之时，虽欲为孤豚，岂可得乎？子亟去，勿污我。我宁游戏污渎之中自快，无为有国者所羁，终身不仕，以快吾志焉。'"在这里，庄子把"官"比作用来祭神的牺牛。《庄子·列御寇》也有类似的故事："或聘于庄子。庄子应其使曰：'子见夫牺牛乎？衣以文绣，食以刍菽，及其牵而入于太庙，虽欲为孤犊，其可得乎？"《庄子·秋水》中一个故事，把"官"说成是死去而受供奉的龟骨，他宁愿做一个活龟"曳尾于涂中"，即拖着尾巴在泥里爬。表示了他对功名利禄的极度轻蔑。

《庄子》一书是研究庄子的思想资料。传世的《庄子》书共三十三篇：内篇七篇，外篇十五篇，杂篇十一篇。其中，有的出自庄子手笔，有的是经弟子整理的庄子的讲话记录，有的是庄子后学的作品。究竟哪些是庄子所著，说法不一，尚无定论。《庄子》是庄子学派的著作总集。

庄子把人放在大自然中，甚至放在茫茫宇宙中进行考察。他认为，四海之内在天地之间只算一粟；而天地在宇宙之中，又如稊米；在这稊米之上有万物，人不过是万物之一。并且庄子还把人放在天地万物演化的长河中进行考察。他认为，道产生天地，天地产生万物。"天地者，万物之父母也。"（《庄子•达生》，以后只注篇名）人也是天育地化的结果。不仅如此，人还是天地间生物长期演化的结果。《至乐》篇有一段具体说明：从低级的水绵进化到虫、鸟、兽，最后是“程生马，马生人”。他认为人是由马进化来的，具有朴素的进化论思想。总之，庄子认为人是茫茫宇宙中天地万物之一物，而且是生物演化的结果。

庄子既然认为人是一自然物，在他看来人性就是人的自然性，自然性最明显的特点是原生性。《老子》用原生性的“朴”来形容人的本性。庄子进一步发展了性朴说。他说：“性者，生之质也。性之动，谓之为；为之伪，谓之失。”（《庚桑楚》）意思是说自然生就的本质就是性，人的本性自动就是人的本能行为，对本能行为的改造是对本性的破坏，是“失”。

庄子指出人的自然本性就是民之常性，在很久以前的“至德之世”，那时人们根本不知道什么仁义礼智，他们按着人的自然本性生活着。他说：“彼民有常性，织而衣，耕而食，是谓同德；一而不党，命曰天放。故至德之世，其行填填，其视颠颠。”“夫至德之世，同与禽兽居，族与万物并，恶乎知君子小人哉！同乎无知，其德不离；同乎无欲，是谓素朴；而素朴民性得矣。”（《马蹄》）就是说，人有真常的本性，纺织而衣，耕耘而食，是人的共同本能；浑然一体而不偏私，名为自然放任。盛德的世代，人们行为迟重，朴拙无心。填填是安详满足的样子，颠颠是无外求专一的样子。那时，人们与鸟兽同居，和万物并聚，何从区分君子与小人呢？大家都不用智巧，本性就不至于离失，大家都不贪欲，所以都纯真朴实，纯真朴实就能保持人们的本性了。从这段话看出，庄子讲的民之常性就是：一是生存和温饱；二是劳动；三是“一而不党”；四是没有仁义礼智等精神枷锁的束缚；五是无知无欲，安闲度日。其实，庄子不过是把农民小生产者的愿望与要求概括为民之常性。

庄子是主张人的自然本性而反对仁义礼智的。他认为在“至德之世”，人们顺应着自然本性生活，一切任其自然，人们是自由的、幸福的。然而，出现了圣人之后，他们提倡仁义，推行礼乐，就给社会带来了分裂和不安。他说：“及至圣人，蹩躠为仁，踶跂为义，而天下始疑矣；澶漫为乐，摘僻为礼，而天下始分矣。”（《马蹄》）就是说，等到圣人出现，急急于求仁，汲汲于取义，天下才开始迷惑；纵逸求乐，烦琐求誉，天下才开始分离。他认为正像工匠毁坏原木做器具是工匠的罪过一样，毁坏纯朴的人性来推行仁义是圣人的过错。“夫残朴以为器，工匠之罪也；毁道德以为仁义，圣人之过也。”（《马蹄》）

庄子认为，仁义礼智对人的自然本性的破坏，就像善治马的伯乐破坏马的本性一样。他说："马，蹄可以践霜雪，毛可以御风寒，龁草饮水，翘足而陆，此马之真性也，虽有义台路寝，无以用之。及至伯乐，曰：'我善治马。'烧之，剔之，刻之，雒之，连之以羁絷，编之以皁栈，马之死者十二三矣；饥之，渴之，驰之，骤之，整之，齐之，前有橛饰之患，而后有鞭筴之威，而马之死者已过半矣。"（《马蹄》）就是说，马蹄可以践踏霜雪，毛可以抵御风寒，吃草饮水，翘足跳跃，这是马的真性。纵使有高台大殿对它并没有用处，到了伯乐出现，他说："我会管理马，"于是用铁烧它，剪它的毛，削它的蹄，烙上印记，络首绊脚把它拴连起来，编入马槽，马便死去十分之二三了；然后将它饿着，渴着，驱驰，奔跑，训练，修饰，前有口衔镳缨的祸患，而后有皮鞭竹笑的威胁，马就死去大半了。庄子认为圣人用仁义礼智管理人们就像伯乐管理马一样，完全破坏了人的本性。

庄子认为，人的常性是自然的、多样的，人性正如自然界中的万物一样，"长者不为有余，短者不为不足。是故凫胫虽短，续之则忧；鹤胫虽长，断之则悲。故性长非所断，性短非所续，无所去忧也。"（《骈拇》）就是说人性是自然的，正如野鸭腿虽短，但接上一段便造成痛苦；鹤的腿虽长，切去一截会造成悲哀。所以，原本是长的不能截短；原本是短的也不必接长，没有什么可忧虑的。庄为认为，圣人却偏要把多样化的人的自然本性纳入固定的规范中去，这是违反人性的。

庄子认为，圣人提倡仁义不仅违反人的自然本性，而且会造成假仁假义，仁义成了窃国大盗统治国家的工具。圣人用爱与利鼓励仁义，其结果是造成利用仁义之名而谋私利。"爱利出乎仁义，捐仁义者寡，利仁义者众。夫仁义之行，唯且无诚，且假手禽贪者器。"（《徐无鬼》）仁义成了贪婪者的工具。许多窃国大盗也利用仁义这个工具。庄子说，从前的齐国一直是效法圣人提倡仁义的，但田成子一旦杀了齐君而盗取了齐国，连齐国的"圣智之法"也盗去了，仁义礼智又成了窃国大盗的护身符。"彼窃钩者诛，窃国者为诸侯，诸侯之门而仁义存焉，则是非窃仁义圣知邪？"（《胠箧》）

正因为圣人提倡仁义既破坏人的自然本性，又造成虚伪、争夺和欺诈，所以，庄子主张用民之常性彻底否定圣人及其提倡的仁义礼智。他说："圣人不死，大盗不止。""圣人生而大盗起。掊击圣人，纵舍盗贼而天下始治矣。……圣人已死，则大盗不起，天下平而无故矣。"（《胜箧》）这就是说圣人及其提倡的仁义礼智是盗贼起的原因，只有打倒了圣人，抛弃了仁义礼智，盗贼也就不存在了，天下就太平了。

庄子认为，不仅仁义破坏人的自然本性，而且人们追求的聪明才智，也是争名夺利的工具，也是侵害人的自然本性的。这种聪明才智甚至破坏了自然界的正常秩序，使天地、日月、万物都失去了本性。他认为一切发明创造都是产生于“机心”，就是投机取巧之心，任何“机心”都是对人自然本性的破坏。因此，文明越发展，对人的本性破坏越严重。庄子主张，为了保持和恢复人的自然本性，必须把仁义礼智以及各种文明成果都抛弃掉。他说：“故绝圣弃知，大盗乃止；擿玉毁珠，小盗不起；焚符破玺，而民朴鄙；掊斗折衡，而民不争；殚残天下之圣法，而民始可与论议。”（《胠箧》）就是说打倒圣人抛弃智慧，大盗才能休止；毁弃珠玉，小盗才能没有；焚烧符印，人们就纯朴了；击破斗秤，人们就不争了；毁尽天下的仁义礼智，人们才可以参与议论。他还主张毁掉竽琴等乐器，钩绳规矩等工具。只有这样才能保持和恢复人的自然本性，天下才能太平。庄子描绘了“至德之世”的情况：“当是时也，民结绳而用之，甘其食，美其服，乐其俗，安其居，邻国相望，鸡犬之音相闻，民至老死不相往来。若此之时，则至治已。”（《胠箧》）

为了保持和恢复人的自然本性，庄子在政治上反对君主专制，主张无为而治。在君主专制时代，有了权就有了一切，人们都视权力为宝物，千方百计地攫取权力。而庄子却视权力为赃物。《秋水》中有两则寓言，一则是，楚王愿请庄子为相，庄子认为这如同把龟弄死把它的骨供奉在庙堂之上，他不愿受死而贵的待遇，而宁愿“生而曳尾而涂中”。另一则是：“惠子根梁，庄子往见之。或谓惠子曰：‘庄子来，欲代子相。’于是惠子恐，搜于国中三日三夜。庄子往见之，曰：‘南方有鸟，其名曰鹓鸰，子知之乎？夫鹓鸰发于南海而飞于北海，非梧桐不止，非练实不食，非醴泉不饮。于是鸱得腐鼠，鹓鸰过之，仰而视之曰：‘吓！’今子欲以子之梁国而吓我邪！”庄子以高洁的凤凰（鹓鸰）自比，在他看来，梁国的相位就像一只腐烂的老鼠，而死抱住相位不放的惠子则是一只可厌鸱鸟（猫头鹰）。庄子对黄帝以下所有的君主都嗤之以鼻。认为他们都是世俗之主，是破坏人性的罪魁。他们之所以成为君主，除了少数是转让的外，多数是“争”和“盗”而得的。因此，君主是最大的骗子和盗贼。他们口衔仁义，而仁义正是破坏人性的渊薮。他认为，这些争夺君主的人都必定是自私自利的人，天下由这样的人来统治，天下就会变成他囊中的私物。这样的人当君主苦一国之民而自乐，不仅伤民，而且对自己也是祸根。他认为君主有国就同丰狐文豹有珍贵的毛皮，丰狐文豹不免罗网捕获之患，是人想谋其皮，其灾在皮；君主有患，是有人谋其国，其祸在国。庄子说，丰狐文豹“不免于网罗机辟之患。是何罪之有哉？其皮为之灾也。今鲁国独非君之皮也？”（《山木》）

庄子批判君主专制，但并不主张彻底的无君论。庄子认为取得君位的方式不应是争或盗，而应该通过修行道德而来。他说：“君原于德而成于天，故曰，玄古之君天下，无为也，天德而已矣。”（《天地)》还说：“唯无以天下为者，可以托天下。”（《让王》）就是说，争夺天下的人都是自私自利的人，不能做君主，只有没有权力欲望的人才可以把天下委托给他，才可以做君主。可见，庄子也有“内圣而外王”的思想，只不过其“圣”与儒家、法家都不同。没有权力欲望的人对天下实行的就是无为而治。他认为在“至德之世”是没有上对下的统治与管理的。他说：“闻在宥天下，不闻治天下也。在之也者，恐天下之淫其性也；宥之也者，恐天下迁其德也。天下不淫其性，不迁其德，有治天下者哉！”（《在宥》）“在”是自在，“宥”是宽舒。“在宥天下”就是使天下人不改其性，不变其德，那么，天下就根本用不着治理，他说：“故君子不得已而临莅天下，莫若无为。无为也，而后安其性命之情。”（《在宥》）无为而治就是不进行统治和管理，一切顺着人们的自然本性，这样人人安其性命之情，天下永远太平。

庄子还提出，君主不能有超越一般人的特权，任何人在自然面前都是平等的，不能因为地位高就尊贵。正如登于高处不能认为就高，居于低处的不能认为就矮。每个人与君主都是一样的，都是自然的儿子，都可以称“天子”。他说：“与天为徒者，知天子与己，皆天之所子。”（《人间世》）君主还要把功劳归于人民，把过失归于自己，一有过失就自责。“古之君人者，以得为在民，以失为在己，以正为在民，以枉为在己；故一形有失其形者，退而自责。”（《则阳》）

庄子认为，为了保持和恢复人的自然本性，个人应该回到自然中去，摆脱社会的束缚，过一种适合自己本性的恬静安适的生活，使自己得到自由。他说：“彼至正者不失性命之情。”（《骈拇》）就是说最正当的生活和行为是不违反人自然本性的生活和行为。

人要按自然本性生活，就要改变“人为物役”，要不役于物。他说：“自三代以下者。天下莫不以物易其性矣。小人则以身殉利，士则以身殉名，大夫以身殉家，圣人则以身殉天下。故此数子者，事业不同，名声异号，其于伤性以身为殉，一也。”（《骈拇》）在庄子看来，人们或为利，或为名，或为家族，或为国家而奔忙，而牺牲，都是损害自己的身体和自然本性，都是以身外之物（名利财产、仁义道德）役使自己，都是“人为物役”。庄子反对“人为物役”可以说是反对异化的最早呼声。

要按自然本性生活，必须去掉追求富贵之利的欲望。当然，一定的物质生活资料是必需的，但超过了需要，就会引来强盗，成为祸害。如果为了得到和保住这些东西而损害了身体，更是颠倒了主次，“以所用害其所养”。（《让王》）富者为了保住自己的财产，贵者为了保住自己的高位，日夜思虑，损害身体，是损害人的自然本性的。庄子指出富贵是偶然的、暂时的，不必为富贵的去来而悲喜，更不必钻营追求。

要按自然本性生活，必须摆脱仁义礼智的枷锁。庄子认为所有的儒家道德规范，对人都是“削其性”“侵其德”的。他说：“屈折礼乐。呴俞仁义以慰天下之心，此失其常也。”（《骈拇》）庄子认为仁义并不是真正的善，真正的善是按自己的自然本性生活，任其性命之情。他说：“吾所谓臧者，非所谓仁义之谓也，臧于其德而已矣；吾所谓臧者，非所谓仁义之谓也，任其性命之情而已矣。”（《骈拇》）这就是说，庄子所认为的完善，不是所谓仁义之称，而是自得，在于率性任情，在于按本性自由自在地生活。在庄子看来，为追求仁义摧残了自己的身体、性命的君子，与为追求财货而摧残自己的身体、性命的盗贼在本质上是一样的。“伯夷死名于首阳之上，盗跖死利于东陵之上，二人者所死不同，其于残生伤性均也。……彼其所殉仁义也，则俗谓之君子；其所殉货财也，则俗谓之小人。其殉一也，则有君子焉，有小人焉；若其残生损性，则盗跖亦伯夷已，又恶取君子小人于其间哉！”（《骈姆》）

人要按自然本性生活，就要出世，不事礼义，不谴是非，不辨美恶，不染尘世，并且通过养神之道，求得心灵的虚静，他说：“故曰，纯粹而不杂，静一而不变，谈而无为，动而天行，此养神之道也。”（《刻意》）就是说，纯粹而不混杂，虚静专一而不变动，恬淡而无为，行动循顺自然，这是养神的道理。通过养神成为纯精素质的“圣人”“真人”，也就是超脱社会的自然的人。庄子追求的不是现实生活中的真正独立和自由，而是在精神上达到泯物我、同死生、超利害、一寿夭，与整个自然合一，从而彻底摆脱外物的奴役，达到独立人格和绝对自由。

庄子在君主专制的社会中，在儒家大讲仁义礼智的喧嚣声中，蔑视政治权力，批判专制君主，批判仁义礼智，指出这些东西都是对人性的破坏，这是有积极意义的。正因为这样，庄子的学说长期为封建统治者所不喜。并且，庄子的学说对后人批判君主专制有一定积极影响。如魏晋时期的嵇康、阮籍、鲍敬言都深受庄子的影响。嵇康“越名教而任自然”，毁弃礼法，“非汤武而薄周礼”。（《与山巨源绝交书》）阮籍尖锐地指责君主专制，说：“君立而虐兴，臣设而贼生，坐制礼法，束缚下民。”君主“竭天地万物之至以奉声色无穷之欲。”（《大人先生传》）鲍敬言写了《无君论》，指出君主是社会中一切丑恶与灾难的根源，君主专制是对人的本性的破坏，因此，应该恢复上古时代的无君社会。

但是庄子的人性自然论的思想从根本上说是错误的。

第一，庄子把人的本性等同于动物的自然性，并且完全否定了人的能动性，这实际上是不符合人的本性的。人是从动物进化而来的，但人一产生就不同于动物，人有能动性，人要通过实践认识世界和改造世界，掌握自己的命运。人在改造世界的同时就创造了文明。当然文明的发展引起私有制的出现和人的异化。但人类只能继续前进。如果像庄子主张的那样，恢复人的自然本性，回到远古去，过动物般的浑浑噩噩、无知无识的生活，这在实际上是不可能的，这种主张是开历史的倒车。实际上动物性的个体存在也是不自由的，动物性的自然存在并不是人的自由理想。

第二，庄子主张逃避现实，腐蚀了中国历代知识分子。庄子对君主专制主义以及儒家学说进行了尖锐的批判，但这种批判有其致命的弱点，就是他不是立足于社会中批判君主专制，而是主张离开这个社会。这实际是对封建专制责骂一顿之后而临阵脱逃了。庄子的出世思想严重腐蚀了中国历代知识分子，使反对君主专制的知识分子走上消极无为之路，在客观上也起到维护君主专制的作用。在中国封建社会中，许多不得志而对现实不满的知识分子，往往用庄子“超世绝俗”的思想来安慰自己。如晋朝的陶潜本来是一个有雄心壮志的人，但他怀才不遇，只能辞官不做，退隐田园。他在《归园田居》的诗中说：“少无适俗韵，性本爱丘山。误落尘网中，一去三十年。羁鸟恋旧林，池鱼思故渊。开荒南野际，守拙归园田。……久在樊笼里，复得返自然。”宋朝的辛弃疾本来是反抗金兵的农民武装的领袖，回到宋朝后得不到朝廷的重用，只好退隐山林。他在词中说：“味无味处是真乐，材不材间过一生。”《老子》中说“味无味”就是以无味为味。庄子曾讲：“吾将处于材与不材之间。”（《山木》）就是不表现太有用，也不表现太无用。庄子的哲学不能解决任何问题，然而它能使人有一种精神境界，使不能解决的问题对人而言不成为问题了。这对于培养逆来顺受、自欺欺人的奴隶性格起了不小的作用。

第三，庄子在否定君主专制和仁义礼智的同时，连统治者利用的文明成果也否定掉，这是错误的。庄子认为，“有机械者必有机事，有机事者必有机心。”（《天地》）“机心”就是投机取巧之心。所以，他主张宁肯凿井抱着瓦罐端水浇地，也不使用桔槔。他主张斗、秤、珠、玉、竽、瑟、规、矩等都要毁掉。因为他认为这些东西都是使人心不纯朴的东西，都是人们争斗的工具。但是，人们发明机械的“机心”，实际上是生产力发展的重要动力。中国这样的“机心”太少、太弱了，以至抽水的桔槔，从庄子时代起，中国农民一直沿用了两千多年而不变。如果连同制造桔槔的“机心”都排斥，那社会就会更加停滞，甚至倒退到原始社会。所以，庄子这一思想也是阻碍中国生产力发展的陈腐观念。

3. 荀子的性恶论与圣王制礼义

荀子，名况，字卿，又称孙卿，战国末期赵国（今山西南部）人。大约生于公元前 313 年，死于公元前 238 年。荀子长期游学于齐国的稷下学宫，后来又“最为老师”。他在齐国讲学期间，由于有人在齐襄公面前说过他的坏话，为避免意外，不得不离开齐国，到楚国游说。在楚国曾当过几年兰陵令。此后就在楚国定居，度过了晚年。他的一生主要从事教学和著述。他有两个著名门徒，一个是法家著名代表韩非，一个是秦始皇的丞相李斯。他的著作保留下来的有《荀子》一书。荀子是战国末期的儒家大师，他以仲尼、子弓（孔子的弟子）的继承者自居。他立足于儒家传统，对百家之学特别是道家和法家的思想进行了批判的吸收，对儒家思想进行了改造与充实，成为先秦儒家的最后一位大师。

同是儒家，荀子与孟子的人性论主张截然不同，主张性恶论，而且激烈地抨击孟子的性善论。荀子在人性论上的中心思想是：“人之性恶，其善者伪也。”（《荀子·性恶》，以后只注篇名）就是说人的本性是恶的，人的善是对人性人为改造的结果。

为什么人的本性是恶的呢？

首先，荀子认为，礼义不是人性所固有的，人性所固有的是本能和欲望，与礼义正好对立，顺着人性发展必然破坏礼义。他说：“今人之性，固无礼义。”（《性恶》）不仅人性中不包含礼义，而且与礼义正相冲突。“故顺情性而不辞让矣，辞让则悖于情性矣。”（《性恶》）顺着人性就没有辞让、礼义；讲辞让、礼义就违反人性。他说：“今人之性，生而好利焉；顺是，故争夺生而辞让亡焉。生而有疾恶焉；顺是，故残贼生而忠信亡焉。生而有耳目之欲有好声色焉；顺是，故淫乱生而礼义文理亡焉。然则从人之性，顺人之情，必出于争夺，合于犯分乱理而归于暴。故必将有师法之化，礼义之道，然后出于辞让，合于文理而归于治。用此观之，然则人之性恶明矣，其善者伪也。”（《性恶》）就是说人的本性同辞让、忠信、礼义文理等道德原则是相冲突的，顺着人性发展，必然破坏礼义法度，造成混乱，所以人性是恶的。

其次，荀子用人之“欲为善”证明人性中没有善，证明人性恶。他说：“凡人之欲为善者，为性恶也。夫薄愿厚，恶愿美，狭愿广，贫愿富，贱愿贵。苟无之中者必求于外。故富而不愿财，贵而不愿势，苟有之中者必不及于外。用此观之，人之欲为善者，为性恶也。”（《性恶》）他认为人性中没有的东西、缺少的东西，人才会向外学习。正如穷人愿求钱财，卑贱的人愿求高贵一样，不包含善的人性才欲求善。人学习礼义是因为人性中没有礼义。如果人性中本来包含礼义就不会有学习礼义的愿望了。

再次，荀子还用木性曲、金属性钝证明人之性恶。他用自然界的物性与人性相类比，认为木之所以需要檃栝（矫直木头的工具）矫直，是因为其性曲；金属工具之所以需要磨砺，是因为它性钝；人之所以需要圣人的礼义教化，是因为人性恶。如果按孟子的性善论，说人性中本来就有礼义，那圣王何必制礼义呢？正如如果木性直何必用檃栝去矫直它呢？“故檃栝之生，为枸木也；绳墨之起，为不直也；立君上，明礼义，为性恶也。用此观之，然则人之性恶明矣，其善者伪也。”（《性恶》）

荀子认为，所有的人的本性都是恶的。“凡人之性者，尧、舜与桀、跖，君子与小人，其性一也。”（《性恶》）他们之间的区别是在后天环境的教育改造下形成的。荀子特别强调后天环境对人性的影响和改造作用。他说：“蓬生麻中，不扶而直，白沙在涅，与之俱黑。”（《劝学》）他还说：“可以为尧、舜，可以为桀、跖，可以为工匠，可以为农贾，在势注错习俗之所积耳。”（《荣辱》）“注错习俗”就是环境的训练与积累。

圣人是怎样成为圣人的呢？在荀子看来，圣人是在社会环境的影响下自己改造的结果。他说，一个人如果能接受教化，积累知识，实行礼义，就成了“君子”。如果对善行积累，就可以成为圣人。“故积土而为山，积水而为海，……涂之百姓，积累而全尽，谓之圣人。”（《儒效》）圣人不是天生的，而是后天“积伪”的结果。因此，荀子提出“涂之人可以为禹”（《性恶》），即一个普通老百姓也可以成为像禹那样的圣人。

正因为圣人的本性与其他人一样，荀子认为礼义不是圣人本性具有的，而是圣人“化性起伪”制作出来的。他说：“圣人积思虑，习伪故，以生礼义而起法度。然则礼义法度者，是生于圣人之伪，非故生于人之性也。……故圣人化性而起伪，伪起而生礼义，礼义生而制法度。”（《性恶》）礼义法度是圣人制作的，但不是圣人本性具有的。正如陶器是陶匠制造的，但不是陶匠本性具有的；木器是木匠制造的，但不是木匠本性具有的。

圣人为什么要制礼义呢？

首先，荀子认为因为人性是恶的，与社会秩序是对立的。如果顺着人的本性发展，必然造成“偏险而不正”的行为，造成“悖乱而不治”的局面，使天下大乱而亡。因此，必须制定礼义法度，来约束人的行为，来改造人的本性，使之符合礼义法度而归于善。他说：“古者圣人以人之性恶，以为偏险而不正，悖乱而不治，故为之立君上之势以临之，明礼义以化之，起法正以治之，重刑罚以禁止，使天下皆出于治，合于善也。”（《性恶》）

其次，荀子认为，圣人之所以制礼义法度，是因为礼义法度是人群不能须臾离开的东西。

在荀子看来，礼义不是人的本性固有的，但却是人区别于称物的根本标志。他说：“水火有气而无生，草木有生而无知，禽兽有知而无义，人有气有生有知亦且有义，故最为天下贵也。”（《王制》）礼义是人区别于禽兽的特征，而这里的礼义是对人性改造的结果。为什么必须制礼义法度以改造人的本性呢？这是因为人离不开“群”，而人群的存在离不开“分”，“分”离不开礼义。他说：“力不若牛，走不若马，而牛马为用，何也？曰：人能群，彼不能群也。人何以能群？曰：分。分何以能行？曰：义。故义以分则和，和则一，一则多力，多力则强，强则胜物。故宫室可得而居也，故序四时，裁万物，兼利天下，无它故焉，得之分义也。故人生不能无群，群而无分则争，争则乱，乱则离，离则弱，弱则不能胜物，故宫室不可得而居也，不可少倾舍仁义之谓也。”（《王制》）这里荀子明确表述了以下这样几个思想。

（1）“人之生不能无群”。人之所以能够“胜物”，支配自然，役使牛马，是因为人是一种“能群”的动物，许多人组织在一起，力量就大，就能支配自然。人必须生存在群体中。

（2）有“分”人才“能群”。人之所以能群，许多人能结合在一起，是因为人有“分”，即有上下贵贱的等级。“分”是“群”的基础，有“分”才能群而不争不乱，无“分”就会争而乱，使“群”解体。他说：“人之生不能无群，群而无分则争，争则乱，乱则穷矣。故无分者人之大害也，有分者天下之本利也。”（《富国》）为了使人能群，必须“明分”，“明分”才能“使群”。他说：“离居不相待则穷，群而无分则争。穷者患也，争者祸也。救患除祸，莫若明分使群矣。“（《富国》）就是说，个人不与别人联系会穷，许多人联系在一起而没有上下尊卑之分又会争夺。穷与争都是祸患，免除祸患的最好办法是“明分使群”，明确等级之分使人能群。

（3）“明分”的根据是礼义，人“不可少顷舍礼义”。如果顺着人的本性发展，人与人必争，争而必乱，必须由圣王制礼义，根据礼义才能明确等级之分，防止人类的纷争离乱。他说：“先王恶其乱也，故制礼义以分之，使有贫富贵贱之等。”（《王制》）他还说：“故先王案为之制礼义以分之，使有贵贱之等，长幼之差，知愚、能不能之分，皆使人载其事而各得其宜，然后使悫禄多少厚薄之称，是夫群居合一之道也。”（《荣辱》）

由此可见，荀子讲的礼义的精神实质是“分”。他讲的“分”既包括士农工商的分工分职关系，又包括贵贱上下的社会等级关系，也包括君臣、父子、兄弟、夫妻的社会伦理关系。但其中心思想是分等级，在士农工商的分工分职关系中，在君臣、父子等社会伦理关系中，都要分定出不同的等级。分等级也叫“别”。他说：“曷谓别？曰：贵贱有等，长幼有差，贫富贵贱皆有称者也。”（《礼论》）

荀子认为，礼义的分等级造成的不平等才是最合理、最公平（“至平”）的，分等级造成的社会秩序是天然的、永恒的秩序。他说：“分均则不偏，势齐则不一，众齐则不使。有天有地而上下有差，明王始立而处国有制。夫两贵之不能相事，两贱之不能相使，是天数也。”（《王制》）就是说，如果职位平等就没有偏位（属员），权势平等就没有一尊，众人平等就都不能被役使。有天有地就有了上下的差别，明君开始立国就定制度分等级。双方都尊贵就谁也不侍奉谁，双方都卑贱就谁也不能役使谁。这样就会引起纷争与混乱，分等级是天然的纲纪。荀子还批评墨子“僈差等”的平等观。他说：“墨子有见于齐，无见于畸”，“有齐而无畸，则政令不施。”（《天论》）社会上有不同的等级是天然的秩序，荀子就要求人们服从这种秩序。他指出，臣要“以礼待君，忠顺而不懈”；子对父要“敬爱而至恭”；妻对夫应该“夫有礼则柔从听侍，夫无礼则恐惧而自竦”。这就是孔子提出的君君臣臣、父父子子、夫夫妇妇的伦理纲常。可以说荀子开启了以后两千多年封建社会的纲常名教。

礼义的实质是分等级，而居于宝塔式的社会等级顶端的则是君主，礼义的最后结果就是确立君主的绝对统治地位。荀子从人性恶、群而无分则争这个前提出发，提出“明分使群”，而且“明分”必须由君主掌握。他说：“人君者，所以管分之枢要也。”（《富国》）由于君主掌管着分等级的大权，所以能把社会成员按贫富贵贱的等级组织起来。他说：“君者何也？曰：能群也。”（《君道》）正因为君主掌握着“分”的“枢要”，所以荀子主张君主是至高无上的，在一切方面都不能与臣民平等，必须保证君主有特殊的享受，“重色以衣之，重味以食之，重财物以制之”，以维护君主的威严。他说：知夫为人主上者不美不饰之不足以一民也，不富不厚不足以管下也，不威不强不足以禁暴胜悍也。故必将撞大钟，击鸣鼓，吹笙竽，弹琴瑟，以塞其耳；必将錭琢刻镂，黼黻文章，以塞其目；必将刍豢稻粱，五味芬芳，以塞其口；然后众人徒，备官职，渐庆赏，严刑罚，以戒其心。”（《富国》）君主有享受、威严，赏功罚过，尚贤使能，才能使人们“明分使群”。所以，荀子讲的礼义最重要的是忠君。他说：“故礼，上事天，下事地，尊先祖而隆君师，是礼之三本也。”（《礼论》）崇天事地尊祖，在政治上都是为“隆君”铺平道路的。

荀子的性恶论及其礼义理论比孟子的性善论有一定进步，同时又有着严重错误。

首先，荀子批评了孟子的先天道德论，从人的欲望要求出发研究人性，这是一种进步。孟子认为人的本性中本来就具有仁、义、礼、智的“善端”，道德观念就是这种“善端”从内心“扩而充之”的结果。荀子不承认有先天的道德观念，认为礼义辞让等道德原则，不是人的本性先天固有的，而是后天学习和改造的结果，这就否定了孟子的先天道德论。并且荀子关于社会环境决定人的道德观念的思想，包含着唯物主义因素。荀子人性论的出发点是人的欲望要求，这比根本否定人的欲望而只谈仁义道德的虚伪说教，要真实一些，比较符合人类的实际情况。人生而有欲望要求，人类正是为满足自己的欲望要求，才从事物质生产活动和其他社会活动的。正是在这些实践活动过程中，在一定社会关系中才产生了道德观念。因此，人的欲望比道德观念要原始得多。只有探索人的欲望要求，探索人的需要，才有可能认识人的本性。离开人的需要，不可能认识人的本性。荀子从人的欲望和需要出发探索人的本性，这一点是可取的。

其次，荀子从人的群体生存的需要出发来阐述礼义的来源，比孟子把礼义归结为人的本性，也是一种进步。在荀子看来，人是“能群”的动物，人必须生活在群体之中，为了维持群体的存在，必须有一定的规矩来确定等级制度，防止人们相争，避免引起混乱。这一定的规矩就是礼义法度。礼义法度不是人本性所固有的，而是圣人制造出来，加于个人身上的，这种说法比孟子的说法更符合历史事实一些。

尽管如此，荀子的人性论却有严重错误，其基本思想与孔、孟的儒家思想是一脉相承的。

首先，荀子把人的本性说成是恶的，是错误的。其一，荀子根据人对衣食声色的欲求发展下去会导致争夺、淫乱，把人的欲望说成是坏的，把人性说成是恶的，这一点是错误的。人生而有欲望要求，这些欲望要求是天然的、合理的，它本身根本不是什么恶，它是人类能生存下来发展下去的最基本、最原始的动力。它们发展下去有可能使人趋向恶，也可能使人趋向善。人的欲望要求使人趋向善还是趋向恶，那是在一定社会关系中实现的，是后天影响和教育的结果，而不是人的本性使人趋向恶。并且荀子只看到食色等低级需要，根本看不到爱、合作、创造等高级需要。其二，荀子用“人之欲为善”说明人的本性中没有善，说明人性恶，在理论上是说不通的。既然人欲为善，其人性就不是恶的；既然人性恶，就不会欲为善。说人性恶，又欲为善，这在逻辑上是自相矛盾的。而且荀子为证明上述观点还提出“富而不愿财，贵而不愿执，苟有之中者必不及于外”。这根本不符合实际。在那个时代，实际往往是越是富者越财迷心窍，越是有权者越权欲熏心。荀子自己也说：“穷年累世不知足，是人之情也。”（《荣辱》）这不正是自己否定了自己吗？其三，荀子拿曲木必经“檃栝”加工证明其性曲，比附人性必经礼义改造证明人性恶，是把不能类比的两类情况加以类比，在逻辑上犯了他自己批判过的“僻违而无类”的错误。其四，其推理不能前后贯通，许多地方互相矛盾。例如，一方面他说“孝子之道”属于礼义，不是人性固有的；另一方面又说：凡生乎天地之间者，有血气之属必有知；有知之属莫不爱其类。……故有血气之属莫知于人，故人之于亲也，至死无穷。”（《礼论》）意思是说，天地间有血气的物类必有知觉，有知觉的物类必爱它的同类。有血气的物类没有比人更聪明的了，人类对自己父母的爱是至死不会穷尽的。这就等于在人性中包含着亲亲的“善端”，与其性恶论正相反。

其次，圣人性恶与圣人制礼义是互相矛盾的。荀子认为人性是恶的，后天的社会环境对人性具有改造作用。他讲的社会环境主要指地主阶级的礼义、法度。但他又认为这些礼义、法度是少数圣人制作出来的。这样，实际上不是社会环境改造人性，而是圣人的主观意志决定环境和改造人性。这不可避免地陷入“英雄创造历史”的历史唯心主义。并且这使荀子的人性论陷入矛盾之中：承认圣人制礼义必然导致圣人性善，与其性恶论相矛盾；承认圣人亦性恶，那么圣人又受谁的教化而制礼义呢？也就是说，圣人性恶就不可能制礼义。

最后，荀子的性恶论与孟子的性善论一样，归根到底是为君主专制主义作论证的。荀子在对人性的看法上与孟子截然相反，然而其归宿却完全相同。孟子认为，仁、义、礼、智等封建道德是人心所固有的，人应该从精神扩而充之。孟子也认为后天环境对于人本性“善端”的保存、发展或丧失具有重要影响作用。因此，孟子也强调圣人用礼义教化人民具有决定意义，这就是“先知觉后知”“先觉觉后觉”。荀子认为人的本性中没有礼义，必须经圣人制礼义教化人们，改造人们的本性，使其符合礼义。无论是孟子还是荀子，其政治结论都是要求人们服从礼义，而礼义的精神实质是君主专制主义的等级制度。中国近代思想家梁启超曾评论说：“荀子与孟子，同为儒家大师，其政治论之归宿点全同，而出发点则小异。”（《先秦政治思想史》）这种评论是较为符合实际的。孟子的性善论实质是主张人天生就是君主专制主义的顺民；荀子的性恶论则是要人们通过对人性的控制和改造来适应君主专制主义。

荀子同孟子一样，认为尧、舜、禹是圣人，是做人的典范，也鼓励人们努力做到仁义，成为圣人。孟子提出了“人皆可以为尧舜”，荀子提出了“涂之人可以为禹”。孟子教导人们，努力发扬、扩充自己的“善端”，沿着仁义的道路前进，就能成为尧舜那样的圣人。荀子教导人们，努力用礼义改造自己，改造的尽头就成为禹一样的圣人。孟、荀的出发点不同，但都是把人的欲望作为斗争对象，都要求人们在同欲望的斗争中自觉服从君主专制主义等级制度的统治。

荀子讲人性恶，但他却回避了一个重大问题：君主的人性是不是也是恶的？如果君主的人性也是恶的，对君主的权力应该怎样限制和制约以防止其危害人民？荀子不但不讲君主的性恶，不讲对君主权力的限制和制约，反而极力抬高君主至高无上的地位，甚至提出为了使君主维持其威严，应该在吃、穿、住等方面也得到特殊的享受。在人民，欲望要求是恶；在君主，欲望要求反倒成了善。君主对特殊享受的追求，在荀子看来倒成了维持统治的威严、维护社会存在下去必需的。这一点更清楚地表明荀子的人性论为君主专制统治作论证的实质。

4. 韩非的性好利论与君主独制海内

韩非，约生于公元前280年，死于公元前233年，是战国末期思想家，先秦时期法家思想的集大成者。韩非出身于韩国贵族，与李斯同是荀子的学生，李斯自认才学比不上韩非。韩非爱好法术刑名之学，口吃不善说而善著书。他曾屡次给当时的韩王上书，但韩王不重用他。于是他愤而著书。他的书传到秦国，秦王嬴政（即秦始皇）看了很赞赏，说："嗟乎！寡人得见此人与之游，死不恨矣。"当时在秦国做官的李斯告诉秦王这书是韩非写的。秦王因此急攻韩国。韩国危急时，韩王派韩非出使秦国。秦王大为高兴，想把韩非留下重用。还未被重用，李斯、姚贾就对秦王说：韩非是韩国贵族子弟，他的心是向着韩国的，为不留下后患，最好把他抓起来杀掉。秦王把韩非下狱。李斯派人送毒药让韩非自杀。韩非想向秦王陈述意见，始终不得见。后来秦王后悔了，下令赦韩非出来，可他已经在狱中自杀了。其著作收集在《韩非子》一书中。

韩非的著作之所以特受秦始皇的赞赏，是因为韩非的法家思想为秦始皇统一中国，尤其是为他建立中央集权的封建专制主义统治提供了理论根据。秦以后的历代封建统治者虽然不再公开打法家的旗号，但仍把韩非的法家思想继承下来，实行阳儒而阴法。所以韩非的思想一直是封建专制主义的重要思想基础。

韩非关于人性的观点，与其老师荀子的观点有继承关系，所以不少研究者认为韩非也是个性恶论者。但在《韩非子》一书中却根本无"性恶"二字。实际上，韩非的人性论不同于荀子的性恶论，倒是与先秦法家关于人性的观点一脉相承的。

先秦法家特别重视对人性的研究，不过他们很少用"性"这个概念，而多用"情""欲"。法家人性论的核心就是认为人性好利恶害。《管子》中说："夫凡人之情，见利莫能勿就，见害莫能勿避。""凡人之情，得所欲则乐，逢所恶则忧，此贵贱之所同有也。"（《管子·禁藏》）还说："夫民者亲信而死利，海内皆然。民予则喜，夺则怒，民情皆然。"（《管子·国蓄》）这就是说，趋利避害，追求物质利益是"人之情"即人的本性。"民利之则来，害之则去。民之从利也，如水之走下，于四方无择也。"（《管子·刑势解》）著名法家商鞅在《商君书》中对人性也进行了深入考察。他说："民之利也，若水之于下也，四旁无择也。民徒可以得利，而为之者。"（《商君书·君臣》）他还说：

“民之生（读若性），度而取长，称而取重，权而索利。”“民生则计利，死则虑名。”（《商君书·算地》）还说：“民之欲富贵也，其阖棺而后止。”（《商君书·赏罚》）就是说民之好利，只有死后才停止。

韩非的人性论也是主张人性好利恶害的。他说：“好利恶害，夫人之所有也。”（《韩非子·难二》，以后注篇名）“人无愚智，莫不有趋舍”（《解老》）“趋舍”就是趋利舍害。“民之故计，皆就安利，如辟穷危。”（《五蠹》）就是人都趋向安全和利益，逃避危险和穷困。“夫安利者就之，危害者去之，此人之情也。……人焉能去安利之道而就危害之处哉？”（《奸劫弑臣》）

韩非的性好利说与荀子的性恶论是不同的。荀子认为人生而“好利”“有欲”，这是前提。顺着这种本性，必然发生争夺，破坏礼义法度，这是结论。由于结论对于统治者而言是恶，那么，其前提“好利”的人性必然是恶的。而法家虽然承认人能为恶，但却一直没有承认过人性恶。因为在法家看来，人性好利而恶害，统治者正好用赏罚对人们加以统治。商鞅说：“人生（性）而好恶，故民可治也。人君不可以不审好恶，好恶者赏罚之本、夫人情好爵禄而恶刑罚，人君设二者以御民之志。”（《商君书·错法》）韩非也是这样主张的，他说：“凡治天下必因人情。人情者有好恶，故赏罚可用。”（《八经》）可见，韩非与荀子的前提相同，但得出的结论不同：荀子的结论是“犯分乱理而归于暴”，所以人性恶；韩非的结论是“故赏罚可用”，即“民可治”，他不是把人性看成恶的。另外，韩非从来没有鄙视、厌恶过“利”，相反，他认为超脱利欲之情而退隐的“岩穴之士”是无用之辈，是蠹虫，应当加以扫除。而且韩非把“利”看成是治国三大要务之首，民好利，只有用利才能吸引人民，得民兴国。他说：“圣人之所以为治道者三：一曰利，二曰威，三曰名。夫利者，所以得民也。”（《诡使》）

韩非指出，人的行为受好利的本性所支配，其结果不一定是恶，也不一定是善。他说：“舆人成舆，则欲人之富贵；匠人成棺，则欲人之夭死也。非舆人仁而匠人贼也，人不贵则舆不售；人不死则棺不买。情非憎人也，利在人之死也。”（《备内》）制造车的匠人希望人富贵，制造棺材的匠人希望人早死，并非由于他们有的性善，有的性恶，而是为了售卖车或棺材以获得利益。

在韩非看来，人之性好利，可以引起争夺，也可以引起合作。雇主与雇工之间的关系就是各为自己的利益而相互合作的关系。他说：“夫卖佣而播耕者，主人费家而美食，调布而求易钱者，非爱佣客也，曰：如是，耕者且深耨者熟耘也。佣客效力而疾耕耘者，尽巧而正畦陌畦畤者，非爱主人也，曰：

如是，羹且美钱布易云也。”（《外储说左上》）就是说，雇主给雇工吃得好、给他好的钱币，并不是爱雇工，是想让雇工把土地耕耘得好一些，以多打粮食。雇工尽力耕耘，并不是爱雇主，是为吃得好些，挣多的钱币。在韩非看来，每个人都是为自己打算的，如果对双方都有利，他们就会联合起来，如果对双方或对一方有害，父子之间也会互相背离与怨恨。

韩非认为，人的好利也是有条件的，不是绝对的。因为人不仅好利，而且恶害。如果利大于害，且不必害，则去干；如果害大于利，且害为必然，则不去干。他说：“布帛寻常，庸人不释。铄金百溢，盗跖不掇。不必害，则不释寻常；必害手，则不掇百溢。”（《五蠹》）很平常的布帛，谁也不扔掉，在炉中冶炼的金子，谁也不用手去取，连盗跖也不去拿。“夫陈轻货于幽隐，虽曾、史可疑也；悬百金于市，虽大盗不取也。不知，则曾、史可疑于幽隐；必知，则大盗不取悬金于市。”（《六反》）很小的东西在人看不见的地方，就是曾参、史鱼这样的贤人也会自己拿起来，因为没有被发现的危害。悬百金于市，众目睽睽之下，大盗也不去取，因为会被发现，会带来危害。所以人之性好利同时又恶害。

韩非反对孟子的性善论。在他看来，父母颜子女之间并没有孟子讲的那种先天的“亲亲”“敬长”关系，父母与子女的关系也是由利害决定的。他说：“人为婴儿也，父母养之简，子长而怨。子壮盛成人，其供养薄，父母怒而诮之。子父，至亲也，而或谯或怨者，皆挟相为，而周于己也。”（《外储说左上》）就是说，如果父母对子女抚养较差，子女长大后会怨恨其父母；如果子女长大后对父母的供养差，父母会发怒而骂其子女。父母与子女是最亲近的关系，也都是为自己考虑。他还说：“父母之于子也，产男则相贺，产女则杀之。此俱出父母之怀衽，然男子受贺，女子杀之者，虑其后便，计之长利也。故父母之于子也，犹用计算之心以相待也，而况无父子之泽乎？”（《六反》）儿女都是父母所生，然而生男相贺，生女不高兴，甚至溺死女婴，这是因为父母考虑将来儿与女给自己带来的利益不同。父母与子女本来是最亲近的，父母对子女还以计算之心相待，如果没有这种亲近关系就更不必说了。

韩非还举了许多历史事实说明父子、夫妇、兄弟关系都是利害关系。楚国春申君的宠妾对春申君说他的儿子调戏她，于是春申君杀了他的儿子。韩非说：“从是观之，父之爱子也，犹可毁而害也。”（《奸劫弑臣》）父亲对子女的爱也不是绝对的，当子女危害父亲的利益时，也会杀掉子女。子女对父母的爱就更差得多。他说：“孝子爱亲，数百之一也。”（《难二》）尤其对王位有继承权的太子，恐怕有废立之变，希望父亲早死。这是因为“君不死，则势不重。情非憎君也，利在君之死也。”（《备内》）夫妻之间的关系也是一种利害关系。如春申君为了讨好宠妾而弃正妻。又如卫人之妻为其夫祈祷，只愿其夫“得百束布”，不愿其夫多得，因为如果多得，恐怕其夫“将以买妾”。（《内储说下》）兄弟之间的关系也是一样，也是由利害所决定的。他说：“桓公五霸之上也，争国而杀其兄，其利大也。”（《难四》）父子之间、夫妻之间、兄弟之间是最亲近的关系，然而他们之间也不是什么“仁爱”关系，那么，将“亲亲”关系推恩于天下更是无稽之谈了。

韩非也反对儒家把君臣关系等同于父子关系，说成是君爱臣、臣忠君的关系。他指出君与臣在利益上是根本对立的，“君臣之利异”。君之大利在成其霸业，国富兵强，得人任能，为国尽力。臣之大利在于无功而获高官厚禄，无劳而获厚利。因此，君臣之间也是一种利害关系。臣之事君，不是因为爱君，是因为有爵禄可图；君之畜臣，不是因为仁慈而爱臣，是为了使臣为自己卖死力。君臣之间根本不是以义而和，而是以利而和。韩非引田鲔的话说：“主卖官爵，臣卖智力。”他又说：“臣尽死力以与君市，君垂爵禄以与臣市，君臣之际，非父子之亲也，计数之所出也。”（《难一》）君臣之间是各为自己的利益而互相计算的关系。臣都不会忠于君，不仅不忠，而且时刻想取而代之。“臣之所以不弑其君者，党与不具也。”（《扬权》）就是说，只要条件具备，时机成熟，臣随时可以取代君主。所以，韩非提醒君主必须紧握权势，设法控制住臣，使之慑服。他说：“明主之牧臣也，说在畜鸟。……驯鸟者断其下翎，则必待人而食，焉得不驯乎？夫明主畜臣亦然。”（《外储说右上》）

韩非反对儒家的“仁政”学说，反对以“亲亲”的仁爱治天下。他说，儒家、墨家都赞誉“先王兼爱天下，则视民如父母”，何以见得？“司寇行刑，君为之不举乐；闻死刑之报，君为流涕。”韩非指出：“夫以君臣为如父子则必治，推是言之，是无乱父子也。人之情性，莫先于父母，父母皆见爱未必治也。虽厚爱，奚遽不乱？今先王之爱民，不过父母之爱子，子未必不乱也，则民奚遽治哉？”（《五蠹》）所以仁爱不可能治天下，先王也不是以“亲亲”的仁爱治天下的。先王看到行刑就流泪而不忍行刑，这是仁，但是先王还是依法行刑，这样才使天下治，所以靠仁爱是不能治理天下的。

韩非认为，只有以法才能治天下，而法是以人性之好利恶害为依据的。他说：“凡治天下，必因人情。人情者，有好恶，故赏罚可用，赏罚可用则禁令可立而治道具矣。”（《八经》）

韩非认为人“皆挟自为之心”，所以不可能要求人们不为自己而为国君。明主应当明白这一点才能统御群臣。人君适应人性好利，用重利使人臣服自己，利用人性恶害，用严刑来禁止人臣办不利人君的事。重利与严刑相结合就可制服人臣。“明主之所道制其臣者，二柄而已矣。二柄者，刑德也。何谓刑德？曰：杀戮之谓刑，庆赏之谓德。为人臣者畏诛罚而利庆赏，故人主自用其刑德，则群臣畏其威而归其利矣。”（《二柄》）人主把重利与严刑，即赏与罚结合起来，就可以统治人臣、治理天下。韩非说：“治强生于法，弱乱生于阿，君明于此，正赏罚而非仁下也。爵禄生于功，诛罚生于罪，臣明于此，则尽死力而非忠君也。君通于不仁，臣通于不忠，则可以王矣。”（《外储说右下》）韩非揭去了君臣关系的一切“仁义”伪饰。

在韩非看来，君主不仅要用赏罚来统御群臣，而且也要用赏罚来统治人民。他认为，君主最大的利益就是富国强兵，这是最大的“公”。兵不强则国亡地削，身败名裂；欲强兵则必须“实仓库”“备军旅”，必须有强大的经济力量，这就是富国。“富国赖农，强兵恃卒。”（《五蠹》）要实现富国强兵，就要用重利鼓励人们从事耕战。他说：“夫耕之用力也劳，而民为之者，曰：可以得富也，战之为事也危，而民为之者，曰：可以得贵也。”（《五蠹》）韩非主张，对于耕农，除保障其经济利益外，还应“民有余食，使以粟出爵，爵必以其力，则农不怠。”（《饬令》）对于战士应用爵禄及良田大宅予以奖励。“夫上陈良田大宅，设爵禄，所以易民死命也。”（《显学》）君主对民应“明赏设利以劝之，使民以功赏，而不以仁义赐。”（《奸劫弑臣》）君主不能行仁义惠爱，行仁义实际是使卑功者得赏，这样民就不会从事耕战，必使国家贫弱。韩非还主张，对于不从事耕战的言先王之贤的“文学之士”、言纵横之术的“言谈之士”、不为利禄所秀而退隐的“岩穴之士”等五种人加以贬抑，称之为“五蠹”。韩非认为为了避免国家贫弱，应当取消这五种“邦蠹之民”。

在韩非看来，君主除了用重利鼓励人们从事耕战，还必须用严刑重罚来对付犯禁之民。“设民所恶以禁其奸，故为刑罚以威之。”（《难一》）他认为君之于民也没有仁爱之心。“君之于民也，有难则用其死，安平则尽其力。”（《六反》）因此，不可能有仁政，仁政不足以治民。他说：“夫严刑者，民之所畏；重罚者，民之所恶也。故圣人陈其所畏以禁其邪，设其所恶以防其奸。是以国安而暴乱不起。吾以是明仁义爱惠之不足用，而严刑重罚之可以治国也。”（《奸劫弑臣》）他反对儒家讲的用仁义爱惠来对待人民，认为那样必然出现暴乱。他说，慈母对儿子溺爱，反而管不住儿子，引起儿子变坏；严父对儿子爱得少，管得严，儿子倒不变坏。“夫严家无悍虏，而慈母有败子，吾以此知威势之可以禁暴，而德厚不足以止乱也。”（《显学》）所以，明主不养仁爱之心，而增威严之势。

韩非主张厚赏重罚，同时也认为赏罚必须合于人性而适当。比如罚不当，就会造成“民不畏死，奈何以死惧之”的情形，则失去罚的目的。他说：“故用赏过者失民，用刑过者民不畏。有赏不足以劝，有刑不足以禁，则国虽大，必危。”（《饰邪》）

韩非主张用根据人性好恶制定的“法”代替“礼”，进一步加强君主的权力。儒家讲的“礼”的核心是分等级，在礼治之下，贵族对人民是有管辖权的，因为贱必须服从贵，下必须服从上。在礼治下，刑不上大夫，礼不下庶人。而韩非讲的法治，则把权力归于法，收回了贵族的管辖权。孔子就曾经反对最早的公布法“刑鼎”，孔子说：“民在鼎矣，何以尊贵，贵何业之守？”（《左传•昭公二十九年》）就是人民只遵循刑鼎的法律条文行事，怎么还会听贵族的呢？而且在法治下，“法不阿贵”，“刑过不避大臣，赏善不遗匹夫。”（《有度》）管辖权集中于公布法，其实质是权力集中于君主。因为法是君主制定的，全国上下都一律服从君主所制定的法，所以“法治”比儒家的“礼治”更加强了君主的统治权力。韩非说：“法审则上尊而不侵，上尊而不侵则主强。”（《有度》）

韩非认为，法是君主统治的工具。他指出，国君只是一个人，“以一人之力禁一国者，少能胜之。”（《难三》）因此，君主必须以法治国。法之所以能使君主达到统御群臣、统治一国之民的目的，是因为法是根据人性制定的，有其客观根据。所以，君主不能离开法只凭自己的心智治天下，“释法术而心治，尧不能正一国。”（《用人》）他还说：“夫舍常法而从私意，则臣下饰于智能，臣下饰于智能，则法禁不立矣，是妄意之道行，治国之道废也。”（《饰邪》）在韩非看来，国君只要把握住法这个工具，“以法制国举措”，便可以以一人之力“独制四海之内”。（《有度》）

韩非是先秦最后一位思想家，在人性问题上，他摆脱了战国时期人性善、人性恶争论的窠臼，提出了性好利说。这种性好利说，较之于孟子的性善论与荀子的性恶论，就对人本性的认识而言，是有一定进步的。孟子的性善论把仁、义、礼、智等封建道德说成人生而就有的，这无疑是一种先天道德论。荀子的性恶论则是根据人的欲望要求会引起人的破坏礼义的行为，从后果之“恶”而断言人性之“恶”。韩非虽师承荀子，却不承认人性先天的善恶，只承认人生而好利恶害，即人生而具有趋利避害的本性，这种本性可能使人为善，也可能使人为恶。这种认识较之于人性本善或人性本恶的说法更符合实际一些。

另外，韩非正是用性好利说撕破了儒家宣扬的仁义道德等虚伪面纱，揭示了人与人之间的关系是一种利害关系。尽管他的观点过于极端，有很大的片面性，但比儒家学说更实际一些。韩非强调物质利益的重要性，强调发展经济，比儒家重义轻利是有很大进步性的。

并且，韩非在其性好利的基础，强调法治，反对人治和心治，主张“法不阿贵”。这对于破除旧的宗法关系，确立封建主义的新经济秩序和政治统治起了积极的促进作用。在这个意义上，韩非也是一个改革家，秦始皇正是以韩非的法家理论为指导思想，统一六国，建立了大一统的封建帝国。

但是，韩非的人性论以及建立在人性论基础上的一套政治学说，也有很大错误和极大破坏作用。

第一，韩非认为人的本性是好利恶害，虽然在一定程度上有符合实际的一面，但他只是考察了人的低级需要，即生理需要和安全需要，而对于爱、友谊、创造等高级需要一无所知，所以，错误地把人与人的关系看成赤裸裸的利害关系。人不仅有吃、喝、住、穿等生活需要以及安全的需要，还有与别人交往、联系的需要，与别人友好相处、相爱、建立友谊的需要。人与人之间是为了一定的物质利益结成一定关系的，因此人与人的关系是有利害关系成分的，但人们在交往过程中还会建立超越物质利益的友谊和爱的关系，这也是不可否认的事实。人们之间的利害关系终止了，他们之间仍会保留原来形成的友好关系。父母与子女的关系不是纯粹爱的关系，其中也有利害关系的成分，但父母与子女之间利害关系是不多的，大部分是情感上爱的关系。把人与人之间看成完全是利害关系，这是一种非常片面的观点。持这种观点的人就只能生活在冷酷无情的世界中。法家正是这样看别人，对别人冷酷无情。李斯正是看到如果秦王重用韩非会疏远自己，就毫无同学之情而害死韩非。

第二，韩非的人性论及其法治学说是直接地、毫无掩饰地为君主专制主义服务的。韩非的所有文章，几乎都是站在君主的立场上，为维护、巩固和加强君主的专制统治而论述的。韩非论述人性，是为了让君主根据人性制定法，使法成为君主统治的工具。因此，韩非的法治思想是有极大局限性的。他一方面认为人人都必须遵守法，按法行事，不准有法外人，包括君主在内；

另一方面，他没有也根本不想从执法上找出制约君主的力量，而且认为法是由君主制定的，君主仍然是高于法之上的圣物，君主是无法无天的法外人，这种法毫无疑问只能是君主专制的工具，与民主制毫无关系。韩非的整个法治理论都是为封建帝王提供统治术的。他强调法、术、势三者互相结合。法是成文法，是君主制定而让臣民遵守的；术是君主驾驭臣民的权术，是由君主秘密掌握的；势就是政权、权势，这是君主必须牢牢把握的。他还论证了为实现君主专制统治，必须君主独一，权势独操，决事独断，只有这样才能实现“事在四方，要在中央，圣人执要，四方来效”（《扬权》）这样的独裁统治。

韩非为了加强君主的专制统治，还提出禁绝百家，以吏为师，言轨于法的主张。禁绝百家，就是对不同于法家理论的学说一律禁绝；以吏为师，就是把知识、认识、道德等教育完全抛弃，使教育完全变成封建专制驯化的工具；言轨于法，就是使所有人不仅在行为上，而且在言谈和思想上不能超出法。他说：“禁邪之法，太上禁其心，其次禁其言，其次禁其事。”（《说疑》）这样不仅把人的行动，而且连人们的精神生活都限制在专制君主的法令之内，不准有与之相违背的、超出它的新思想。这无疑是十足的文化专制主义。

秦始皇统一中国以后，实践了韩非的理论，实行极端的集权君主专制统治，刑法严苛，禁绝百家，杜绝一切不轨于法的思想和言论，甚至焚书坑儒，造成普遍的社会恐怖。秦始皇自以为这样可以使秦王朝传之千万世。然而不到十五年，这个不可一世的秦王朝就在农民起义的沉重打击下垮台了。

秦王朝覆灭以后，汉代的封建统治者，吸取了秦亡的教训，不再公开地宣传以韩非为代表的法家主张，采用仁义和刑罚两手来进行统治。尤其是汉武帝提出“罢黜百家，独尊儒术”以后，形成了“阳儒阴法”的政治统治模式。这种“阳儒阴法”，从显性模式上确立了儒家的地位，而在隐性模式上也确立了法家的地位。“阳儒阴法”后来就成为中国两千年来封建专制的政治形态。所以韩非的思想对中国的政治和思想有着深远的影响。他的君主专制主义思想与改革社会的主张是融为一体的，当时在促进社会变革上起了积极作用。但其君主专制主义的政治思想促进了中国君主专制制度的完善和强化，从而对中国社会的进步起了极大的阻碍和破坏作用。

（二）中国汉唐时期的性三品说与专制主义的巩固

秦王朝统一中国后，建立了中央集权的君主专制政体。秦王朝应用了韩非的学说，严刑峻法，但仅十五年的时间，就被农民起义推翻了。汉代初年就开始探索新的统治思想，到汉武帝采用了董仲舒的天人感应、君权神授的学说，并且采纳了他罢黜百家、独尊儒术的主张。可是实际上他实行的是明儒暗法，并把神学与儒学结合起来。东汉时期，佛教传入中国，中国又产生了道教。在魏晋南北朝时期，除了儒家学说之外，佛、道也很盛行，到了隋唐时期，对儒、佛、道都很尊崇。韩愈代表儒家传统，极力排斥佛教和道教，提出一套从尧、舜至孔、孟，然后到自己的儒家道统。

汉唐之际是封建社会处于大一统的中央集权制的君主专制统治时期，中间尽管经过许多战乱和分裂。这一时期的人性论的主要任务已经不像先秦时那样了解人性从而更好地得到人民的支持以便取得统治，其主要任务是如何维持大一统的君主专制统治。所以，这时期的人性论主要不是对人性进行探索性的研究，而主要是想通过对人性的解释来维护君主专制统治。所以，在战国这一较短的历史时期内，出现了许多有一定价值的人性论。而在汉唐这一漫长的历史时期，关于人性的理论则很少，而且基本上都是性三品的思想：董仲舒认为人性分为三种，即圣人之性、中人之性、斗筲之性；韩愈提出性之品有上、中、下三等。性三品说的主要依据是孔子的“惟上智与下愚不移”，他们把孔子关于智力水平上的先验论推移到人性善恶上。性三品说的主要观点是把封建君主说成是生而具有封建道德的“圣人”，把专制君主的统治神圣化。性三品说更谈不到发展普通劳动者个人人性的问题，因为他们是性之下品或、中品，必须接受性上品的君主的教化和统治。性三品说比先秦的人性论更有利于大一统的君主专制统治的巩固。

1. 董仲舒的人副天数与王者承天意化民之性

董仲舒是汉代新儒学的奠基者，在汉武帝实行罢黜百家、独尊儒术的政策以后，董仲舒的思想成为当时社会的指导思想。

董仲舒，广川（河北省枣强县广川镇）人，生于公元前 179 年，死于公元前 104 年。在汉孝景帝时，因其研究《春秋》学，做过博士（官方讲授儒家经典的教师)。《春秋》本来是鲁国国史，孔子对它进行过修改、补充。《论语》中孔子没有任何关于《春秋》的言论，只是后来孟子提到“孔子作《春秋》而乱臣贼子惧”。大约在汉朝初年，出现了《春秋公羊传》，“传”就是注解，据说是公羊高所作。《公羊传》认为《春秋》有许多“微言大意”。实际是，《春秋》的词句很简单，公羊派就随意穿凿附会地加以解释。如《春秋》的第一条记载是：“元年，春，王正月。”这本是鲁国史官照例记载的时间。《公羊传》认为这条记载有很深的意义，说“元年者何？君之始年也。春者何？岁之始也。王者孰谓？谓文王也。曷为先言王而后言正月？王正月也。何言乎王正月？大一统也。”(《公羊春秋传·隐公元年》) 它把这句话解释成，《春秋》开宗明义提出了大一统，一切统一于王。董仲舒就是按公羊派的观点来研究《春秋》的。如他还是根据那句关于时间的记载，穿凿附会地说：“臣谨案《春秋》之文，求王道之端，得之于正。正次王，王次春。春者，天之所为也；正者，王之所为也。其意曰，上承天之所为，而下正其所为，正王道之端云尔。”(《汉书·董仲舒传》) 这样就把那句记载时间的话解释为王者是承天意以正天下的。董仲舒就是研究这种学问的。他潜心于学问，曾“三年不窥园”。他居家授徒，学生很多。

汉武帝继位之后，让群臣选出“贤良文学”之士，把他们召集起来，他以皇帝的名义提出问题(“册问”)，叫“贤良”们回答(“对策”)。董仲舒作为“贤良”，提出了他的“贤良对策”。他根据对《春秋》的那种研究，把孔子的儒家学说与神秘的“天”结合起来，用天人感应、君权神授说论述了自己的政治主张，并建议尊崇孔子的儒学，抑黜百家。董仲舒的“对策”得到汉武帝的赏识，派他做江都王的相国。

后来，董仲舒被贬为中大夫，闲居在家，著述关于灾异的书。由于书稿中用灾异比附当时朝政，对皇帝有讽刺讥讪之意，他被人告发之后，下到牢里，定成死罪。后来汉武帝赦免了他。董仲舒在家，朝廷如果有什么大议论，都派使者到其家征求意见，他都有明确的对策。“自武帝初立，……而隆儒矣。及仲舒对册(策)，明推孔氏，抑黜百家，立学校之官，州郡举茂材孝廉，皆自仲舒发之。”(《汉书·董仲舒传》) 董仲舒的理论经过汉武帝“钦定”，成为维护中央集权的君主专制主义的官方哲学。他的著作现在流传下来的只有《春秋繁露》。

董仲舒思想的核心是天人感应、君权神授。本来，天命思想在殷周时期占统治地位，春秋战国以后被许多思想家抛弃了。然而汉初，尤其是汉武帝为了加强自己的权力，便神化自己的权力，并来了个空前壮观的封禅，使自己与天联系起来。为了适应这种需要，董仲舒把天命论的神学思想与儒家学说结合起来，用天人感应的理论神化皇权。

董仲舒讲的“天”，是一位有喜怒、司赏罚、有绝对权威的神，既主宰天上诸神，又主宰自然万物，也支配人间帝王和人间的一切。但是这个“天”又与阴阳、四时、五行等联系在一起，没有与人相类似的形象，不同于中国传统迷信的“玉皇大帝”。天是万物（包括人）的创造者。他说：“天者万物之祖，万物非天不生。”（《春秋繁露·顺命》，以后只注篇名）

董仲舒认为天是万物的创造者，而在这些创造物中，最高贵的是人。他说：“天地之精所以生万物者，莫贵于人。”（《人副天数》）因为人是最高贵的，所以人的头向上当天，植物的头（根）向下朝地，动物的头横向（“旁折”）。他说：“所取于天地少者旁折，所取于天地多者正当之，此见人之绝于物而参天地。”（《人副天数》）因而他提出“人副天数”的思想，就是说人与天是同类的，天有什么，人就相应地有什么，人是天的复制品。所以他说：“为生不能为人，为人者天也。人之人本于天，天亦人之曾祖父也。此人之所以上类天也。人之形体，化天数而成；人之血气，化天志而仁；人之德行，化天理而义；人之好恶，化天之暖清；人之喜怒，化天之寒暑；人之受命化天之四时；人生有喜怒哀乐之答，春秋冬夏之类也。”（《为人者天》）就是说，天是人的曾祖父，人的一切都与天相类似。一年农作物的生长收获约十个月，人怀胎十月而生产；一年有四季十二个月，人有四肢十二节；天有五行，人有五脏；天有昼夜，人有视瞑；天有春秋冬夏，人有喜（春气）、怒（秋气）、哀（冬气）、乐（夏气），如此等等。通过这些比附，他把人说成是天的副本。

董仲舒认为，人副天数，天有阳有阴，人的本性中有性有情。人的性体现天的阳，人的情体现天的阴。“身之有性情也，若天之有阴阳也。言人之质（性）而无其情，犹言天之阳而无其阴也。”（《深察名号》）“性”就是人生具有的资质，“如其生之自然之资谓之性，性者，质也。”（《深察名号》）“情”就是指人的欲望。他认为，性表现于外为仁，情表现于外为贪。他说：“人之诚有贪有仁，仁、贪之气，两在于身。身之名取诸天，天两有阴阳之施，身亦两有贪、仁之性。”（《深察名号》）这样，人的仁，即善的品质体现了天的阳；人的贪，即恶的品质体现了天的阴。在他看来，天是以阳禁阴的，天“任阳不任阴”，与天相对应，人也应该以性禁情。他说：“是以阴之行不得干春夏，而月之魄常厌于日光，乍全乍伤。天之禁阴如此，安得不损其欲辍其情，以应天。天所禁而身禁之，故曰身犹天也。”（《深察名号》）董仲舒用天人合一、人副天数把人们的情感欲望说成是不合理的，主张禁欲主义。

在董仲舒看来，人的性虽然体现了天的阳，可以产生善，但这只是产生善的可能性，并不就是已成为现实的善，即并不是“性固已善”。他说：“善出性中，而性未可全为善也。”（《深察名号》）“善如米，性如禾。禾虽出米，而禾未可谓米也。性虽出善，而性未可谓善也。”（《实性》）这就是说，性好比禾，善好比米，米虽出于禾，但禾不就是米。他还比喻说，性如茧，善如丝，丝虽出于茧，但茧并不是丝；性如卵，善如雏，雏虽由卵孵化而出，但卵并不是雏。董仲舒还用文字学牵强附会地说，“民”的意思就是“瞑”，就是闭目无明、昏睡无知。如果民性已善，为什么圣人承天意叫他们“民”（瞑）呢？他说：“民之号，取之瞑也。使性而已善，则何故以瞑为号？”“性有似目，目卧幽而瞑，待觉而后见；当其未觉，可谓有见质，而不可谓见。今万民之性，有其质而未能觉，譬如瞑者待觉，教之然后善；当其未觉，可谓有善质，而不可谓善。”（《深察名号》）董仲舒强调“性未善”，主要是强调人只有接受圣王的教化才能成为善的。他说：“性者，天质之朴也。善者，王教之化也。无其质，则王教不能化。无其王教，则质朴不能善。”（《实性》）

董仲舒说，他所说的“性”是就普通人的人性而言的，即“中民之性”。此外，还有生而能为善的，不须教化，这种人性叫“圣人之性”；还有只能为恶，虽经教化也不能为善的，这种人性叫“斗筲之性”。圣人之性、斗筲之性都谈不到性，只有中民之性才谈得到性，只有中民之性经教化才能为善。他说：“名性不以上，不以下，以其中名之。”（《深察名号》）他又说：“圣人之性，不可以名性。斗筲之性，又不可以名性。名性者，中民之性。中民之性如茧如卵。卵待孵二十日而后能为雏，茧待缫以涫汤（沸汤）而后能为丝，性待渐于教训而后能为善。善，教训所然也，非质朴所能至也。”（《实性》）董仲舒把统治者的人性说成善的，是圣人之性；把敢于反抗封建统治的人的人性说成恶的，是斗筲之性，也不用教化，只用诛罚；把广大群众的人性说成是中民之性，只有经过具有圣人之性的统治者的教化，才能成为善的。他强调指出。上天立君主就是来教化这些人的。他说：“天生民性，有善质而未能善，于是为之立王以善之，此天意也。民受未能善之性于天，而退守成性之教于王，王承天意，以成民之性为任者也。”（《深察名号》）这就是说，君主的任务就是应天的要求以教化万民为善，这也就是“王承天意，以成民之性”。“成民之性”实质上是“化民之性”。

董仲舒不赞同孟子的性善论，一是因为他认为孟子降低了善的标准，他批评孟子把爱父母就叫善端，这是降低了善。他认为善是要做到循三纲五纪，忠信好礼，善不是那么容易做到的。他说："性有善端，动之爱父母，异于禽兽，则谓之善，此孟子之善。循三纲五纪，通八端之理，忠信而博爱，敦厚而好礼，此圣人之善。是故孔子曰：'善人吾不得而见之，得之有恒者斯可矣。'由是观之，圣人之所谓善，亦未易当也。"（《深察名号》）他认为孟子讲的善，只是把人之性与禽兽之性相比，就说人性是善的，：而没有把人之性与圣人之性相比，这就降低了善的要求。他说："质于禽兽之性，则万民之性善矣；质于人道之善，则民性弗及也。万民之性，善于禽兽者，许之；圣人之所谓善者，勿许。吾质之命性者，异孟子。孟子下质于禽兽之所为，故曰性已善；吾上质于圣人之所善，故谓性未善。善过性，圣人过善。"（《深察名号》）这就是说，孟子把人与禽兽相比，说人性已善，董仲舒主张应当把常人与圣人相比，所以说人性未善。常人要达到圣人之性还相差很远，所以需要圣王的教化。即使经圣人教化为善，仍不能同圣人相比，因为"圣人过善"。

董仲舒不赞同孟子的性善论，二是因为他认为孟子肯定了人性善，就否定了圣王的教化作用。他说："正朝夕者视北辰，正嫌疑者视圣人。圣人以为无王之世，不教之民莫能当善。善之难当如此，而谓万民之性皆能当之，过矣！"（《深察名号》）就是说。没有君主的社会，没有经圣王教化的万民，不可能为善，为善不是那么容易的。他还说："今案其真质而谓民性已善者，是失天意而去王任也。万民之性苟已善，则王者受命尚何任矣？"（《深察名号》）就是说，如果按孟子的说法万民之性都是善的，那君主还有什么事可做呢？在他看来，王者的任务就是应天的要求教化万民为善。

董仲舒讲人性，为的是给君主专制统治提供理论根据。他在《贤良对策》中说："天令之谓命，命非圣人不行；质朴之谓性，性非教化不成；人欲之谓情，情非度制不节。是故王者上谨于承天意，以顺命也；下务明教化民，以成性也；正法度之宜，别上下之序，以防欲也：修此三者，而大本举矣。"（《汉书·董仲舒传》）这就是说，君主应上承天意，下教化万民，并正法度区分上下尊卑以节制人的欲望，防止人的欲望发展，只要做到了这些就可以很好地统治天下。

董仲舒认为君主行教化是执行天的命令，这就是说，沟通天人之际的只能是王者。他还从语言文字上穿凿附会地论证君主是天的代理人。他说："古之造文者，三画而连其中谓之王。三画者，天地与人也，而连其中者通其道也。取天地与人之中以为贯而参通之，非王者孰能当是。”（《王者通三》）他还说：“受命之君，天意之所予也，故号为天子者，宜视天如父，视天以孝道也。号为诸侯者，宜谨视所候奉之天子也。号为大夫者，宜其忠信，敦其礼义，使善大于匹夫之义，足以化也。士者，事也。民者，瞑也。”（《深察名号》）他认为之所以把君主称为“天子”是因为君子是受命于天的，是天的儿子；“诸侯”就是伺候天子的；“大夫”就是大于匹夫；“士”就是能办事；“民”就是瞑。他说这些名号是圣人根据天意制定的。董仲舒用这种方法把君主说成是天的代表，他所说的天人合一，实质上是天王合一，使君主的地位神圣化、绝对化，其结论是尊天必须尊君。“唯天子受命于天，天下受命于天子，一国则受命于君。”（《为人者天》）所以他在君民关系上主张“屈民而伸君”。（《王杯》）

董仲舒的天人感应说一方面用天树立君主的绝对权威，使君主处于至高无上的独尊的地位。他的学说确实起到了这种作用。另一方面他又用天人感应说来监督和限制君主的权力。因为君主无限度地滥用权力，常常导致国家的败亡。于是，他提出天用灾异谴告的理论来限制君主的权力。君主既然受命于天，就应该按天意行仁德之政，如果不行仁德之政，天就会通过一些灾异谴告君主，如果君主总不悔改，天就会让能承天意的有德之君取而代之。他在《贤良对策》中就说：“臣谨案《春秋》之中，视前世已行之事，以观天人相与之际，甚可畏也。国家将有失道之败，而天乃先出灾害以谴告之，不知自省，又出怪异以警惧之，尚不知变，而伤败乃至。以此见天心之仁爱人君而欲止其乱也。”（《汉书·董仲舒传》）天用灾害和怪异对君主敲警钟，这是天对君主的仁爱，使之不铸成大错。所以，君主应该“省天谴而畏天威，内动于心志，外见于事情，修身审己，明善心以反道者也。”（《二端》）这就要求君主通过灾异之变，见微知著，检讨朝政，纠正错失，行仁义之德政。实际上，附会灾异的谬说，根本不可能监督君主行仁政。董仲舒本人的经历就是明证。在武帝时，辽东地方的汉高祖庙和汉高祖陵的便殿先后失火。董仲舒写文章说汉祖庙失火，是因为在外地的不法诸侯该杀，高祖陵墓的便殿失火，是因为在朝的不法大臣该杀，这是天以灾异警告君主。主父偃来看望他，便偷了他的稿子上奏天子。武帝召集学者们讨论，发现稿子中有讽刺讥讪之意，于是把董仲舒下到牢里，定成死罪。后来武帝赦免了他。从此，他再也不敢用灾异比附当时的朝政了。所以，董仲舒的天人感应理论只有一种作用，就是神化君主，给君主蒙上一层神光，为大一统的君主专制服务。

董仲舒的人性论强调教化在人之为善的过程中具有重要作用，这一点是值得肯定的。但从总体而言，董仲舒的人性论及其政治学说同战国时期的人性论及其政治学说相比，是一种大倒退。

其一，战国时期的思想家探讨人的本性时，是把所有的人放在同样的起点上的。孟子讲性善，认为所有的人本性都是善的。荀子认为所有的人的本性都是恶的，韩非认为所有人的本性都是好利恶害，庄子的性自然说也是如此。这样对人性的探索是有其认识意义的。可是董仲舒从本性上就把人分成三等，把君主说成是圣人之性，把一部分人说成是斗筲之性，把大部分人说成是中民之性。这种人性学说是把孔子“惟上智与下愚不移”的观点的扩展和神化。这种人性学说能较好地适应专制统治的需要，然而无助于对人本性探索的进一步深入。

其二，战国时期的思想家是从人本身探索人的本性的，没有同神化的“天”联系起来，而且对人性的探索基本上是基于对事实的分析的。而董仲舒又把被战国时期思想家们基本抛弃了的神化的“天”拣回来以解释人性。如他用天有阳有阴，说明人有性有情，表现为人有仁有贪。讲人应以性禁情时，也是毫不分析地用天“以阳禁阴”来说明。董仲舒讲人之性能善但尚未善，但他不做任何基于事实的分析，而只是用一些比附来说明，“性比于禾，善比于米”，“性有似目”，“性如茧如卵，善如丝如雏”。这些比附在逻辑上都犯了无类的演绎比附的错误，把根本不是一类而且没有什么联系的事物强拉在一起加以比附，来说明人性之未善。他甚至用文字上的“民”“瞑”同音来证明人之性未善，所以是十分荒唐的。

其三，孟子讲过“人皆可以为尧舜”，荀子讲过“涂之人皆可以为禹”，就是主张经过教化和修养，人人都可以成为圣人，他们还没有把圣人绝对化。而董仲舒则认为，中民之性经过圣人的教化也不可能达到圣人的程度，因为“圣人过善”。这就把圣王、专制君主更加神圣化、绝对化了。

其四，战国时期的思想家抛弃了殷周时期的神权主义，通过探索人的问题来研究社会政治问题，这是历史的进步。可是董仲舒又把殷周时期的天命说拿来与神秘的阴阳五行说结合起来改造儒家学说，把儒学与神学紧密结合，使儒学宗教化。这样，他的天命说比殷周时期的天命说更复杂、更巧妙，更有欺骗性。对于君主专制主义的巩固和加强起了巨大作用。

另外，董仲舒关于抑黜百家的思想使汉武帝采取了罢黜百家、独尊儒术的政策，彻底结束了百家争鸣，使中国思想文化开始处于一种僵化和半僵化状态，严重阻碍了社会的进步。

当然，董仲舒的人性论与战国时期的人性论也有共同之处，即不是为发展人性而探索人性，而是为了更好地统治人而讲人性，其归宿点都是一致的：都是为了维护君主专制统治。

2. 韩愈的性三品说与上教下制

韩愈，字退之，生于公元768年，死于公元824年，河南河阳（今河南孟县南）人，自谓郡望昌黎，世称韩昌黎。早孤，由嫂抚养。刻苦自学，考中唐贞元进士，任监察御史，后贬为山阳县令。赦还后曾任国子监博士、刑部侍郎等职。又因谏阻唐宪宗迎佛骨，贬为潮州刺史，后官至吏部侍郎。他是唐代著名文学家，与柳宗元同为古文运动的倡导者，旧称“唐宋八大家”之首。其著作保存在《韩昌黎集》中。

韩愈生活在中唐时期。唐代统治者为了维护自己的政治统治，提倡儒、佛、道三教。佛教由释迦牟尼创立（佛教又叫释教），是东汉时期传入中国的，隋唐时期，佛教自成体系，形成若干宗派。道教是东汉时由张道陵创立的，奉老子为教主，以《老子五千文》（《道德经》）为主要经典（有时用“老”代表道教）。道教在唐朝得到空前发展。在儒、佛、道三教都提倡的情况下，儒家学说就失去独尊的地位。韩愈从思想上是尊儒排佛反道的，力图恢复儒家独尊的局面。

韩愈反对佛（释）、道（老），主要是因为它们破坏了封建的君臣关系，破坏了与此相应的父子、夫妇等伦理关系。他说，君主统治百姓，百姓服事君主，臣帮助君统治人民，这是自古以来的“道”。这个“道”，“尧以是传之舜，舜以是传之禹，禹以是传之汤，汤以是传之文、武、周公，文、武、周公传之孔子，孔子传之孟轲。轲之死，不得其传矣。”（《韩昌黎集·原道》。以后只注篇名）韩愈说，他自己的历史使命就是继承从尧、舜一直到孟轲的“道统”。因为佛教、道教有传法世袭的法统，韩愈为了使儒学与佛、道相抗衡，表示自己的学说有本源而非出于臆造，就创造了圣人传道的“道统”。他表示要像孟子反对杨朱、墨翟以维护儒学一样，反对佛、道以恢复儒家道统。他说：“释老之害过于杨墨，韩愈之贤不及孟子。孟子不能救之于未亡之前，而韩愈乃欲全之于已坏之后。呜呼，其亦不量自力，且见其身之危莫救之以死也！虽然，使其道由愈而粗传，虽灭死万万无恨。”（《与孟尚书书》）

韩愈为了反对佛、道，提出了以《大学》为纲领的理论体系。《大学》是

《礼记》中的一篇，是秦统一后不久写成的，是当时和以后很长时间未被采用的学说，它依据孔、孟的仁政精神，把齐家治国平天下与个人道德修养紧密联系起来，把个人修养的目的归结为治国平天下。可是佛教、道教则讲“出世”，只讲个人的宗教修养，而不讲治国平天下。所以，韩愈就用《大学》的理论反对佛、道的出世原则。他说：“古之所谓正心而诚意者，将以有为也。今也欲治其心而外天下国家，灭其天常，子焉而不父其父，臣焉而不君其君，民焉而不事其事。”（《原道》）他认为，对这种破坏君君、臣臣、父父、子子的学说，应一律禁止，而且还要令僧道还俗，烧毁其经卷，没收寺院庙产。

韩愈为了反对佛教，还针对佛教的人性论，提出自己的人性论。佛教的人性论（即佛性说）认为人人都有佛性（佛教的最高性内在地、先天地存在于每个人的本性之中），但由于情欲的迷惑，人们认识不到自己本性中的佛性，人们只要根除了各种欲态，就可以认识自己本性中的佛性，这就是“灭情见性”。这样，人就由迷转到悟，悟到了佛性，这就是“明心见性”与“见性成佛”。佛教人性论把佛性说成人的本性，是从个人如何见性成佛，得到个人解脱的角度讲人性的。针对佛性说，韩愈把封建道德观念归到人的本性中，他是从维护封建统治秩序的角度来讲人性的。韩愈继承并发展了董仲舒的性三品说，写了《原性》一文。

韩愈指出：“性也者，与生俱生也。情也者，接于物而生也。性之品有三，而其所以为性者五；情之品有三，而其所以为情者七。”（《原性》）这就是说，人性是与人的生命俱生的。情是由于人们接触到外界，受到刺激而产生的内心反应。人性有上、中、下三等，性的具体内容是五德：仁、义、礼、智、信。人的情也有上、中、下三等，情的具体内容是七情：喜、怒、哀、惧、爱、恶、欲。

性的三品有何区别呢？韩愈说：“性之品有上中下三。上焉者，善焉而已矣；中焉者，可导而上下也；下焉者，恶焉而已矣。”（《原性》）就是说性上品的人，生下来就是善的，在仁、义、礼、智、信这五德中，以一德为主，同时又通于其他四德，即“主于一而行于四”（《原性》）。性中品的人，通过环境的引导可以为善，也可以为恶，在五德中，某一德不足，其他四德也杂而不纯。性下品的人，生下来就是恶的，在五德中，对一德违反，与其他四德也相悖。

与性的上中下三品相对应，情也有上中下三品。他说：“情之品有上中下三，其所以为情者七：曰喜、曰怒、曰哀、曰惧、曰爱、曰恶、曰欲。上焉者之于七也，动而处其中；中焉者于七也。有所甚，有所亡，然而求合其中者也；下焉者于七也，亡与甚，直情而行者也。情之于性视其品。”（《原性》）就是说，情上品的人，情的发动都符合封建道德的要求；情中品的人，情的发动有过，有不及，但有符合封建道德的愿望；情下品的人，情的发动都不符合封建道德标准，听凭情欲而行动。情的三品与性的三品一一相当，性善则情善，性恶则情恶。

韩愈主张人性分三品，他认为孟子的性善论、荀子的性恶论、杨雄的性善恶混论都是只看到性中品的人。他说：“孟子之言性曰：人之性善；荀子之言性曰：人之性恶；杨子之言性曰：人之性善恶混。夫始善而进恶，与始恶而进善，与始也混而今也善恶，皆举其中而遗其上下者也，得其一而失其二者也。”（《原性》）

韩愈为了证明人性有上品与下品者，举了一些例子来说明。《国语•晋语》记载：春秋时，晋大夫羊舌叔向之弟羊舌叔鱼生时，其母视之曰：“是虎目而豕喙，鸢肩而牛腹。谿壑可盈，是不可餍也，必以贿死。”后来叔鱼果因断狱受贿被邢侯所杀。《左传》记载：楚司马子良生子越椒，子文（子良之兄）曰：“必杀之，是子也熊虎之状而豺狼之声，弗杀必灭若敖氏矣。”子良不可。后越椒因进攻楚王失败而被灭族。韩愈认为这些记载反驳了人性是善的。据记载，周朝的始祖后稷降生之时，他母亲就没有痛苦，他开始爬着走时就表现出有知有识的样子；周文王早在其母怀孕在身时，其母就不忧，他生下来后也用不着太多的辛劳，他开始学习的时候老师就很喜欢他。韩愈认为这些记载反驳了人性是恶的。据记载，尧的儿子丹朱、舜的儿子商均，受的教育都很好，但两人都不肖；周文王的儿子管叔鲜、蔡叔度（皆周武王之弟），受的教育也很好，他们没有成为贤者，因与殷的武庚合谋反对周公，为周公击败，管叔鲜被杀，蔡叔度被放逐；舜之父瞽瞍、禹之父鲧都是品质顽劣、性情执拗的人，瞽瞍对于舜、鲧对于禹的教育并不是善的，然而舜与禹却成了圣人。韩愈认为这些记载反驳了人之性是善恶相混的。他认为，孟子、荀子、杨雄讲人性都是只看到中品，而没有看到上品与下品。

性的三品是否可以改变呢？韩愈认为，中品可以改变，而上品与下品不可改变，不过教育也起一定的作用。他说。“曰：然则性之上下者，其终不可疑乎？曰：上之性就学而愈明，下之性畏威而寡罪；是故上者可教，而下者可制也。其品则孔子谓不移也。”（《原性》）韩愈也是把孔子的“惟上智与下愚不移”的观点搬到人性论上来，说明性的上品和下品是不变的，通过教育使上品者愈明，使下品者害怕惩罚而少犯罪。韩愈人性论的实质是“上者可教而下者可制”。

韩愈的性三品说，是为了与佛教的人性学说相对立，更是为了从人性问题上论证封建统治秩序的合理性，即君主专制主义的合理性。

韩愈认为，性上品者，生下来就具有善的品质，具有仁、义、礼、智、信这五德，因而他们就是圣人。在韩愈看来，正是圣人教会了人们生产劳动，教会了人们创造各种工具和房屋，圣人把人们很好地组织起来建立了社会组织，才使人们生存下来、繁衍下来。他说：“古之时，人之害多矣。有圣人者立，然后教之以相生养之道。为之君，为之师，驱其虫蛇禽兽而处之中土。寒，然后为之衣，饥，然后为之食；木处而颠，土处而病也，然后为之宫室。为之工，以赡其器用；为之贾，以通其有无；为之医药，以济其夭死；为之葬埋祭祀，以长其恩爱；为之礼，以次其先后；为之乐，以宣其壹郁；为之政，以率其怠勧；为之刑，以锄其强梗。相欺也，为之符玺、斗斛、权衡以信之；相夺也，为之城郭、甲兵以守之。害至而为之备，患生而为之防。”（《原道》）这就是说，人们的食、衣、住、工、商、医、礼、乐、斗、衡等，一切的一切都是圣人为人们创造的。韩愈认为，人没有羽毛鳞甲以御寒热，又没有尖牙利爪与别的动物争食，如果没有圣人，人类早就灭绝了。圣人对人类如此重要，圣人理所当然地就是君王，圣即王，王即圣。“帝之与王，其号名殊，其所以为圣一也。”（《原道》）既然圣人、君主对人类如此重要，性中品与性下品的人们就应该绝对地服从君主的统治。他说：“是故君者，出令者也；臣者，行君之令而致之民者也；民者，出粟米麻丝，作器皿、通财货，以事其上者也。君不出令，则失其所以为君八臣不行君之令而致之民，民不出粟米麻丝，作器皿、通财货，以事其上，则诛。”（《原道》）韩愈反对佛、道，主张性三品，其最核心的思想是维持这种君主专制统治。

韩愈在佛教盛行的情况下，大力抨击佛教，并且具有一种不屈不挠的无畏精神，在客观上是有积极意义的。而且，韩愈的性三品说又是对佛教批判的深入。佛教让人逃避君臣、父子、夫妇的关系，认为这些关系都是为情所累，影响见性成佛。韩愈反对佛教宣传的所谓灭情以见性的出世观点。他主张情是由性决定的，情以见性，要使情的发动符合封建道德，从而与佛教的出世的人性论划清界限。这是韩愈从人性论方面进行的反佛教斗争。

尽管如此，韩愈在人性问题上基本停留在董仲舒的性三品说的水平上，并不足以驳到佛教人性论。

第一，韩愈认为人性有上品、下品之分，但他对此没有任何理论分析，所根据的只是孔子“惟上智与下愚不移”的说教，对有的人何以性善，有的人何以性恶只字未提。就是对佛教人性论也没有任何理论上的分析。他对孟子、荀子、扬雄的人性理论的反驳也不讲任何道理，只是援引一些古代荒诞不经的传说与记载。并且，韩愈的思想自相矛盾。他一方面认为性上品的人是生而善者、生而知之，另一方面他在《师说》中又说：“人非生而知之者，孰能无惑？”否认圣人是生而知之。

第二，韩愈把性上品的圣人的作用夸大到荒谬绝伦的程度。他说圣人为人民创造了吃的、穿的、住的、用的一切的一切，这完全是违背历史事实的偏见。

第三，韩愈反对佛教及其人性论，并不是为了使人们从宗教的束缚中解放出来，而是为了维护儒家的学说，维护君君臣臣、父父子子的封建伦理秩序，维护君主专制主义。并且，韩愈并不主张无神论，他相信天命和鬼神，他相信修国史，“不有天谴，必有鬼诛”。可见，韩愈反对佛教实质表现了一种用中国传统的儒家学说来排斥外来文化的倾向。

第四，韩愈的性三品说的最后归宿是要人们绝对地服从君主专制统治。这与董仲舒的性三品说是一致的，只不过董仲舒是将君主神化，而韩愈是把君主圣化。

（三）中国宋明理学的人性论与专制主义的加强

宋朝一建立，就总结唐以及五代各代王朝灭亡的原因，认方前朝之亡，亡于专制得不够。于是宋王朝把军权、财权、用人权等大权全部归于朝廷，对人民实行专制统治。但这并没有使宋朝的朝政有任何起色，北宋、南宋都是在人民反对、众叛亲离的情况下，分别被金、蒙古（元）所灭。在明朝取代了元朝以后，明朝统治者把中央集权的专制统治更向前推进一步，废宰相，使六部直属皇帝，并设置了皇帝直接指挥的特务机构。宋朝把一切大权集中于以皇帝为首的中央政府，明朝把一切大权集中于皇帝一人，形成绝对君主独裁的局面。要维持这种君主独裁统治，从思想上就必须强化封建的伦理观念。在宋、明中央集权的专制统治下产生了宋明理学。

宋明理学是以儒家学说的正统自命的。其实，它既不同于先秦时代的儒学，更不同于汉代儒学。先秦儒学，注重于伦理探讨，而对于宇宙本原没有详细说明，只简单地归结为“天命论”。汉代董仲舒建立了以“天人感应”目的论为特征的汉代儒学。董仲舒的儒学虽然把宇宙原本详细说明了，然而这种神学目的论在理论上是粗糙和浅陋的，因而，为后来较为精致的佛学、玄学所取代。中唐之时，虽有韩愈等排佛崇儒，但从魏晋南北朝以至隋唐，在儒、佛、道三教的论争中，儒家一直处于较次要的地位。到了宋明之际，封建社会到了后期，为了适应越来越极端的君主专制统治的需要，宋明理学家又恢复儒学。他们对先秦儒学进行改造，否定了汉代儒学，并吸收了佛、道思想，建立起以封建道德为中心的、具有思辨性的较为严密的儒家哲学体系。宋明理学认为这样才真正继承了断绝多年的儒家“道统”。从宋末以后一直到清的七百余年间，宋明理学成为封建社会后期的官方哲学。只有这时才算真正确立了“罢黜百家，独尊儒术”的一统局面。

作为中国封建社会后期占统治地位的宋明理学，为了适应加强专制统治的需要，必然要强化封建伦理道德即礼教禁锢人民的思想，以防“犯上作乱”。而要强化封建礼教，必然要涉及人性问题。人性论问题一直是宋明理学中一个非常重要的问题。宋代的理学家不满意以往诸家对人性的解释，而提出“天命之性”与“气质之性”的人性二元论。首先提出这个问题的是唯物主义哲学家张载，他用气一元论说明人性，提出人性有“天地之性”与“气质之性”。但在宋明理学中最典型的人性二元论是二程和朱熹的人性理论，二程（程颢、程颐）沿袭了张载的说法，用“天理之性”取代了“天地之性”的提法，并用“理”加以解释，提出“性即理”。朱熹继承了张、程的学说并加以发挥和补充，形成比较完整的天命之性与气质之性的人性论。陆九渊则与程、朱相反，不讲天命之性和气质之性，他自以为得孟子之真传，而讲人性本善，恶是受外物之迁。明代王阳明继承、发展了陆九渊的性善论。宋明理学关于人性尽管有各种说法，但他们的人性论的归宿点都是“存天理，去人欲”。统治阶级正是把“存天理，去人欲”的道德伦理规范与君主专制主义结合起来，作为后期封建社会实行政治和文化专制的理论依据。

1. 二程的天理之性气质之性与存天理去人欲

二程，指北宋时期程颢、程颐兄弟。程颢，字伯淳，生于 1032 年，死于 1085 年，后人称之为明道先生。早年考中进士，做过几任地方官，曾上疏反对王安石变法。程颐，字正叔，生于 1033 年，死于 1109 年，后人称之为伊川先生。宋神宗去世、王安石变法失败后，程颐做了崇政殿说书，就是教皇帝读书。后回洛阳管理洛阳的太学分校。后又被削职为民。二程做官时间都很短，大部分时间著书立说，讲学授徒。他们是河南人，传统上把二程学派称为“洛学”。二程的言论和著作，后人编为《二程全书》，其中有《遗书》《外书》《文集》《易传》《经说》《粹言》六书。二程的思想虽然有些区别，但其基本思想是一致的，并且有许多语录已分不清是谁讲的。

二程明确提出了“理”或“天理”是世界本原的思想。程颢说：“吾学虽有所受，天理二字却是自家体贴出来的。”（《外书》卷十二）这个观点又被程颐发挥，成为二程哲学的出发点与归宿，从而为宋明理学奠定了基础。

什么是理或天理呢？

第一，理或天理是绝对的精神实体，是万物的本原。程颐认为，理就是形而上学的“道”，是不变的、常住的精神本体，是万物的根源。他指出万事万物都是由气（阴阳二气）产生的，阴阳二气产生的万物都是具体的、有时空性的、物质的，是形而下的器。而万物的本性却是理，理是抽象的、超时空的、精神的，是形而上的道。一方面，他认为理与气是相即不离的，理与事物是一体的。他说：“至显者莫如事，至微者莫如理。而事理一致，显微一源。”（《遗书》卷二十五）另一方面，他又强调理是产生气的，“有理则有气。”（《粹言》卷二）他说：“道则自然生万物。”“离了阴阳更无道。所以阴阳者，是道也。阴阳气也。气是形而下者，道是形而上者。形而上者则是密也。”（《遗书》卷十五）这里的“所以阴阳者”，是指推动阴阳二气变化的更高一级根源。这样程颐就把理（道）说成是产生阴阳二气以及万物的最后根源。

第二，理又是万物运动变化的规则和道理，它先于万物而存在着。二程说：“天下物皆可以理照。有物必有则，一物须有一理。”（《遗书》卷十八）“天理云者，这一个道理，更有甚穷已？不为尧存，不为桀亡。人得之者，故大行不加，穷居不损。这上头更怎生说得存亡加减？”（《遗书》卷二）按照这种说法，理是所以然的根据，也是事物的准则。无论人们知道不知道，它照样起作用；无论有无实例，它不增不减。尧尽君道，给为君之理添一例，但为君之理不因此而增；桀不尽君道，为君之理也不因此而减。

第三，封建社会的伦理道德原则都是天理，理是万物的最高原则，也是社会的最高原则。它包括物的理，又包括封建社会的孝、悌、忠、信等道德观念。封建道德都是天理。“父子君臣，天下之定理，无逃于天地之间。”“为君尽君道，为臣尽臣道，过此则无理。”（《遗书》卷五）二程还把封建的礼说成天理。“视听言动，非理不为，即是礼，礼即理也。”（《遗书》卷十五）这样，二程就把君臣之道及父子之道等封建道德都说成是不以人的意志为转移的、万古长存的天理。

第四，把封建专制君主说成是天理的最高体现者。二程把“天”看成与理、道是同一的，说：“天者，理也。”（《遗书》卷十一）同时又把君主看成与天是一样的。“君道即天道也。”“君德即天德也。”（《遗书》卷十一）“天为万物之祖，王为万邦之宗。乾道首出庶物而万汇亨，君道尊临天下而四海从。王者体天之道，则万国咸宁也。”（《易传》卷一）正因为君主与天一样是天理的最高体现，所以，君尊而民卑，人们服从君主的统治也是天理。程颐说：“公侯上承天子，天子居天下之尊，率土之滨，莫非王臣，在下者何敢专其？凡土地之富，人民之众皆王者之有也，此理之正也。”（《易传》卷一）

二程正是在天理学说的基础上，继承并改造了张载的天地之性与气质之性的人性论，提出天理之性与气质之性的人性论。

二程认为，人性是天理的体现，“性即是理”。二程说：“在天为命，在义为理，在人为性。主于身为心。其实一也。”（《遗书》卷十八）这就是说，同样的理，体现在天，就叫命，表示它有使万物不能违抗的权威；理体现在社会关系上，合于理（即礼）的就叫义；理体现在人的品质方面，就叫性；理体现在身体方面，就叫心，所有这些都是一回事。天理降到人就表现为性。“性与天道（理）一也。天道降而在人，故谓之性。性者，生生之所固有也。”（《经说》卷八）

既然人性即是理，理是善的，所以人性也是善的。程颐说：“性即理也，所谓理，性是也。天下之理，原其所自，未有不善。”（《遗书》卷二十二）在他们看来，仁、义、礼、智、信是天理固有的，同时也是人性所固有的。程颐说：“自性而行皆善也。圣人因其善也，则以仁、义、礼、智、信以名之。”（《遗书》卷二十五）二程肯定了孟子的性善论，说：“孟子言人性善，是也。虽荀、扬亦不知性也。孟子所以独出诸儒者，以能明性也。性无不善。”（《遗书》卷十八）二程认为，性即是理，所有人的人性都是善的，圣人与百姓都是一样的。“性即是理，理，则自尧、舜至于涂人一也。”（《遗书》卷十八）

人性既然都是善的，为什么会出现恶行呢？二程认为，这是由于气造成的人的气质不同，或气禀不同。气质、气禀也叫“才”。程颐说：“性无不善。而有不善者，才也。”“才禀于气。气有清浊，禀其清者为贤，禀其浊者为愚。”（《遗书》卷十八）这就是说，一方面，人性是天理的体现，是善的，这是天理之性；另一方面，人禀受的气不同，使人有善有恶，这是气质之性。“气清则才善，气浊则才恶。禀得至清之气生者，为圣人。禀得至浊之气者，为恶人。”（《遗书》卷二十二）正由于气禀、气质也决定人性，二程又提出“性即气”。这个“性”指的是气质之性。程颢说：“生之谓性。性即气，气即性，生之谓也。人生气禀，理有善恶，然不是性（天理之性）中元有此两物（善、恶）相对而生也。有自幼而善，自幼而恶，是气禀有然也。”（《遗书》卷一）“生之为性”是告子的话，是孟子所反对的。二程却借以说明气质之性。二程既继承了孟子的性善说，又改造了告子的“生之为性”说，并将二者结合起来，从而构成了天理之性与气质之性的人性论。二程认为，孟子讲性善是从本源上讲的，告子的“生之谓性”是从现实人讲的，讲的也是人性。程颐说：“不以告子‘生之谓性’为不然者，此亦性也，彼命受生之后谓之性尔，故不同。”（《遗书》卷三）

二程认为天理之性与气质之性在人身上是联系在一起的，不能只讲一个方面。程颐说：“论性，不论气，不备；论气，不论性，不明。（一本此下云：二之则不是。）”（《遗书》卷六）这就是说，只讲天理之性不讲气质之性，是不完备的，因为不能说明人何以为恶。只讲气质之性不讲天理之性，就不明白人性的真正本源。两种说法都是片面的。

二程提出“性即是理”，把仁、义、礼、智、信等封建道德说成是天理，是人本性中固有的；他们还提出“性即气”，说明人为恶是气质之浊造成的。同时，二程又提出气质之性是可以改变的，只要不自暴自弃，任何人都可以去恶从善，甚至可以成为圣人。在二程看来，人性有天理之性与气质之性两个方面，而气与理本为一体，理为气之本，气为理之用，气归根到底与理是一致的，即使是气质之恶，仍可以改变为善的。程颐说：“孔子谓上智与下愚不移。然亦有可移之理，惟自暴自弃者不可移也。”（《遗书》卷十八）他认为，自暴自弃者不肯去学所以气质不变，如果肯学也是可以改变的，孔子讲的下愚就是自暴自弃者。他说：“若夫学而知之时，气无清浊，皆可至于善而复性之本。”（《遗书》卷二十二）

二程认为去恶从善必须改变气质，而改变气质的关键在于存天理，灭人欲。二程说：“人心私欲，故危殆。道心天理，故精微，灭私欲则天理明矣。”（《遗书》卷二十四）在二程看来，存天理可以使人达到符合伦理道德的最高理想境界。如果失去了天理，只是人欲，人就不成其为人，就和禽兽一样。“人之所以为人者，以有天理也。天理之不存，则与禽兽何异矣。”（《粹言》

卷二）二程认为，存天理，去人欲，就务必使情感以及活动符合封建道德规范。“视听言动，非理不为，即是礼，礼即是理也。不是天理，便是私欲，人虽有意于为善，亦是非礼。无人欲即皆天理。”（《遗书》卷十五）这就把一切不符合封建道德的都说成是人欲，都在消灭之列。有人问程颐：有个孤独的寡妇，家境贫穷，无依无靠，她可以再嫁吗？程颐说：“只是后世怕寒饿死，故有是说。然饿死事极小，失节事极大。”（《遗书》卷二十二）这就是说贫穷孤苦的寡妇，不能再嫁，再嫁就是失节，失节就是私欲，就是违背天理，所以宁肯饿死，不能再嫁，这样守节、从一而终才于天理。在二程看来，人的欲望要求是最大的危险，要存天理，必须去私欲，甚至“窒欲”。“甚矣，欲之害人也。人为不善，欲诱之也。欲之而不知，则至于灭天理而不知反。故目则欲色，耳则欲声，鼻则欲香，口则欲味，体则欲安，此皆有以使之也。然则何以室其欲？曰，思而已矣。觉莫要于思，唯思为能窒欲。”（《粹言》卷二）

然而，存天理去人欲是不容易的。一是因为人的耳目不断与外物接触，时时受声色的诱惑。二是因为人皆有身，人身就会产生私欲，因此去人欲、存天理必须有“大勇”。怎样才能达到存天理、去人欲呢？二程认为，必须通过人的内心修养和学习。程颐提出：“涵养须用敬，进学在致知。”（《遗书》卷十八）“用敬”是内心修养的功夫，“致知”是外部为学的功夫。因此，要存天理、去人欲，必须做到：

第一，用“敬”的方法修养内心，不受外物诱惑。程颐认为，人不可能不与外物接触，怎样既接触万物又不受其诱惑呢？那必须用“敬”的方法修养内心。“人心不能不交感万物，亦难为使之不思虑。若欲免此，唯是心有主。如何为主？敬而已矣，”（《遗书》卷十五）什么是敬呢？“所谓敬者，主一之谓敬。所谓一者，无适之谓一。”（《遗书》卷十五）主一无适，指心有所主，无所他适，也就是精神专一，不为外物所诱惑、动摇。程颐还主张静坐，以为严肃整饬，则精神专一，自然发生庄敬之念。敬可以防邪存诚，敬可以去恶来善。反之，如果精神不专一，就是不敬。“一不敬则私欲万端生焉。害仁此为大。”（《粹言》卷一）所以，主敬是恢复天理的道路。程颐说：“敬只是主一也。主一，则既不之东，又不之西，如是则只是中。既不之此，又不之彼，如是则只是内。存此，则自然天理明。”（《遗书》卷十五）

第二，通过格物致知以恢复心中之天理。程颐认为，人的知识分为两种，一种是见闻之知，一种是德性之知，即对天理、对封建道德的知与体验。见闻之知是后天从经验得来的。德性之知是先验的。德性之知虽然是人人先天就有的，但由于我们的气禀往往昏浊，德性之知往往为外物蒙蔽。要想使德性之知恢复本来的澄明，并使见闻之知日有增进，我们必须格物，所以《大学》中讲："致知在格物。"二程对"格物致知"又做了新的解释。程颐说："格犹穷也，物犹理也。犹曰穷其理而已矣。穷其理然后致知，不穷则不能致也。"又说："格，至也。物，事也。事皆有理，至其理，乃格物也。"（《遗书》卷二十五）这样就把"格物"解释为穷究物之理。程颐认为，任何事物都有理，我们如能今日格一件，明日格一件，久而久之，我们自然会达到豁然贯通的境地，也就是达到德性之知，达到体会天理以及封建道德的精神境界。可见，程颐讲的"格物致知"，并不在于认识物之理，而在于认识社会伦理道德。在他看来，如果又穷究物之理而不归结到伦理道德修养，那就像"泛然如游骑无所归"。（《遗书》第七）格物的任务是致知，"致知，但知止于至善，为人子止于孝，为人父止于慈之类，不须外部只观物理。"（《遗书》第七）总之，二程讲的格物致知，不是让人们通过接触外界而认识事物的发展规律，而是让人们通过格物体认天理，体认封建道德，只有这样，才能防止外物的诱惑，防止人欲使人迷而不悟，才能存天理。"致知在格物，非由外铄我也，我固有之也。因物而迁，迷而不悟，则天理灭矣。故圣人欲格之。"（《遗书》卷二十五）

二程提出理或天理是世界的本原，并在理的基础上提出天理之性与气质之性。从抽象的意义上说，二程强调人的修养要注意追求内心高尚的境界，不受外物的诱惑，也还是有一定意义的。程颐还否定了孔子上智与下愚不移的说法，认为经过学习与修养人人都可以去恶从善。这较之于董仲舒、韩愈坚持性下品者本性不变的思想有较大进步。当然程颐并没有敢于直接否定孔子的说法，而是说孔子讲的"下愚"是那些自暴自弃的不肯学习者。

尽管如此，二程的哲学，尤其是其人性论，在理论上是错误的，在实践上，也在中国封建社会后期的历史中起了极其反动的作用。

第一，二程提出的天理之性与气质之性，不是基于事实概括出来的，而是根据封建统治阶级的需要虚构出来的（当然这种虚构也是有一定基础的）。所谓天理之性，无非就是把封建统治阶级所需要、所提倡的品德，与天理联系起来，说成是永恒的，说成人的本性。这样就可以把遵守封建道德说成是顺乎天理，顺乎本性。然而现实生活中，人们并不完全按封建道德行事，于是二程就说这是气质之性。把遵守封建道德的说成是气质之性善，把不遵守封建道德的说成是气质之性恶。二程还提出只要改变气质，气质之恶也可变善，并给人们指出改变气质之性、去恶从善之路。所以，二程的人性论没有基于人性的分析，只是为了满足封建统治需要的虚构。

第二，二程非常明白突出地提出了存天理、去人欲的禁欲主义。从孟子的性善论，到汉唐的性三品说，都程度不同地提出限制人的欲望问题。但到封建社会末期，二程非常突出地把欲望说成与天理对立，是罪恶，要求存天理，去人欲。程颐甚至说什么“饿死事极小，失节事极大”，这些后来成为扼杀人们的欲望要求、摧残妇女的思想工具，是杀人不见血的软刀子。

正由于二程的哲学对维护封建专制统治有极为重要的作用，二程的哲学就极受朱熹的推崇。朱熹说：“夫以二先生倡明道学于孔孟既没、千载不传之后可谓盛矣。”（《朱文公文集》卷七十五）二程的哲学为朱熹所继承，从南宋开始，程、朱理学成为后期封建社会的统治思想、官方哲学。这一时期才是儒家真正处于独尊的时期，同时也是专制之极、黑暗之极的时期。

2. 朱熹的天命之性、气质之性与君主的正心诚意

朱熹是宋明理学最著名的代表，是孔孟以后在我国封建社会影响最深远的儒家代表。

朱熹，字元晦，晚年自称晦庵，生于 1130 年，死于 1200 年，原籍安徽徽州婺源，从他父亲起，居住在福建。朱熹正处在南宋初年，19 岁中进士，此后从学于李侗。李侗是程颐的三传弟子，朱熹自认为接续了程门之传。他在《大学章句序》中说：“河南程氏两夫子出，而有以接乎孟氏之传，……虽以熹之不敏，亦幸私淑而有与闻焉。”

在朱熹中进士后的五十余年间，作过约十年官。在他为政期间，积极镇压农民起义，但反对对人民横征暴敛、竭泽而渔。对金王朝的侵犯，他年轻时主张抗金，后又主守，但始终主张将“安内”放在“攘外”之上。晚年他曾反对掌握朝中大权的韩侂胄（抗金派），因此朱熹的“道学”被称为“伪学”，朱熹派的人被称为“逆党”。直到朱熹死后九年，宋宁宗尊崇道学，朱熹才恢复名誉。

朱熹一生的大部分时间在福建讲学，朱熹学派被称为“闽学”。朱熹学问渊博，著书很多，但多是对儒家经典的注解，其著作主要有《周易本义》《诗集传》等，在他的著作中最用力的是对《四书》的注解：《论语集注》《孟子集注》《大学章句》《中庸章句》。在他临死的前一天，他还在修改《大学章句》。

后人把朱熹的著作编辑为《朱文公文集》，把他的语录编为《朱子语类》。

朱熹哲学思想体系中的基本范畴是“理”或“天理”，他继承了二程的学说，同时又吸收了张载关于气的学说，认为宇宙之内有理有气。他说：“天地之间，有理有气。理也者，形而上之道也，生物之本也。气也者，形而下之器也，生物之具也。”（《文集·答黄道夫书》）这就是说宇宙中有理又有气。理是无形的、看不见的本体，是“形而上之道”，是事物的根据或本原，即“生物之本”。气是有形可循的，是“形而下之器”，是构成事物的材料，即“生物之具”。人与物的产生是既禀受理，所以有性；又禀受气，所以有形。理是决定万物之性的原因，气是赋予万物之形的原因。

在理与气的关系上，朱熹认为理在气先。这里的“理在气先”指从理论上、逻辑上看，理比气更为根本，并且在具体事物出现以前，已有它的理。他认为，具体的事物，它的理与气不能相离，不分先后；如果要问哪个更根本，则应说先有它的理。他说：“或问必有是理，然后有是气，如何？曰：此本无先后之可言。然必欲推其所从来，则须说先有是理。”（《语类》卷一）“问：有是理，便有是气，似不可分先后？曰：要之也先有理，只不可说是今日有是理，明日却有是气也，须有先后，且如万一山河大地都陷了，毕竟理却在这里。”（《语类》卷一）这就是说，理在气先并不是指今日有这个事物的理，明日才有这个事物的气，而是指，事物尚未出现就已有它的理，事物消灭了仍有它的理。无论天然的或人造的事物，都有其所以然之理，而且这种所以然之理，从理论上都存在于事物之先。如舟只可行之于水，车只可行之于陆，这些舟、车之理，在舟、车创造出来之前就存在着，舟与车就是依这些理制造出来的。“未有这事，先有这理。如未一有君臣，已有君臣之理。未有父子，已先有父子之理。”（《语类》卷一）

朱熹认为，理是事物的“所以然之故”与“所当然之则”，是尽善尽美的。他说：“至于天下之物，则必各有所以然之故与其所当然之则，所谓理也。”（《大学或问》）“所以然之故”指事物为什么是那个样子的根本原因，“所当然之则”指事物的必然法则。例如万物生生不息，这是天地当然之则；鸢飞于天，鱼跃于渊，这是鸢与鱼的当然之则。又如竹椅须有四只腿，平平正正方可坐，若少一只便坐不得，这是当然之则。水流向下，火炎向上，水之必寒，火之必热，这是当然之则。在人类，耳聪目明为耳目当然之则，君仁、臣敬、父慈、子孝，这是君、臣、父、子的各自的当然之则。为什么天地会把生生不息、君臣父子会把仁敬慈孝当做各自的当然之则，这都不是人的安排，而

是出于天命。“天命即天道流行而赋予物者，乃事物所以当然之故也。”（《论语 • 为政》集注）

朱熹把封建社会的三纲五常都说成是当然之则，是最完美的，是太极或天理的体现，并且是永恒不变的。他说：“宇宙之间，一理而已。天得之而为天，地得之而为地，而凡生于天地之间者，又各得之而为性。其张之为三纲，其纪之为五常，盖皆此理之流行，无所适而不在。”（《文集 • 读大纪》）这就是说，天地万物的生灭变化是理或太极的流行，社会中的一切更是理或太极的流行。在社会中，理最主要的内容就是三纲五常，三纲五常是不变的。“三纲五常，礼之大本，三代相继，皆因之而不能变。”（《论语 • 为政》注）

朱熹认为，人类与万物一样，同为理与气所合成，所以，他在人性论方面继承了张载与二程的观点，提出了天命之性与气质之性。

朱熹认为万事万物都是理的体现，理表现在人方面就叫性，所以说：“性者，人之所得于天之理也。”（《孟子 • 告子》注）得之于天之理的就是天命之性，是人的本性。太极是完美无缺、尽善尽美的，它体现到人性也应当是完美无缺的。正如月光映在江湖上，只要水色澄明，水中月与天上月并无差别。所以，人的本性天命之性是至善的。

朱熹认为人还有气质之性。按照朱熹的哲学，太极要通过具体事物表现出来，具体事物的形成，一方面靠理，一方面靠气。理是完备的，但具体事物的气却是各不相同的。朱熹说：“论天地、之性，则专指理言；论气质之性，则以理与气杂而言之。”（《文集 • 答郑子上》）他所谓天命之性，专指体现天理而言，但理表现在每一个具体的人上，则与气不能分离，与气相杂的理，就成为气质之性了。

朱熹认为，气有精粗、正偏、通塞的不同，所以在性上，人与物不同，人与人不同。气首先分精、粗两种，禀受精气的为人，禀受粗气（渣滓）的为物。“只是一个阴阳五行之气，滚在天地之中，精英者为人，渣滓者为物。”（《语类》卷十四）构成人的精气又有正、通两种，正中又有美恶之分，通中又有清浊之分。禀受正气中之美者，其人谨厚忠信，行事合于礼义，这就是贤人。禀受正气中之恶者，其人奸猾暴戾，行事邪恶悖理，这就是不肖。禀受通气中之清者，则聪明通达，了解事理，这就是智者。禀受通气中之浊者，昏暗愚钝，不明事理，这就是愚者。他说：“以理而言之，则万物一原，固无人物贵贱之殊。以其气而言之，得其正且通者为人，得其偏且塞者为物。……然其通也，或不能无清浊之异，其正也，或无美恶之殊。固其所赋之质，清者智而浊者愚，美者贤而恶者不肖，又有不能同者。”（《大学或问》）简言之，构成人的气有清浊美恶的不同，所以气质之性有善有恶。“但禀气之清者，为圣为贤，如宝珠在清冷水中。禀气之浊者，为愚为不肖，如珠在浊水中。”（《文集•答郑子上》）

朱熹认为区分天命之性与气质之性，就可以解决孟子以来关于人性的争论。他认为孟子主张性善，认为仁、义、礼、智是人的本性，这是指天命之性而言，但孟子不知道人还有气质之性，因而，不能很好地解释人性既善，恶从何来的问题，所以他对人性的解释不够完备。荀子主张性恶，扬雄主张性善恶混，韩愈主张性三品，实际上都是指气质之性而言，他们不知穷本极源的天命之性是善的，所以他们对人性的解释也不透彻。朱熹认为只有严格区分天命之性和气质之性，人性问题的各种争论才能得到圆满解释。所以，他对张载、二程的人性论给以极高的评价。“道夫问：气质之说，始于何人？曰：此起于张、程。某以为极有功于圣门，有补于后学。读之使人深有感于张、程，前此未曾有人说到此。如韩退之《原性》中说三品，说的也是，但不曾分明说是气质之性耳。性哪里有三品来？孟子说性善，但说得本原处，下面却不曾说得气质之性，所以亦费分疏。诸子说性恶与善恶混，使张、程之说早出，则这许多说话自不用纷争。故张、程之说立，则诸子之说泯矣。”（《语类》卷四）

朱熹在把人性分为天命之性与气质之性的基础上，又提出了“人心”与“道心”的区别。所谓“道心”是指本体的心，把理的实现当作目的的心，如恻隐、羞恶、恭敬、是非等道德感情都属于道心。所谓“人心”，指把肉体的快乐当作目的的那种心，如饮食、男女等肉体欲望都属于人心。不过道心与人心并不是两个不同的心，而只是一个心。在朱熹看来，超凡入圣的修养并不是消灭人心，而是使人心服从道心，使危殆的人心由危而安，使微妙的道心出隐而显。他说：“必使道心常为一身之主，而人心每听命焉，则危者安，微者著，而动静云为自无过不及之差矣。”（《中庸章句序》）

要使人心服从道心，必须存天理，去人欲。朱熹提出人心道心的同时又论述了天理人欲问题。他说：“只是人之一心，合道理的是天理，循情欲的是人欲。”（《语类》卷七十八）朱熹关于天理人欲之辨，发展了二程的思想。二程认为道心与人心的区别就是天理与人欲的区别：“人心，私欲，故危殆；道心，天理，故精微。灭私欲，则天理明矣。”（《遗书》卷二十四）朱熹认为道心就是天理，是至善的，人心则未必一定不善，因为人都有肉体，虽圣人也都有人心。人心有为善为恶两种可能。可是人心却容易为外物诱惑而流于不善。陷于不善的人心才叫人欲。人欲则一定是恶的。在朱熹看来，道心、人心并存于我们心中，经常互相冲突。如果道心居优势，则人心自得其正而不流为人欲；如果人心居优势，人心就会流为人欲将道心掩蔽，这样道心将日趋衰弱，人欲将日趋旺盛，而最后道心完全为人欲所征服。所以，天理与人欲是完全对立而不可并存的："人之一心，天理存则人欲亡，人欲胜则天理灭，未有天理人欲夹杂者。"（《语类》卷十三）修养的目的就是革尽人欲，复尽天理。他说："圣人千言万语，只是教人明天理、灭人欲。"（《语类》卷十二）

朱熹主张存天理、灭人欲，就是要人们放弃欲望要求，自觉服从封建道德、封建礼教。在他具体说明什么是天理人欲之辨时，他的学生问："饮食之间，孰为天理，孰为人欲？"朱熹回答说："饮食者，天理也。要求美味，人欲也。"（《语类》卷十三）他说，人人都喜欢吃猪肉而讨厌吃野菜，但如果你处的地位使你没有猪肉吃，你就甘心吃野菜，如果你还想吃猪肉，就是人欲。可见存天理就是服从封建道德和等级秩序，因为封建的"礼"就是天理。他说："盖非礼而视，人欲之害仁也；非礼而听，人欲之害仁也；非礼而言且动焉，人欲之害仁也。知人欲之所以害仁者在是，于是乎有以拔其本塞其源，克之克之而又克之，以至于一旦豁然欲尽而理纯。"（《文集》卷七十七）

朱熹把人的欲望看成就是罪恶，他常把人欲比作"贼"。他说："有纤毫私欲，便能识破他。自来点检惯了，譬如有贼来，便识得，便捉得。"（《语类》卷十五）朱熹主张对世上贼（农民起义军）要"围掩搜捉"，"尽力扑讨"。对人欲这心中的贼，也要"攻围拔守"，"与之厮杀"。"圣人所以下个克字，譬如相杀相似，定要克胜得他。"（《语类》卷四十一）

朱熹认为明确了天理人欲之辨，战胜了人欲，恢复了天理，便叫做仁。人的道德修养，最后的目的就是求仁。他说："仁者，心之德，爱之理也。"（《孟子集注》）"心之德"是指广义的仁，广义的仁是包括仁、义、礼、智一切封建道德的总原则。仁是仁的本体，义是对仁的决断，礼是指仁的具体仪节，智是指对仁的识别。"爱之理"指的是狭义的仁，狭义的仁是"爱"这种情的理或根本。仁是人之性，心之德，是人人生而具有的，仁是众善之源。可是人受着气禀的拘束与人欲的蒙蔽，仁往往不能把全部光辉显现出来，所以要克己之人欲，复天理，以求仁得仁。

朱熹认为修养的目的是求仁，修养的方法可以分为居敬和穷理两项功夫。

居敬与佛教的坐禅、道教的清静不同，不是与外界隔绝，闭户静坐。儒家的居敬则是与人伦大道、日常行事密切关联的。朱熹说："敬者，主一无适之谓。"（《论语集注》）所谓主一无适，就是心为义理所主宰，无论动还是静，一切都与义理相合，不容违背。这样，无事时敬在心上，有事时敬在事上。无事时敬在心上，是集中注意力不受外界的物质引诱。有事时敬在事上，是使处理事物合于义理。他认为如果能达到这种状态，就恢复了心中的天理，就达到了仁。

穷理就是格物致知穷理，就是探求和穷尽所以然之理与所当然之则。"穷理者欲知事物之所以然与所当然则而已。"（《文集•答或人》）但朱熹认为格物致知穷理主要不是探求事物之理，主要是穷尽心身当行之理，即伦理道德。他认为若是只穷尽天下万物之理，以一草一木为主要对象，就像散兵游勇一样，到处乱跑，达不到真正目的。朱熹主张格物穷理必须有先后缓急之序，先穷究一心之理，次及一身之理，再及人伦当行之理，最后才及天地鬼神山川草木之理，尤其是心身当行之理要占我们穷的六七分，外物之理只可占三四分。可见，朱熹的格物致知穷理虽包含求知的因素，但不在于认识客观事物及其规律，而在于领悟封建伦理道德，所以是一种封建道德的修养方法。他所谓今日格一物，明日格一物，是为了达到对天下事理的一种顿悟："至于用力之久，而一旦豁然贯通焉，则众物之表里精粗无不到，而吾心之全体大用无不明矣。此谓物格，此谓知之至也。"（《大学章句•补格物传》）就是通过顿悟得到一种全知全能的知，达到对太极的知，充分体验封建道德。

朱熹认为治国平天下必须治本。治国之本就是确立封建道德，确立三纲五常。他说："盖三纲五常，天理民彝之大节，而治道之本根也。"（《文集•戊申延和奏扎》）他甚至认为不同金朝比军事力量，而是靠三纲五常来对抗金的侵略。他说："中国所恃者德，夷狄所恃者力。……盖以力言之，则彼常强我常弱，是无时而可胜，不得不和也。以德言之，则振三纲明五常，正朝廷，励风俗，皆我之所可勉，而彼之所不能者，是乃中国治夷狄之道。"（《文集•答汪尚书》）他认为社会的根本问题是正人心，"治道必本于正心修身"（《语类》卷一〇八）。只要大力提倡道学，使人人（包括皇帝在内）都经常地、自觉地进行道德修养，就可以使国治天下平。

朱熹的哲学以孔孟思想为主，吸收了佛、道学说，并综合了董仲舒、韩愈、李翱、周敦颐、张载、二程的学说，构成一个集大成的体系，使宋明理学达到了顶峰，也使孔孟之后的儒家学说，达到空前完毕的程度。正如朱熹的门人黄幹所说："道之正统待人而后传，自周以来，任传道之责者不过数人，而能使斯道章章较著者，一二人而止耳。由孔子而后，曾子、子思继其微，至孟子始著。由孟子而没，周、程、张子继其绝，至熹而始著。”（《朱熹传》，《宋史》卷四二九）在这些谭学寥看来，尧、舜、禹、汤、文、武、周公的儒家道统，到孔子得到发挥，曾子、子思也有所继承，但到孟子才开始显著起来，然而孟子之后，儒家的道统又被埋没了，只有到了宋朝，周敦颐、二程、张载才又恢复起来，到朱熹把儒家道统发挥到至高的程度。

一方面，由于朱熹的思想特别适合于封建统治阶级对广大人民实行专制统治的需要，另一方面，朱熹的理论体系比较严密，内容十分丰富，较其他理论更能自圆其说。此外，朱熹哲学中还具有一些合理成分，如在具体事物上坚持理与气的不可分离，在人性问题上坚持圣人也有气质之性，也有人心等等。所以，尽管朱熹的学说在南宋时一度被称为“伪学”，但从南宋末年到清末的七百多年中，朱熹的哲学一直是代表封建统治阶级的官方哲学，占有不可动摇的权威地位。

南宋时，在朱熹死后九年，宋宁宗于嘉定二年（1209 年）便诏赐朱熹遗表恩泽，“谥曰文”，称“朱文公”。过了一年又追赠朱熹为中大夫，宝谟阁学士。嘉定五年（1212 年）又把朱熹的《论语集注》《孟子集注》列入学宫，作为法定教科书。到宋理宗又追封朱熹为信国公，并旋改封徽国公，并下令列入孔庙从祀。然而，对朱熹学说的推崇，并没能挽救南宋的灭亡。

南宋王朝灭亡了，但提倡道学、推尊朱熹的政策却被元朝统治者继承了。元顺帝时在朱熹的老家婺源修建了“徽国朱文公之庙”，后又改封朱熹为齐国公。明王朝建立后，更重视确立朱熹思想的统治地位。明朝廷规定，科举考试以《四书》《五经》命题，朱熹关于《四书》的注解被认为是正统的标准答案。参加考试的文章如果违背了朱熹的注解，不可能被录取。于是朱熹的思想就定于一尊。鄱阳人朱季友因著书抨击程、朱，被明成祖发配饶州决杖，所著书全部焚毁。明王朝灭亡后，清朝的统治者继续推崇程、朱理学。康熙皇帝特旨将朱熹从孔庙的侧廊上升到大成殿配享，并下令编纂《朱子全书》，亲自作序。康熙说朱熹“一字一句莫有论其可更正者”，（《清康熙壬辰年升祀朱子奏议》，《婺源县志》卷四十六）这就把朱熹的话说成句句是真理，于是以朱子之是非为是非。一直到五四运动，朱熹同孔子一起失去其神圣地位。

朱熹的哲学尽管比其他唯心主义哲学都完备，但其哲学从理论上说是荒谬的，其人性论也是如此，从政治实践上起着极其反动的作用。

第一，朱熹把一些反映客观规律的道理与封建社会的伦理观念混杂在一起，说成是先于事物的、离开人的、精神性的“理”或“天理”，这是一种客观唯心主义观点。水流向下，火炎向上；寒之必衣，饥之必食；舟行于水，车行于陆等合乎规律性的：道理，本来是人们在反映事物基础上形成的正确思想观念，这些观念普遍被人们接受，这些道理存在于人们的头脑中。朱熹却把这些为人们普遍接受的观念片面夸大，加以绝对化，说成是离开人们头脑的客观精神“理”或“天理”。同时，朱熹又把在封建社会里形成并被统治者所推崇的伦理观念如仁、义、礼、智等，也说成是离开人们头脑的“天理”。这根本是两类不同的观念。前一类观念符合客观的规律性，而后一类观念只是适合封建统治的需要。朱熹把这两类不同的观念硬凑在一起，就掩盖了封建伦理道德适合封建专制统治的实质，把封建伦理道德说成像火之必热一样不可变易的必然性。他说：“为子必孝，为臣必忠，决定是如此。”（《语类》卷六十四）

第二，朱熹把人性分为天命之性与气质之性，并没有任何事实根据。他讲的天命之性，只不过是封建统治者所需要的道德品质。他讲的气质之性，只是为了解释人与人之间道德品质的差异而杜撰出来的。在这方面，他与二程是一样的。

第三，朱熹把人的一切欲望都说成罪恶，是一种禁欲主义，在历史上起了极为反动的作用。一切宗教都把人的欲望说成罪恶，佛教就是这样。朱熹反对佛教，主要是反对佛教不讲君臣父子的礼，但在克除欲望上却与佛教是一致的。他说：“释氏之学，只是克己，更无复礼的工夫。”（《语类》卷四十一）朱熹的禁欲主义，就是要求广大劳动人民放弃对幸福生活的追求，甚至放弃最基本的生活要求，而服从封建礼教。更为恶毒的是，自从二程与朱熹，把妇女改嫁说成是罪恶。鲁迅说，周末虽有殉葬，并非专用女人，嫁否也任便，并无什么制裁。由汉至唐也没有鼓吹节烈，唐人还把公主改嫁的事写到文章里。然而到了宋代，出了二程、朱熹这帮道学家之后，把妇女改嫁说成“人欲”，说成罪恶，这些理论成了千百年来杀害广大妇女的软刀子（参阅《我之节烈观》，《鲁迅全集》第 1 卷）传说朱熹在漳州做官时，要求妇女出门时把脸遮住仅留两个小孔，这就是后来的所谓“朱文公兜”；要求每家门口要挂一个竹编格帘，妇女不能走出格帘，也不能随便往外窥看，这就是后来所谓“朱文公帘”。除此之外，朱熹还大力提倡节烈。据《漳州府志》记载，自宋至太平军入漳州前，共有“烈女”4498 名，有所谓“节烈”“节孝”“贞节”“苦节”还有所谓“婆媳同孀”“三世苦摩”“四世五节妇”等，还有所谓“未嫁守寡至八十岁”“亡夫投井”等等。正是这种“存天理、灭人欲”，不知葬送了多少妇女的青春和生命。所以清代进步思想家戴震愤怒指责朱熹等“以理杀人”，说：“人死于法犹有怜之者；死于理，其谁怜之！”（《孟子字义疏证》卷上）

第四，朱熹把社会的治乱归之于君主的人心，把希望寄托在君主的道德修养上，这只能使君主由不受任何权力制约的绝对权力走向绝对罪恶。在朱熹看来，人心是一切社会现象的决定因素，对社会现象起决定作用的是君主的心。他说：“天下万事，有大根本；而每事之中，又各有切要处。所谓大根本者，固无出于人主之心术；而所谓切要处，则必大本既立，然后可推而见也。”（《文集·答张敬夫》）他还在给皇帝的奏折中说：“天下之大本者，陛下之心也”，“人主之心正，则天下之事无一不出于正。”（《文集·戊申封事》）君主的地位如此至尊，君主的责任如此重大，所以，朱熹主张君主应该注意对自己进行道德修养，其修养的程序可以按《大学》的规定逐步进行，格物、致知、诚意、正心，而诚意、正心尤为重要。“治天下，当以正心、诚意为本。”（《续近思录》卷八）达到以上四项，便可以齐家、治国、平天下了。这样就可以实现德治。这种思想仍然是儒家“内圣外王”的思想，把一切希望寄托于专制君主“自我觉悟”的道德修养上。其实这只是一种美好的愿望。治国先修身，修身先诚意、正心，这样君主便可以没有任何邪恶之心，就可以使社会上的邪恶现象不再存在，一切社会问题都可以解决了。这只是一种幻想。因为握有至高权力的君主，想“觉悟”就“觉悟”，不想“觉悟”就不“觉悟”，任何人也奈何他不得。对君主的权力不用权力限制，而靠自我觉悟限制君主的胡作非为，只是骗人的空话。实行的结果从来不是“内圣外王”，而实际永远是“外王”而“内圣”，只要是君主，即使是昏庸之极、胡作非为的君主，谁也不敢不承认他的圣明。连朱熹本人也说：“韩退之云：‘臣罪当诛兮，天王圣明’……看来臣子无说君父不是的道理。”（《语类》卷十三）

3. 陆九渊的心学性善论与存心去欲

南宋时期与朱熹同时，出现了一个与朱熹道学相抗衡的哲学家陆九渊。淳熙二年（1175年），陆九渊与朱熹在信州鹅湖寺（今江西铅山县境）就道学问题进行了争论，这就是中国哲学史上有名的鹅湖之会。陆九渊认为继承孟子道统的不是朱熹，而是他自己。

陆九渊，字子静，江西抚州金溪人，生于1139年，死于1192年。他做过几任地方官吏，晚年任荆门军（军是宋代一种地方行政单位）。因曾居贵溪象山书院讲学，人称之为象山先生，其著作收入《象山先生集》。1980 年中华书局出版新点校本，改名《陆九渊集》。

陆九渊也承认理，他与朱熹的最大不同在于提出了“心即理也”，就是说理都在心中。

陆九渊象朱熹一样，也把自然界一些规律性的现象说成是“理”。他说：“天覆地载，春生夏长，秋敛冬肃，俱此理。”（《陆九知集》卷三十五《语录下》，以下只注篇名）同时，他同朱熹一样，也把封建的伦理原则说成是同自然规律一样的“理”，而且他讲的理多是指封建的伦理原则。他说：“道者，天下万世之公理，而斯人之所共由者也。君有君道，臣有臣道，父有父道，子有子道，莫不有道。”（卷二十一《论语说》）他还把维护封建社会等级制度的“礼”说成是理。“礼者理也。”（卷十二《与赵然道》）而且这种上尊下卑的礼就像天在上地在下一样不能改变。他说：“上天下泽，尊卑之义，礼之本也。”（卷三十四《语录上》）在陆九渊看来，理存在于自然界，存在于社会生活的所有领域，自然之理与封建伦理之理，充塞于宇宙，“塞宇宙一理耳。”（卷十二《与赵泳道》）

但在心与理的关系上，陆九渊与朱熹有很大分歧。朱熹虽也有心即理的思想，他认为心的本性是理，但他承认心外的理是最高本体，因此，他是理一元论者。但陆九渊认为，天地万物之理都在我心中，心与理完全是合一的，没有区别，他是心一元论者。他说：“盖心，一心也，理，一理也，至当归一，精义无二，此心此理，实不容有二。”（卷一《与曾宅之》）所谓心与理“不容有二”，就是针对朱熹的心外有理而言的。他认为，既然理具于心，心就是理，那就不必离心讲什么理。“人皆有是心，心皆具是理，心即理也。”（卷十一《与李宰》）这里虽然没有明确提出“心外无理”，但却包含了这一思想。

陆九渊不仅反对心外有理，而且反对心外有物。他说：“四方上下曰宇，往古来今曰宙。宇宙便是吾心，吾心即是宇宙。”“宇宙内事，是己分内事。己分内事，是宇宙内事。”（卷二十二《杂说》）宇宙如何便是吾心呢？他说：“万物森然于方寸之间，满心而发，充塞宇宙，无非此理。”（卷三十四《语录上》）这就是说，只有经过我的心，才能知道有万物；没有我的心，就无法知道有万物，因此万物就在我心中，我心豁然扩充就能充塞宇宙。

与这种心一元论相一致，在人性论上，陆九渊反对朱熹关于天命之性、气质之性的区别，提出人性本善的主张。他说：“人性本善，其不善者，迁于物也。知物之为害，而能自反，则知善者乃吾性之固有，循吾固有而进德，则沛然无他适矣。”（卷三十四《语录上》）在他看来，善是性之本，恶是后天物欲之迁。他认为“良心善性”原本是一回事。他说：“人受天地之中以生，其本心无不善。”（卷十一《与王顺伯》）这种本心之善主要指孟子提出的仁、义、礼、智四端。

陆九渊认为，坚持人性本善特别重要。因为只有说人们性善，人心中的善性才不会泯灭，人们才会向善。如果说人性不善，人们就会以不善相待，那就会造成无穷后患。他认为自己得了孟子的真传，真正领悟了孟子性善论的本意。他说：“孟子曰：‘言人之不善，当如后患何？’今人多失其旨。盖孟子道性善，故言人无有不善。今若言人之不善，彼将甘为不善，而以不善向汝，汝将何以待之？故曰：‘当如后患何？’见到孟子道性善处，方是见得尽。”（卷三十四《语录上》）

陆九渊反对朱熹以气质之性为人之善恶、贤愚之别的决定因素。陆九渊认为，气质之清浊未必决定智愚、贤不肖之殊。他说：“人生天地间，气有清浊，心有愚智，行有贤不肖。必以二涂总之，则宜贤者心必智，气必清；不肖者心必愚，气必浊；而乃有大不然者。”（卷六《与包详道》）这就是说，如果用气质之性说明人的智愚、贤不肖，禀气之清者必贤必智，可是实际上，贤者不一定智，智者不一定贤；禀气之浊者必不肖必愚，而实际上不肖者不一定愚，愚者不一定不肖。所以，气质之性的说法不符合实际。“由是而言，则所谓清浊智愚者，殆不可以其行之贤不肖论也。”（卷六《与包详道》）

陆九渊认为，孟子关于人性的说法很精练，“古之性说约”。后来对人性越说越多，越分越细，“今之性说费”。“费，散也。”（卷三十五《语录下》）本来心即性，后来却分为心、性、才、情，说得越多越令人费解，越使人糊涂。他说：“今之学者读书，只是解字，更不求血脉。且如情、性、心、才，都只是一般物事，言偶不同耳。”（卷三十五《语录下》）陆九渊用“狮子咬人，狂狗逐块”的比喻来说明这个问题。人用土块打狗，狗不懂得土块是由人那里打来的，便把注意力投到土块上去了。只注意心、性、才、情等概念的人，就如同狗一样，只注意圣人教人的心、性、才、情等概念，却不理解圣人教人在血脉深处存心去欲上用功夫。人用土块打狮子，狮子则不理会土块，径直扑向人。人应该象狮子一样，不在心、性、才、情等概念上兜圈子，应把精力用在“本心”“良知”上。

陆九渊还反对朱熹关于天理人欲之辩。他说：“天理人欲之言，亦自不是至论。若天是理，人是欲，则是天人不同矣。此其原盖出于老氏。”（卷三十四《语录上》）他认为心即天，这叫天人合一。如果分天理人欲就是“裂天人而为二也”。朱熹认为，天理是心之体，人欲是用之偏；天理是至善，人欲则流于恶。陆九渊批评说：“天理人欲之分论极有病。自《礼记》有此言，而后人袭之。”（卷三十五《语录下》）他认为人有善有恶，天亦有善有恶，日蚀、月蚀、恶星之类就是天之恶，岂可以把善皆归于天，把恶皆归于人。陆九渊主要是讲“心”与“欲”的对立。他认为，本来，“吾心之良吾所固有也”，真正害我心的是欲。“夫所以害吾心者何也？欲也。欲之多，则心之存者必寡，欲之寡，则心之存者必多。故君子不患夫心之不存，而患夫欲之不寡，欲去则心自存矣。”（卷三十二《养心莫善于寡欲》）陆九渊主张存心去欲。

陆九渊也反对朱熹关于人心与道心的区别。他认为心就是理，就是宇宙，上下内外无非都是一个心。道心就是人心，人心就是道心，只是一个心。他说：书曰：‘人心惟危，道心惟微。’解者多指人心为人欲，道心为天理，此说非是。心一也，人安有二心？自人而言，则曰惟危；自道而言，则曰惟微。罔念作狂，克念作圣，非危乎？无声无息，无形无体，非微乎？”（卷三十四《语录上》）

由于陆九渊提出了与朱熹不同的关于人性的看法，因此也提出了与朱熹不尽相同的修养方法。朱熹认为，在理和气的结合过程中，理就分化为在物之理和在心之理，因此，既可以向外通过格物去体认（格物致知），也可以向内在自身探求（存诚持敬），这就产生了向内向外用功两条途径。陆九渊认为，既然理是人心所固有的，充塞宇宙之理不过是人心之理的扩张，因此，自然“不必他求”，没有必要向外体认什么在物之理，直接向自己心中寻找就是了。他说：“人孰无心，道不外索，患在戕贼之耳，放失之耳。古人教人，不过存心、养心、求放心。”（卷五《与舒西美》）他认为朱熹讲的向外用功完全多余，通过穷万物之理以发扬天赋于人心之理，这是绕圈子，走岔道，叫“支”。而且，天下万物不胜其繁，如何一一研究得？即使研究得了，又怎能解决个人的道德修养问题？他说：“人情物理之变，何可胜穷，若其标末，虽古圣人不能尽知也。……穷年卒岁，靡所底丽，犹焦焦然思以易天下，岂不谬哉？”（卷三十四《与邵叔谊》）陆九渊认为朱熹的向外用功困心费神，吃力不讨好，完全是一个无底洞，又容易“蔽于物”，被“物”引向歧途。

在体认天理的方法上，朱熹主张“零零碎碎凑合将来”，即今日格一物，明日格一物，今日穷一理，明日穷一理，从体认分殊在万事万物上的理做起，铢积寸累，一步一步，最后“一旦豁然贯通”，体认出派生出万事万物的总的最高的理，完成个人的道德修养。陆九渊则认为，必须“先立乎其大者”（卷三十四《语录上》）。就是说应当首先体认人心固有之理，在思想上明确确立封建伦理的基本原则，不必去细微之处零零碎碎下功夫。只有这个大根本树立起来，才会“一是即皆是，一明即皆明。”（卷三十五《语录下》）而且人由谬误到正确、由愚到圣只是顷刻之间的事。他说：“念虑之正不正，在顷刻之间。念虑之不正者，顷刻而知之，即可以正。念虑之正者，顷刻而失之，即是不正，此事皆在其心。”（卷二十二《杂说》）

在个人修养问题上，陆九渊反对朱熹过份强调读圣贤之书。朱熹认为，圣贤们的著作乃是理的完毕体现。因此，他强调“穷理之要，必在于读书”，而且主张读书时要在“求其义”上狠下功夫。如要穷究孝之理，就要研讨《论语》中许多论孝的地方，要在文字和注解上“格”。陆九渊则不那么强调读书，不赞成“苦思力索”孜孜于章句、传注之间。他为了反驳朱熹的观点，曾准备了这样一个问题：如果只有读书才是成圣成贤的道路，那么人们公认的圣贤尧、舜，在他们的时代尚无文字，他们无书可读不也成了圣贤了吗？他认为最重要的是“先发明人之本心”，当人心固有之理被体认到了的时候，六经都是人心固有之理的注解罢了。“六经皆我注脚。”“六经注我，我注六经。”（卷三十四《语录上》）在陆九渊看来，如果思想上还没有确立封建伦理的基本原则，就去“泛观博览”，什么书都读，就会越读越坏。他说：“学者须是打叠田地净洁，然后令他奋发植立。……然田地不净洁，亦读书不得。若读书，则是假寇兵，资盗粮。”（卷三十五《语录下》）就是说本心象田地一样，只有把封建伦理原则确立起来才算打叠净洁，如果本心不净洁，去读书就会读出许多异端思想来，那就等于给贼寇以兵力，给盗贼以粮食。他认为书不可不信，亦不可必信。他主张“自立自重，不可随人脚跟，学人言语。”（卷三十五《语录下》）

陆九渊这种修养方法，虽遭到朱熹的反对，但他认为这种修养方法简便易行，连愚夫愚妇们也能掌握。他认为人人应该这样修养，存心去欲，就能成为自觉维护和忠实执行封建伦理道德的人。

陆九渊还提出君主也应修养自己的本心。他认为君主是至高无上的，“人君代天理物”，（卷三十五《语录下》）君主是代天来管理社会、统治百姓的。“国以君为主，一国之事，莫不由君出。”（卷三十二《主忠信》）因此君主之心，至为重要，“君之心，政之本”（卷三十《政之宽猛孰先论》）。社会政治法律、伦理道德，都源于君心。所以，君主必须修养自己的本心，必须重民，“以民为心”，才能很好地代天理物。他说：“自周衰以来，人主之职分不明。……孟子曰：‘民为贵，社稷次之，君为轻。’此却知人主职分。”（卷三十四《语录上》）他还说：“天生民而立之君，使司牧之，张官置吏，所以为民也。‘民为大，社稷次之，君为轻’，‘民为邦本，得乎丘民为天子’，此大义正理也。”（卷五《与徐子宜》）人君之心是治国之本，不过君主必须心中有民，必须懂得得乎立民才可以为天子的道理，这样才能顺理顺心，才能真正巩固封建专制制度。

陆九渊的学说，是有其积极方面的。

第一，陆九渊反对朱熹一派对于儒家经典寻章摘句，辗转注疏，主张发挥人之本心，这对于高扬人的主体性，破除人们对儒家权威的崇拜，解放思想，有一定积极意义。尤其是他强调“自作主宰”，要堂堂正正地做人的自主自立精神，对于激发人们向专制主义抗争也产生过一定影响。清代思想家李贽和近代的谭嗣同都曾打着心学旗号批判封建专制、反对崇拜旧教条。

第二，陆九渊十分强调君主必须心中有民，而且对南宋时各种政治上的腐败、经济凋敝、对广大农民的残酷剥削压迫作了揭露，这一点也是有进步意义的。

但是，陆九渊的哲学及其人性论从根本上是错误的。

第一，陆九渊的“宇宙便是吾心，吾心即是宇宙”，是一种明显的主观唯心主义。

第二，陆九渊反对天理之性与气质之性的说法，虽有一些道理，但他对人性本善的观点并没有多少深入论述，只是重复了孟子的某些观点。

第三，陆九渊提出的修养方法，明显地吸收了佛教禅宗顿悟成佛的思想，是一种僧侣主义修养方法。而且陆九渊的修养只注意“立其大者”即只注意树立封建伦理原则，对于读书、穷物之理都认为是不必要的，这必然使人们修养成只知服从封建伦理，而什么知识也不懂的愚夫愚妇，使人们修养成浑浑噩噩的封建专制制度的顺民。这种思想对于科学文化的发展以及社会的进步起了重要的遏制作用。

第四，陆九渊尽管反对朱熹的学说，但他们的基本立场是一致的，都是为了维护封建专制统治。只不过朱熹把封建伦理道德说成是天理，而陆九渊则认为这些理是人心中固有的；朱熹主张存天理、灭人欲，陆九渊则主张存心去欲。因此，后来黄宗羲评论朱、陆之辩时说：“二先生（指朱、陆）同植

纲常，同扶名教，同宗孔孟。即使意见终于不合，亦不过仁者见仁，知者见知。”（《象山学案》，《宋元学案》卷五十八）

第五，陆九渊提出君主要以民为心，这当然有其进步意义，但其根本目的还是维护君主专制统治。陆九渊在承认君主至高无上的同时，要求君主以民为心，只能是一厢情愿的美好愿望。因为在对君主毫无约束力的情况下，君主可以接受这种要求，也可以不接受这种要求。所以，尽管历来儒家劝君主以民为心，但在历史上却没有几个以民为心的君主。

4. 王守仁的性即良知与致良知

明代中叶，是程朱理学居于统治地位的时期，王守仁恢复并大大发挥了曾与程朱理学对抗的陆九渊的学说，形成了自己的心学。

王守仁，字伯安，浙江余姚人。生于 1472 年，死于 1528 年。因他曾隐居绍兴阳明洞，又创办过阳明书院，所以世称阳明先生。他二十八岁中进士，先后任刑部主事、兵部主事。三十五岁时，宦官头子刘瑾矫旨将南京给事中戴铣等二十余人逮捕入狱。王守仁抗疏引救，结果被廷杖四十，谪到贵州龙场驿当了四年驿丞。后以原官改升南京鸿胪卿，以左佥都御使巡抚南赣，镇压过农民起义。1519 年，明宗室宁王朱宸濠在江西起兵谋反，王守仁起兵平定了宁王叛乱。1521 年为南京兵部尚书。后兼左都御史，镇压思田少数民族起义，病死于归途。王守仁的著作由他的学生汇编成《王文成公全书》，共 38 卷，其中《大学问》和《传习录》是他的主要哲学著作。

王守仁的心学是以维护封建专制统治为宗旨的，然而在当时并未成为占统治地位的官方哲学。王守仁死后，其心学还因反对程朱理学而被当成“邪说”“伪学”，遭到禁止和排斥。他死后近四十年，到明穆宗隆庆元年（公元 1567 年）才被诏赠新建侯，谥文成。二年予世袭伯爵。到清朝，清统治者仍然把程朱理学作为官方哲学。

王守仁是我国宋、明时期主观唯心主义的集大成者，他提出“心外无物”。王守仁说的“心”，就是指人的主观精神，是身体的主宰，是视听言动的主宰。他说：“心者身之主宰，目虽视而所以视者心也，耳虽听而所以听者心也，口与四肢虽言动而所以言动者心也。”（《传习录》下）他认为心不仅是身体和行动的主宰，而且是天地万物的主宰。在《传习录》中有下列一段记载：“先生游南镇，一友指岩中花树问曰：‘天下无心外之物，如此花树在深山中自开自落，于我亦何相关？’先生曰：‘你未看此花时，此花与汝同归于寂；你来看此花时，则此花一时明白起来；便知此花不在你的心外。”（《传习录》下）本来花树在山中自开自落，与我无关，可是王守仁却认为，人未去看花树，花树与人心同归于寂；人看到花树，有了花树的感觉印象，此花颜色才一时明白起来，他以此来证明心外无物。王守仁的心外无物，不是把物说成是虚无，取消它的存在，而是说天地万物都离不开心而存在。他说：“我的灵明，便是天地鬼神的主宰。天没有我的灵明，谁去信仰它高？地没有我的灵明，谁去俯它深？鬼神没有我的灵明，谁去辨它吉凶灾祥？天地鬼神万物离却我的灵明，便没有天地鬼神万物了。”（《传习录》下）

王守仁还提出“心外无理”。王守仁所讲的“理”与朱熹讲的“天理”基本一致，不过更加强调封建社会的伦理道德原则。他说：“礼字即是理字。”（《传习录》上）“理”就是仁、义、礼、智、信等封建道德，这些是存在于心中的，理是心之“条理”和表现。他说：“理也者，心之条理也。是理也，发之于亲则为孝，发之于君则为忠，发之于朋友则为信。千变万化，至不可穷竭，而莫非发于吾之一心。”（《书诸阳卷（甲申）》）他指出，孝、忠、信、仁等理，都不能从对象中去找去求，如孝的理不能从父上去找，忠的理不能从君上去找，信的理不能从友上去找，仁的理不能从民上去找，这些理都发自我心，心之本体即是天理，所以“心外无理”。他说：“心即理也，天下又有心外之事，心外之理乎？”（《传习录》中）

王守仁明确提出：“心即性也。”（《传习录》中）他说：“心之体，性也，性即理也。”（《答顾东桥书》）“心之本体即是性，性即是理。”（《传习录》上）

王守仁认为人性是至善的。他说：“至善者性也，性之本体无一毫之恶。”（《传习录》上）在他看来仁、义、礼、智、信就是天理，就是心，也就是性，因此，这些封建道德是人心所固有的，人的本性是至善的。

王守仁又把人的心、性说是“良知”。所谓“良知”，按照孟子的说法，是“不虑而知”“不学而能”的先验道德知识。王守仁继承并改造了孟子的“良知”说，提出自己的“良知”说。

一方面，王守仁认为，良知是心，是天理，是天地万物的最高本体。他说：“夫心之本体即天理也，天理之昭昭灵觉，所谓良知也。”（《答舒国用》）良知是心之本体，所以它能造化天地，它是“造化的精灵”。也就是说良知是天地万物的“灵根”，天地万物都是良知的发用流行。

另一方面，王守仁又把良知说成是人的不虑而知、不学而能、与生俱来的天赋本性。他在一首诗中说：“良知却是独知时，此知之外更无知。谁人不有良知在，知得良知却是谁？知得良知却是谁，自家痛痒自家知。若将痛痒从人问，痛痒何须更问为。”（《答人问良知二首》）这种人人固有的先验的良知，在王守仁看来就是知是非之心、知善恶之心。他说：“良知只是个是非之心，是非只是个好恶，只好恶就尽了是非，只是非就尽了万事万变。”（《传习录》下）在王守仁看来，良知不是全知，不是无所不知，无所不能，良知只是一种分辨是非善恶的能力。实际上他是把封建伦理道德准则说成是先验地存在于人的心中的良知。他说：“知是心之本体，心自然会知。见父自然知孝，见兄自然知弟，见孺子入井自然知恻隐，此便是良知，不假外求。”（《传习录》上）

王守仁认为，不仅良知人人皆有，而且良知人人相同。他说：“是非之心，不虑而知，不学而能，所谓良知也。良知之在人心，无间于圣愚，天下古今之所同也。”（《传习录》中）是非之心就是良知，不分圣愚，人人同有，也没有等级差别。“这良知人人皆有，圣人只是保全无些障蔽。……众人自孩提之童，莫不具此知，只是障蔽多，然本体之知自难泯息。”（《传习录》下）这就是说，圣人、众人之分，只在于有无障蔽，其本体之良知则无不同，圣人并不多些，众人并不少些。因此，他提出“满街是圣人”，人人心中各有圣人。他说:“圣人气象由何认得？自己良知原有圣人一般!若体认得自己良知明白，即圣人气象，不在圣人而在我矣。”（《传习录》中）这就是说，我的良知与圣人一般，只要认得自家良知，我就是圣人，何必向身外求圣人？

既然人人都具知是非善恶之心，那么判断是非善恶就靠人的良知，根本用不着圣人的言语。他说：“凡所谓善恶之机，真妄之辨者，舍吾心之良知，亦将何所致其体察乎？”（《传习录》中）吾心之良知就是标准，只要把良知看得透彻，“随他千言万语，是非诚伪，到前便明。合得的便是，合不得的便非，如佛家说心印相似，真是个试金石，指南针。”（《传习录》下）

王守仁认为，人的本性就是至善的良知，认识和道德修养的任务就是“致良知”。他自称“致良知”是他最成熟的理论，是“圣门正法”，是“千古圣学之秘”，除此之外都是异端邪说。他说：“良知之外更无知，致知之外更无学。外良知以求知者，邪妄之知矣。外致知以为学者，异端之学也。”（《与马子莘》）“我平生讲学，只是致良知三字。”（《寄正宪男手墨二卷》）

什么是“致良知”呢？这里的“致”，指的是人们认识和修养，通知“致”的功夫，使良知明白起来或恢复起来，或者说使心之本体得到明复。他说：“君子之学以明其心。其心本无昧也，而欲为之蔽，习为之害，故去蔽与害而明复，匪自外得也。心犹水也，污入之而流浊；犹鉴也，垢积之而光昧。孔子告颜渊克己复礼为仁，孟轲氏谓万物皆备于我，反身而诚乎已。克而诚，固无待乎其外也。”（《别黄宗贤归天台序》）这就是说，人的本性良知是至善的犹如水至清、镜至明一样。然而由于欲望的蒙蔽、习惯的为害，使至善的心受到蒙蔽，就像加入污物使水流混浊，落上些尘垢使镜子昏暗。像清除污物、尘垢一样，致良知就是要去污明心，体认人本性之至善良知。

王守仁的“致良知”，是为了反对朱熹的“格物致知”说提出来的。朱熹认为，事事物物都是天理的体现，因此要在事事物物上穷理，然后才能豁然开朗，体认天理，这就是格物致知。而王守仁则主张，吾心的良知，是世界万物的本体，是先天的是非善恶标准，良知当下自足，不假外求。他反对向事事物物求理。他说：“夫求理于事事物物者，如求孝之理于其亲之谓也。求孝之理由其亲，则孝之理其果在于吾之心邪，抑果在亲之身邪？假而果在于亲之身，则亲没之后，吾心遂无孝之理欤？”（《传习录》中）在王守仁看来，朱熹的格物致知说，在事事物物上求理，就好象求孝之理于父母双亲身上，其实孝之理在我的良知中。因为双亲死了，仍有孝之理，可见孝之理在我良知中。见孺子入井，必有恻隐之理，恻隐之理不在孺子身上，也在我的良知中。同这两个例子一样，万事万物之理都是这样。所以朱熹的格物致知论是不对的。

王守仁认为朱熹的格物学说繁难而无必要。因为天下事物无限多样，哪能都一一认识得？即使认识了事物之理也与自身成圣成贤无关。他认为圣人也并不是无所不知、无所不能，圣人只知道良知、知道仁义礼智等天理就行了。他说：“圣人无所不知，只是知个天理；无所不能，只是能个天理。圣人本体明白，故事事知个天理所在，便去尽个天理。不是本体明后，却于天下事物都便知得，便做得来也。天下事物，如名物度数、草木鸟兽之类，不胜其烦，圣人须是本体明了，亦何缘能尽知得？但不必知的，圣人是不消求知。”（《传习录》下）连圣人都不求尽知天下事物，学圣人者更没有必要知事事物物之理，只体认忠君孝亲等良知、天理就可以了。而且在王守仁看来，如果离开致良知，去求事物之理，知识多了，不仅无益反而有害。因为那样就会只是追求知识技能，就会追逐功利，使功利之毒“沦浃于人之心髓”。他的学生梁日孚问道：“先儒谓一草一木皆有理，不可不察，如何？”王守仁严肃地说：“我则不暇！公且先去理会自己性情，须能尽人之性，然后能尽物之性。”（《传习录》上）

王守仁在致良知的基础上提出了与朱熹不同的格物致知说。他说:“若鄙人所谓致知格物者,致吾心之良知于事事物物也。吾心之良知即所谓天理也,致吾心良知之天理于事事物物,则事事物物皆得其理矣。致吾心之良知者,致知也。事事物物皆得其理者,格物也。是合心与理为一者也。”(《传习录》下)这种格物致知是一种由心到物的方法,扩充我心中自有的良知于事事物物,从而格物就成了“正物”。他说。“格者正也,物者事也。正其不正以归于正也。”“为善去恶是格物。”(《传习录》下)这样,“格物”就被解释成了按良知、按封建道德准则来处理事情。

王守仁提出致良知,还在于进一步解释和阐发“存天理、灭人欲”这一宋明理学的基本原则。在王守仁看来,“性无不善,故知无不良。良知即是未发之中,即是廓然大公、寂然不动之本体,人人所同具者也。但不能不昏蔽于物欲,故须学以去其昏蔽。”(《传习录》中)这就是说,人人都有至善的本性,人人都有良知,这是相同的,但又容易受欲望的蒙蔽,所以必须去人欲之蔽,才能扩充良知中的天理。他认为做学问的根本目的就是去人欲之蔽,存吾心之天理。圣人之所以为圣,就是其心纯乎天理而无人欲之杂,就像精金是纯金而无铜铅之杂。“人到纯乎天理方是圣,金到足色方是精。”(《传习录》上)他认为,为圣在于纯乎天理而不在于才能的大小,人人都可以成圣人。他说:“故虽凡人,而肯为学,使此心纯乎天理,则亦可为圣人;如一两之金,比之万镒,分两虽悬殊,而其到足色处,可以无愧。故曰:‘人皆可以为尧舜者’以此。”(《传习录》上)

怎样才能灭人欲呢?在这点上,王守仁比朱熹讲得更明确、更彻底。他认为灭人欲最根本的是要下“克己的功夫”。克己的功夫,一是要持续不断地“克己”,一步一步达到“克得自己无私可克”为止。二是要在“事上磨练”,即在具体的事情上克己去私。三是不仅遇事要克私,而且对私要防于未萌之先,而克于方萌之际”。(《答陆原静书》)他说:“省察克治之功,则无时可间,如去盗贼,须有个扫除廓清之意。无事时,将好色、好货、好名等私,逐一追究,搜寻出来,定要拔去病根,永不复起,方始为快。常如猫之捕鼠,一眼看着,一耳听着,才有一念萌动,即与克去,斩钉截铁,不可姑容与他方便,不可窝藏,不可放他出路,方是真实用功,方能扫除廓清,到得无私可克,自有端拱时在。”(《传习录》上)这就是说要经常自我反省、检查,找出一闪念的“私心”来,就斩钉截铁地扫除廓清。这实际就是“狠斗私字一闪念”。王守仁认为,人人经过这样经常不断地克己去私,就会把人欲这个“心中贼”克尽，天理自然会充分发扬，人人都可以成为圣贤，即成为忠实服从封建道德的人。

王守仁的心学把人性看成是吾心良知，在当时的历史条件下，提出一些有价值的思想。

首先，他把吾心良知作为判断是非的标准，反对圣人标准，在当时起到破除对孔子及朱熹的迷信、解放人们思想的作用。王守仁说：“夫学，贵得之于心。求之于心而非也。虽其言出于孔子，不敢以为是也，而况其未及孔子者乎！求之于心而是也，虽其言出于庸常，不敢以为非也，而况其出于孔子者乎！”“夫道，天下之公道也；学，天下之公学也。非朱子可得而私也，非孔子可得而私也。”（《传习录》中）王守仁的这种思想对于使人们挣脱孔、孟、程、朱思想的束缚具有一定启发作用，而且对后来的思想家否定圣贤的绝对权威有一定影响。明代后期的李贽就公开否定以孔子之是非为是非。他说：“夫天生一人，自有一人之用，不待取给孔子而后足也。若必待取足于孔子，则千古以前无孔子，终不得为人乎？”（《焚书》卷一）他说，几千年来，以孔子之是非为是非，因此“无是非”，现在要以我心之是非为是非。李贽的思想曾引起封建统治阶级的巨大恐惧。

其次，王守仁的心学把人的本性归为吾心良知，并把它说成宇宙本体，这是对人的价值、人的地位的认识日益提高的表现。从汉、唐到宋，董仲舒、韩愈、二程、朱熹，其哲学的最高范畴是“天”“天理”。在他们的哲学中，“天”“天理”是至高无上的，人世间的君权以及三纲五常等，都是“天意”的体现，“天理”的流行，把人的本性归之于天、天理。这样，人被取消了独立存在的价值，个人完全是被动的、消极的。王守仁把人的本性说成是吾心良知，并把它作为哲学的最高范畴，取天、天理而代之，把天理说成是“心之条理”，这就使吾心良知成了最高本体。这既是在一定程度上对人的地位的承认，也是对人的主观能动作用的肯定。

再次，王守仁把吾心良知说成普遍的人性，而且认为良知在圣人与愚夫愚妇是同一的，这对等级森严的封建等级制度客观上有一种否定作用。这种思想打破人性品级区别、等级划分，主张在良知面前人人平等，在客观上提高了普通劳动者的人格地位，这对维护封建等级制度的伦理道德有一种破坏作用，所以成为后来的思想家用以反对封建等级制度的武器，这是与王守仁的初衷相违背的。后来的李贽就进一步发挥了圣人与凡人良知相同的观点，认为人生来就是没有等级差别的。他说，“圣人所能者，夫妇之不肖可以与能”，

"夫妇所不能者，则虽圣人亦必不能"，因此不能"下视世间之夫妇"而"高视一切圣人"。(《李氏文集》卷十九《明灯道古录》) 这样，王守仁关于圣人与凡人良知相同的命题，经李贽的发挥就成为与封建制度相对立的、人人生而平等的启蒙主义理论了。所以，清初程朱理学家陆陇其说：王守仁的良知之说"其弊也至于荡轶礼法，蔑视伦常。"(《三鱼堂文集·学术辨》上)

在王守仁的思想中，尽管有着对人的价值和地位一定的承认，对凡人人格的一定抬高，破坏着当时神圣不可侵犯的传统和教条，但这些合理因素在王守仁的心学里是极次要的，而且是被颠倒的。从总体上说，王守仁的关于人的本性是吾心良知的学说是维护封建专制制度的主观唯心主义学说。

第一，王守仁学说的根本宗旨是要为挽救封建专制制度的危机而制造一种新的、简便易行的思想工具。明代中期，由于统治阶级的残酷剥削与压迫，不断爆发的农民起义和少数民族起义，常常是伏而又起，对封建制度构成严重威胁。明代把程朱理学作为官方哲学，科举考试以程朱理学为内容，以八股文为形式，使不少人把程朱理学作为升官发财的手段，出现了不少无耻之徒。而且统治阶级内部，甚至朝廷宗室之间为了争夺权力而明争暗斗。这一切都使封建制度处于危机之中。王守仁认为这些情况都是由于人们心中没有自觉树立起仁义礼智等封建道德，心中有私欲即"心中贼"。他认为"心中贼"比"山中贼"(指农民起义军) 更可怕。他总结了农民起义"伏而复叛"的教训，认为不革去心中贼仍会遗患于后日。他说："破山中贼易，破心中贼难，区区翦除鼠窃，促足为异，若诸贤扫荡心腹之寇，以收廓清平定之功，此诚大丈夫不世之伟业。"(《与杨仕德薛尚谦》) 为了挽救封建制度的危机，王守仁认为有必要创立一种学说，使人们都容易地、自觉地按封建道德办事，于是他创立了心学。

第二，王守仁把封建道德说成是良知，是人心中固有的本性，这在理论上是荒谬的。王守仁用忠之理在臣心中而不在君身上，孝之理在子心中而不在父母身上，来说明封建道德都在人心中，是人的本性，是人的良知。这实际上是偷换论题。忠是对臣的要求还是对君的要求，孝是对子的要求还是对父的要求，这是一个问题。而忠、孝这些道德观念是怎样产生的是另一个问题。两个问题是根本不同的。王守仁把第一个问题偷换成第二个问题，忠是对臣的要求，忠的观念是臣心中应有的，于是就变成了忠是臣心中固有的。孝是对子的要求，孝的观念是子心中应有的，于是变成了孝是子心中固有的。其实忠孝节义等封建道德观念，是在中国长期的封建社会中形成的，它是地主阶级在经济上剥削农民，在政治上压迫农民这种经济政治关系在思想上的反映。忠孝节义的基本思想就是要遵守上尊下卑的等级制度，而且又给这种等级关系罩上一层温情脉脉的面纱。封建道德根本不是人心所固有的，更不是人的本性，只是中国封建制度下形成的一种道德观念。王守仁把封建道德说成良知，说成人的本性，只不过是为了使人们自觉地服从封建道德、维护封建等级制度。

第三，王守仁心学的归宿是“存天理，灭人欲”，在这点上与朱熹的观点是完全一样的。把人的欲望说成罪恶的禁欲主义从根本上是违背人性的。王守仁的禁欲主义更甚于朱熹，他把禁欲主义与蒙昧主义结合在一起。在王守仁与聋哑人杨茂的笔谈中明显地表现了这一思想。通过笔谈，王守仁知道杨茂对封建道德自觉遵守，即知是非，他写道：“但在里面行你那是的心，莫行你那非的心，纵使外面人说你是，也不须听；说你不是也不须听。你口不能言是非，省了多少闲是非；耳不能听是非，省了多少闲是非。但说是非，便生是非、生烦恼，听是非，便添是非、添烦恼。……我如今教你，但终日行你的心，不消口里说，但终日听你的心，不消耳里听。”（《谕泰和杨茂》）这样就可以成为一个“不能言不能听的圣贤”。王守仁认为，聋哑人比正常人还容易存天理、去人欲，而且更快活自在，没有那么多烦恼。所以，他主张要做“不能言不能听的圣贤”，不做“能言能听的禽兽”。这就是要人们堵塞一切感官，排除一切知识，无知无欲地按封建道德生活。这就是存天理、灭人欲所要达到的境界。

第四，王守仁在维护君主专制统治的前提下，想用心学来正君心，挽救封建制度的危机，只是一种不切实际的幻想。明代君主专制发展到顶峰，一切大权完全集于皇帝一身。这时皇帝的个人品格对于政治清明与否就有重大影响。明代开始一两个皇帝还较有些作为，后来在宫廷成长起来的皇帝，多是昏庸无耻之辈。与王守仁同时的明武宗就是一个典型的荒淫无耻的昏君。他任用宦官作恶，自己却不理朝政，到处巡游。一次因朝臣谏阻他游江南，竟罚朝臣一百零七人跪在午门五天，并廷杖一百四十六人，当场打死十一人。皇帝的穷奢极欲、胡作非为，加重了对人民的剥削，这同地主阶级的整体利益相冲突，也与封建道德规范的“君德”不符合。这是封建君主专制发展的必然结果。可是王守仁却认为，这是由于皇帝没有按封建道德要求自己造成的，所以正君德极为重要。王守仁希望通过自己的直谏，以自己的心学使皇帝培养君德，以正天下。他说：“今日所急，惟在培养君德，端志向。于此有主，政不足间，人不足谪，是谓正一君而国定。”（《答方叔贤》）他在一份要皇帝因宁王造反而吸取教训的谏书中说：“陛下在位一十四年，屡经变难，民心骚动，尚尔巡游不已，致宗室谋动干戈，冀窃大宝，且今天下觊觎，岂特一宁王，天下之奸雄，岂特在宗室，言念及此，懔骨寒心。……伏望皇上痛自刻责，易辙改弦，罢出奸谀，以回天下豪杰之心；绝迹巡游，以杜天下奸雄之望。”（《奏闻宸濠伪造檄榜疏》）可是，握有绝对权力不受任何制约的专制君主，他不可能存天理、灭人欲，更不可能“刻骨自责”，只能是穷奢极欲，陷人民于水火，并使封建制度的危机日益加深，走向崩溃。像王守仁这样的直言敢谏之臣，轻则不受重用，屡遭挫折，重则以“犯上”的罪名砍去脑袋。这根本不会挽救封建制度的危机。

（四）西方古代社会的人性理论与奴隶主贵族、封建教会专制统治

在欧洲，对人性问题最早进行探索的是古希腊时期智者学派的普罗塔哥拉，他提出人是万物的尺度，提出朴素的民主政治的思想。但在古希腊古罗马奴隶社会时期，他的思想只是一种智慧的闪光，长期占统治地位的是柏拉图关于人性即理性的人性理论以及为奴隶主贵族专制统治服务的政治学说。柏拉图认为国家是人的扩大。人灵魂中理性居统治地位，在国家中居于统治地位的应是少数统治者。亚里士多德基本上继承了柏拉图的思想，认为人的灵魂中理性控制非理性，在社会中奴隶主统治奴隶是天然合理的。

公元 5 世纪欧洲进入封建的“中世纪”。中世纪占统治地位的意识形态是基督教神学，占统治地位的人性理论是原罪性恶论，就是说人生下来就有原罪，人生有欲，人性是邪恶的，只有服从教会，才会得到上帝的恩典而得救。这种人性理论是维护封建教会专制统治的思想工具。

1. 普罗塔哥拉关于人是万物的尺度与人人拥有参政美德

在欧洲，最早跨入文明时代的是古希腊人。公元前 8 世纪，古希腊开始进入奴隶社会。它包括二百多个城邦。城邦是由一个城市和周围的村镇构成的国家。在古希腊的城邦奴隶制社会中，基本阶级是奴隶主和奴隶。广大奴隶的劳动创造了古希腊的文明，然而他们却被看作“会说话的工具”，像牛、马一样由奴隶主任意驱使、出卖和杀戮。除奴隶阶级与奴隶主阶级的矛盾斗

争外，古希腊社会还存在非奴隶的平民（主要指小农和手工业者）与大奴隶主之间的矛盾，奴隶主民主派与奴隶主贵族派之间的矛盾。

公元前 5 世纪以前，是古希腊城邦奴隶制的形成时期，在城邦中占据统治地位的，是从原始公社的氏族贵族演变而成的奴隶主贵族。他们依靠其世袭的特权地位占有大量的土地和其他财富，垄断了政治统治权力。在这种情况下，不仅奴隶不被当成独立的人来看待，就是非贵族的自由民也没有人的地位和尊严。因此，当时人的问题尚未成为哲学思考的对象，希腊的思想文化处于“自然哲学”阶段。

这时，哲学家所关心的主要问题是：宇宙的始基是什么？自然是由哪些元素构成的？世界万物到底是静止的还是运动的？有的哲学家认为世界万物的始基是水，有的认为是气，有的认为是火，有的认为是原子（不可分割的最小微粒），还有的把数说成万物的始基。有的认为世界万物都处在不断的运动、变化、产生和消灭的过程之中，爱非斯学派的主要代表赫拉克利特（Herakleitos，约前 540—约前 480 与 470 年之间），就坚持这种主张。而埃利亚派的主要代表巴门尼德（Parmenides，约前 6 世纪末—约前 5 世纪中叶以后）针对赫拉克利特的观点，提出形形色色运动变化着的具体事物和现象都是虚妄的、不真实的，只有不生、不灭、不变、不动的“存在”才是真实的。所有这些观点，无论多么不同，但有一个共同点，它们主要是对自然界的考察。对人的考察，在希腊早期的哲学中并不占重要地位。

最早对人的问题进行探索，把哲学从天上带到地上来的是古希腊智者学派的普罗塔哥拉。他提出“人是万物的尺度”，实质上开创了西方最早的人本主义运动。

这种哲学思想的变化根源于生产力的发展和政治形势的变化。公元前 5 世纪的希腊社会，正处于城邦奴隶制的一个新阶段。生产力的发展造成工商业的进一步发展，工商业奴隶主的势力不断增强。随之而来的是奴隶主政治民主化的倾向增长。希波战争的胜利，巩固了这种倾向。奴隶主民主制广泛建立起来，并在伯里克利统治时期（公元前 443—前 429 年）达到了极盛时代。奴隶主民主制先是在奴隶主自由民中实行政治上的平等。凡雅典城邦的自由公民，人人都参与政事，发表自己的意见，不是靠出身、权势，而是靠意见的正确来取得公众的信任。由于政府能够倾听每个公民对政治的意见，因此，每个雅典公民（除妇女外）都有一种主人翁感，关心城邦大事，敢于发表自己的意见，勇于辩论。这时，人们深切关注的不再是自然，而是社会现实中人的问题。氏族贵族奴隶主统治的旧秩序不再被看成是神圣的，社会中产生了一种摆脱国家、宗教的监护，重视和提倡个人作用的思潮。智者学派就是这种思潮的代表。

由于奴隶主民主制在雅典等城邦的胜利和繁荣，城邦公民为了参加民主政治生活，就需要增加知识与辩论才能。因而，从公元前 5 世纪中叶开始，在古希腊就出现了以传授这方面知识和培养这种才能为职业的人，他们自称为“智者”，意思是能教给人替慧的教师。智者不是统一的学派，但大多数是赞成民主政治的。

智者中最著名的代表是普罗塔哥拉（Protagoras，前 481—前 411 年），他是代表奴隶主民主派的思想家，曾在意大利南部积极帮助城邦统治者建立民主共和国。他积极支持雅典的民主制，受到伯里克利的重视，成为伯里克利的好朋友。伯里克利的两个儿子都跟他学习。他的主要著作有《论真理》《论神》《论相反论证》等。他的学说引起了奴隶主贵族派思想家苏格拉底和柏拉图的反对。其著作除去只言片语，全部佚失了。他的言论，常在反对者的著作中作为被攻击的对象而保留了一部分并传了下来。

首先，普罗塔哥拉用神话的形式肯定了人与动物的区别在于人的智慧和创造力。普罗塔哥拉说，从前一个时候只有神，没有生物。后来神用土和水以及这两种元素的不同混合在大地上造成了生物。神命令普罗米修斯和艾比米修斯给各种动物分配性质。他们赐予有的动物以惊人的力气，又把飞快的速度赐予弱者；赐予有的动物钢爪、利牙、尖角，赐予没有进攻能力的动物防御的手段，或者善于飞行，或者善于挖洞。神还给各种动物抵御气候变化的手段，让它们长各种毛、皮。神还给不同的动物以不同的食物，有的吃草，有的吃果实，有的吃别的动物。神还让各种动物生育后代，它使有的动物生得极少，但它们的活食却非常丰富，使这个物种得以保存。待到分配完这些性质，普罗米修斯发现，艾比米修斯忘了给人类分配应有的属性，人出世的时候到了，他却还赤身裸体。“普罗米修斯不知道怎样去想办法救人，便偷了赫斐斯特（希腊的冶金之神）和雅典娜的机械技术，加上火（这些技术没有火就得不到，也无法使用），送给了人。于是人有了维持生活所必需的智慧。”①由于人有了智慧和技艺，因此，“他不久就发明了有音节的语言和名

---

①《古希腊罗马哲学》，商务印书馆 1961 年版，第 136-137 页。

称，并且造出房屋，衣服，鞋子和床来，从土地里取得了养生之资。”[①]在这里，普罗塔哥拉以神话的形式说明了人依靠自己的智慧和创造力弥补了自己的不足，即弥补了动物超过人的那些方面，并且超过了动物。人靠自己的智慧和创造力，发明了语言，创造了衣、食、住、行所需的一切。

其次，普罗塔哥拉用人的创造性说明政治、法律以及社会风俗。他指出，政治、法律不是自然提供的，都是人为的产物。他仍然以神话的形式说，人类能取得生活资料，但他们还是分散地居住着，没有城邦。因为他们同野兽比起来是非常孱弱的，他们的技术只足以取得生活资料，不足以使他们具有与野兽作战的能力。这样，分散居住就会被野兽消灭。迫于自保的要求，人们不得不联合起来，实行群居，组成社会，建立城邦。但由于没有政治和法律，人们彼此为害，又使人类陷于分裂和毁灭的危险。宙斯恐怕整个人类会消灭，于是派赫尔墨斯（希腊的神使、通报神）到人间，“带来尊敬和正义作为治理城市的原则，友谊与和好的纽带”[②]。这就以神话的形式说明了政治、法律并不是人类社会从来就有的，而是人类社会在出现城邦的阶段上，为了共同的生活而创造出来的，是人为的产物，是“约定”的结果。这一思想在《泰阿泰德》中被表述得更加明确。对话中的苏格拉底说，“普罗塔哥拉主张，在政治方面，所谓正义与非正义，荣誉和可耻，虔诚和亵渎，事实上是法律使然的，是各个城邦自己这样看的。”“凡一国视为公平正义者，只要它信以为然，那就是公平正义的。”[③]

第三，普罗塔哥拉认为所有的人都同样地拥有“政治智慧”或“政治技术”，即判断什么是可尊敬的和可耻的，什么是正义的和非正义的本领，因而所有的人都应当同等地参加政治生活和参加政治法律的决定。他以神话的形式说，当宙斯派赫尔墨斯把尊敬和正义带给人间时，赫尔墨斯问宙斯怎样在人们中分配正义和尊敬，是像分配技术那样只分配给少数能熟练掌握那门技术的人，还是也分配给那些不熟练的人们？“‘分给所有的人’，宙斯说：‘我愿意他们都有一份；因为如果只有少数人分享道德，就象分享技术那样，城市就会不能存在的。’”[④]普罗塔哥拉说，雅典人和一般人当议及木工或其他机械技术的事情时只让少数人发言，这是十分自然的。“但是，一当议及政治德

① 《古希腊罗马哲学》，商务印书馆 1961 年版，第 137 页。

② 《古希腊罗马哲学》，商务印书馆 1961 年版，第 137 页。

③ 《西方著名哲学家评传》第 1 卷，山东人民出版社 1984 年版，第 434 页。

④ 《古希腊罗马哲学》，商务印书馆 1961 年版，第 137-138 页。

行，由于它仅凭公正与智慧，所以他们容许人人发抒己见，这也是自然的事。因为他们以为每人均应具有这类德行，否则邦国不能存在。”①他的结论就是人人具有参政美德和治国能力，所以都有资格参加城邦的政治生活。这就为民主制提供了理论基础。

第四，“人是万物的尺度”，是普罗塔哥拉对“人”的高度哲学概括。普罗塔哥拉肯定了人的智慧和创造力，看出自己是高于一切自然的最高级的存在；他肯定了每个人都有权参与一切公共的政治与社会的事务，并以这种权利作为人的根本本性，在一定程度上意识到自己是社会的主人。正是这种新的人类自我意识，使他提出了“人是万物的尺度”的命题：“人是万物的尺度，是存在的事物存在的尺度，也是不存在的事物不存在的尺度。”②“人是万物的尺度”这句名言充分表达了智者学派对人的重视，是一个有重大意义的人本主义命题。

“人是万物的尺度”，那么神呢？普罗塔哥拉并未断然否定神的存在，而是用怀疑的口吻说：“至于神，我既不知道他们是否存在，也不知道他们象什么东西。有许多东西是我们认识不了的；问题是晦涩的，人生是短促的。”③其言外之意就是说，不要理睬神，还是关心宝贵的人生吧。据说，普罗塔哥拉在著名悲剧家欧里庇得斯家里，当着一群地方显贵宣读自己这一见解，人群哗然。贵族派曾抓住他这种言论，控告他“不敬神灵”，并烧毁了他的著作。雅典议会以亵神罪驱逐普罗塔哥拉，迫使他逃在西西里，不幸溺死于途中。

“人是万物的尺度”，政治法律制度与道德规范不仅是人们“约定”的，而且其约束力只能以是否对人有好处为转移。这些东西只有当它们对人有好处时，它们才能存在，否则它们就失去其存在的理由，而应当由新的对人有好处的政治、法律、道德来取而代之。

“人是万物的尺度”这个命题，是雅典民主制繁荣的条件下自由民政治的写照。它冲破了传统的人与神、人与自然（当时人们把社会秩序也看成是一种自然）关系思想的束缚，把人置于历史舞台的中心地位，在某种程度上反映了人类摆脱动物界、摆脱原始的蒙昧状态，不断提高自己控制自然和社会的能力的历史趋势。黑格尔对这一命题以较高的评价，“普罗塔哥拉宣称人是万物的尺度，就其真正的意义说，这是一句伟大的话”，“是一个伟大的

---

①《西方伦理学名著选辑》上卷，商务印书馆 1964 年版，第 22 页。

②《古希腊罗马哲学》，商务印书馆 1961 年版，第 138 页。

③《古希腊罗马哲学》，商务印书馆 1961 年版，第 138 页。

命题”[①]。

普罗塔哥拉的重要贡献在于：

第一，使哲学研究由以自然为中心转向以“人”为中心，着重探讨社会生活中的理论与实际问题。

第二，指出了人与动物的根本区别在于人的智慧和创造性，还指出人能结成城邦和社会来形成强大的力量，战胜其他一切动物。

第三，指出人人具有政治的艺术、智慧和品德，这种政治智慧和品德使人们能正确处理人们之间的矛盾和冲突，使社会得以存在，为奴隶主民主制奠定了理论基础。

第四，提出“人是万物的尺度”，高度概括了他认为人高于动物和自然万物的观点，因为人有智慧、创造力、技术，特别是有结成社会的政治智慧与品德，所以人能支配和安排万物，人有权力和能力以自己为中心来看世界。

但是普罗塔哥拉“人是万物尺度”的命题具有严重的缺陷，会引出一种主观唯心主义和相对主义的认识论结论。他说：“事物对于你就是它向你呈现的样子，对于我就是它向我呈现的样子。”[②]“风对于感觉冷的人是冷的，对于感觉不冷的人是不冷的。”[③]普罗塔哥拉的这种感觉主义认识论是为民主制的城邦生活提供论证的。人人可以根据自己的感觉认为自己的意见是真理，在这一点上公民们是平等的，都有发表意见的权利。但他并不认为这些意见都一样好，酒对健康的人是甜的，对于病人却是苦涩的，医生的任务就是把病人这种不好的感觉变好，变成健康人的感觉。因为感觉因人而异，对于同一个问题有不同的看法不足为奇，不必强求一律，一切靠大家的讨论来“约定”。尽管如此，普罗塔哥拉把个人的感觉看是真理，任何事物的是非真假都是相对于人而言的，我看它怎样，它就怎样，这种观点在认识论是主观唯心主义的，是相对主义和怀疑论，必然怀疑或否定客观真理。正是这种观点的进一步发展使一些智者和他们教出来的学生只以能言善辩为目的，诡辩成风，不顾事实，是与非全无客观标准。

普罗塔哥拉的人本主义思想和民主思想对后来的智者有很大影响。在后来的民主派智者中分化出一部分激进派智者，他们从根本上否定奴隶制，否定奴隶与奴隶主的划分。

---

① 黑格尔：《哲学史讲演录》第2卷，商务印书馆1960年版，第27页。

②《古希腊罗马哲学》，商务印书馆1961年版，第133页。

③《古希腊罗马哲学》，商务印书馆1961年版，第113页。

激进派智者的主要代表人物有希比亚、阿尔基达马、吕科弗隆、安提丰等人，他们都是公元前 5 世纪后期至公元前 4 世纪的人，由于奴隶主统治阶级对这些思想家的仇视，他们的著作全部佚失，他们的生平事迹也几乎没有什么记载。20 世纪初在埃及古代的垃圾坑里偶然发现了安提丰的著作《真理论》的残篇，其他人的言论只有只言片语流传下来。

激进派智者的基本思想在亚里士多德的著作中从反面表述出来。亚里士多德是为奴隶制作辩护的，他说，同他的意见相反，"另一些人（智者）断言主人对奴隶的统治是违背自然的，奴隶与自由人的区别只是因法律而存在，并不是自然的；因此妨碍自然是非正义的。"[①]这就是说，在激进派智者看来根，据自然，奴隶是和奴隶主（自由民）同样的人，因而奴隶和奴隶主的区别完全是人为的，是奴隶制的国家、法律造成的，是违背自然的。这是同奴隶主贵族代言人把奴隶主贵族说成是天生的上等人、高贵者，把奴隶说成是天生的下等人、低贱者，以及前者统治后者是天然合理的观点是直接对立的。这一基本思想贯穿在激进派智者的言论中。

激进派智者认为人人都是平等的。阿尔基达马宣称："神让一切人自由，自然并没有使任何人成为奴隶。"[②]吕科弗隆说："在出身低贱的人和高贵的人之间，并没有真正的分别。"[③]安提丰在其《真理论》残篇中明确指出："生于名门望族的人，我们恭而敬之；生于寒微之家的人们，我们既不恭之，又不敬之。在这一点上，我们在彼此对待的行为方面是（不文明的，而是）野蛮的。我们的天赋在一切点上都一律平等，不论我们是希腊人或蛮族。我们可以观察到人人天生有人所必须具备的任何一种能力的特征。……我们没有一个人（依据上述那一类天赋能力的任何特点）可注定，作为一个希腊人，或一个野蛮人的。我们每个人都通过自己的口鼻来呼吸空气。"[④]

激进派智者认为一切人，作为人都是平等的，奴隶制把人分为高贵者和低贱者，是人为的，是奴隶制的国家、法律造成的。他们对取隶制的法律进行了批判。吕科弗隆说：法律只是一种约定，"并没有使公民善良和正义的实在力量"[⑤]。希比亚指出，人们之所以结成城邦、家庭，并不是因为法律，而

---

① 《古希腊罗马哲学》，商务印书馆 1961 年版，第 144 页。
② 陈修斋、杨祖陶：《欧洲哲学史稿》，湖北人民出版社 1983 年版，第 33 页。
③ 陈修斋、杨祖陶：《欧洲哲学史稿》，湖北人民出版社 1983 年版，第 33 页。
④ 《西方伦理学名著选辑》（上卷），商务印书馆 1964 年版，第 33 页。
⑤ 《古希腊罗马哲学》，商务印书馆 1961 年版，第 144 页。

是因为天性，正是因为人们的自然天性相同，才使人们结合在一起，而法律是统治者制定的。人是天然平等的，而统治者制定的“法律”把人分成许多等级，其组成的社会就必定违反人性。这种“法律”是人为的，它与人的本性处在不可调和的对立之中[①]。希比亚把“法律”说成人类的暴君。他说：“根据自然，同类是互相亲近的，但法律这种人类的暴君却常常迫使我们去做很多违背自然的事情。”[②]

普罗塔哥拉“人是万物的尺度”的名言和对民主的颂扬，激进派智者对奴隶制的尖锐批判，在当时产生了很大影响。这一思想影响了文艺领域。古希腊大悲剧家索福克勒斯（Sophocles，约前 496—前 406 年）在他的著名戏剧《安提歌妮》的合唱中说：许多强大的存在物存在着，但没有东西比人更强大。“世间奇妙多，人类居其首。”古希腊大悲剧家欧里庇得斯（Euripides，前 480—前 407 年）是一个激进民主派，与激进派智者相接近，并深受其影响，他被称为“舞台上的哲学家”。他对奴隶制进行了一定的批判。他写道：

只有一件事情足以使奴隶耻辱，
那就是这“奴隶”的名字；
在所有其他方面——
奴隶并不劣于自由民，
所以他也有一个公正的灵魂。[③]

诗人费勒蒙则象激进派畚者一样宣称：“根据自然，没有一个人生而为奴隶。”[④]

激进派智者的思想在政治上也有一定影响。据记载，当雅典于公元前 404 年推翻了为时大约一年的“三十暴君”的反动贵族专政，恢复民主政治时，就曾经有一个提案，主张把外邦人和奴隶列入公民名册之内。当然这个提案被否决了。

激进派智者的思想对哲学的发展也产生了深远的影响，它迫使奴隶主阶级哲学家为奴隶制的“合理性”“永恒不变性”进行哲学论证。后来的哲学家如柏拉图和亚里士多德就不仅论述了世界本原问题，而且论述了人的问题并进而论述奴隶主统治的“合理性”问题。

---

① 叶秀山：《前苏格拉底哲学研究》，生活 • 读书 • 新知三联书店 1982 年版，第 345 页。

② 陈修斋、杨祖陶：《欧洲哲学史稿》，湖北人民出版社 1983 年版，第 34 页。

③ 吴恩裕：《西方政治思想史论集》，天津人民出版社 1981 年版，第 35 页。

④ 北京大学哲学系：《欧洲哲学史》，商务印书馆 1977 年版，第 68 页。

2. 柏拉图的人性即理性与等级制的理想国

柏拉图（Plato，前 427—前 347 年）出身于雅典贵族世家，他的许多近亲都是“寡头政治”党的首脑人物。柏拉图年轻时一心想从事政治活动。他的家庭联系与社会地位使他反对雅典的奴隶主民主制。他很早就成了苏格拉底（Sokrates，前 469—前 399 年）的学生。公元前 399 年，在雅典的民主制下，处死了他最敬爱的老师苏格拉底，因此，他更加反对雅典的奴隶主民主制，向实行贵族专制统治的斯巴达寻找理想国的影子。他认为要改造社会国家必须通过政治，而只有通过哲学才能改造政治本身。为此，他转入对哲学的研究。

苏格拉底死后，柏拉图离开雅典，到南意大利，研究毕达哥拉斯派的学说与活动，特别是实地考察了这些哲学家们是如何管理国家的（如当时阿启泰〈Archytus〉在塔伦托的政府）。公元前 388 年，他第一次来到西西里岛的叙拉古，结识了年轻的狄昂（Dion）。狄昂是叙拉古城邦国王狄奥尼修（Dionysius）一世的内弟。因狄昂的推荐，柏拉图得到了国王的邀请。他想他那种以哲学改造国家的打算也许能实现。然而，他和狄昂的计划很快破产了。狄奥尼修一世不能容忍他们。柏拉图被送上一艘斯巴达的船，斯巴达的使节把他送到阿吉那奴隶市场上出卖。幸亏他的一位朋友认出是他，买了他，把他送回了家。

回到雅典后，公元前 387 年，他在雅典建立了亚加德米（Academy）学园，专门从事哲学的教学与研究工作。狄昂也到学园学习。柏拉图主持学园二十年，但他那实现“正义”之邦的希望并未泯灭。公元前 367 年，狄奥尼修一世死后，他的年轻的儿子继位。新国王的舅父狄昂成了第一摄政人。狄昂建议柏拉图做新国王的老师。柏拉图认为新国王年轻，可以教诲，这是实现其理想的好机会，可以训练一个“哲学王”。柏拉图到了叙拉古。开始狄奥尼修二世很听话，但不久由于思想冲突，狄昂被放逐，柏拉图好不容易才得到自由回到雅典的亚加德米学园。四年以后，狄奥尼修二世又一次邀请柏拉图前去。柏拉图为了使国王与狄昂和解，第二次去叙拉古。国王不仅拒绝让狄昂回国，而且还没收了狄昂的财产，并将柏拉图禁闭在御花园一年之久。柏拉图回到雅典后，狄昂得到柏拉图的同意，在学园里召集了一些朋友，夺取叙拉古，国王逃往意大利。狄昂受到欢迎。但他却被从学园同来的一个人暗杀身亡。那个人勉强在位一年也被推翻。柏拉图三次西西里岛之行的经历，他寄予厚望的狄昂之死，还有凶手是他的学生，这些使他想实际推行的政治哲学，成了破灭的幻想。

柏拉图在前后五十年间，以对话的形式写了《国家篇》等三十多篇作品。这些著作由于历代统治者的维护，几乎全部保存了下来。

柏拉图以他对人的看法为依据，提出了他的政治学说。他认为，个人是缩小了的国家，国家是放大了的个人。

在柏拉图看来，人的本性就是人的灵魂。灵魂是由神造的，它先于万物、先于人的肉体而存在，灵魂是不朽的。人的灵魂由三部分组成，分别安放在人的不同器官里：理性是灵魂里最优秀、最高贵的部分，被安放在头脑里，只有它有判断能力和达到最高真理的理解；激情是灵魂用以发动行动的部分，位于人的心中；欲望是灵魂中最低劣的部分，被安放在胃里，是放荡行为和贪淫好色的避难地。

理性是灵魂中最优秀的部分，应该统率其他部分。当理性统率和指导其他部分时，灵魂就有了“智慧”的德性。柏拉图说：“理性是智慧，关注整个灵魂，所以应占统治地位，而激情则是它的臣民和同盟军。”“我们认为一个人的智慧，是由于他灵魂中占统治地位的那部分，能够运用它所拥有的。”①

激情是灵魂中的中间部分，应接受理性的指导。当激情坚定不移地执行理性的指示，帮助理性控制欲望时，灵魂就有了“勇敢”的德性。“如果一个人无论在快乐还是在痛苦中，他的激情对应怕什么和应不怕什么，都是坚持接受理性的控制，那么我们。更由于他灵魂的这个部分，而认为这个人为勇敢。”②

欲望是“灵魂中最大的部分，本性贪婪”，如果不加控制，“贪婪的灵魂逐渐变得妄自尊大、不安己位，试图奴役和统治并非它适合统治的部分，颠倒整个生活。”③所以对欲望必须加以控制。如果某种欲望与快乐受到了控制，灵魂就有了“节制”的德性。“节制是一种秩序，一种对于快乐与欲望的控制。”④

当激情与欲望接受理性的领导而各守其职、各尽其性时，灵魂便有了自然的和谐，从而灵魂就具有了最高的德性——“正义”。柏拉图说：“一个人

① 苗力田主编：《古希腊哲学》，中国人民大学出版社 1989 年版，第 297、298 页。

② 苗力田主编：《古希腊哲学》，中国人民大学出版社 1989 年版，第 298 页。

③ 苗力田主编：《古希腊哲学》，中国人民大学出版社 1989 年版，第 297-298 页。

④《古希腊罗马哲学》，商务印书馆 1961 年版，第 225 页。

在其灵魂中，各部分各安其位的人是正义的人。”[1]在这个人身上，理性、激情、欲望三部分和谐友善，理性是统治力量，激情与欲望是从属的，二者同意理性的统治而不作乱。

在柏拉图看来，国家是放大的个人，相应于人的灵魂中的三个部分，国家也应有三个等级，它们的地位、职能、相互关系同灵魂中三个部分的地位、职能、相互关系是一致的。

在国家中，相应于理性部分是“执政者”即统治者等级，它的职能就是以其智慧来管理国家。柏拉图认为，最好的执政者应该是掌握了哲学知识的哲学家，即他所谓的“哲学王”。他说：“除非哲学家变成了我们国家中的国王，或者我们叫做国王统治者的那些人能够用严格认真的态度去研究哲学，使得哲学和政治这两件事情能够结合起来，而把那些现在只搞政治而不研究哲学或者只研究哲学而不搞政治的人排斥出去，否则我们的国家就永远不会得到安宁，全人类也不会免于灾难。”[2]国家如果由少数这样的人来统治，那么这个国家便具有了“智慧”的德性。“一个建立在自然原则之上的国家，其所以整个说来是有智慧的，……乃是由于领导和统治它的那一部分人所具有的知识。”[3]

在国家中，相应于激情的部分是“守卫者”即军人等级，它的职能就是以其勇敢来帮助统治者进行暴力镇压和防御。守卫者如果坚决执行执政者的命令，这个国家就具有了“勇敢”的德性。“因为凡是说一个国家怯懦或是勇敢的人，除掉想着为了保卫它而上战场打仗的那一部分人之外，还会想着哪一部分呢？”[4]

在国家中，相应于欲望部分的是农民、手工业工人、商人，即劳动者等级，它的职能就是接受上面两个等级的统治，并用自己的劳动产品供养他们。如果统治者对劳动者进行统治，而劳动者等级又服从这种统治，二者协调一致，这样，国家就具有了“节制”的德性。柏拉图说：“节制就是生性优秀和生性低劣的东西在哪个应当统治，哪个应当被统治——不管是在国家里面或者是在个人里面——这个问题上所表现出来的这种一致性和协调。”[5]

---

① 苗力田主编：《古希腊哲学》，中国人民大学出版社 1989 年版，第 297 页。
② 《古希腊罗马哲学》，商务印书馆 1961 年版，第 231 页。
③ 《古希腊罗马哲学》，商务印书馆 1961 年版，第 223 页。
④ 《古希腊罗马哲学》，商务印书馆 1961 年版，第 224 页。
⑤ 《古希腊罗马哲学》，商务印书馆 1961 年版，第 227 页。

柏拉图没有提到奴隶，因为在他看来奴隶只是像牛马一样被役使的“工具”，根本不算人，所以不在他的“理想国”的成员之内。

柏拉图认为，在国家中，只有这三个等级各做各的事而不干涉别人的事，他们就会和谐一致，这个国家就是有智慧的、勇敢的、有节制的，从而也就是合乎正义的。“这三个阶级在国家里面各做各的事而互不干扰的时候，便是有了正义，从而也就使一个国家成为正义的国家了。”①如果相反，被统治的劳动者等级失去了“节制”，不是安分守己地埋头于生产，而是要起来过问政治，参与国家的管理，甚至剥夺贵族统治者的特权，在柏拉图看来，这是国家的最大祸害，是“不正义”的。他说：“这三个阶级的互相干涉和互相代替对于国家来说是有很大的害处的，因此可以很正确地把它称为最坏的事情。”“而给国家带来最大的损害的事情就应当叫作不正义。”②正是从这种观点出发，他认为民主政体“以下犯上”，违背了“正义”原则，是一种极坏的乱民政治。

柏拉图为了更广泛地宣传等级制的政治学说，还赋予这种学说以神话的形式，把这三个等级之所以只能从事自己的工作，说成是由于这三个等级是神用不同的金属造出来的。他说：你们是神用不同的东西把你们造出来的，你们之中有些人具有统治的能力而适于统治人，在创造这些人的时候神用了金子，因此这些人也就是最珍贵的，另一些人是神用银子做成的，这些人就成为统治者的辅助者，再有一些人是农夫和手艺人，这些人是神用铜和铁做成的。一般说来，一个人属于哪一种，他所生下来的子女也就属于哪一种，但是由于你们都是出自同一祖先的，因此金的父母有时也会生出银的儿子，而银的父母有时也会生出金的儿子。其余的也有类似的情形。有时可以互相产生。因此神给统治者所作的第一条重要的指示便是教他们特别注意保护种的纯洁性，注意他们的子孙的灵魂里渗杂着什么样的金属。……统治者应当把这个神谶引以为戒，即：一旦铜铁作成的人掌握了政权，国家便要倾覆。”③

柏拉图认为，为了防止奴隶主贵族因自身的腐化而使贵族统治崩溃。第一、第二等级的人既不从事生产，也不得占有私有财产，他们应当像营盘里的兵士一样，住在一起，一起吃饭。他们的一切生活需要由第三等级供给。他们更不得占有、管理、接触金银。他们的灵魂已经从神那里得到了金和银

①《古希腊罗马哲学》，商务印书馆 1961 年版，第 230 页。

②《古希腊罗马哲学》，商务印书馆 1961 年版，第 229–230 页。

③《古希腊罗马哲学》，商务印书馆 1961 年版，第 232–233 页。

的性质，他们不需要也不应当取得人间的金银，因为许多坏事都是由人间的金银所引起的，而他们灵魂中的金银是纯洁而没有被污损的同时，第一、第二等级的人中也没有个体的家庭，实行“共产共妻”制度，男女的配合须按有利于生育优良后代的原则进行。为了培养统治者能治理国家，柏拉图主张对教育实行严格的检查制度，从母亲和保姆照养儿童时起，就只许给孩子讲官方规定的故事，不准孩子看到邪恶的东西，连荷马的诗也不准讲述，轻柔婉转的音乐也要被禁止，因为它消磨人的意志。

柏拉图主张奴隶主贵族的统治者可以说谎，并宣称说谎是统治者的特权，就像开药方是医生的特权一样。他把维护贵族统治和所谓“正义”有好处的谎言称为“光荣的”或“高贵的”谎言。他关于神用不同金属造人的神话故事，就是一个“光荣的谎言”。他说，这个谎言可能第一代人不大相信，但只要持久地宣传和教育，“他们的儿子、孙子及其后裔大概会相信的”①。

柏拉图的人性论及政治学说，在两点上是有一定思想价值的：

首先，柏拉图第一次把人的精神分为理性、激情、欲望，这使人对自己精神的认识深入了一步。并且，柏拉图十分强调在人的精神中，理性居于统治地位，强调理性对激情和欲望的控制与指导，奠定了古代理性主义的思想基础。

其次，柏拉图设想其理想国时，提出了社会分工的观点。他认为，“如果一个人根据自己的天生才能，在适当的时间内不做别的工作，而只做一件事，那末他就能做得更多，更出色，更容易”②。这种社会分工的思想是有一定意义的。但他由此得出结处说：“每个人必须在国家里面执行一种最适合于它的天性的职务。”③那就是少数统治者专门从事统治人的职业，一些忠顺勇敢的人专门从事辅助统治者的工作，广大有体力劳动能力的人只能从事供养第一、第二等级的农业或手工业劳动，各做各的事，互不干扰。这一结论则是十分错误的。这一点就与智者普罗塔哥拉的思想恰恰相反。普罗塔哥拉也有社会分工的思想，认为在某一技术领域可以少数人说了算，但在政治上却不同，人人都有参政的智慧与品德。柏拉图却把社会分工作为等级制度的根据。因此，马克思指出：“在柏拉图的理想国中，分工被说成是国家的构成原则，就

① 苗力田：《古希腊哲学》，中国人民大学出版社 1989 年版，第 295 页。

② 柏拉图：《理想国》，商务印书馆 1957 年版，第 77 页以下。

③《古希腊罗马哲学》，商务印书馆 1961 年版，第 229 页。

这一点说，他的理想国只是埃及种姓制度在雅典的理想化。”①种性制度就是一种世袭的等级制度。

柏拉图的人性论与政治学说从根本上是错误的，并且在历史上起着极其反动的作用。

第一，柏拉图把人的精神说成是神造的、不朽的灵魂，是一种唯心主义观点。他把人的本性归结为人的灵魂，归结为理性是错误的。人具有理性，理性在人的精神中占统治地位，但人与动物的根本区别不在于理性，而在于社会性的劳动，理性是在社会性劳动遏中才形成的并直拍拉图也过分夸大了理性的作用，贬低、抹杀了人的精神中非理性的激情、欲望的作用。

第二，人的精神同社会国家是性质完全不同的两个领域，柏拉图把国家说成是放大了的个人，把人的精神中的三部分与国家的三个等级联系起来，把人的精神品德智慧、勇敢、节制移到社会国家是完全错误的，用理性控制非理性的激情、欲望说明少数统治者对广大劳动群众统治的合理性是毫无道理的。

第三，柏拉图设想的理想国是以哲学的方式对斯巴达奴隶主贵族统治的国家制度的理论概括。斯巴达是一个极其专制的奴隶制国家，其专制渗透到每一生活和思想的细节，从而取消了一切个人在经济上、政治上、生活上和思想发展上生动活泼发展的可能性。柏拉图的理想国就是要实行这样一种绝对专制的统治，这同古希腊的民主精神是完全相反的。柏拉图的政治思想是为奴隶主贵族专制统治服务的，在历史上起着反动的作用。

柏拉图的后期思想发生了一些变化。这一方面是因为斯巴达及其所支持的各种奴隶主贵族专制政体，处处暴露出比奴隶主民主制下的弊端更为严重的腐败。另一方面是因为柏拉图的三次西西里岛之行的失败。他后期写的《政治家篇》认为，君主政治、贵族政治（即寡头政治）和民主政治等都可以按法律或不按法律起作用。如果实行法治，民主政治不如贵族政治，贵族政治又不如君主政治，因为法律集中于少数人或一个人手中时运用会比较准确。但如果不实行法治，那么个人专制和贵族统治就最坏、最残暴，而政权掌握在多数人手里的民主政治则为害最少，因为民主政治中各种力量彼此混合对立，能够使各种有害的趋向彼此抵消。这里他看出了贵族统治或君主统治的恶劣方面以及民主制的一些优点。在他后期写的《法律篇》中认为比较好的

---

①《马克思恩格斯全集》第23卷，第405-406页。

办法是把君主政治和民主政治、自由与权威结合起来、调和起来，以便在法律的最高权威之下来实现国家的统一和统治。

柏拉图的人性论和政治学说产生了很大影响。历史上的反动阶级和反动派都十分推崇柏拉图的“理想国”，对广大劳动群众实行专制统治。

柏拉图的学说对其学生、著名哲学家亚里士多德（Aristoteles，前 384—前 322 年）也有很大影响。亚里士多德虽然对柏拉图的学说有许多批判，但基本上继承了柏拉图这方面的说学。

在亚里士多德看来，就一个人来说，灵魂是“形式”是第一本体，而身体是“质料”。形式决定质料，“灵魂乃是有生命躯体的原因和本原”①。人的本质是人的灵魂。

他认为，在人的灵魂中有理性与非理性两部分。理性即理智，非理性包括情感、欲望等。理性应当控制与领导非理性，只有这样才算有德性。“那些遵循理智而活动并珍爱理智的人，似乎处于最佳状态，最为神所钟爱。”②

亚里士多德把灵魂与肉体的关系、理性与非理性的关系推到社会生活中，提出：“人天生是一种政治动物。”③这个命题有两重含义。

第一，人天生是一种社会动物，不能离开社会而孤立地生活。这种思想是可贵的。他说：“城邦自然地先于个人：一个孤立的人，就不再是自足的，所以他就要和其他部分一样与整体相关联。如果有人不能过共同生活，或者由于自足，而不需要成为城邦的一部分，那么，他不是一只野兽，就是一尊神。”④就是说人都不能脱离社会群体，如果能脱离社会群体而存在，不是野兽就是神。

第二，人天生是一种政治动物，就是说在社会中生活，有些人是天生的统治者，有些人是天生的被统治者。这种思想则是错误的。他说，人类最早的共同体是家庭。为了种族的延续，男人与女人的结合是自然的；为了生存，主人与奴隶的结合也是自然的。在他看来，奴隶是家庭中的一部分，奴隶的地位和女人是一样的。男人与女人的结合、主人与奴隶的结合都是领导者与被领导者的结合。“天生的领导者与被领导者的结合是自然的，是为了生

---

① 苗力田主编：《古希腊哲学》，中国人民大学出版社 1989 年版，第 487 页。
② 苗力田主编：《古希腊哲学》，中国人民大学出版社 1989 年版，第 582 页。
③ 苗力田主编：《古希腊哲学》，中国人民大学出版社 1989 年版，第 585 页。
④ 苗力田主编：《古希腊哲学》，中国人民大学出版社 1989 年版，第 586 页。

存。”[①]家庭组成村落，村落组成城邦，就形成了国家。在家庭、村落、国家中，人与人的关系就如同灵魂对躯体、理性对非理性的统治一样，男人统治女人，自由民统治奴隶。他说：“灵魂对躯体进行家长式的领导。理智对欲望进行邦主和君主式的领导。由此可见，被灵魂所领导不仅合乎自然而且对躯体有益，被理智和理性部分所领导，对情感部分也是如此。但是，如果两者平起平坐或者其关系颠倒，便极其有害了。”[②]亚里士多德把这种关系推到社会生活中。他说：“男子自然比妇女强壮，而妇女自然柔弱，所以，男人领导，女人被领导。这个原因也同样必然地适用于全人类。人们之间的差别，恰如灵魂和躯体的差别。”[③]他认为，自然有意地赋予自由人和奴隶以不同的体质和灵魂。奴隶体格健壮，缺乏理性，适于体力劳动；而自由人身材俊秀，具有理性，不适于体力劳动，适于成为领导者。他得出结论说：“自由人和奴隶显然是天生的。对于奴隶来说，他们被奴役，不但是有益的，而且是公正的。”[④]

不过，亚里士多德不赞同柏拉图的“理想国”。他既反对由少数富人统治的寡头政体，因为这种政体必然引起贫民要求社会平等的革命运动；也反对雅典奴隶主民主制，因为它允许贫民参加管理，贫民占优势的民主政体恣意侵犯富人利益，也必然导致内乱。他认为城邦国家应当由具有适度财产的中等奴隶主即“中等阶级”来统治。因为这个阶级占居民（不包括奴隶）中的多数，同时这个阶级财产“适度”，容易遵循适度原则而不走极端，从而在贫富两个敌对阶级之间起“仲裁者”的作用。他说：“最好的政治共同体是由中产人士组成的。”[⑤]

3. 欧洲中世纪的原罪性恶论与封建教会的专制统治

公元前 2 世纪中叶，希腊并入罗马共和国版图，开始了古罗马时期。公元前 27 年罗马帝国取代了罗马共和国。公元 476 年，在奴隶、隶农和各族被压迫人民的不断起义的打击下，由于日耳曼“蛮族”的入侵，罗马帝国灭亡了。这就标志着欧洲由奴隶社会进入封建社会。从罗马帝国的灭亡到 1640 年

① 苗力田主编：《古希腊哲学》，中国人民大学出版社 1989 年版，第 583 页。
② 苗力田主编：《古希腊哲学》，中国人民大学出版社 1989 年版，第 587 页。
③ 苗力田主编：《古希腊哲学》，中国人民大学出版社 1989 年版，第 587-588 页。
④ 苗力田主编：《古希腊哲学》，中国人民大学出版社 1989 年版，第 588 页。
⑤ 苗力田主编：《古希腊哲学》，中国人民大学出版社 1989 年版，第 591 页。

爆发英国资产阶级革命的一千一百多年，历史上通称为欧洲的“中世纪”。

在日耳曼人征服罗马帝国的漫长过程中，古代的商业和手工业，各种政治、法律、哲学，以及作为政治、经济、文化中心的城市都被破坏以至消灭了，唯一保全下来的就是长期掌握着社会各阶层广大群众的基督教。日耳曼的军事征服者在胜利之后，为了在罗马领土上巩固自己的统治，改宗正统的基督教，以便利用有影响的教会和有文化僧侣为自己服务，从而使基督教成为中世纪唯一占统治地位的意识形态。而基督教的上层人物为了自身的利益，也就转向为封建主服务，并把基督教改造成为与封建等级制度相适应的封建教阶制的宗教。在中世纪，思想文化的一切部门都掌握在教会僧侣手里，教会教条同时就是政治信条，圣经词句在各法庭中都有法律效力。基督教神学具有至高无上的权威，并且渗透到社会生活的各个方面，是维护封建专制制度的强大精神支柱。

在欧洲中世纪，关于人性的观点是与基督教神学紧密联系在一起的。

早在罗马帝国时期，在基督教内部就发生了关于人性的争论。这种争论是围绕《圣经》的说法展开的。《圣经》上说，人类的始祖亚当和夏娃在伊甸园受了蛇的怂恿，偷吃了智慧树上的果实，犯了罪，被上帝赶出了伊甸园。因此，人类的历史是以一个罪恶的行为为其开端的，人自幼年起就有邪恶的行径。《圣经》把人的本性说成邪恶的。后来由于对《圣经》中亚当犯罪的解释不同，出现了关于人性的争论。

罗马帝国教父学的主要代表奥古斯丁（A. Augustins，354—430 年）提出“原罪”说。他认为由于人类的始祖亚当和夏娃在伊甸园里犯了罪，就造成人的本性的堕落，他们的子孙、一切人天生就有罪，在“原罪”面前是人人平等的。他说：“我们一定不要幻想在我们自身没有恶习，因为如使徒所说的：‘肉体所欲，反抗心灵’，……我们在现世里无论如何不能够达到至善的。”[①] 奥古斯丁认为，因为人的原罪，使得人类世世代代永受惩罚，任何个人在永罪面前都是无能为力的，自己不能救自己。人只有靠上帝的“恩典”，才能得救。他说：“我们只能够这样做：以我们的信心与祈祷，盼望那给我们以信心之上帝会帮助我们。”[②]而上帝在尘世的代表是教会，所以，人只有依靠教会这个“中介”才能得救。这就是说，人只有信仰上帝，服从教会的统治才能

① 《西方伦理学名著选辑》（上卷），商务印书馆 1964 年版，第 356-357 页。

② 《西方伦理学名著选辑》（上卷），商务印书馆 1964 年版，第 355 页。

得救。在他看来，现实生活只是死后生活的准备，现实生活的苦难较之于死后的幸福算不了什么。因此，人们必须心甘情愿地忍受苦难，放弃一切反抗的念头，服从教会的统治。他认为忍让恭顺和憧憬幸福才是主要的美德。他借使徒保罗的话说："我们的得救在乎希望；但是，可见到的希望，不是希望。因为既是人所见到的，何必还要希望它呢？可是如果我们希望那看不见的希望，那末，我们只有耐心等候。"[①]他说："因为我们是被许多罪恶围困着，这些罪恶，我们应该耐心忍受的。那解救，那有待乎来世的解救，其本身将是我们的至福。"[②]奥古斯丁认为，人有原罪，人性是邪恶的，人应当"爱上帝，鄙视自己"。

英国神学家裴拉鸠斯（Pelagius，约 360—约 420）提出了与奥古斯丁完全相反的看法。他在 410 年左右在北非、罗马传教时指出，亚当犯罪完全是他个人的问题，除了他自己以外，并不影响别人，因此，每个人生来都具有亚当未犯罪前所具有的本能。他认为罪恶与人的天性无关，人的天性既无邪恶，也无善德，善恶是人的自身行为造成的。为了得救，不必借助神恩，而要靠自己道德方面的努力。如果人们规行矩步，那么作为道德奖赏，人们均将升入天国。

裴拉鸠斯的观点曾一度产生了相当大的影响。他的观点不仅在北非的迦太基博得许多信徒的赞同，而且在东方的巴勒斯坦等地也出现了不少支持者。奥古斯丁坚决反对裴拉鸠斯的观点，他在各种场合给以猛烈驳斥，并称之为异端。418 年迦太基宗教会议谴责裴拉鸠斯，罗马教皇也予以谴责。裴拉鸠斯的观点被判为异端，他的著作也大部分被销毁。但他的影响并未消失，一些人仍以比较温和的形式鼓吹裴拉鸠斯的观点。被称为半裴拉鸠斯派，流传了一百多年。529 年奥兰治宗教会议把所有的裴拉鸠斯派判为异端。

在这场争论中，奥古斯丁以维护《圣经》上的"原罪"论、上帝的全能而取得了胜利，夺得了理论上的最高发言权。

在欧洲中世纪的基督教神学中，仍把奥古斯丁奉为理论权威，他的思想统治了西方长达几世纪之久。

由于奥古斯丁观点的影响，欧洲中世纪的宗教神学一方面抬高上帝，把一切赞美之词加给上帝，说上帝是"至高、至美、至能、无所不能，至仁、

---

①《西方伦理学名著选辑》（上卷），商务印书馆 1964 年版，第 361 页。

②《西方伦理学名著选辑》（上卷），商务印书馆 1964 年版，第 361 页。

至义、至隐、无往而不在”；另一方面又宣扬人人都有原罪，人的本性是邪恶，人的生活、感情、欲望都是恶的，追求幸福是罪孽，宣扬禁欲主义。宗教神学指出，人应当鄙视自己，蔑视自己，人只有在轻视自己、否定自己时，才会得到上帝的肯定。

奥古斯丁根据《圣经》中荒诞不经的故事，又根据人的欲望可能把人引向罪恶，提出“原罪说”。他认为人人都有原罪，人的本性是邪恶的，人自己不能摆脱罪恶，只有通过教会得到上帝的“恩典”，才会得救。这种学说取消了人的尊严与力量，扼杀了人的欲望与要求，使人们时刻感到自己的罪孽、卑微、渺小，总是处于一种忏悔与赎罪感之中，因而甘心情愿地接受封建教会的专制统治。这种关于人性邪恶的“原罪说”是维护封建教会专制统治的思想工具，因而在封建社会中占绝对统治地位。

从对人性探索的角度看，“原罪说”主要是把人的情感、欲望说成人性，人的情感、欲望可能将人引向罪恶，于是把人的欲望、人性等同于罪恶，宣扬取消人的欲望的禁欲主义。把人的欲望等同于罪恶是完全错误的。人的欲望是人从事各种社会活动的内在驱动力，在社会生活中，人的欲望既可以推动人们从事维持社会存在和推动社会发展的各种生产性、创造性活动，也可以推动人们去干一些损害他人和社会的罪恶活动。究竟人的欲望推动人从事怎样的活动，关键在于一定社会现实和各种社会关系将人塑造或教育成什么样的人。把人的欲望等同于罪恶，宣扬禁欲主义，是对人的严重压抑和束缚，不利于人的积极性创造性的发挥，使社会处于停滞状态。中世纪社会发展极为缓慢与此不无关系。

三、近代西方的人性理论

——对资产阶级民主的呼唤，高扬人的自然欲望与理性

从文艺复兴以来，资产阶级思想家提出各种各样的人性观点，其共同特点是，充分肯定人的欲望要求的合理性，把人的自然欲望说成是人的本性，并引出基本相同的政治结论：封建专制制度是违反人性的，要求建立一种符合人性的资产阶级民主制度。

（一）人文主义的人性自然论及其对宗教神学的冲击

欧洲封建社会的末期，随着工商业的不断发展，14 世纪初，在意大利半岛最早产生了资本主义生产关系。新兴的市民资产阶级针对中世纪宗教神学以神为中心、否定人的价值和尊严、宣扬禁欲主义，提出以人为中心，提倡人性，反对神性；提倡人道，反对神道；主张个性解放，反对宗教桎梏。这就是文艺复兴时期的人文主义。

人文主义是文艺复兴时期最广泛流行的一种思潮，是资产阶级的一种反封建的新文化运动，也是资产阶级最早的启蒙运动。人文主义并不是一种哲学理论体系，而是涉及文学、艺术、科学、哲学等各个文化领域的一种具有共同倾向的思潮。这种共同思想倾向就是反对宗教神学宣扬的“一切为了神”，主张“一切为了人”。人文主义者的一个主要口号是：“我是人，凡是人的一切特性，我无不具有。”这句话原来是公元前 2 世纪拉丁诗人特伦斯的诗，它却正表现了人文主义者的基本思想。

人文主义运动最初产生在意大利，不久就扩展到西欧各国，西班牙、尼德兰、法国、德国等国家都产生了一些著名的人文主义者。文艺复兴时期著

名的人文主义者主要有但丁（Dante Alighieri，1265—1321）、彼得拉克（F. Petrarch，1304—1374）、薄伽丘（G. Bocciccio，1313—1375）、达•芬奇（Leonardo da Vinci，1452—1519）、乔万尼•皮科（Giovanni Pico，1463—1494）、蒙田（M. E. Montaigne，1533—1592）、埃拉斯漠（D. Erasmus，1469—1536）等。

文艺复兴时期的人文主义有以下特点：

第一，赞颂人的伟大，提倡尊重人的尊严。文艺复兴时斯的最初诗人但丁说："人的高贵，就其许许多多的成果而言，超过了天使的高贵"[①]。西班牙著名人文主义者斐微斯（1492—1540）也热情歌颂人的力量。他在《人的神话》这篇寓言中，把整个世界比作一场宏伟壮观的戏，在那里人神并列，但最伟大的角色是人而不是神。这就不仅把人抬高到神的地位，而且高于神，人成为诸神仰慕和赞美的对象。意大利米兰多拉的乔万尼•皮科不仅赞美人的价值，而且在 1486 年曾想在罗马召开一次"关于人的尊严的大会"，这是一个向教会宣战、向神学开火的大胆的行动，由于教皇英诺森八世的制止，没有开成，皮科本人也因此被教会革出门墙。皮科准备在大会开幕式发表演说的题目就是《论人的尊严》。他在《论人的尊严》中提出，人是个小宇宙，在他身上连结着三个部分：地本原或初级本原（由土、水、气、火四种元素组成）、动物本原和天本原。他说，上帝对亚当说，你被摆在宇宙的中心，"我创造你，既不是把你造成天上的东西，也不是把你造成地上的东西，既不是把你造成死的，也不是把你造成不死的，而仅仅是为了使你能够——按照自己的意志并保持着自己的尊严——成为自身的雕塑者和创造者；你可以下降到动物，也可以上升到与上帝相似的东西。野兽在娘肚里就孕育出它们所应该有的一切，而高级精灵从一开始，或在它们诞生后不久，就成了它们永远所是的那个样子。只有你一人有发展，可以按照自由意志成长，在你身上隐藏着各种生活的胚芽"[②]。在这里皮科以神学的形式表达了人文主义一个极其重要的思想：人能具有上帝般的尊严，人能创造自己的命运。

与这种提高人的地位的观点相适应，文艺复兴时期一些艺术家摆脱了中世纪以圣经故事为主题的传统，创造了以直接描述世俗生活和世俗人物为题材的艺术作品，并大胆地表现人的自然机体，表现人体美，从而使艺术获得

①《从文艺复兴到十九世纪资产阶级文学家艺术家有关人道主义人性论言论选辑》，商务印书馆 1971 年版，第 3 页。

② 索柯洛夫：《文艺复兴时期哲学概论》，北京大学出版社 1983 年版，第 36 页。

了新的生命。达•芬奇的著名世俗肖像画《蒙娜丽莎》画出了一个人间少妇的青春与魅力。这幅画的艺术价值不仅仅在于画得生动逼真，而且它体现了达•芬奇对神学的否定。在神学看来，人是罪恶的化身。《蒙娜丽莎》这幅画确凿地肯定了人及其美的意义。其他艺术家的作品，虽还摆脱不掉传统的圣经题材，但在他们的作品中，圣经故事被赋予了世俗的性质。著名画家拉斐尔（1483—1520）画的《圣母子（奥尔良圣母）》完全是一个世俗母亲与幼儿的形象。著名画家提香（1477—1576）的《圣母升天》《人间爱与天上的爱》表现的都是世俗妇女及儿童欢乐的景象。

第二，提倡意志自由与个性的自由发展。诗人但丁在《神曲》中指出，世界应当是以“人”为本的世界，而人天生具有自由意志，这是上帝给予人的“最大的赠物”，是上帝“最伟大的杰作”。16世纪法国著名文学家拉伯雷（Rabelais，1494?—1553）在其《巨人传》一书由就有“顺从你的意欲而行”的题辞。在该书中作者提出了他理想的“特莱美修道院”。这个修道院与别的修道院不同，它没有围墙。在他看来，有围墙就会产生许多闲话，引起相互间的嫉妒和暗算。这个修道院规定，“无论男女，入院以后，只要自己愿意，随时可以出去，完全自由，毫无拘束”。“每个人可以公开地结婚，可以自由地致富，并随意过生活。”①这个修道院人们的生活起居不是根据法律、宪章或规则，而是按照自己的意愿和自由的主张来过活的。“他们的会规只有这么一条：想做什么，就做甚么。”②拉伯雷认为只有在这种意志得到充分自由的环境里，才能培养出精通一切学术义理、处世治世之道成熟的全知全能的人。16世纪鹿特丹的爱拉斯谟也十分强调人的自由意志，他肯定自由意志不仅是属于神的，而且也是属于人的，他认为自由、快乐、知识或理性是构成道德和良心的最重要的条件。他说：“假如上帝造人同陶工造瓦罐一样，或者如同他造石头一样，那么，人作为一个整体又有什么价值呢？”③皮科也指出人不同于动物，只有人可以按照自由意志成长。

第三，主张人人平等，反对等级制度。薄伽丘强调，人都是人，人的天性都是一样的。他激烈反对封建等级观念，主张人人平等。他在《十日谈》中的一个故事里，描写一个王爷的女儿爱上王爷的一位侍从，王爷骂他的女儿不找个“王孙公子”这样“身份相称的男人”，却看中了“一个下贱的奴仆”。

① 《西方伦理学名著选辑》上卷，商务印书馆1964年版，第402、403页。
② 《西方伦理学名著选辑》上卷，商务印书馆1964年版，第403页。
③ 桑迪拉纳：《冒险的时代》，光明日报出版社1989年版，第161页。

这位王爷的女儿却勇敢无畏，与她父条针锋相对，认为他的思想是“完全没有道理的世俗成见”。她说：“你应该知道，我们人类的骨肉都是用同样的物质造成的，我们的灵魂都是天主赐给的，具备着同等的机能和一样的效用。我们人类是天生一律平等的，只有品德才是区分人类的标准，那发挥大才大德的人才当得起一个‘贵’；否则就只能算是‘贱’。这条最基本的法律虽然被世俗的谬见所掩蔽了，可并不是就此给抹煞掉，它还是在人们的天性和举止中间显露出来；所以凡是有品德的人就证明了自己的高贵，如果这样的人被说成是卑贱，那么这不是他的错，而是这样看待他的人的错。”“只要你不存偏见，下一个判断，那么你准会承认，最高贵的是他，而你那般朝贵都只是鄙夫而已。”[①]薄伽丘把“人类天生一律平等”视为“最基本的法律”，这是对封建等级制的勇敢否定。

第四，反对中世纪的禁欲主义，强调现世生活的意义，大胆地提出享乐的尘世要求。彼得特拉在《秘密》申说：“我不想变成上帝，或者居住在永恒中，或者把天地抱在怀抱里。属于人的那种光荣对我就够了。这是我所祈求的一切，我自己是凡人，我只要求凡人的幸福。”[②]瓦拉指出，神学家号召人们努力追求死亡，而他则号召努力追求生活。他针对教会关于享乐不道德、性的禁欲主义说教，针锋相对地提出“不道德的享乐是不存在的”，维护人们享受现世生活快乐的权利。神学家把人们追求感性欲望的满足与现世生活的快乐指责为“愚行”，荷兰的埃拉斯谟则针锋相对地写了《愚行颂》，歌颂这种“愚行”。他指出正是这种“愚行”才使人类生存和发展。比如，若没有情欲，没有对异性的追求，就不会有人类的繁衍。他指出教皇、主教、神学家等自以为圣和高贵的人，实际上是最愚蠢的。广大群众把具体的、与肉体关系密切的东西看作是唯一实在的东西，并对之于十分关心，而基督徒们对与肉体关系密切的东西却不感兴趣，完全热衷于冥思玄想那种看不见的东西和事情。他们不关心身体，弃绝快乐，饱受饥饿和痛苦，恶生而热恋死亡，以追求最高幸福——死后天堂。埃拉斯谟说：“基督徒们费尽千辛万苦追求的幸福，不过是一种疯狂和愚蠢而已。”“整个说来，基督教似乎是和某种愚蠢同类的，同智慧没有任何渊源。”[③]蒙田也否定教会提倡的伪善的禁欲主义，宣

① 薄伽丘：《十日谈》，上海译文出版社 1980 年版，第 357 页。

②《从文艺复兴到十九世纪资产阶级文学家艺术家有关人道主义人性论言论选辑》，商务印书馆 1971 年版，第 11 页。

③《西方伦理学名著选辑》上卷，商务印书馆 1964 年版，第 394、395 页。

扬享乐主义。他认为灵魂依赖于肉体，随肉体的死亡而消失，因此没有所谓来世的幸福生洁。人应当在今生今世的生活中尽情享受，使理智和情感结合起来，从身心两个方面去得到正常的充分的满足。他说，人生愈是短促，我就必须过得愈充分，最野蛮的是轻蔑自己。

人文主义的反禁欲主义是和揭露教会的伪善结合在一起的。薄伽丘的《十日谈》既抨击了禁欲主义，又揭露了僧侣的放荡淫逸。他指出教皇、红衣主教这些所谓天上派到世上来的代表，他们从上到下，没有一个不是寡廉鲜耻。他们自称为“清心寡欲的大圣人”。实际上他们无恶不作，坏到了不能再坏的地步，他们是“罪恶和魔鬼的代理人”。他们口头上讲传教是为了把人引进天堂，实际上是叫人们去填满他们的钱袋，满足他们过骄奢淫逸的生活。

人文主义反对神性，提倡人性。那么人的本性是什么呢？在人文主义者看来，人的本性就是人的“自然”。他们认为，物有物的“自然”，人有人的“自然”，都是“自然的”存在，既不是神造的，也不是人造的，而是其自身具有的本性。

人的“自然”又是什么呢？他们认为，人的“自然”即人的本性就是要求人格的独立与尊严、意志自由和对个人幸福的追求。他们特别强调人的本性是对个人幸福的追求。人不是一块石头，而是活生生的血肉之躯，因此，人的自然欲望和情感就是天然的，人们追求幸福就是正当合理的。蒙田认为人追求幸福是听从自然的指引，服从自然的召唤。他说，一个正确而真正地享受自己生存之乐的人，是绝对的并且几乎是神圣的完美的人。薄伽丘认为，人是一种能思考的自然存在物，人生活在世上就是利用环境来谋幸福。教会宣扬人生在世要禁欲受苦，那是违背人的本性的。人追求幸福这种自然的要求是无法压制的。他说：“谁要是想阻挡人类的天性，那可得好好儿拿点本事出来呢。如果你非要跟它作对不可，那只怕不但枉费心机，到头来还要弄得头破血流。”①

人文主义者认为，人的“自然”即人的本性不是邪恶的，而是良善的，因而维护人性的要求。蒙田、埃拉斯谟都否定基督教的原罪说，指出原罪说是用宗教谎言欺骗群众，企图把群众变成愚昧无知的牛马，听信教士们的摆布、温顺地交纳各种贡赋。他们宣扬人的本性是善良的，人类天然就倾向于互助友爱，人文主义者攻击和否定了人性邪恶的原罪说，肯定了人的尊严、

① 薄伽丘：《十日谈》，上海译文出版社 1980 年版，第 348 页。

力量和本性的良善。

人文主义对宗教神学的冲击是巨大的，但由于宗教神学的影响年深日久，人的本性邪恶的“原罪”观念又在宗教改革时期出现了。马丁·路德（Martin Luther，1483—1546）和加尔文（J. Calvin，1509—1564）的理论又恢复了奥古斯丁的观点。

路德与加尔文的进步之处在于否定了教会的权威，坚持人的宗教自由，认为人不经过传教士的媒介可以直接面对上帝。路德认为，除了《圣经》以外，没有神圣的权威。信徒必须直接阅读《圣经》。对《圣经》的含义和解释，应完全以个人的理解和判断为基础。每个人有权信仰他自己从《圣经》所理解的东西，任何人无论是王公贵族，还是主教教皇，都无权把自己对《圣经》的信仰和解释强加给别人，人们对《圣经》和宗教的信仰是自主的、自由的。既然每个人都可以通过读《圣经》取得自己的信仰，个人就可以直接感悟到对上帝的爱，直接领受上帝的恩典，根本不需要教士阶级和教会作为人和上帝交往的中介。加尔文认为，《圣经》是最高权威，宗教信仰应以个人阅读《圣经》为基础，人人都可以通过阅读和信仰《圣经》直接与神相通，不需要那些神职人员作为神和人相联系的中间人。

但路德和加尔文都认为人类本性是邪恶的与无能的。

路德说：“在奥古斯丁以前，没有一个神父曾提到过原罪。奥古斯丁区别了原罪和自罪；他认为：贪婪、情欲和欲望都是原罪，而原罪又是自罪的根源。这样的欲望和情欲，如果是发生在笃信上帝的人的身上的话，则上帝会饶恕他们的。由于基督的缘故，上帝赦免了笃信上帝的人们身上的这种罪，不把这些归罪于他们，以期他们借助于圣灵来抵御这种罪。”[①]这就是说，奥古斯丁第一次讲了人的原罪问题，人的情感、欲望就是原罪，人人有原罪，只有笃信上帝，才能得到拯救，并且抵御邪恶的行为。人人之所以都有原罪，是因为人的始祖亚当就是有罪的，人生下来就有情感、欲望，这些都是邪恶的，反抗上帝的。他说：“我们所有的人生下来就是有罪的——在罪恶中被怀孕和被产生出来；罪恶把我们从头到尾地浸渍了；从亚当起，人们就怀有一个意图，这个意图总是不断地反抗着上帝。”[②]他说经验恰如其分地证实了这一点：没有一个男子在品德上能做到娶妻只是为了在对上帝的敬畏中生育和

① 《西方伦理学名著选辑》上卷，商务印书馆 1964 年版，第 480-481 页。

② 《西方伦理学名著选辑》，商务印书馆 1964 年版，第 481 页。

抚养子女成人；英雄豪杰从事巨大的冒险事业，没有一个是为了公众的利益，他们都是出自于自己的野心。所以，“一切天然的意向，或者是在上帝之外，或者是反乎上帝，这都是不好的。这一点我这样加以证明：人类的一切情感、欲望和意向，都是邪恶的、刁猾的和败坏的，犹如《圣经》上所说的一样”①。因此，在路德看来，如果一个人不信仰上帝，没有圣灵和上帝的恩惠，他就会放纵其心中的情感、欲望，只能作恶犯罪，他会不间断地犯罪，从一个罪走向另一个罪，把显然最恶的东西当作最善的东西。“一个人犯了错误，如果是由于无知，他会被教导过来的；但是，如果是由于他顽固不化，不服从真理，犹如坠灭在红海中的法老一样，既不肯承认自己的罪过，又不对上帝表示谦和与恭顺；那么，他也会遭到与法老同样的命运的。”②

加尔文指出，亚当的坠落与变节是使全人类受苦和使全人类从原初状态退化的原因。他认为，人类的始祖亚当和夏娃在上帝创造之初本性是善良的，只是由于后来的堕落而变坏了。他说：“我们说人是由于本性的堕落而变坏了，但是堕落的根源不在本性。我们否认人的堕落来自人的本性，指出它只是一种外在的性质，只是偶然的而不是原来天生的本质的性质。然而我们把它叫做本性的堕落，是为了不使人以为它是为每个个人由坏的习惯而招致，实际上，它是由于祖传的原罪而使人人皆有的。”③这就是说，第一，人的原罪不能归之于上帝，上帝创造的是没有邪恶的人即善良的人，原罪是由人类始祖亚当与夏娃的堕落造成的；第二，人的原罪不是由个别人的坏习惯造成的，而是由始祖带来的，人人有原罪。

加尔文说，原罪就是说堕落与邪恶渗透入所有人的灵魂的一切部分。由于亚当违背了上帝的告诫，结果使所有的人都有了原罪。“所有的人都包括在原罪之中，所有的人都受到了原罪的污染。因为婴儿是带着他们的罪一同来到世界上，所以，他们就是由于他们自己的罪而不是由于别人的罪而应该受到惩罚。虽然他们没有作出他们的罪的结果，但在他们自身之中有着罪的种子；他们的全部本性就好象是一粒罪的种子。”④为什么婴儿生下来就有罪呢？加尔文认为，婴儿虽然没有罪的结果，却生下来就有罪的种子，这种罪的种子是由始祖亚当传下来的，这种罪的种子就是人们身上的情感与欲望，

① 《西方伦理学名著选辑》，商务印书馆 1964 年版，第 482 页。
② 《西方伦理学名著选辑》，商务印书馆 1964 年版，第 481 页。
③ 《西方伦理学名著选辑》，商务印书馆 1964 年版，第 491 页。
④ 《西方伦理学名著选辑》上卷，商务印书馆 1964 年版，488 页。

它渗透于灵魂的一切部分。他说:“原罪是祖传下来的我们本性的堕落与邪恶，它浸透入灵魂的一切部分，它使我们正遭受到神的谴责，并且正在我们身上不断地产生那些圣经上叫做‘情欲的事’。这就是保罗常常指为罪的那些事。由情欲就产生诸如奸淫、私通、偷盗、怨恨、谋杀、酗酒等事。”①有罪的种子，一定会做出罪的事情、罪的结果，人们身上的情欲不断地产生罪的结果，就像从燃旺的火炉中发射出来的火焰和火星，也像从永不枯竭的水源中流出的水流。他说：“我们的本性不仅没有任何的善，而且却富有着一切的恶，这使它不能不做坏事。有些人把原罪叫做贪欲，若加以一定的限制，这个说法不是不适当的，这个限制是：在人身上的每样东西——理智与意志、心灵与肉体——都为贪欲玷污和浸透；或者更简短地说，人本身不是别的，就只是贪欲。”②

加尔文认为，人有罪不要抱怨上帝。更不要傲慢与自负，以为有力量和智慧。不要夸大自己的力量，一切都是由上帝决定的。但是，人也不能以人必然犯罪为借口，就认为上帝喜欢人的罪恶，人可以作恶而不行善；也不能认为自己没有能力追求正义就完全不关心正义。实际上，上帝憎恶一切恶，除了公正、清白、纯洁，是没有别的东西可以为上帝接受的。因此，“在指出人在其所留存的东西中没有任何是善的时候，在指出最悲惨的必然性围绕在人的周围的时候，仍然要教导人去热望他没有的善和他所失去的自由；应当唤醒人用更踏实的勤奋而不是以假定人有最大的力量来克服怠惰”③。这样，虽然天命不由人定，但人也应勤奋工作，有了罪过在自己身上找根源，有了成功不夸大个人的力量，这是上帝所喜欢的。个人只要努力在事业上取得成功，就是实现了上帝赋予人的先定使命，就是死后能够得救的可靠证明。

总之,路德和加尔文虽然坚持人有权力直接面对上帝而不以教会为中介，但他们却又坚持人的本性邪恶和人的软弱无能。他们认为人得救的最大障碍是人的骄傲，要战胜这种骄傲，只有依靠人的有罪感、忏悔、对上帝的无条件服从以及信仰上帝的宽恕。

从欧洲中世纪末期人文主义者与路德、加尔文关于人性的争论可以看出以下几点。

1. 文艺复兴时期的人文主义者批判和否定人性邪恶的“原罪说”，抬高

---

①《西方伦理学名著选辑》上卷，商务印书馆 1964 年版，第 487 页。

②《西方伦理学名著选辑》上卷，商务印书馆 1964 年版，第 488-489 页。

③《西方伦理学名著选辑》上卷，商务印书馆 1964 年版，492-493 页。

人的地位，提倡人的尊严，严重冲击了宗教神学的思想体系，动摇了封建统治的思想基础，具有重要的进步作用。封建教会的统治思想是基督教神学，抬高神而贬低人，抬高死后天堂而贬低现世生活。其实所谓“神”“天堂”只不过是封建教会的代名词。人文主义提倡人性，否定神性；提倡个性自由，否定宗教束缚；主张人人平等，否定等级制度；提倡追求现世幸福，否定禁欲主义，这些都是对基督教神学的巨大冲击。这是新兴的市民资产阶级反对封建专制统治的一次重大事件，是一次努力把人从封建神学的禁锢中解放出来的伟大思想解放运动，为近代资产阶级人道主义奠定了思想基础。

在对人性的探索方面，人文主义者提出了人的本性是人的“自然”，把人追求幸福说成是人的本性的表现，把教会的禁欲主义说成是硬与人的本性作对。这实际上也是把人的情感、欲望说成人的本性，并且认为人的情感、欲望是自然的、正当合理的这比宗教神学人性邪恶的“原罪说”就大大前进了一步，捍卫了人的自然权利。

人文主义是一定历史阶段的产物，带有阶级的、时代的局限性。

人文主义思想只是在少数资产阶级知识分子中间流行，与广大劳动群众没有多少联系。人文主义只是要求人的个性从封建教会的束缚下解放出来，从来没有要求劳动人民从被剥削被压迫的状况下解放出来，所以它只是市民资产阶级反封建的思想，而不是广大劳动人民反封建的思想。人文主义带有十分明显的资产阶级的局限性。

同时，由于文艺复兴时期市民资产阶级刚刚产生，人文主义比起后来的资产阶级思想，还有许多时代的局限性。

第一，人文主义者仍然没有摆脱中世纪宗教神学的束缚，他们思想中还存在着许多封建神学思想残余。如皮科在《论人的尊严》中讲了许多上帝创造世界、上帝威力的议论，埃拉斯谟在强调人有自由意志的同时，又说人的知识的程度决定于上帝的程度。他们只是反对天主教会，并不否定基督教和上帝。

第二，人文主义者的思想还比较零散，还没有建立起比较系统的资产阶级思想体系。人文主义反对正统神学和经院哲学，崇尚人和人的“自然”，但由于人文主义者大都是诗人、文学家、艺术家，他们都忽视从理论上、从哲学世界观上研究人和人的本性。人文主义者只是对人的本性提出了与宗教神学针锋相对的观点，但缺乏理论上的说明和论证。因此，不久又出现了宗教改革时对“原罪说”的恢复。

第三，人文主义还没有产生政治民主的要求和思想。人文主义者所处的是封建割据战乱不休的时代，妨碍资本主义的发展；人民起义也威胁着资产阶级的财产安全。所以人文主义者还没有建立民主政治的要求，只是要求建立一个中央集权的君主制国家。

2. 路德与加尔文的宗教改革是一次在宗教外衣掩盖下进行的资产阶级革命。路德与加尔文强调个人直接信仰上帝而无需以教会为中介，提倡信仰自由，这就打击了罗马天主教会的统治，客观上为自由思想的发展创造了一些条件。首先，宗教改革时对传统教义进行了批判，并提倡个人阅读和理解《圣经》，这是对个人自由思想的鼓励。其次，宗教改革打破了欧洲宗教大一统的局面，使几种新教与旧教同时并存，人们在信仰问题上有了选择余地。

但是，宗教改革所鼓吹的信仰自由是极为有限的，这种自由仅仅是在信仰和宗教范围之内，并不包括思想自由和学术自由。新教的信仰自由，同样是用信仰反对理性，迫害理性的自由思想。西班牙的塞尔维特（M. Servet，1511—1553）是著名的人文主义者和医生，是一位以研究肺部血液循环而闻名的学者。他曾发表一篇反对圣父（上帝）、圣子（基督）、圣灵（对上帝的爱）“三位一体”的文章，引起教会的攻击，被迫逃到法国。1553 年，他匿名出版了《基督教的复兴》，阐述自己的哲学和自然科学观点。为此，宗教裁判所对他进行缉捕并判以火刑。他逃到日内瓦，被加尔文发现并交付法庭审判。加尔文坐在法官席上判处塞尔维特死刑。塞尔维特拒绝放弃自己的科学观点，因此，他与他的著作一起被送上火刑场。恩格斯指出：“值得注意的是，新教徒在迫害自然科学的自由研究上超过了天主教徒。塞尔维特正要发现血液循环过程的时候，加尔文便烧死了他，而且还活活地把他烤了两个钟头；而宗教裁判所只是把乔尔丹诺·布鲁诺简单地烧死便心满意足了。”①

路德和加尔文在人的本性问题上又恢复了人性邪恶的“原罪说”，把人的欲望说成是邪恶的种子，人只有信仰上帝才能得救。这种关于人性的学说只是对奥古斯丁学说的简单恢复，没有任何创新，所以，比起人文主义抬高人的地位、维护人的尊严、肯定人追求幸福的合理性的人性“自然”的学说，是一种思想上的倒退。这表现了当时的市民资产阶级仍然处在初期发展的极软弱的阶段，冲不破中世纪封建神学的束缚，提不出一种代表未来的新理论，只有从古代神学中寻找对抗罗马教皇的权威，因此提出了返回《圣经》和奥

---

①《马克思恩格斯选集》第 3 卷，第 446 页。

古斯丁的理论。路德和加尔文这种人性学说又把广大劳动人民束缚到新的宗教神学之中。马克思指出："路德战胜了信神的奴役制，只是因为他用信仰的奴役制代替了它。他破除了对权威的信仰，却恢复了信仰的权威。他把僧侣变成了俗人，但又把俗人变成了僧侣。他把人从外在宗教解放出来，但又把宗教变成了人的内在世界。他把肉体从锁链中解放出来，但又给人的心灵套上了锁链。"①

（二）霍布斯的人性即自我保存与绝对君权主义

17 世纪英国资产阶级革命，开辟了人类社会的新时代，把社会推向了近代史阶段。适应资产阶级反封建斗争的需要，在英国先后产生了培根（F. Bacon，1561—1626）、霍布斯（T. Hobbes，1588—1679）、洛克（J. Locke，1632—1704）等一批资产阶级哲学家。霍布斯是其中最重要的一个。

霍布斯出生在一个乡村牧师家庭。他于牛津大学毕业后担任过培根的秘书，又多次游历欧洲大陆，与伽桑狄（P. Gassendi，1592—1655）等哲学家有过交往。在政治上，霍布斯胆小怕事。1640 年短期国会解散，王权与国会的矛盾日趋激化，武装冲突的可能增大。霍布斯害怕纷争和内战，写了一篇维护王权以求得和平的文章，引起国会派极大不满，他惧而出亡巴黎。在巴黎他曾做过流亡的英国国王查理二世的数学教师。1651 年，他在巴黎写成《利维坦》一书，其中对君权神授的观点以及封建教会进行了批判，遭到流亡法国的王党分子的强烈反对，被赶出流亡的宫廷。霍布斯又悄悄逃回英国。当时英国正是克伦威尔进行独裁统治的时期。霍布斯认为这是消弭战乱的最理想的政治状态。克伦威尔对霍布斯颇为优待。1666—1667 年的复辟时期，伦敦流行瘟疫，又遭大火，教会扬言这是霍布斯渎神言论招来的灾祸，霍布斯将手边文稿仓皇烧掉。在查理二世复辟以后，因其思想倾向于资产阶级革命而受到了王党的迫害。晚年他就在郁郁不得志的情况下度其余生。他的主要著作是《利维坦》，此外还有《论公民》（1642 年）、《论物体》（1655 年）、《论人》（1658 年）等。

霍布斯发展了培根的唯物主义思想，成为英国 17 世纪著名的唯物主义

---

①《马克思恩格斯选集》第 1 卷，第 9 页。

哲学家。他认为可感觉的有形体的物体是唯一存在着的，客观世界就是一切物体的总和。物体的基本属性就是广延性，即有形体、占空间。他说："物体是不依赖于我们思想的东西，与空间的某个部分相合或具有同样的广袤。"①但霍布斯否定了物质本身的运动，认为物质本身是惰性的，它的运动是由于外力推动。这样他理解的运动也就只是位置移动的机械运动。他说："'运动'是不断地放弃一个位置，又取得另一个位置。"②他用机械运动的观点解释一切。这样霍布斯的唯物主义就是机械的、形而上学的唯物主义。在认识论方面，霍布斯继承了培根的唯物主义经验论，肯定了一切知识的开端都是对于事物、的感觉。他说："一切观念最初都来自事本身的作用，观念就是事物的观念。当作用出现时，它所产生观念也叫感觉，一个事物的作用产生了感觉，这个事物就叫做感觉对象。"③霍布斯坚持唯物主义反映论，批判主张天赋观念的唯心主义先验论，认为根本没有什么天赋观念。

霍布斯站在唯物主义立场上，根本否定神的存在，彻底揭露宗教的实质，是一个彻底的无神论者。在当时，"霍布斯主义者"就是无神论者的代名词。

霍布斯论证说，一切物体都是有形体的，占空间的，而神或上帝既没有形体，又不占空间，就是根本不存在的。所谓"神是无形体的实体"的说法是荒谬的、矛盾的，同所谓灵魂不灭之类的说法一样荒谬绝伦。

他指出，宗教产生的根源就在于人们的愚昧无知和恐惧。他说："有些人根本很少或根本不探求事物的自然原因，然而由于不知道到底是一种什么力量可以大大地为福为祸，这种无知状态：本身所产生的畏惧也使他们设想并自行假定有若干种不可见的力量存在，同时对自己想象出来的东西表示敬畏，急难时求告、称心遂意时感谢，把自己在幻想中创造出来的东西当成神。……这种对看不见的事物的畏惧便是每个人自己称作宗教的自然种子。"④

霍布斯认为，宗教正是神学家利用人们这种缺陷捏造和臆想出来的。他说宗教之所以能产生是由于人们的"宗教的自然种子"受到一些人的培育。这些人之所以培育"宗教的自然种子"使之成为宗教，目的在于能对人们更好地统治和控制。他说，这些人"这样做的目的都是要使依附于他们的人更

① 《十六—十八世纪西欧各国哲学》，商务印书馆 1975 年版，第 83 页。

② 《十六—十八世纪西欧各国哲学》，商务印书馆 1975 年版，第 85 页。

③ 《十六—十八世纪西欧各国哲学》，商务印书馆 1975 年版，第 92 页。

④ 霍布斯：《利维坦》，商务印书馆 1986 年版，第 78 页。

服从”[1]。

霍布斯猛烈抨击教会的腐败堕落、假仁假义。他说，罗马天主教所宣布的人为了得救必须做的事情中,“有许多显然都是为了教皇的利益和居住在各基督教王国的教徒们的利益”[2]。不仅天主教是这样，主张宗教改革的教会也是这样。他斥责教皇和教士都无异于魔王和恶鬼。他指出教会绝没有理由掌握凌驾于国家之上的权力，因为国家的权力并不是来源于上帝。教会只能依附于国家，只有国家容许和赞同的信仰才能成为宗教。他毫不留情地把教会贬为国家的附庸。

霍布斯完全摆脱了神学观点，力图用自然科学的研究方法来研究社会事物，来研究人以及国家，提出自己独特的人性理论和国家学说。

1. 人的本性是自我保存，人与人是平等的，平等的人为了自我保存就会造成彼此侵犯的恐惧不安状态

霍布斯抛开了所谓“原罪”问题，就人本身来探讨人性问题。在他看来，“人是一个物体，它是活的，有知觉的，有理性的”[3]。作为有知觉、有理性的人，最基本的要求就是自我保存，人的本性就是自我保存。这种自我保存不仅在于保存自己的生命，而且还在于确保自己的幸福生活。他说:“我们要认识到，今生的幸福不在于心满意足而不求上进。……欲望终止的人，和感觉与映象停顿的人同样无法生活下去。幸福就是欲望从一个目标到另一个目标的不断发展，达到前一个目标不过是为后一个目标铺平道路。所以如此的原因在于，人类欲望的目的不是在一顷间享受一次就完了，而是要永远确保达到未来欲望的道路。因此所有的人的自愿行为和倾向便不但是要求满意的生活，而且要保证这种生活。”[4]霍布斯认为人类保存自己生命和保障自己幸福的欲望不是恶的，是无罪的。他说:“人类的欲望和其他激情并没有罪。”[5]他还把自我保存看成是每个人的自然权利，每个人都有权对每个事物说这是我的。

霍布斯认为所有的人都是平等的，根本没有谁比谁好的问题存在。他说:

---

① 霍布斯:《利维坦》，商务印书馆 1986 年版，第 83 页。

② 霍布斯:《利维坦》，商务印书馆 1986 年版，第 91 页。

③《十六—十八世纪西欧各国哲学》，商务印书馆 1975 年版，第 77 页。

④ 霍布斯:《利维坦》，商务印书馆 1986 年版，第 72 页。

⑤ 霍布斯:《利维坦》，商务印书馆 1986 年版，第 95 页。

“自然使人在身心两方面的能力都十分相等。”[①]虽然有时某人的体力显然比另一人强，或者脑力比另一人敏捷，但这一切总和在一起也不能使他得到别人得不到的利益。因为就体力而论，最弱的人运用密谋或者同其他人联合足以杀死最强的人。他反对亚里士多德把人说成天生不平等的。亚里士多德认为，人类根据天性来说，有些人更宜于“治人”，这就是较为贤明的一类人，另一些人则宜于“役于人”，这种人身体强壮而不懂哲学，主仆之分是由于智力的差别而形成的。霍布斯认为这种说法不但违反理性，而且也违反经验，因为世间很少有人愚蠢到不愿意自己管自己的事而宁愿受治于人的。并且当上等人自傲地和下等人相争时，并不能始终获胜，甚至几乎都不能获胜。人生而平等，应当予以承认。

霍布斯认为，从这种能力上的平等出发，就会产生达到目的的希望的平等。如果两个人都想取得同一个东西而又不能同时享用时，彼此就会成为仇敌，力图摧毁或征服对方。这就是说，平等的人会为了自我保存就要排斥以至消灭别人，造成人与人之间的侵犯与争斗。他说：“在人类的天性中我们便发现：有三种造成争斗的主要原因存在。第一是竞争，第二是猜疑，第三是荣誉。第一种原因使人为了求利、第二种原因使人们为了求安全、第三种原因使人为了求名誉而进行侵犯。”“根据这一切，我们就可以显然看出：在没有一个共同权力使大家慑服的时候，人们便处在所谓的战争状态之下。这种战争是每一个人对每个人的战争。”[②]

霍布斯说，人性竟会使人们如此互相离异、互相侵犯，在一些人看来这可能不好理解，其实在他们自己的行动中就包含了对人性的这种看法。当一个人外出旅行时会带上武器并设法结伴而行；就寝时，人们都把门闩上；就是在屋里也要把箱子锁上。这些行动就说明了他对人性的不信任。

霍布斯指出，尽管每个人对每个人的普遍战争状态不会在世界普遍出现，但有许多地方的人现在却是这样生活的。在美洲许多地方的野蛮民族除开小家族以外，并无政府，而小家族中的协调又完全取决于自然欲望，他们仍然生活在互相为敌的野蛮残忍状态中。并且，我们可以通过对内战时混乱状态的了解，明白在没有共同权力使人畏惧的自然状态下会存在什么样的生活方式。

---

① 霍布斯：《利维坦》，商务印书馆 1986 年版，第 952 页。

② 霍布斯：《利维坦》，商务印书馆 1986 年版，第 94 页。

总之，他认为人的天性使人处在普遍争斗的混乱状态，农业、建筑业、商业、航海运输、文学艺术甚至社会都不存在，谁也不能得到自我保存。他说："最糟糕的是人们不断处于暴力死亡的恐惧和危险中，人的生活孤独、贫困、卑污、残忍而短寿。"①

2. 使人类避免互相侵犯的条件是遵循自然律，自然律是人类理性提出的为谋求和平生活必须遵循的原则

霍布斯认为单纯的人类天性使人实际处在恶劣状况，然而这种状况却有可能超脱，这一方面要靠人们的激情，另一方面则要靠人们的理性。使人们倾向于和平的激情是对死亡的畏惧以及想通过自己的勤劳过上幸福生活的希望。"于是理智便提示出可以使人同意的方便易行的和平条件。这种和平条件在其他场合下也称为自然律。"②"自然律是理性所发现的戒律或一般法则。"③

霍布斯提出的自然律主要有九条：

第一，"每一个人只要有获得和平的希望时，就应当力求和平；在不能得到和平时，他就可以寻求并利用战争的一切有利条件和助力。"④——尽力寻求和平，不能和平时利用一切可能的办法保卫自己。

第二，"在别人也愿意这样做的条件下，当一个人为了和平与自卫的目的认为必要时，会自愿放弃这种对一切事物的权利；而在对他人的自由权方面，满足于相当于自己让他人对自己所具有的自由权利。"⑤——为求和平生活，要放弃天然占有一切事物的权利，以达到互不侵犯。

第三，"所订信约必须履行。"⑥——人们要遵守契约，这是正义的源泉，违约就是不义。

第四，"接受他人单纯根据恩惠施与的利益时，应努力使施恩者没有合理的原因对自己的善意感到后悔。"⑦——要知恩报恩，不要忘恩负义。

---

① 霍布斯：《利维坦》，商务印书馆 1986 年版，第 95 页。
② 霍布斯：《利维坦》，商务印书馆 1986 年版，第 97 页。
③ 霍布斯：《利维坦》，商务印书馆 1986 年版，第 97 页。
④ 霍布斯：《利维坦》，商务印书馆 1986 年版，第 98 页。
⑤ 霍布斯：《利维坦》，商务印书馆 1986 年版，第 98 页。
⑥ 霍布斯：《利维坦》，商务印书馆 1986 年版，第 108 页。
⑦ 霍布斯：《利维坦》，商务印书馆 1986 年版，第 115 页。

第五,“每个人都应当力图使自己适应其余的人。”[①]一要合群,不要顽固、刚愎自用。

第六,“当悔过的人保证将来不再重犯,并要求恕宥时,就应当恕宥他们过去的罪过。”[②]——对人要宽恕。

第七,“在报复中,也就是以怨报怨的过程中,人们所应当看到的不是过去的恶大,而是将来的益处多。”[③]——在保证将来安全的条件下,对人不要残忍。

第八,“任何人不得以行为、言语、表情、姿态表现仇恨或蔑视他人。”[④]——不要侮辱别人。

第九,“每一个人都应当承认他人与自己生而平等”[⑤]——不要自傲而看不起别人。

如此等等。

最后,霍布斯又把各种自然律做了总的概括:“这些法则已被精简为一条简易的总则,甚至最平庸的人也能理解,这就是:己所不欲,勿施于人。”[⑥]这就突出地表现了霍布斯的自然法实质上是一些道德戒律。自然法的作用就是要约束人们的天然自由权利,教导人们服从理性提出的戒律,达到和平。只有和平才是善,实现和平的方式或手段的自然法就是善。“研究这些自然法的科学是唯一真正的道德哲学。”[⑦]

3. 为了使人们都遵守自然法而过和平生活,人们必须订立契约,把自己的自然权利交给主权者(统治者),建立国家

霍布斯认为,自然法是永恒不变的。但是,在没有有形的力量使人畏服而遵守各种自然法时,一切人反对一切人的战争状况是不可避免的。他说:“因为各种自然法本身(诸如正义、公道、谦谨、慈爱,以及总起来说己所不欲,勿施于人),如果没有某种权威使人们遵从,便跟那些驱使我们走向偏私、自傲、复仇等等的自然激情互相冲突。没有武力,信约只是一纸空文,完全

① 霍布斯:《利维坦》,商务印书馆 1986 年版,第 115 页。
② 霍布斯:《利维坦》,商务印书馆 1986 年版,第 116 页。
③ 霍布斯:《利维坦》,商务印书馆 1986 年版,第 116 页。
④ 霍布斯:《利维坦》,商务印书馆 1986 年版,第 116 页。
⑤ 霍布斯:《利维坦》,商务印书馆 1986 年版,第 117 页。
⑥ 霍布斯:《利维坦》,商务印书馆 1986 年版,第 120 页。
⑦ 霍布斯:《利维坦》,商务印书馆 1986 年版,第 121 页。

没有力量使人们得到安全保障。”[①]这就是说，虽然有自然法，但在没有一个权力以保障人们安全时，每一个人就只能依靠自己的力量和计策来戒备所有其他人。仍会处于互相争斗的恐惧不安状态。

怎样才能保障人们过上和平的社会生活呢？霍布斯认为，唯一的道路就是人们订立契约，放弃自己的自然权利，把它交付给一个主权者即统治者，所有的人都服从主权者的意志和统治，这样就建立了国家，可以使人过上和平的社会生活。他说，要保障人们的和平生活，保障人们能通过自己的辛劳，生活得满意，就得建立制止相互侵害的共同权力。“那就只有一条道路：——把大家所有的权力和力量付托给某一个人或一个能通过多数的意见把大家的意志化为一个意志的多人组成的集体。这就等于说，指定一个人或一个由多人组成的集体来代表他们的人格，……大家都把自己的意志服从于他的意志，把自己的判断服从于它的判断。”[②]他认为统治者是君主一人比是一个集体的议会能更好地制止内乱，保障和平。这样一来，一个人造的物体“国家”——利维坦（Leviathan）[③]就产生了。国家就是统一在一个人格中的一群人。承当这一人格的人就是具有主权的主权者，国家的本质就存在于他身上，其余的人都是他的臣民。主权者的“职责都取决于人们赋与主权时所要达到的目的，那便是为人民求得安全。……但这儿所谓的安全还不单纯是指保全性命，而且也包括每个人通过合法的劳动、在不危害国家的条件下可以获得的生活上的一切其他的满足。”[④]

霍布斯认为，主权者即统治者并不是订立契约的一方，而是“第三者”。他的行为不存在违反契约的问题，因此人民无权以违反契约为理由来推翻他。并且，人民既然是愿意把权力交付给主权者，也就不能违反契约把权力收回。“一个君主的臣民，不得到君主的允许，便不能抛弃君主政体、返回乌合之众的混乱状态，也不能将自己的人格从承当者身上转移到另一个人或另一个集体身上。因为他们已经人人相互订约承认已成为自己的主权者的人所作的一切以及他认为适于作出的一切，并称为是这一切的授权人。”[⑤]这就是说，统治者的权力是人民赋予的，人民无权收回，而且他所做的一切都是人民意志

① 霍布斯：《利维坦》，商务印书馆 1986 年版，第 128 页。
② 霍布斯：《利维坦》，商务印书馆 1986 年版，第 131 页。
③ 基督教《圣经》中提到的巨大海兽。
④ 霍布斯：《利维坦》，商务印书馆 1986 年版，第 260 页。
⑤ 霍布斯：《利维坦》，商务印书馆 1986 年版，第 133 页。

的体现，即使他杀了你，也是实施了你的意志，你也无权抱怨。

有人可能提出反对，说臣民的境况太可怜了，他们没有任何自由，只能听任具有无限权力的某一个人或某一群人的摆布。霍布斯说，不论一个国家是君主制，还是民主制，臣民的自由都是一样的，臣民的自由只有在主权者未对其行为加以规定的范围内才能存在。一切政府形式中的权力，只要完整到足以保障臣民，便都是一样的。“人类的事情决不可能没有一点毛病，而任何政府形式可能对全体人民普遍发生的最大不利跟伴随内战而来的惨状和可怕的灾难相比起来或跟那种无人统治，没有服从法律与强制力量以约束其人民的掠夺与复仇之手的紊乱状态比起来，简直是小巫见大巫了。”[①]这就是说，专制的政府形式对人民的不利比起无政府状态对人民的危害来要小得多，因而为避免无政府状态，就应该服从专制政府。他还说，应当看到最高统治者对臣民的压力，绝不是由于自己高兴损害臣民，也不是为了得到什么好处，而是由于人民有一种抗拒情绪。他们对缴付很小的款项都是不情愿的。这样就使得统治者不得不在平时尽量从他们身上征敛，以便在任何紧急时期御敌制胜。

霍布斯的人性理论以及国家学说，比起古希腊以及中世纪时期的思想来，具有重要的进步意义。

第一，霍布斯是一个唯物主义者和无神论者，否定神的存在，揭露了宗教的本质，对封建教会的罪恶进行了指控和批判，从而动摇了封建制度的精神支柱。这是霍布斯在人类思想史上的伟大贡献。

第二，霍布斯抛开了神学外衣，站在唯物主义立场上把人作为一个物体进行研究。他把人的本性归结为自我保存，并且反对把人的欲望说成是罪恶的禁欲主义，认为人人有权追求自己的幸福，捍卫了人的自然权利。同时，霍布斯又否定了亚里士多德以及封建教会主张的人与人不平等的学说，提出人人平等的思想。

第三，霍布斯从人性造成的社会状态和“自然法”出发来说明国家的起源，并且指出，国家不是根据神意创造的圣物，而是人造的物体，并且是人们转让的、托付的，创建国家的目的是出于人们的理性与和平生活的需要。这样一来，霍布斯就彻底否定了封建教会宣扬的“神创国家”与“君权神授”之说，打掉了封建教会加给封建专制国家的“神圣”灵光。因此他的《利维

---

① 霍布斯：《利维坦》，商务印书馆 1986 年版，第 141 页。

坦》一书的出版，引起了教会与王党的极大不满。

但是，霍布斯的学说仍有极大的缺陷和局限性。

第一，霍布斯的唯物主义是机械的唯物主义，把一切运动归结为机械运动。霍布斯作为无神论者虽然对宗教进行了批判，但仍然主张国家为了统治人民可以保留宗教，把宗教作为“社会的马勒”来约束人民。他也宣扬宗教自由，但强调必须在国家赞同的宗教中去选择。

第二，霍布斯的人性学说把人的本性说成是自我保存，并认为人为了自我保存必然侵犯别人，造成每个人对每个人的普遍战争状态。这种观点虽有一定道理，但却是十分片面的。因为他只看到人的低级需要，即安全需要和生理需要，而对人的高级社会性需要却没有看到，这样就不能把人与动物真正区分开来。并且他主要是根据对人类处于最坏状况的研究创立了人性理论，认为人对人像狼一样。现代美国心理学家马斯洛指出：“霍布斯和其他哲学家观察的对象是处于极为恶劣的社会、经济和教育状况下的民众，他们得出的结论不应该延伸到处于良好的经济、政治和教育状况中的人们。”[①]实际上，由于霍布斯所讲的人性学说有很大的片面性，所以他所描述的每个人反对每个人的普遍战争状态并不存在。在原始社会人与人的关系是亲密合作的。如果像霍布斯所说的那样，在没有国家时人类陷于互相侵犯的恐惧状态，那么人类不可能在漫长的原始社会存在，原始社会更不会发展，人类早就灭绝了。

第三，霍布斯认为国家是由于人们自愿订立契约而产生的观点，是违反历史事实的，他对国家实质的看法也是错误的。国家是阶级矛盾不可调和的产物和表现。阶级产生以后，占人口少数的剥削阶级为了维护对占人口多数的被剥削阶级的剥削，镇压被剥削阶级的反抗，就把原来管理公共事务的社会机构变成了阶级统治的暴力工具，就产生了国家。国家是经济上占统治地位的阶级进行阶级统治的工具。然而，霍布斯虽然看到了人与人的侵略和争夺，却根本看不到阶级之间的冲突和斗争。他还假定所有的人在大的利害上是一致的，因此才同意订立契约，把自己的自然权利转让出来，产生了国家。他更看不到国家是阶级统治的工具，而认为国家是保护所有人的安全和利益的。他还把君主的利益与人民的利益看成是完全一致的，甚至认为人民只看到自己的眼前微小利益，而君主才代表了他们最根本的利益，这是完全错误的。

① 马斯洛：《动机与人格》，华夏出版社 1987 年版，第 338 页。

第四，霍布斯提出的“绝对君权”理论是十分露骨的反人民的反动理论。霍布斯在论述国家的起源时虽然说明了主权者的权力是人们同意授予的，但他十分强调人们一旦授权后就不能反悔，因而主权者一旦获得授权，其权力就是绝对的、至高无上的、不可转让的。人们想收回自己的授权，那在道义上就是非正义的，在法律上是不允许的。人民对于主权者君主只能绝对服从。霍布斯所主张的绝对君主制不是封建地主阶级的君主专制，而是以君主制的形式来实行大资产阶级和新贵族的专政。尽管如此，这种观点在理论上也是十分错误的。

错误之一是霍布斯没有把他关于人性的理论应用于君主。既然人的本性是自我保存，不仅保存自己的生命，而且要保障自己的幸福生活，为此就会侵犯别人。那么君主的本性呢？如果君主的本性也是如此，他就不会真正代表人民的利益，而是为了保存自己的生命以及保障其享乐的生活而侵犯人民的利益，如果赋予这样的君主以绝对的权力不是会导致绝对的罪恶吗？

错误之二在于霍布斯只看到无政府状态的危险，而没有看到专制政治的危险，更没有看到社会革命对社会发展的巨大推动作用。一切社会都面临着无政府状态和专制政治两种危险。霍布斯被无政府状态造成的恐惧缠住了，认为君主的绝对统治是避免无政府状态的唯一途径。他认为即使是暴君统治也比无政府状态强得多，人民也应该服从专制暴君的统治。其实专制政治给人民造成的苦难更甚于无政府状态。在专制统治下，对人民实行血腥的恐怖统治，扼杀了人民的一切自由和权利，严重压抑了人民的积极性和创造性，使社会停滞或倒退。在这种情况下只有通过人民的革命才能推翻反动的专制统治，推动社会向前发展。所以社会革命所造成的暂时无政府状态是社会进步的巨大动力。革命是历史的火车头。霍布斯看不到社会革命的作用，而且完全取消了人民反抗和革命的权利，是根本错误的。

霍布斯的“绝对君权”理论的社会作用是反动的因为他完全取消了人民反抗和革命的权利。假如人民都接受了他的理论，对君主专制采取绝对服从的态度，这只能使君主专制统治更腐败、更专横、更反动，严重阻碍社会的进步。现代英国哲学家罗素（B. Russell，1872—1970）说：“霍布斯讲的那种顺从屈服的态度假使庶民真普遍采取了，政府会比现在更糟。在政治范围内是这样：倘若可能，政府要竭力使其个人地位不可动摇；在经济范围内是这样政府要竭力假公济私，养肥自己和一派同党；在知识范围内是这样：政府要压制每一个对政府的权力似乎有威胁的新发现或新学说。”[①]这就会出现政治上专横、经济上腐败、思想上僵化的一种社会状态，严重束缚社会的发展。

霍布斯的理论充满了矛盾。霍布斯是英国新兴的大资产阶级的代言人，他一方面向封建制度猛烈攻击，力图进一步巩固资产阶级已经取得的政治、经济权力；另一方面他又十分害怕人民群众，不惜从多方面论证资产阶级应以绝对集中、强大的主权来防范群众的斗争，以至根本剥夺人民的革命权利。这是英国资产阶级的两面性在霍布斯身上的集中体现。

（三）卢梭的天赋人权与主权在民的民主要求

17 世纪英国取得了资产阶级革命的胜利，18 世纪又完成了产业革命，成为一个相当发达的资本主义国家。18 世纪的法国，资本主义经济也有了显著发展。但是，由于封建贵族掌握着国家政权，享受着各种封建特权，残酷地剥削人民，过着骄者淫逸的生活，加上国内关卡林立，严重阻碍着法国资本主义经济的发展，并且封建贵族同第三等级（资产阶级、工人和农民等）之间的矛盾极其尖说，资产阶级革命的时机逐渐成熟。这时法国出现了启蒙运动，为法国资产阶级革命做了思想上的准备。法国启蒙运动的主要代表人物有伏尔泰（Voltaire，1694—1778）、孟德斯鸠（C. L. S. Montesquieu. 1689—1755）和卢梭（J. J. Rousseau，1712—1778），其中影响最大的是卢梭。

卢梭出身在日内瓦一个钟表匠的家庭，从小离开家庭在法国、意大利等地过着流浪生活。他做过学徒、仆役、家庭秘书、流浪卖艺的音乐家、乐谱抄写员等等。他没有受过正式的学校教育，全凭自学掌握了丰富的学识。后来他到了巴黎，被引进上流社会的“沙龙”中，结识了伏尔泰、孟德斯鸠等人，特别和狄德罗有过密切交往，也和英国的休谟（D. Hume，1711—1776）有过交情。但他与“上流社会”的生活格格不入，后来终于先后与他们分手了。他在政治上比其他所有资产阶级启蒙思想家都激进，但在哲学上却始终未达到无神论的唯物主义水平，未摆脱宗教的影响。他本人原信加尔文教，后来改信天主教，最后又重新改信加尔文教。他的主要著作有《论人类不平等的起源和基础》（1755 年）、《社会契约论》（1762 年）、《爱弥儿》（1762

① 罗素：《西方哲学史》下卷，商务印书馆 1976 年版，第 78 页。

年）。后一著作的发表使他受到法国当局的通缉，不得不逃出巴黎回到日内瓦，又过起流浪生活，直到 1770 年才被赦免，隐居巴黎，1778 年在爱尔蒙维尔逝世。

卢梭的这种出身和经历使他接近下层贫民，同情他们的疾苦，也激起他对压迫、奴役和不平等现象的深刻憎恨和反抗。卢梭影响最大的思想是天赋人权的人性学说和主权在民的社会契约论。他的契约论观点是建立在其人性学说基础上的。

1. 自我保存和怜悯别人是人的本性，自由、平等是天赋人权

卢梭认为，要想弄清社会上人与人的不平等问题，必须先要认识人类本身。"我觉得人类的各种知识中最有用而又最不完备的，就是关于'人'的知识。"[①]要想认识人类本身不能只研究现在的人，而应该研究最初自然形成的人究竟是什么样子。人类在社会的环境中，由于发生的千百种原因，已经变了质，已经无法看到其原来的样子。所以必须研究没有被社会文明污染过的自然状态的人。

在卢梭看来，未被私有制和文明污染过的自然的人，是听从良心的指导和支配的，这种处于自然状态的人才真正合乎人的本性。在这里，Nature 一词的两重含义得到了重合。法文中的 Nature，既是自然的意思，又是本性的意思。

卢梭认为，自然的人不仅有自我保存的要求和自爱的本性，而且对同类具有同情心和怜悯心。这是人性的两个方面。他说，如果考察人类心灵最初的和简单的活动，"我相信在这里可以看出两个先于理性而存在的原理：一个原理使我们热烈地关切我们的幸福和我们自己的保存；另一个原理使我们在看到任何有感觉的生物，主要是我们的同类遭受灭亡或痛苦的时候，会感到一种天然的憎恶。我们的精神活动能够使这两个原理协调并且配合起来"[②]。他认为自然法的一切规则正是从这两个原理的协调和配合中产生出来的。

在他看来，人性的第一个方面是自我保存，自由是人的本性的结果，是天赋人权。他认为，人要生存，首先需要自我保存，人要自我保存就必须自主地选择如何自我保存，人就是自由的，自由是自然赋予人的天然权利。他

---

① 卢梭：《论人类不平等的起源和基础》，商务印书馆 1982 年版，第 62 页。

② 卢梭：《论人类不平等的起源和基础》，商务印书馆 1982 年版，第 67 页。

说，“人是生而自由的”，“这种人所共有的自由，乃是人性的产物。人性的首要法则，是要维护自身的生存，人性的首要关怀，是对于其自身所应有的关怀；而且，一个人一旦达到有理智的年龄，可以自行判断维护自己生存的适当方法时，他就从这时候起成为自己的主人”①。

他指出，自由的活动是人与动物的根本区别。他说，一切动物都要自我保存，在这一点上，人和动物是相同的。但人与动物有一个区别，就是动物的自我保存活动是自然本能支配的，而人的自我保存活动是自由自主的。“在禽兽的动作中，自然支配一切，而人则以自由主动者的资格参与其本身的动作。禽兽根据本能决定取舍，而人则通过自由行为决定取舍。”②因此，人区别于动物的主要特点，与其说是人的理性，不如说是人的自由主动者的资格，而人能意识到这种自由，才显示出他的精神的灵性。

卢梭认为，所谓自由就是人人是自己行为的主宰者，一个人既不屈服于别人的意志，也不使别人屈服于自己的意志。如果做了别人的主人，也不能自由。自由对于人尤其重要，维护自己自由的权利，也就是维护自己做人的资格。“放弃自己的自由，就是放弃自己做人的资格，就是放弃人类的权利，甚至就是放弃自己的义务。对于一个放弃了一切的人，是无法加以任何补偿的。这样一种弃权是不合人性的；而且取消了自己意志的一切自由，也就是取消了自己行为的一切道德性。”③

正由于自由是自然赋予人的权利，是合乎人的本性的，处于自然状态的野蛮人极其重视自己的自由，极端仇视束缚和奴役。像一些生来自由的野兽向牢笼栏干猛撞而撞破了头一样，成千上万的野蛮人，鄙视欧洲人的淫逸生活，为保存他们的独立自主而甘冒饥饿、炮火、刀剑和死亡的危险。在这一点上他们与文明人大不一样。“文明人毫无怨声地带着他的枷锁，野蛮人则决不肯向枷锁低头，而且，他宁愿在风暴中享自由，不愿在安宁中受奴役；正如一匹被驯服了的马，耐心地忍受着鞭策和踢马刺，而一匹未驯服的马则一接近韁辔就竖起鬣毛，用蹄击地，激烈地抗拒。所以，不应当根据被奴役的人民的堕落状态，而应当根据一切自由民族为抵抗压迫而作出的惊人事迹来判断人的天性是倾向奴役或反对奴役。”④

---

① 卢梭：《社会契约论》，商务印书馆 1980 年版，第 8、9 页。

② 卢梭：《论人类不平等的起源和基础》，商务印书馆 1982 年版，第 82 页。

③ 卢梭：《社会契约论》，商务印书馆 1980 年版，第 16 页。

④ 卢梭：《论人类不平等的起源和基础》，商务印书馆 1982 年版，第 133 页。

在他看来，人性的第二方面是对同类具有同情心和怜悯心，平等也是人性的结果，是天赋人权。他认为同情与自我保存、自爱是不同的，但二者也是密切联系的，怜悯心是从自爱心产生出来的。“怜悯心实际上也不过是使我们设身处地与受苦者起共鸣的一种情感。”①这种情感，在野蛮人身上虽不显著，却是很强烈的。人类看见自己的同类受苦，天生就有一种反感，从而使他为自己谋幸福的热情受到限制。这种同情心和怜悯心是人类最普遍的、最有益的一种自然美德。“怜悯心是一种自然的情感，由于它调节着每一个人自爱心的活动，所以对于人类全体的相互保存起着协助作用。正是这种情感，使我们不加思索地去救援我们所见到的受苦的人。正是这种情感，在自然状态中代替着法律、风俗和道德，而且这种情感还有一个优点，就是没有一个人企图抗拒它那温柔的声音。”②正是这种情感使一切健壮的野蛮人，只要有希望在别处找到生活资料，绝不去掠夺幼弱的小孩和衰弱的老人艰难得来的东西。卢梭认为，原始人的欲望不太强烈，同时又受到怜悯心如此有益的约束，所以，与其说原始人是邪恶的，不如说他们是粗野的，他们不有意加害于人，原始人之间也不易发生十分危险的争执。“人类天生是善良的。”③

既然人人都是自由的，人对人又有同情心和怜悯心，那么，人人就都是平等的，平等也是自然赋予人的权利。卢梭指出“每个人都生而自由、平等”，“任何人对于自己的周类都没有任何天然的权威”④。卢梭反对亚里士多德认为人是天然不平等的说法。亚里士多德曾说过，人根本不是天然平等的，有些人天生是作奴隶的，另一些人天生是来统治的。卢梭认为这种说法把结果当成了原因。在奴隶制度下，奴隶生的孩子就是奴隶，这是事实，但这是由于有了奴隶制，把生来自由、平等的人变成生来的奴隶。“因而假如真有什么天然的奴隶的话，那只是因为已经先有了违反天性的奴隶。强力造出了最初的奴隶，他们的怯懦则使他们永远当奴隶。”⑤

由于卢梭主张人与人之间是平等的，而且有同情心和怜悯心，因此认为在自然状态下，人与人是友好相处的。“由于自然状态是每一个人对于自我保存的关心最不妨害他人自我保存的一种状态，所以这种状态最能保持和平，

① 卢梭：《论人类不平等的起源和基础》，商务印书馆 1982 年版，第 101 页。

② 卢梭：《论人类不平等的起源和基础》，商务印书馆 1982 年版，第 102–103 页。

③ 卢梭：《论人类不平等的起源和基础》，商务印书馆 1982 年版，第 159 页。

④ 卢梭：《社会契约论》，商务印书馆 1980 版，第 9、14 页。

⑤ 卢梭：《社会契约论》，商务印书馆 1980 年版，第 11 页。

对于人类也是最为适宜的。"[1]一方面，自然状态的人没有贪婪的欲望和等级的观念；另一方面，奴役关系在自然状态根本就没有存在的必要。比如，一个人很可能夺取别人摘到的果实、打死的野兽，或夺取别人躲避风雨的洞穴。但是强者却无法造成别人对他的服从，在一无所有的人们之间无法造成奴役关系。"如不先使一个人陷于不能脱离另一个人而生活的状态，便不可能奴役这个人。"[2]一个人不能脱离另一个人，这种情形在自然状态是不存在的。

卢梭反对霍布斯把人类的自然状态描绘为"人对人是狼""每一个人反对每个人的战争"的混乱恐怖状态。他指出，实际上霍布斯是把文明社会的状况搬到了自然状态，"把满足无数欲望的需要，不适当地掺入野蛮人对自我保存的关心中，其实这些欲望乃是社会的产物"[3]。他指出，霍布斯等"在讲人类的需要、贪婪、压迫、欲望和骄傲的时候，其实是把从社会里得来的一些观念，搬到自然状态上去了；他们论述的是野蛮人，而描绘的却是文明人"[4]。

卢梭把自我保存、自爱和同情心、怜悯心看作自然状态中的人的本性，人是生而自由、平等的，自由、平等是自然赋予人的权利。人类处在自然状态时是和平宁静的，这种和平宁静乃是自然状态的人的无知无欲造成的。他说："我们可以说，野蛮人所以不是恶的，正因为他们不知道什么是善。因为阻止他们作恶的，不是智慧的发展，也不是法律的约束，而是情感的平静和对邪恶的无知。"[5]人类在自然状态是安宁幸福的，是社会，是罪恶的私有制把人类引向了邪恶和痛苦的深渊。

2. 私有制破坏了人的本性，是人类不平等的起源和基础

在卢梭看来，在人类处于自然状态时，人是在森林里过着单独生活的。这种孤独的野蛮人是一种有局限性的温和的动物。经过漫长的岁月以后，这些孤独的野蛮人才结合起来，形成最初的人类社会。卢梭认为这是人类最幸福的黄金时代因为这时期私有制还没有产生，没有贫富贵贱之分，人人都是自由、平等的。

他认为，人类从最幸福的自然状态进入文明社会，是由于私有制的出现。

---

① 卢梭：《论人类不平等的起源和基础》，商务印书馆 1982 年版，第 98 页。
② 卢梭：《论人类不平等的起源和基础》，商务印书馆 1982 年版，第 108 页。
③ 卢梭：《论人类不平等的起源和基础》，商务印书馆 1982 年版，第 98 页。
④ 卢梭：《论人类不平等的起源和基础》，商务印书馆 1982 年版，第 71 页。
⑤ 卢梭：《论人类不平等的起源和基础》，商务印书馆 1982 年版，第 99 页。

他把私有制的出现看成是由于“不幸的偶然事件”。他说：“谁第一个把一株土地圈起来并想到说：这是我的，而且找到一些头脑十分简单的居然相信了他的话，谁就是文明社会的真正奠基者，假如有人拔掉木桩或者填平沟濠，并向他的同类大声疾呼：‘不要听信这个骗子的话，如果你们忘记土地的果实是大家所有的，土地是不属于任何人的，那你们就要遭殃了！’这个人该会使人类免去多少罪行、战争和杀害，免去多少苦难和恐怖啊！”①但是卢梭并没有把私有制的产生单纯地归结为不幸的偶然事件，而且以一些不太精确的语言表明生产力的发展、技术的发明对私有制的产生起着巨大作用。他说，私有制之所以产生是由于人类再不能像以前那样继续下去了。人类在达到自然状态的终点以前，就获得了很多技巧和知识，并把这些技巧和知识一代一代地传授下去，不断增加，这就使需要有了变化，逐渐产生了私有观念，于是才出现了私有制。他说，“当他们仅从事于一个人能单独操作的工作和不需要许多人协助的手艺的时候，他们都还过着本性所许可的自由、健康、善良而幸福的生活，并且在他们之间继续享受着无拘无束自由交往的快乐。但是，自从一个人需要另一个人的帮助的时候起；自从人们觉察到一个人据有两个人食粮的好处的时候起；平等就消失了、私有制就出现了”，“冶金术和农业这两种技术的发明，引起了这一巨大的变革使人文明起来，而使人类没落下去的东西，在诗人看来是金和银，而在哲学家看来是铁和谷物”②。

由于私有制的产生，出现了贫富之间的对立，人类就由自然状态进入文明社会。“从前本是自由自主的人，如今由于无数新的需要，可以说不得不受整个自然界的支配，特别是不得不受他的同类的支配。”③竞争、倾轧、利害冲突、奸诈、虚伪、专横、冷酷等等都由此而产生。“永无止境的野心，与其说是出于真正需要，勿宁说是为了使自己高人一等的积聚财富的狂热，使所有的人都产生一种损害他人的阴险意图和一种隐蔽的嫉妒心。……总而言之，一方面是竞争和倾轧，另一方面是利害冲突，人人都时时隐藏着损人利己之心。这一切灾祸，都是私有财产的第一个后果，同时也是新产生的不平等的必然产物。”④卢梭把不平等的产生看成一种进步，因为它使人类进入文明社会；同时又把它看成是一种退步，因为它毁了人类原来的自由、平等的幸福

---

① 卢梭：《论人类不平等的起源和基础》，商务印书馆 1982 年版，第 111 页。
② 卢梭：《论人类不平等的起源和基础》，商务印书馆 1982 年版，第 120-121 页。
③ 卢梭：《论人类不平等的起源和基础》，商务印书馆 1982 年版，第 125 页。
④ 卢梭：《论人类不平等的起源和基础》，商务印书馆 1982 年版，第 125 页。

状态。

随着私有制的产生，财富的贫富不均造成人们为争夺财产而流血厮杀。在这场混战中，最担心受害的是拥有财产的富人。富人为了保障自己的财产和安全，就以保障所有人的安全和自由为名，诱骗穷人和他们共同订立“契约”，建立国家机构。通过契约成立国家是富人们维护自己的利益、奴役穷人的诡计。在契约的基础上建立的国家政权，“它们给弱者以新的桎梏，给富者以新的力量；它们永远消灭了天赋的自由，使自由再也不能恢复；它们把保障私有财产和承认不平等的法律永远确定下来，把巧取豪夺变成不可取消的权利；从此以后，便为少数野心家的利益，驱使整个人类忍受劳苦、奴役和贫困”[①]。

国家的产生和政府的建立虽然是富人的诡计，但也得到了穷人的认可。因为穷人尽管一贫如洗，但保障生命与自由仍是他们自然而迫切的愿望。人们建立国家、拥立国君的目的本来在于保护自己的自由。然而国家与政府必然腐化，这些国君必然成为人民的压迫者，对人民的压迫不断加重，以至加重到登峰造极的地步：在暴君面前人人平等，就是说大家都等于零。臣民除了君主的意志以外没有别的法律；君主除了他自己的欲望之外没有别的规则。但是暴君只有在他拥有暴力的时候才是君主，当他被人们用暴力驱逐的时候，他是不能抱怨暴力的。“以绞杀或废除暴君为结局的起义行动，与暴君前一日任意处理臣民生命财产的行为是同样合法。暴力支持他；暴力也推翻他。一切事物都是这样按照自然的顺序进行着，无论这些短促而频繁的革命的结果如何，任何人都不能抱怨别人的不公正，他只能怨恨自己的过错或不幸。”[②]经过暴力革命推翻暴君以后，不平等又重新转变为平等，但不是转变为原始人自然状态下的平等，而是转变为更高的社会契约的平等。

在卢梭看来，人们通过一种骗人的社会契约所建立的国家，后来必然导致专制暴政，因此应该有一种真正的社会契约来代替它，以建立一种真正自由、平等、民主的国家。

3. 真正社会契约的国家是主权在民的国家

第一，真正的国家是由社会中所有的人订立契约建立起来的。卢梭反复

① 卢梭：《论人类不平等的起源和基础》，商务印书馆 1982 年版，第 128–129 页。

② 卢梭：《论人类不平等的起源和基础》，商务印书馆 1982 年版，第 146 页。

强调，人们订立契约，转让自己的自由，组织国家，并不是把自己的权利无条件地交给某一个人，而是所有的人都把自己的某些权利交出来，组成一个最高权力来治理社会。人们虽然放弃了自己的自由，但得到的却应当是契约所保障的更为可靠的自由和生命、财产的安全。因此，未经全体个人同意，合法的权威——主权者就不存在，契约乃是政治共同体的基础。

第二，国家主权在任何时候都应属于人民，国家法律是人民共同意志的体现。在卢梭看来，既然国家是由人们共同订立契约而建立的，国家的最高权力就应属于每一个参加订立契约的人们，国家主权在任何时候都应掌握在人民自己手中。他认为只有人民的主权才是合法的，人民的基本权利是不可转让的、不能剥夺的。国家的主权在人民手中，主要表现在国家法律是由人民制定的。“立法权力是属于人民的，而且只能是属于人民的。”①只有全体人民参加立法，才能确保每个人自由表达自己意志的权利，从而使共同意志得以占据主宰的地位。这样制定的法律才是人民共同意志的体现，人民服从这样的法律就是服从自己的意志。他主张人民直接参加立法，反对代议制。他针对英国的代议制指出：“英国人民自以为是自由的；他们是大错特错了。他们只有在选举国会议员的期间，才是自由的；议员一旦选出之后，他们就是奴隶，他们就等于零了。”②他认为，正如主权是不能转让的一样，主权也是不能代表的，人民的议员不可能代表人民的意志，他们不可能是人民的代表，只不过是人民的办事员罢了。“凡是不曾为人民所亲自批准的法律，都是无效的；那根本就不是法律。”③

第三，政府权力或行政权同样属于人民，行政官吏只不过是人民委派的办事员，不是人民的主人，卢梭认为，政府与主权者是不同的，“政府只不过是主权者的执行人”④。他认为在立法权上人民是不能被代表的，但是在行政权力上人民是可以并且应该被代表的，使全体人民都成为行政官的作法不仅是不明智的，而且是幻想。不过，既然国家主权属于人民，行政权同样属于人民，应由人民来确定把行政权交给谁。行政权的受托者，不是契约的一方，对人民没有契约问题。他们是人民任用的官吏，而不是人民的主人，对人民只有服从的义务，主权者人民可以凭其意志任用或罢免行政官吏。他说：“创

① 卢梭：《社会契约论》，商务印书馆 1980 年版，第 75-76 页。
② 卢梭：《社会契约论》，商务印书馆 1980 年版，第 125 页。
③ 卢梭：《社会契约论》，商务印书馆 1980 年版，第 125 页。
④ 卢梭：《社会契约论》，商务印书馆 1980 年版，第 76 页。

制政府的行为绝不是一项契约，而只是一项法律；行政权力的受任者绝不是人民的主人，而只是人民的官吏；只要人民愿意就可以委任他们，也可以撤换他们。”①如果政府官吏篡夺了人民的主权，成了人民的主人，那么社会契约就被破坏了，人民各自恢复了其天然的自由，对政府也不再有服从的义务。人民用暴力推翻专制统治者就是天经地义的了。

卢梭反对霍布斯对革命造成的无政府状况的恐惧与对革命的非难，指出，在国家的历史上出现某些动荡时期毫不足奇。革命难免要给社会和个人带来某些痛苦，但它将把国家和人民拯救出来。“被内战所燃烧着的国家——可以这样说——又从死灰中复活，并且脱离了死亡的怀抱而重新获得青春的活力。”②

第四，真正自由、平等的社会是一个既无巨富又无赤贫的私有制社会。卢梭认为人类社会最初并没有财产私有制，私有制的产生是人类社会的不平等和一切罪恶、祸害的根源。但是人类社会不可能摆脱私有制而重返自然状态，私有财产仍然是新的文明社会的真正基础，财产权是所有公民权中最神圣的权利。理想的社会只能是在私有制的基础上，人人平均地占有财产。任何一个公民都不应富得足以收买其他人，而任何一个公民也不应穷得不得不出卖自己。人人都有一些东西而又没有人能够有更多的东西。他认为国家的任务之一，就是使一切人的财产不知不觉地接近中等程度，造成人数众多的中等阶级。在这种社会中，每个人都拥有满足基本需要的财产，这才是没有强者和弱者、富人和穷人对立的自由而平等的社会。

卢梭虽然没有彻底的无神论思想，然而他却彻底抛开了神学观点来论述人性和国家问题，而且比霍布斯大大前进了一步。

第一，卢梭认为自然人的人性有自我保存及对别人的同情与怜悯两个方面，比霍布斯认为自然人的人性只有自我保存一个方面更符合实际。因此，卢梭对自然状态的描述较之于霍布斯对自然状态的描述更符合原始社会的实际状况。因为卢梭对自然状态的描述主要来自 16 世纪以来的旅行家们的真实见闻。法国的勒赛克尔在《让•雅克•卢梭》一文中说，旅行家们的“论断在这篇‘论不平等’里可以见到，并且给这篇论文以某种程度的基础。在这些旅行家当中，提供最有趣的报导的都是些传教士们，因为他们是最有文

① 卢梭：《社会契约论》，商务印书馆 1980 年版，第 132 页。

② 卢梭：《社会契约论》，商务印书馆 1980 年版，第 60 页。

化修养的人，他们本没有颂扬不懂基督教的野蛮人的必要，所以那些记述，更是真实可靠的了”[①]。恩格斯通过摩尔根在《古代社会》中对易洛魁人社会生活的描述，写了《家庭、私有制和国家的起源》，在这部著作中也对原始社会的状况进行了赞扬:“这种十分单纯质朴的氏族制度是一种多么美妙的一种制度呵！没有军队、宪兵和警察，没有贵族、国王、总督、地方官和法官，没有监狱，没有诉讼，而一切都是有条理的。……一切问题，都由当事人自己解决，在大多数情况下，历史的习俗就把一切调整好了。……大家都是平等、自由的，包括妇女在内。”[②]

第二，卢梭否定了人的本性自私的错误观点，认为自私自利是私有制的产物，是人本性的堕落。这就反对了霍布斯把人与人的冲突、仇恨归之于人的本性的说法，指出私有制以及穷人和富人的对立是贪婪、倾轧、仇恨和一切罪恶与祸害的根源。这一点是符合历史事实的。

第三，卢梭对社会历史发展过程的描述尽管不完全与历史实际相符合，但也体现了他的历史的辩证法的思想。他在论述平等问题时，把历史发展过程描述为：原始人的人人平等——私有制的不平等——社会契约的平等。恩格斯对卢梭这一思想做了很高的评价:“因此，我们在卢梭那里不仅已经可以看到那种和马克思的《资本论》中所遵循的完全相同的思想进程，而且还在他的详细叙述中可以看到马克思所使用的整整一系列辩证的说法：按本性说是对抗的、包含着矛盾的过程，每个极端向它的反面的转化，最后，作为整个过程的核心的否定的否定。”[③]

第四，卢梭提出的自由、平等是天赋人权及其主权在民的社会契约论思想，这一思想尽管是不科学的，但它论证了推翻封建等级制度和封建专制暴君统治的合理性，为资产阶级反对封建制度的革命斗争做了理论准备。卢梭的建立在天赋人权学说基础上的社会契约论得出了与霍布斯的契约论截然不同的结论。霍布始用社会契约论论证绝对君权的合理性，而卢梭却用社会契约论论证了人民革命的合理性与主权在民的正义性。因而，这些思想在资产阶级革命中起了巨大作用。18 世纪的法国大革命本身就是在“人权、自由、平等”的口号下进行的。法国大革命时期的资产阶级革命家、雅各宾派的首领罗伯斯庇尔就是用天赋人权、主权在民的思想抨击波旁王朝的。1789 年 9

---

① 卢梭:《论人类不平等的起源和基础》，商务印书馆 1982 年版，第 38 页。

②《马克思恩格斯选集》第 4 卷，第 92-93 页。

③《马克思恩格斯选集》第 3 卷，第 180 页。

月21日，他在国民议会上发言，反对国王的否决权，他说：“任何政府都是由人民，而且是为了人民建立的；一切统治者，自然也包括国王在内，都不过是人民的代理人和人民的使者；一切政府的官职，自然也包括王位在内，都是公共义务，决非个人权利，更不是什么私产。”①1791年7月14日，法国大革命两周年，罗伯斯庇尔又鲜明地指出：“国王是不可侵犯的！但是，难道人民不也是不可侵犯的吗？国王的不可侵犯性是虚构的，而人民的不可侵犯性却是自然的神圣权利所规定的。”②

卢梭的思想不仅在法国大革命中有重要影响，而且还体现在法国资产阶级颁布的《人权宣言》以及宪法中。

但是，也必须看到卢梭的理论仍有很大的局限性和错误。

第一，卢梭认为要了解人的本性只应研究无知无欲的自然人，不必研究在文明社会中生活的人，这样对人的本性的探索就是片面的，不可能抓住人的本质属性——社会性。要研究人的本性，不仅应当探索在原始状态下的人，而且也必须探索在后来文明社会中发展着的人，只有把这两方面的探索结合起来，才能较探入地把握人的本性。卢梭只研究刚从动物界转变过来的原始状态中的人，由此给人的本性下论断，这种论断肯定是片面的。因为这种无知无欲的人还不能真正代表人类，这种人不能作为人性的代表。此外，卢梭还把原始状态的人设想为在原始森林里孤独生活的个人，这种看法更是错误的。因为即使原始状态的人也不是孤独地生活的，他们也是在一定社会关系中生活的，人天生是一种社会动物。而卢梭却完全忽略了人的社会性这一本质特征。

第二，卢梭把自由、平等看成是自然赋予人的权利，这是不科学的，这种观点实质上是一种资产阶级思想。在原始社会里，人是自由、平等的，但这种自由、平等不是自然赋予的，而是原始社会这种社会赋予的。由于生产力的发展，奴隶制社会以及封建制社会取代了原始社会，也就取消了原始社会赋予人的自由、平等。人生而不自由、不平等的观念统治着人们的思想，这种观念不过是当时不平等的经济关系和等级制度在人们头脑中的反映。只有到了文艺复兴时期以后，随着资本主义商品经济的发展，自由、平等的观念才逐渐发展起来。因为自由、平等是商品交换过程中买方与卖方的直接要

①《罗伯斯庇尔文集》第6卷，法文版，第88页。
②《罗伯斯庇尔文集》第7卷，法文版，第555页。

求，自由、平等的观念实际上是资本主义商品经济发展的产物。这种观念产生以后就突破经济领域，发展为政治上及思想上自由、平等的要求，并且把自由、平等看成是天赋人权。马克思指出：商品交换领域“确实是天赋人权的真正乐园。那里占统治地位的只是自由、平等、所有权和边沁”①。自由，因为商品交换能否进行，只取决于买者和卖者的自由意志；平等，因为买者和卖者只是作为商品所有者发生关系，用等价物交换等价物。正是这种表面上的自由、平等掩盖了资本家对工人的剥削，因为劳动力的买和卖也是在自由、平等的旗号下进行的。所以这种自由、平等的观点实质上是资产阶级的思想。

第三，国家不是富人征得穷人同意订立契约建立的，而是阶级斗争不可调和的产物和表现。卢梭认为私有制产生以后，由于穷人与富人的对立引起社会冲突，富人欺骗穷人，与穷人订立契约建立国家。卢梭关于国家的建立是富人的诡计的说法，比霍布斯认为人们自愿订立契约建立国家的思想更深刻，但也是不符合历史实际的。国家的产生不存在任何人们订立契约的问题。富人为了维护自己的阶级利益而建立暴力机关根本不是与穷人订立契约的结果，而是富人以保护公共利益的名义强加到穷人头上的，是压迫穷人的暴力机关。

第四，卢梭主张在保留私有制基础建立的真正社会契约的国家，实质上是资产阶级民主共和国。法国的历史证明了这一点。法国资产阶级革命家把卢梭的思想付诸实践，建立了资产阶级专政的民主共和国。恩格斯说：“理性的国家、卢梭的社会契约在实践中表现为而且也只能表现为资产阶级的民主共和国。”②至于卢梭所设想的既保留私有制，又不造成穷富的对立，那只能是一种不切实际的幻想。

第五，卢梭夸大国家的权威，为极权主义者取消人民的自由、民主提供了理论依据。卢梭很强调个人的自由、平等，主张主权在民。同时他又十分强调大家订立契约形成共同体是绝对的、神圣的，永远正确的。在他看来，全体只能是为着全体，共同体不可能想伤害订立契约的个人。这样共同体国家就是公意的化身，服从国家就是服从公意，服从自己。“任何人拒不服从公意的，全体就要迫使他服从公意。”③这样，国家就成了至高无上的，国家的

---

①《马克思恩格斯全集》第 23 卷，第 199 页。

②《马克思恩格斯选集》第 3 卷，第 57 页。

③ 卢梭：《社会契约论》，商务印书馆 1980 年版，第 29 页。

强制性不仅是必要的，而且是完全合理的了。卢梭赋予国家如此的权威，就是他认为真正契约的国家是人民共同意志的代表。他没有看到在阶级社会中，国家永远不是公意的代表，而只是某一剥削阶级的统治工具，甚至是某一利益集团乃至某些野心家的统治工具。卢梭如此夸大国家的权威实际上必然损害个人的自由与民主权利。所以，后来的国家极权论者就从卢梭的学说中找到了他们可利用的理论。正是基于这一点，英国哲学家罗素称卢梭是“伪民主独裁的政治哲学的发明人”，“希特勒是卢梭的一个结果”[①]。当然这样评价卢梭有些偏颇，但也是有根据的。

（四）爱尔维修、霍尔巴赫自爱爱人的人性学说与对专制主义的批判

同卢梭等法国启蒙学者一样，18 世纪的法国唯物主义哲学家，也为法国资产阶级革命做了理论上、思想上的准备。不同的是，卢梭等启蒙学者主要是从政治观点上抨击封建专制制度，描述了资产阶级民主共和国；而法国唯物主义者则主要是从哲学上论证了封建专制制度的不合理性，指出了应当消灭它而建立一种新的制度。

18 世纪法国唯物主义者的主要代表人物有拉美特利（J. O. La Mettrie，1709—1751）、狄德罗（D. Diderot，1713—1784）、爱尔维修（C. A. Helvetius，1715—1771）、霍尔巴赫（P. H. D. Holbach，1723—1789）。爱尔维修与霍尔巴赫对人性进行了详细论述并用人性学说批判封建专制制度。

爱尔维修生于巴黎一个宫廷医生的家庭，曾在耶稣教会的学校里受教育，但他对宗教神学一贯厌恶。毕业以后 1738 年他担任了总包税官的职务。他不仅没有利用这个肥缺同那些贪污官吏同流合污，而且还想利用这一职务作有利于平民的改革，但毫无结果。这一职务使他了解到法国的现状正如一些启蒙思想家所批判的那样丑恶，使他更清楚地看到封建专制制度的残暴，一般平民受剥削压迫的深重。1751 年，他辞去了总包税官的职务，任皇后司膳大臣。这使他有更多的时间从事研究和著述。这时狄德罗主持编辑的《百科全书》开始出版，他与狄德罗、霍尔巴赫等人交往甚密，并成了“百科全书派”

---

① 罗素：《西方哲学史》下卷，商务印书馆 1976 年版，第 225 页。

的重要一员。1758 年，他发表了第一部反对封建专制制度的战斗性著作《论精神》。这一著作立即引起教会和国会中反动分子的攻击，至使爱尔维修感到不安全并打算离开法国。虽然后来没有离去，却被迫发表了一个放弃自己观点的声明。1759 年，巴黎议会通过决议把他这本书和其他进步书籍一齐焚毁。他本人也因此而被剥夺了司膳大臣的职务。1769 年，他又写了另一重要著作《论人的理智能力和教育》，由于怕遭到反动派新的迫害，这部书在他生前没有发表。他带着愤怒离开人间。他在这本书的序中说："如今只有在禁书里找得到真理，别的书里全是谎话。"①这本书在他死后于 1773 年在荷兰出版。

霍尔巴赫出身于普鲁士埃德森姆村的一个商人家庭，幼年丧母，寄居在巴黎他叔父家里，叔父死后，霍尔巴赫继承了叔父的遗产和男爵称号，一生都在法'国居住。他曾在荷兰莱顿大学上学，1748 年毕业后仍回巴黎，不久就结识了狄德罗和其他进步思想家，并参加《百科全书》的撰稿工作，成了"百科全书派"的一名主要成员。他家的"沙龙"（即客厅）是法国进步思想家们经常聚会的中心。1770 年，霍尔巴赫的主要著作《自然体系》是伪托密拉波之名在外国出版的。这本书一问世就引起了教会和反动派的大肆攻击。不过这更加扩大了它在进步人士中的广泛影响，这书屡次再版，并被译成多种欧洲文字。此外，他还写了反宗教的战斗无神论著作《揭穿了的基督教》(1761)、《袖珍梓学》（1768)、《健全的思想》（1772）以及《社会体系》（1773）等。这些著作绝大部分都是匿名发表的，而且连出版地点都是伪造的。即使如此，他仍然常遭迫害。

18 世纪法国唯物主义者与启蒙学者不同，在自然观上是唯物主义的，并且是彻底的无神论者，对宗教神学进行了尖锐的批判。

爱尔维修指出，教士们维护无知，迫害科学，他们关心的永远是使人们的目光远离真理。宗教并不能使民族获得美德和幸福。他说："宗教史告诉我们什么？它告诉我们：宗教在任何地方都点起了不宽容的火把，搞得尸横遍野，血流成渠，城市焚烧，帝国残破；而它们从来不曾使人们变好。"②

霍尔巴赫认为，宗教是人们无知和恐惧的产物。人们对自然现象缺乏认识，因而对之恐惧，想象主宰它们的是神。而一些既心勃勃、存心奸恶的人则利用自己同胞的愚昧和恐惧欺骗他们，于是产生了宗教。实际上，宗教只

---

①《十八世纪法国哲学》，商务印书馆 1979 年版，第 476 页。

②《十八世纪法国哲学》，商务印书馆 1979 年版，第 525 页。

不过是专制暴君欺骗人民、维护自己统治的工具，他说：“骗子们就把自己与神明等同起来，行使着无上的绝对权力；他们变成了专制君主，利用恐怖进行统治；神被用来为暴政的放肆和罪行作辩解；人们把一些暴君说成这些神本身；人们以神的名义去作出罪行和伤天害理的行为，从天上来的恫吓变成了支持那些向凡夫俗子发号施令的人纵欲的工具。”①因此，宗教不可能给人们带来好处，只能给人们带来灾难。“它所依据的是欺骗、无知和轻信，它在任何时候都只是对一些存心欺骗人类的人有利；它从不间断地为各个民族造成最大的灾难，它根本不能给他们带来它答应给他们的幸福，而只足以使人耽于狂暴，使人流血，使人陷于疯狂和罪行，使人不认识自己真正的利益和最神圣的义务。”②

爱尔维修和霍尔巴赫在唯物主义和无神论的基础上，提出他二们的人性理论和政治学说。

1. 人是具有感受性的肉体的人，趋乐避苦的自爱是人的本性

爱尔维修与霍尔巴赫从他们的机械唯物主义出发，把世界看成物质的世界，把人看成是肉体的自然的人。他们把人的精神归之于人的肉体的感受性。因而，他们把人追求感觉上的快乐和逃避感觉上的痛苦看成是人的本性。

爱尔维修把人看成是有感受性的肉体的人，把精神看成是人的肉体感受性的结果。他指出，人是肉体与灵魂的统一，但灵魂只不过是人的肉体的感觉能力，人的一切精神、观念归根到底都是这种感觉能力的结果。他说：“没有感觉能力，没有产生我们精神的记忆力，就会没有机能，灵魂就会等于零。我们的观念和精神的存在要以感觉能力的存在为前提。这种能力就是灵魂本身。”③所以他把人看成是一部机器，是一部由感受性发动的机器。“人是一部机器，为肉体的感受性所发动，必须做肉体的感受性所执行的一切事情。”④

在他看来，人既然是具有感受性的机器，就能感受到肉体的快乐与痛苦，于是人们便追求肉体的快乐而逃避肉体的痛苦，这种快乐与痛苦有现实的，有预期的。这种对快乐的追求和对痛苦的逃避就是“自爱”，自爱是人人共有的本性。他说：“人是能够感觉肉体的快乐和痛苦的，因此他逃避后者，寻求

---

①《十八世纪法国哲学》，商务印书馆 1979 年版，第 563 页。
②《十八世纪法国哲学》，商务印书馆 1979 年版，第 557 页。
③《十八世纪法国哲学》，商务印书馆 1979 年版，第 494 页。
④《十八世纪法国哲学》，商务印书馆 1979 年版，第 499 页。

前者。就是这种经常的逃避和寻求，我称之为自爱。这种情感是肉体的感受性的直接后果，因而为人人所共具，乃是与人不可分离的。我以它的永久性、不可改变性、甚至不可变换性来作为这一点的证明。”①这种自爱是人生来就有的本性，是大自然铭刻在我们心里的唯一情感，无论是过去、现在还是未来，无论是在任何国家、任何民族，人们永远都是爱自己甚于爱别人。人们在感情上、性格上的千差万别，只不过是自爱这种情感的各种不同的变相，这些变相是以人们所处的不同地位、支配人们的不同政治以及所受的不同教育为转移的。

他认为，自爱是人们从事各种活动的动力和原则。是自爱、是追求感觉的快乐和逃避感觉的痛苦驱使人们进行各种活动。使野蛮人留在湖上或林中整整六个月，扳弓结网，安设陷阱的动力是免除饥饿的痛苦。在各个文明民族中，使人们耕种土地，学一种手艺，从事一种职业的动力也是免除饥饿的痛苦。如果自然界能满足人的一切需要，滋养身体的食品像空气一样不用劳动就可以获得，人就永远懒得动了。快乐和痛苦永远是支配人的行动的唯一原则。他说：“肉体的感受性是我们各种活动、思想、感情以及我们的社会性的唯一原因。为了穿衣，为了打扮自己的情妇或妻子，使她们得到快乐，为了养活自己和家属，总之为了享受与肉体需要的满足相联系的快乐，工匠和农夫才思想、想象和劳动。因此肉体的感受性乃是人的唯一动力。”②他由此引申出功利主义的结论：“利益是我们的唯一推动力。”③

爱尔维修认为人的一切情感、欲望都是肉体的快乐与痛苦发展出来的，因而人的情感、欲望都是自然的。它可以符合公益，也可以违反公益。所以对人的情感、欲望只能正确引导，不能消灭和扼杀。“消灭了欲望也就消灭了灵魂；人没有感情就没有行：动的原则，也没有活动的动力。”④欲望衰退，人也就失去了活力，死亡也就逐渐占据了他。禁欲主义是违反人性的。宗教势办要求人们毁情灭欲，其目的是把一切据为己有。“祭司的目的是灭人的一切欲望，使人厌弃财富和权力，并利用人的厌弃把这两者都据为己有。”⑤

霍尔巴赫认为人是自然的肉体的人，灵魂只是人的肉体的作用或机能。

---

①《十八世纪法国哲学》，商务印书馆 1979 年版，第 503 页。
②《十八世纪法国哲学》，商务印书馆 1979 年版，第 496 页。
③《十八世纪法国哲学》，商务印书馆 1979 年版，第 537 页。
④《十八世纪法国哲学》，商务印书馆 1979 年版，第 487 页。
⑤《十八世纪法国哲学》，商务印书馆 1979 年版，第 485 页。

在他看来，自然是一切存在物的总汇，人是自然的产物，是存在于自然之中的一种自然物。因此人身上没有任何部分是超乎自然的。人的灵魂及精神也绝不是超自然的、能离开肉体的“精神实体”，而只不过是人的肉体的活动方式。他说：“灵魂根本不应当与身体分开，它就是身体本身，只不过我们从身体活着的时候所具有的某些作用、某些存在方式和活动方式去看，才把它称为灵魂。因此灵魂就是人；我们从人所具有的那种感觉、思维并以某种方式活动的机能去看，便把它当成了灵魂。”[①]他指出，人们常常把肉体的人与精神的人分别开来，这个分别做得太滥了。人是一个纯粹肉体的东西，精神的人只不过是从人的特殊活动方式去看那个肉体的东西罢了。

霍尔巴赫认为，自保是一切事物运动的共同倾向，趋乐避苦的自爱是人的本性。他认为自然界的一切都在运动着，没有一种东西是处于绝对静止的。那些看来好像没有运动的东西，它是在经历着一种非常细微、非常不显著的变化。任何事物的运动都有一种趋势或倾向。一切事物运动的共同的、一般的趋势或倾向是什么呢？就是自保，即保持它现实的生存，坚持生存，加强生存，摄取对它有利的东西，抵抗各种违反它的生存方式和自然趋势的冲击。这种自保的趋势在不同事物有不同的表现，在人身上则表现为趋乐避苦。他说：“一切事物都是各以自己的方式来求自保的。石头是以它的各个部分的坚强的结合来对抗破坏它的力量。有机的生物是以一些更加复杂、但是适于维持其生存、使之免于伤害的方法来自保。至于既有肉体方面、又有精神方面的人，乃是有生命、有感觉、能思想、能行动的生物，在他的一生中，可以说无时无刻不在努力谋求自己喜爱的或者适于养生的东西，而竭力避开可以伤害自己的东西。”[②]人的一切活动，人的所作所为，都是这种自保倾向的结果，对于快乐的追求和对于痛苦的规避，就是人的本性。“人从本性上说既不善也不恶。他一生之中时时刻刻都在寻求幸福，他的一切能力都用在取得快乐和规避痛苦上面。那些为我们人类所固有的、为我们的本性所特具的、作为有感觉的生物的特色的感情，归结起来，全都是对于安乐的向往，对于痛苦的畏惧。”[③]

人作为自然界一个特殊的生物，不仅是有感觉的，而且是有理智、有理性的。人有感觉，能够感觉快乐和痛苦，去寻求快乐、逃避痛苦。人有理智

① 《十八世纪法国哲学》，商务印书馆 1979 年版，第 625 页。
② 《十八世纪法国哲学》，商务印书馆 1979 年版，第 594 页。
③ 《十八世纪法国哲学》，商务印书馆 1979 年版，第 644 页。

和理性，就会为自己提出一个目的，并选择最可靠的方法来达到自己的目的。理性的任务不是抑制人追求幸福的欲望，而是对欲望进行选择，用一些对社会有益的欲望，来抵消对社会有害的欲望，追求最持久、最实在的快乐和幸福，放弃那些暂时的、表面的、骗人的幸福。

霍尔巴赫否定宗教神学的“原罪说”，反对宗教神学的禁欲主义。他指出人趋乐避苦的情感欲望是自然的，而且是必要的。人们决不要听信宗教神学的谎言，放弃追求现实的快乐和幸福而、求得什么灵魂得救。他说：“肉体的灵魂和肉体的需要所要求的是肉体的幸福和实在的事物，实物要胜过千百年来人们拿来饲养我们心灵的那些泡影。”①

2. 人又是社会中生活的人，爱人也是人的本性，因为人所需要的一切东西中，最需要的是人

爱尔维修、霍尔巴赫认为，每个人并不是孤立的，而是生活在社会之中的，社会中还生活着他的同类即其他人。他们也同样寻求幸福，规避痛苦。每个人追求自己的幸福就不能离开别人，别人是自己的存在和幸福的最重要的条件。人从本性上既爱自己，又爱别人。一个人追求自己的幸福，不应去妨碍别人的幸福，使别人不幸的人，自己也不可能获得真正的幸福。

爱尔维修认为人是一种有理性、有感觉而又软弱的动物。作为有感觉的人就要自爱自保，避苦趋乐；作为软弱的动物，人就应当与他人联合起来以便防御比自己强大的动物，保证在与禽兽争夺生活资料的斗争中获胜。他说：“人生性又吃素又吃荤。他又是软弱的，武装不良的，因而他要被比他更强的动物吞噬。因此人为了养活自己，或者为了减少自己对于狮子老虎的恐惧，必须与别人联合起来。”②每一个人离不开别人，不仅自爱，而且爱人。讲人道的人见到别人的悲惨自己也是痛苦的。他认为爱人与自爱、善行和幸福是常常联系着的。他说：“幸福的观念，在良好的教育中，常常与行善的观念相连，而且因为这种使人们对我敬爱的行善，正和财富一样，可以看成一种解除痛苦和创造快乐的力量或手段。”③这就是说，财富能给人带来快乐、解除痛苦；行善，爱别人，帮助别人可以引起别人对我的尊敬和友好，这也可以给我带来快乐、解除痛苦。所以爱别人与爱自己是一致的。

---

①《十八世纪法国哲学》，商务印书馆 1979 年版，第 625 页。

②《十八世纪法国哲学》，商务印书馆 1979 年版，第 496 页。

③《普列汉诺夫哲学著作选集》第 2 卷，生活 • 读书 • 新知三联书店 1962 年版，第 106 页。

霍尔巴赫认为，人的本性是爱自己，追求幸福。人要追求幸福就需要其他人。因此为了使自己幸福，也要让其他人幸福。他说：“人为了自保，为了享受幸福，与一些具有与他同样的欲望、同样的厌恶的人同住在社会中。因此道德学将向他指明，为了使自己幸福，就必须为自己的幸福所需要的别人的幸福而工作；它将向他证明，在所有的东西中间，人最需要的东西乃是人。”①“所以人凭着本性，就不仅应当爱自己，而且还应当爱一切协助他取得幸福的东西；由此可见，人为了自己的利益，应当爱其他的人，因为他们是他的存在、他的保存、他的快乐所必需的。爱别人，就是爱那些使我们自己幸福的手段，就是要求他们生存、他们幸福，因为我们发现我们的幸福与此相联系。”②

霍尔巴赫认为人不仅是自然的肉体的人，而且是社会的人。“人坚持过社会生活，乃是凭着他的本性的倾向：本性使人具有一些需要，同时使这些需要社会化。”③他指出，人不能独自使自己幸福，社会对人的幸福是必需的和有益的。人在幼年需要年长者的照料，人们为了抵御野兽又必须结合在一起。人这个软弱又充满各种需要的生物，在任何时刻都需要别人的帮助。只有靠别人的帮助，才能抵御命运的打击。只有靠别人的鼓励和支持，人的技巧才得以发挥，人的理性才得以发扬。人乃是自然中对人最有益的东西。

霍尔巴赫从这种思想出发，严厉批评了卢梭的自然状态说。他认为，孤独的野蛮的生活是违反人性的。野蛮人由于缺乏理性与经验，根本无法享受真正的幸福。他指出，有人主张野蛮人是一种比文明人更幸福的生物，可是他的幸福究竟何在呢？野蛮人缺乏手段、经验、理性、技巧，不断尝着饥饿和贫困的痛苦，时时刻刻被迫与禽兽斗争，时时刻刻有变成牺牲品的危险。有人吹嘘野蛮生活和自然状态是人类的黄金时代，实际上人类是处于一种愚昧的、无理性的、悲惨的状态，他说：“我们不要受一种野蛮的哲学迷惑；它企图以一些令人喜爱的笔触，给我们描绘出一种违反人性的自然状态，一种与死亡同样可悲的野蛮生活。”④

既然爱人也是人的本性，霍尔巴赫主张社会道德中的第一个道德就是人道，人道是其他一切道德的总体。所谓人道，就是对我们的同类作出我们力

① 《十八世纪法国哲学》，商务印书馆 1979 年版，第 649 页。
② 《十八世纪法国哲学》，商务印书馆 1979 年版，第 650 页。
③ 《十八世纪法国哲学》，商务印书馆 1979 年版，第 652 页。
④ 《十八世纪法国哲学》，商务印书馆 1979 年版，第 657 页。

所能及的善事，其效果就是对别人的爱、善行、大度、宽容，以人道之心、仁爱之心对待别人。这样也可以增进我们自己的幸福。他说："我们为侪辈所谋求的利益使我们的感受性得以施展，也就增进了我们自身的幸福，并使我们能以赢得他们的感激。"①

3. 人的本性不是恶的，是环境，尤其是专制制度使人变坏，要通过革命消灭这种专制制度，用民主制度取而代之

爱尔维修、霍尔巴赫认为，人既自爱，又爱人，所以人的本性不是邪恶的。世上原来没有坏人，坏人是环境和制度造成的。人是环境和制度的产物。

爱尔维修认为，人们在生下来的时候，无所谓倾向罪恶或倾向美德。人们成为什么样的人，只是他们所处的环境对之进行教育的结果。政治制度对教育人起的作用更大。他说："一般说来，人们在一种自由的统治之下，是坦率的，忠诚的，勤奋的，人道的；在一种专制的统治之下，则是卑鄙的，欺诈的，恶劣的，没有天才也没有勇气的，他们在性格上的这种区别，乃是这两种统治之下所受教育不同的结果。"②他认为教士和君主都是邪恶的，他们的邪恶也是环境教育的结果。教士们自幼就受到仔细的培养，养成了思想上和行为上假冒为善的习惯，满足于经院中的行话，把空名当成实物，因而变得不能分辨胡说与真理、诡辩与证明。"那么把修士的邪恶归之于什么呢？归之于他的教育。"③君主也是邪恶的，人们长期盼望伟大的国王，然而伟大的国王乃是自然界异乎寻常的奇迹，很少出现。国王所处的环境和他所受的教育不可能使他开明。因为他所处的地位，单靠愿望就可以使他满足其各种愿望和嗜好。"然而，一个人不靠本领、不靠劳动就能满足这两样东西，是没有开明和积极的根源的。"④正由于专制君主的权力是不受任何限制的，他可以为所欲为，注定他必多行不义。他引法国著名悲剧作家高乃依的话说："能够为所欲为的人，所欲为的常多于所当为的。"⑤

霍尔巴赫也指出，每个人生下来是既自爱又爱人的，是不善又不恶的。"他之所以变成或者对自己、或者对他的同胞们有益或有害，乃是由于环境把

①《十八世纪法国哲学》，商务印书馆 1979 年版，第 658 页。
②《十八世纪法国哲学》，商务印书馆 1979 年版，第 539 页。
③《十八世纪法国哲学》，商务印书馆 1979 年版，第 540 页。
④《十八世纪法国哲学》，商务印书馆 1979 年版，第 541 页。
⑤《十八世纪法国哲学》，商务印书馆 1979 年版，第 508 页。

他引得向善或者向恶；也就是说，乃是由于人们给他的教育、他所见到的榜样、他所听到的言语、他经常接触的人、他自己形成的或受别人灌输的观念、他所养成的习惯、尤其是支配他的行为的政府使他从自然获得的那个基础受到好的或坏的培养。一个邪恶的父亲只能造就堕落的儿女；一个腐败的社会所能提供的榜样，只适于腐化心灵和精神。一个不义的政府只能造成一批不义的、不和的奴隶。”[①]所以，造成坏人的根本不是自然（Nature，也可译为本性），而是制度逼迫的。是专制的社会制度，是社会的罪恶，使人对自己的同胞像一只狼。

爱尔维修与霍尔巴赫都毫不留情地抨击了封建专制制度。

爱尔维修指出，专制君主骑在千千万万公民的头上，盗窃千千万万人的钱包，大规模地做着强盗小规模做的事，他比强盗更不义，是一个国家的灾星，社会的灾星。专制君主为了使自己号令一切，要求臣民没有思想，没有毅力，没有性格，要求臣民成为永远服从他指挥的自动机械。专制君主不关心人民的幸福和国家的强盛，他最关心的是没有反抗的统治，因为他最受不了的是人民的抗拒和反抗。“专制制度的特点是扼杀人们精神中的思想，灵魂中的美德。”[②]

霍尔巴赫指出，“专制制度在本质上是违反人的本性和整个社会的目的的”[③]。专制君主宣称唯有他一人的意志应当支配国家的命运，然而他的意志不断地与人民的公道、理性、权利、自由、幸福发生冲突。权威要合法，就应当建立在公共幸福和人民的同意上；专制权威却只是建立在暴力和人民的苦难上，不可能得到人民的认可。任何个人都可能犯错误，不犯错误的个人是没有的，君主也是一样。由于君主的权力至高无上，这就注定君主一定犯错误，并且必然走向腐败和罪恶的深渊。他说：“经验向我们证明，至高无上的权势通常只足以败坏人的心地和智能，并不能培养它。一切事实都一致地使我们深信，专制制度或绝对权力，乃是一个独夫或他的党羽与一切人为敌的那种肆无忌惮、无法无天、横行霸道。”[④]他还指出，由于专制制度长期以来使人们的身体和精神披枷戴锁，致使人们心里完全泯灭了自由的观念，甚至消灭了人们为自己的幸福而劳动的意志。是专制制度的贪婪，它的诛索，

---

① 《十八世纪法国哲学》，商务印书馆 1979 年版，第 645 页。

② 《十八世纪法国哲学》，商务印书馆 1979 年版，第 476 页。

③ 《十八世纪法国哲学》，商务印书馆 1979 年版，第 662 页。

④ 《十八世纪法国哲学》，商务印书馆 1979 年版，第 662 页

它的胡作非为，把大片美好的田园变成了凄凉的鬼窟，使富强康乐烟消云散。

爱尔维修还指出了用革命来摧毁封建专制统治的必要性，他说："要是一个政府变得极端残暴呢？那时候骚乱就是有益的。这是治病的药剂在病人身上引起的腹痛。为了把一个民族从奴役中解放出来，要牺牲少数当政的人为代价，使国家不致在一个骚动的公共节日复灭。""要是陷入了专制制度了呢？那就努力摆脱它；这些努力在这个时刻乃是不幸的人们唯一的利益。"①身受痛苦而不敢抱怨，不敢摆脱不幸，那么，不幸的程度就会越来越高。如果居然把沉默，把迫于奴役的安谧称为太平，这种太平就是坟墓的太平。

爱尔维修肯定民主制。他既反对最高权力掌握在专制君主一人手中，也反对最高权力掌握在若干权贵手中。"这些贵族的目的是使人民保持贫困，保持一种不名誉、不人道的奴隶状态。"②他主张国家的最高权力应当属于一切公民。这种国家所要求的才是多数人的幸福，一切合乎多数人利益的行动才是正义的和道德的。这种政府形式才是最好的形式。"自由幸福的公民在这里服从的只是为自己制定的法律；他们只知道正义与法律在自己之上；他们生活在和平中，因为在道德上也和在肉体上一样，产生安宁的是各种力量的均衡。"③

爱尔维修与霍尔巴赫都主张取消了专制制度，就可以通过立法和教育改造社会，提高人性。爱尔维修认为，在专制制度下，没有真正的法律，专制君主的意志就是一切。只有取消了专制制度，制定良好的法律，才能使风俗、道德发生变化，造就善良的人民。他说："假如制定了良好的法律，这些法律将会让公民们顺着他们要求个人幸福的倾向，把他们很自然地引导到公共幸福上去。造成各个民族的不幸的，并不是人们的卑劣、邪恶和不正，而是他们的法律不完善。"④真正的、完善的法律是建立在人民公共利益基础上的。"人民的福利是最高的法律。"⑤这种真正的法律能造就善良的公民。霍尔巴赫指出，要使人们变好就必须对人们赋以爱和教育。要重视人们所表现出来的良好品质，原谅和宽恕他们的过失，要看到他们的违背理性是恶劣的制度造成的，并不是其本性使然。他说："真正的哲学应当以之为原则的，乃是对人

---

①《十八世纪法国哲学》，商务印书馆 1979 年版，第 538-539 页。
②《十八世纪法国哲学》，商务印书馆 1979 年版，第 510 页。
③《十八世纪法国哲学》，商务印书馆 1979 年版，第 511 页。
④《十八世纪法国哲学》，商务印书馆 1979 年版，第 537-538 页。
⑤《十八世纪法国哲学》，商务印书馆 1979 年版，第 547 页。

们的爱，乃是愿意看到人们幸福的那种要求，乃是希图获致因有功于人们的教育和幸福而得来的荣誉的那些热望。”[①]总之，应当要以仁爱之心关怀人们，并且启迪和教育他们，才能使人们变成善良的公民。

爱尔维修、霍尔巴赫等法国唯物主义者的理论比霍布斯及卢梭等启蒙学者的理论又有很大进步。

第一，爱尔维修、霍尔巴赫对宗教神学进行了尖锐的批判，是战斗的无神论者，他们不仅不同于启蒙学者，而且反对霍布斯对宗教的态度。霍布斯是无神论者，但又主张为了维护对人民的统治应保留宗教。霍尔巴赫指出："我们天天都看到有一些人拆穿了宗教的骗局，但是尽管如此，他们却硬说这个宗教是人民所必要的，人民没有宗教就无法克制。可是这种理论岂不等于说，毒药是对人民有益的，毒死人民以防他们滥用他们的力量是好的？"[②]法国无神论者的反宗教战斗，确实起了相当大的作用。据历史学家记载：经过无神论者的激烈斗争，当时宗教生活再没有吸引力，修道院中的人数在逐渐减少，信徒虔诚的捐款也为数甚微，甚至牧师们也读《百科全书》。列宁对法国无神论者也给予高度评价："十八世纪老无神论者所写的那些锋利的、生动的、有才华的政论，机智地公开地打击了当时盛行的僧侣主义。"[③]

第二，爱尔维修、霍尔巴赫在人性理论上更深入了一步。霍布斯、卢梭等讲人的自我保存的本性时，讲得很抽象，而爱尔维修、霍尔巴赫讲的自爱、自保则从人的肉体感受性出发，认为人是肉体的人，有感觉，能感受痛苦和快乐，由此推出人有趋乐避苦的自爱本性，这较之于霍布斯、卢梭的理论更具体了，也更接近于实际了。卢梭虽也讲了人对其同类有同情心、怜悯心，不愿看到同类遭受痛苦，即人有爱人的本性，但他却把人看成孤独的，否定了原始状态下人的社会性，因此对爱人的本性讲得也很抽象。而爱尔维修、霍尔巴赫不仅看到人是肉体的自然的人，而且也看到人的社会性，这在对人性探索的历史上是有重要意义的。他们正是从人的社会性，从人的幸福离不开其他人的角度来论证人的爱人的本性，这当然比卢梭又大大前进了一步。

第三，爱尔维修、霍尔巴赫否定了人性邪恶的"原罪说"，提出人是环境和教育的产物的唯物主义观点，看到了社会环境，尤其是看到了政治法律制度对人的思想品德的重大影响作用。这表明他们企图在历史观上贯彻唯物主

① 《十八世纪法国哲学》，商务印书馆 1979 年版，第 657 页。

② 《十八世纪法国哲学》，商务印书馆 1979 年版，第 641 页。

③ 《列宁选集》第 4 卷，第 606 页。

义。并且，他们认为坏人是环境、制度造成的这一观点还必然引申出否定封建专制制度的革命结论。普列汉诺夫在谈到他们这一观点时说："这个把人看做周围环境的产物的观点乃是法国唯物主义者许多革新要求的主要理论基础。实际上，人如果依赖于他的周围环境，如果人的性格的全部属性是为环境决定的，那么，人的缺点也是为环境所决定的，所以，如果你想和他的缺点斗争，那么你就应该相应地改变他的周围环境，而且正是改变社会环境，因为自然界是不会使人变恶或变善的。"①

第四，爱尔维修、霍尔巴赫对封建专制制度进行了猛烈抨击，论述了进行革命建立民主制度的必要性，为法国资产阶级革命做了思想准备。

但是，爱尔维修、霍尔巴赫的理论仍有极大的局限性和重大缺陷。

第一，爱尔维修、霍尔巴赫虽然对宗教进行了尖锐的批判，但没有正确指出宗教产生的根源和消灭宗教的途径，因而这种批判在理论上仍然是肤浅的。他们把宗教的产生归之于无知引起的恐惧以及欺骗造成的，因而认为消灭宗教的唯一途径就是进行无神论的宣传，唤醒人民的理性，他们没有看到宗教产生的社会根源和阶级根源。人们在自然力量和社会力量面前的软弱无力和恐惧，是宗教产生的社会根源。反动统治阶级的支持和利用，是宗教得以存在和发展的阶级根源。只有消灭了私有制和阶级剥削，大力发展生产力，使人们成为自然的主人、自己命运的主人，人类才能从宗教束缚下解放出来。

第二，爱尔维修、霍尔巴赫的唯物主义仍然是机械唯物主义，虽然在一定程度上看到了人的社会性，但仍然主要是把人看成是肉体的自然的人。因而他们在论述人的本性上，主要看到的是人的自然需要即低级生理需要，而较少看到人的高级社会性需要，因此没有抓住人的本质特征——社会性，并且主张一种永恒不变的人性，这种人性学说仍然是一种抽象的人性论。

第三，爱尔维修、霍尔巴赫既讲环境决定人，又讲意见支配世界，陷入二律背反的矛盾之中，最终陷入历史唯心主义，他们讲决定人好坏的是制度和环境，而这里的环境主要指政治法律制度，而忽视了生产力和生产关系。那么制度和环境的好坏又是由什么决定的呢？他们认为制度和环境的好坏取决于有没有好的立法者。这就导致立法者的意见支配世界的观点，爱尔维修说："必须有天才，才能用好法律代替坏法律。"②这样社会历史归根到底就是

① 《普列汉诺夫哲学著作选集》第 1 卷，生活 • 读书 • 新知三联书店 1962 年版，第 572 页。

② 《十八世纪法国哲学》，商务印书馆 1979 年版，第 549 页。

由少数天才人物的意见决定的，从而不可避免地陷入历史唯心主义。这主要是由于他们看不到社会实践的作用，看不到物质生产活动和物质资料的生产方式在社会历史上的决定作用，从而走向历史唯心主义。针对他们这一缺陷，马克思指出："有一种唯物主义学说，认为人是环境和教育的产物，因而认为改变了的人是另一种环境和改变了的教育的产物，——这种学说忘记了：环境正是由人来改变的、而教育者本人一定是受教育的。因此，这种学说必然会把社会分成两部分，其中一部分高出于社会之上。环境的改变和人的活动的一致，只能被看作是并合理地理解为革命的实践。"①

（五）费尔巴哈理性和爱的人性理论与对民主共和国的呼唤

资产阶级革命时期的人性学说与民主呼声，在法国卢梭等启蒙学者和爱尔维修、霍尔巴赫等唯物主义者那里表现得最为典型，在德国则主要表现在费尔巴哈的哲学中。

18 世纪末，德国还是一个经济上、政治上十分落后的国家。德国在政治上四分五裂，有 360 多个大大小小的邦国。各邦的诸侯对自己的臣民来说都是绝对的专制君主。农村中占统治地位是容克地主，他们对于农奴化的农民也是一个拥有无限权力的统治者。在城市，代表资本主义成分的工商业都是以手工业为基础的，并且受到封建行会的限制。代表这种资本主义成分的德国市民虽然有反封建的情绪和要求，但其既没有力量也没有勇气起来推翻腐朽的封建制度。尽管如此，18 世纪初就兴起的声势浩大的法国资产阶级启蒙运动以及后来的法国大革命，对德国产生了极大的影响。德国市民虽然不敢以实际行动发动一场反封建的资产阶级革命，但却从思想上和理论上来"考虑"法国的革命思想和革命运动。因此，从 18 世纪末叶起，在德国也掀起了一个批判宗教和封建主义旧思想，提倡资产阶级的自由、平等、博爱人道主义等新思想的思想运动，产生了像莱辛（G. E. Lessing，1729—1781）、歌德（J. W. Goethe，1749—1832）等一批著名的思想家。虽然他们不像法国思想家那样彻底，但毕竟他们进行的是一场反封建的思想运动。在这个思想运动的基础上，产生了从康德（I. Kant，1724—1804）到黑格尔（G. W. F. Hegel，

---

①《马克思恩格斯选集》第 1 卷，第 17 页。

1770—1831）的德国古典唯心主义哲学。由于德国资产阶级的软弱性和妥协性，决定了德国资产阶级哲学们没有拿起唯物主义这个思想武器，而是制造各种唯心主义体系，将本质上是批判的革命的辩证法，禁锢在他们保守的唯心主义体系之中。

1815 年以后，德国的资本主义有了较大发展，资产阶级开始了同封建贵族争夺政权的斗争，资产阶级的激进阶层提出了推翻君主专制建立民主共和国的要求。正是在这种情况下，产生了费尔巴哈的德国古典唯物主义哲学。

费尔巴哈（L. Feuerbach，1804—1872）生于巴伐利亚一个法学家的家庭。1823 年，他在海德堡大学研究神学。不久他就感到失望，于 1824 年转到柏林大学听黑格尔的课。他一方面对黑格尔哲学推崇理性感到满意，另一方面对黑格尔哲学的极端抽象性感到不满，特别是对黑格尔讲的从理念派生自然的说法感到怀疑，曾在日记中写道："假如没有自然，逻辑这个童贞的处女永不能生出它来。"①不过这时他还是一个非正统的青年黑格尔派。1828 年他在爱尔兰根大学任讲师。1830 年，他匿名发表了《论死与不死》的著作，从黑格尔唯心主义哲学出发，认为只有人类普遍的理性是不朽的，而任何个人都是会死的，基督教宣扬的灵魂不死的说法是荒谬的。他指出人们不要向往来世，要"全心全意地把注意力集中于自己、现世和现在"②。这一著作触犯了德国封建专制统治的精神支柱——基督教教义，因此被反动当局赶下了大学讲台。他被迫从 1837 年起隐居在布鲁克堡村，依靠其妻开设的一所工厂维持生活。但这种迫害扼杀不了他的思想火花，他并没有停止反宗教的斗争，并逐步转向了唯物主义和无神论。1839 年，他发表了《黑格尔哲学批判》的论文，标志着他与黑格尔的唯心主义已经决裂，成了一个唯物主义者。1841 年，他的最主要著作《基督教的本质》出版了。这部著作指出了上帝只不过是人的本质在幻想中的反映，这部著作成了宣布人和自然的独立权力的"独立宣言"。它所宣扬的唯物主义和无神论思想，像火流一样对当时德国乃至欧洲先进的知识界起了极大的解放作用。此外他还写了《未来哲学原理》（1843）、《宗教的本质》（1845）、《幸福论》（1867—1869）等。费尔巴哈在总结自己思想变化过程时说："我的第一个思想是上帝，第二个是理性，第三个也是最后一个是人。神的主体是理性，而理性的主体是人。"③

---

①《费尔巴哈哲学著选集》上卷，商务印书馆 1984 年版，第 225 页。

②《费尔巴哈哲学著选集》上卷，商务印书馆 1984 年版，第 227 页。

③《费尔巴哈哲学著作选集》上卷，商务印书馆 1984 年版，第 247 页。

费尔巴哈的反对封建专制的理论斗争，先是表现在批判维护封建专制制度的宗教神学，并且批判了与神学联系在一起的黑格尔唯心主义，认为宗教的根源在于人，并对人的本质进行了研究，在其人性理论的基础上提出他的民主政治学说。费尔巴哈反对黑格尔把理性作为哲学的基础，而把人作为其哲学的基础。他说："如果旧哲学说：只有理性的东西才是真实的和实在的东西，那么新哲学则说：只有人性的东西才是真实的实在的东西；因为只有人性的东西才是有理性的东西；人乃是理性的尺度。"①他把自己的学说称为"人本主义"或"人本学"。

1. 神是人的本质的异化，不是神创造了人，而是人按照自己的形象和本质创造了神

费尔巴哈的反封建专制统治的理论斗争，首先是批判宗教神学。他对宗教的批判不同于 18 世纪法国唯物主义者，他集中力量揭露宗教产生的根源和宗教的本质，从理论上彻底否定基督教和一切宗教。

他认为，宗教观念产生于人的依赖感。他说："人的依赖感是宗教的基础，而这种依赖感的对象，这个为人所依赖、并且人也感觉到自己依赖的东西，本来无非就是自然。"②人的生存依赖于自然，人也就产生了对种种自然事物的需要，形成种种愿望和要求。人的愿望、要求是主观的东西，而愿望和要求的对象则是不以主观愿望为转移的客观的东西。"思想、愿望是我的；但是我所想的、所欲的却不是我的，而是在我以外，不依靠我的。"③这就产生了主观愿望与客观对象的矛盾或对立。原始人对自然规律和人自身状况愚昧无知，不能正确解决这种主观与客观的矛盾，于是就把所愿望的对象当神来崇拜。例如，他们崇拜河流、高山、太阳、动物或植物，向它们祈祷，祈求免除灾祸，获得幸福。这样就产生了原始的多神教即自然宗教。自然宗教所崇拜的神大都是自然物，这表现着原始人对自然界的依赖。这种宗教的目的就是用宗教的方式来克服主观愿望与客观对象的矛盾，在幻想中实现人的主观愿望，满足人的需要。

费尔巴哈进一步指出，自然宗教所崇拜的自然物，已经不是真正的自然物本身，而是人格化的自然物。例如，在崇拜"太阳神"的教徒看来，太阳

① 《费尔巴哈哲学著作选集》上卷，商务印书馆 1984 年版，第 181 页。
② 《费尔巴哈哲学著作选集》下卷，商务印书馆 1984 年版，第 436 页。
③ 《费尔巴哈哲学著作选集》下卷，商务印书馆 1984 年版，第 462 页。

是一个像人那样有人格、有情感、并且能了解人和同情人的有意识的主体。显然，原始人通过幻想把自己的属性加到太阳身上，才形成“太阳神”。费尔巴哈说，“宗教——至少从根源上说、从本性上说——并没有什么别的任务和目的，无非是要把一个不孚众望、不近人情的自然实体转化成一个稔熟、平易近人的实体”，“把自然弄成一个如人意的、适合人的需要的东西”①。可见，在自然宗教中人们崇拜太阳、河流、山脉、动物等自然物，其实是人们崇拜自己。自然宗教中神的本质乃是人的本质。费尔巴哈把自然宗教的本质概括为：“把非人的本质当作神的本质来崇拜，因为非人的本质在它看来是一个人的本质。”②

费尔巴哈认为，随着社会的发展，人们紧密地联合起来，成为一个社会的、政治的整体。在这种情况下，社会力量对人的支配愈益上升到主要地位，从而人对社会的依赖即人对人的依赖加强，人对自然的依赖降到从属的地位。随着人依赖对象的变化，“自然宗教”就逐渐被“精神宗教”所取代，基督教是精神宗教最完善的形态。自然宗教是把自然物神化，而基督教则把人自身的本质神化。“人在自然之上假定了一个精神实体作为建立自然、创造自然的东西，这个精神实体无非就是人自己的精神实体，不过在人看来，他自己的这个精神实体好象是一个另外的、与他自己有别的、不可比拟的东西”。③基督教的上帝是一位具有爱、智慧、仁慈、存在等属性的神，而所有这些属性事实上就是人自己的本质属性。人把自己的本质属性同自己分离开，并把它转化为一个独立的、神圣的实体，这就是基督教的秘密。不过，上帝“全知、全能、全善、全在”的特性，并不是个别人的特性，而是人类的特性。个别人的知识、才能、善、存在都是有限的，只有人类的知识、才能、善、存在才是无限的，人类是存在子个别人之中的，没有离开个别的人而单独存在的“人类”。基督教却把人类的特性与本质同个别的人分开，把它们加到上帝身上，又进一步把这个上帝幻想为自然和人的创造者、主宰者。实际上，基督教的上帝不过是人类本质的虚幻反映，上帝的本质，就是人类的本质，人崇拜上帝其实是崇拜人类自己。费尔巴哈把基督教的本质概括为：“把人的本质当作神的本质来崇拜，因为人的本质在它看来是一个与人不同的本质，是一

---

①《费尔巴哈哲学著作选集》下卷，商务印书馆 1984 年版，第 466、467 页。

②《费尔巴哈哲学著作选集》下卷，商务印书馆 1984 年版，第 459 页。

③《费尔巴哈哲学著作选集》下卷，商务印书馆 1984 年版，第 477 页。

个非人的本质。”①

通过对宗教的起源和本质的分析，费尔巴哈得出了“神是人的本质的异化”的观点。他在《基督教的本质》中说：“上帝愈是主观、愈是属人，人就愈是放弃（原文为 Entäussert，意即异化）他自己的主观性、自己的人性。”②他还说：“上帝的人格性，本身不外乎就是人之被异化了的、被对象化了的人格性。”③他又说：“宗教使人的本质跟人割裂开来。上帝的活动、恩典乃是人的被异化了的自我活动，乃是被对象化了的自由意志。”④“神是人的本质的异化”主要包含两层含义：

第一，神是从人的本质中分裂和分离出来的，神是由人创造的。

第二，这种从人的本质中分离出来的、人造的神，完全与人处于对立的地位，反过来成为人的统治者，成为人的异己力量，人们只能对之敬仰和跪拜。

费尔巴哈说：“宗教是人跟自己的分裂：他放一个上帝在自己的对面，当作与自己相对立的存在者。上帝并不就是人所是的，人也并不就是上帝所是的。上帝是无限的存在者，而人是有根的存在者；上帝是完善的，而人是非完善的；上帝是永恒的，而人是暂时的；上帝是全能的，而人是无能的；上帝是神圣的，而人是罪恶的。上帝与人是两个极端：上帝是完全的积极者，是一切实在性之总和，而人是完全的消极者，是一切虚无性之总和。”⑤这就是说，神是人的本质的异化，这种异化出来的精神实体转而成为人的统治者。人创造了神，人却成了自己的创造物的奴隶，只能敬畏顺从。而且愈是肯定神，就愈是否定和贬低人；愈是肯定神性，人性就愈受践踏。

费尔巴哈从他关于“神是人的本质的异化”的观点出发，得出了极其重要的无神论结论：在自然界和人以外再没有什么其他存在物，神不过是自然界和人的本质在人头脑中虚幻的反映；无论何时何地都是人创造了神，而不是神创造了人。他说，“没有什么神，亦即没有同自然界和人有别的、能随意决定世界和人类命运的抽象的非感性本质”⑥，“并非神按照他的形象造人，象《圣经》所说的那样，而是人按照他的形象造神”，“人不同，他的幻想物、

---

①《费尔巴哈哲学著作选集》下卷，商务印书馆 1984 年版，第 459 页。
②《费尔巴哈哲学著作选集》下卷，商务印书馆 1984 年版，第 57 页。
③《费尔巴哈哲学著作选集》下卷，商务印书馆 1984 年版，第 267 页。
④《费尔巴哈哲学著作选集》下卷，商务印书馆 1984 年版，第 281 页。
⑤《费尔巴哈哲学著作选集》下卷，商务印书馆 1984 年版，第 60 页。
⑥《费尔巴哈哲学著作选集》下卷，商务印书馆 1984 年版，第 525 页。

他的神就不同”[①]。

费尔巴哈认为宗教同科学、技术、工业、教育、政治自由以及资本主义的一切文明是完全不能相容的。宗教的最大罪状是使人消极被动而无所作为。既然上帝安排好了一切，人又能做什么呢？他给自己提出的任务是，用理性的火炬照亮宗教黑暗的本质，使人们摆脱宗教的压迫，成为自己的主人，“从信仰者转变为思想者，从祈祷者转变为工作者，从彼世的候补者变为今世的研究者，从基督徒转变为人，转变为完全的人”[②]。

2. 人的本质是追求幸福的意向、理性和爱

在费尔巴哈看来，宗教的真正秘密在于把人的东西赋予了超人的神，而他研究宗教就是要把神的东西、一切超人的东西归结为人。那么，人的本质究竟是什么呢？

费尔巴哈关于人的本质的说法很多，归结起来主要是下面三种说法。

首先，在他强调人与动物一样是一种自然实体时，把人追求幸福的意向看作人的本质。他反复强调人不是某种神秘的精神力量的产物，而是自然界的产物，不是自然界的“异在”，而是自然界的一部分。因此，他认为人的主要本质或者说人性的主要内容是他的自然属性。他认为追求幸福和自爱是一切有生命的生物、一切存在着和希望生存的生物的基本的和原始的追求。他说，凡是活着的东西就有爱，即使只爱自己和自己的生命，它希望生活，因为它活着；它希望存在，因为它存在着；但它所希望的只是健康和幸福，只有幸福的存在才是被渴望的存在。凡是抱有希望的生物，便只希望对它有益、有利、有好处的东西，只希望使它获得福利，而不是祸害，只希望保存和促进它的生命，而不是限制和破坏它的生命，只希望不与感觉相抵触，而与感觉相适应；简言之，它只希望使它能够幸福，而不是使它不幸福、使它悲惨。人作为一个有生命的自然存在物，也必然是自爱的，必然追求幸福。他说：“同其他一切有感觉的生物一样，人的任何一种追求也都是对于幸福的追求，因此追求可能把人支配到这种程度，以致满足这种追求对于他是唯一最大的幸福。”[③]当然这种对幸福的追求是同人的感觉联系在一起的。如果没有感觉，就不会有痛苦和悲哀，不会有不足和需要，不会有饥饿和口渴，总之就没有

---

①《费尔巴哈哲学著作选集》下卷，商务印书馆 1984 年版，第 691 页。

②《费尔巴哈哲学著作选集》下卷，商务印书馆 1984 年版，第 786 页。

③《费尔巴哈哲学著作选集》上卷，商务印书馆 1984 年版，第 536 页。

不幸福。而没有痛苦和不幸，就不会有对快乐和幸福的追求。人这种有感觉的生物对幸福追求的欲望是自然的、合理的。费尔巴哈说："人的最内秘的本质不表现在'我思故我在'的命题中，而表现在'我欲故我在'的命题中。"①

其次，在他强调人跟动物有本质区别时，他把"理性、意志、心（即爱）"看作人的本质。他认为异化为上帝的人的本质就是人的理性、意志与心。他说，宗教根源于人跟动物的本质区别，动物没有宗教。究竟什么是人跟动物的本质区别呢？对这个问题最简单、最一般、最通俗的回答是：意识。这里所说的意识是严格意义上的。"只有将自己的类、自己的本质性当作对象的那种生物，才具有最严格意义上的意识。"②只有人才有这种把自己人类的本质当作对象的意识，即关于自我的意识。"人自己意识到的人的本质究竟是什么呢？或者，在人里面形成类、即形成本来的人性的东西究竟是什么呢？就是理性、意志、心。一个完善的人，必定具备思维力、意志力和心力。思维力是认识之光，意志力是品性之能量，心力是爱。理性、爱、意志力，这就是完善性，这就是最高的力，这就是作为人的人底绝对本质，就是人生存的目的。"③在他看来，人之成其为人，就是人具有理性、意志和心；而人之所以生存，就是为了认识，为了爱，为了愿望；而且人是为认识而认识，为爱而爱，为愿望而愿望。真正的存在者——人，是思维着的、爱着的、愿望着的存在者。

最后，在他强调人还是一个"社会实体"时，他把人对人的爱看成是人最深刻的本质。他说："弧立的，个别的人，不管是作为道德实体或作为思维实体，都未具备人的本质。人的本质只是包含在团体之中，包含在人与人的统一之中，但是这个统一只是建立在'自我'和'你'的区别的实在性上面的。"④不过费尔巴哈所说的团体、人与人的统一，并非现实的社会关系，而只是道德关系。他把人与人的关系看成生物学上类的关系，类的关系是对个别体的爱，对个别体的一视同仁。他认为对别人的爱、道德、良心、同情心是一回事，是人的本性。"道德不是别的，而只是人的真实的完全健康的本性，因为错误、恶德、罪过不是别的，而只是人性的歪曲、不完整、与常规相矛

---

①《费尔巴哈哲学著作选集》下卷，商务印书馆 1984 年版，第 591 页。

②《费尔巴哈哲学著作选集》下卷，商务印书馆 1984 年版，第 26 页。

③《费尔巴哈哲学著作选集》下卷，商务印书馆 1984 年版，第 27-28 页。

④《费尔巴哈哲学著作选集》上卷，商务印书馆 1984 年版，第 185 页。

盾，并且常常是人性的真正低能儿。”[①]因此，德行的根源在于人的本性。对人的爱、德行与人追求幸福的愿望是完全一致的。因为人只有在同人的不可分割的联系或统一中才成其为人，这就决定了每个人追求幸福的愿望只有依靠别人才能得到满足，因此，只有在每个人都尊重别人同样的追求幸福的愿望的情况下才能得到满足。真正的道德就在于自觉自愿地把自己追求幸福的愿望和别人追求幸福的愿望结合起来，以达到共同的幸福。“德行就是自己的幸福，这种幸福只是在与他人的幸福联系中才感觉自己幸福。”[②]如果在追求幸福时对别人没有爱心，影响别人对幸福的追求，就会引起别人的反抗，结果还是损害了自己的幸福。显然正是“爱”才能把个人追求幸福的愿望和别人追求幸福的愿望协调起来，从而使个人追求幸福的愿望得以实现。

费尔巴哈还把“爱”神圣化。在他看来，人只有在与人的关系中才成其为人，所以人心对于其他人发生联系或关系就有一种天生的、连自己也感到神圣的感情——爱，而这种人心固有的感情也就是宗教感情。“宗教”一词从词源来说本来就是联系的意思。他认为人与人之间的各种现实关系只有依赖人心固有的这种宗教感情才能获得真正的、完整的意义，它们都是宗教上的关系。如孩子对父母的关系、夫妻之间的关系、朋友之间的关系，以及人们之间的政治关系、法权关系、财产关系等都是宗教上的关系。但是，旧的宗教把人心固有的宗教感情歪曲了。本来人心固有的宗教感情是一种对人的爱，而自然宗教却把人的这种对人的爱转移到自然物上，要人们崇拜和爱自然神，基督教则把对人的爱转移到对虚妄的上帝的崇拜和爱上。由于人们不去爱人而去爱神，这就产生了虚伪的禁欲主义道德、君主专制国家等人间的种种灾难及罪恶。现在人类理性已经认识到人心中固有的宗教感情是对人的爱，因此应当把对人的爱当作唯一的宗教，来代替对神的爱。他强调指出，必须把对人的爱当作第一性的人心固有的感情。“对人的爱，决不会是派生的爱；它必须成为起源的爱。只有这样，爱才成为一种真正的、神圣的、可靠的威力。如果人的本质就是人所认为的至高本质，那么，在实践上，最高的和首要的基则，也必须是人对人的爱。Homo homini Deus est（对人来说，人就是上帝）——这就是至高无上的实践原则，就是世界史的枢轴。”[③]这就是说，只有人人都按自己的本性对他人给予爱，只有建立起对人来说“人就是上帝”

---

①《费尔巴哈哲学著作选集》上卷，商务印书馆 1984 年版，第 590 页。

②《费尔巴哈哲学著作选集》上卷，商务印书馆 1984 年版，第 588 页。

③《费尔巴哈哲学著作选集》下卷，商务印书馆 1984 年版，第 315-316 页。

这种“人对人的爱”的宗教，才能真正把人与人之间的各种关系都建立在“爱”的基础上，才能解决社会中的一切矛盾和冲突，消除人们的一切苦难，从而使世界历史进入一个新时代，即从君主专制时代进到民主共和时代。

3. 君主专制政体是违反人性的，应当建立使“人成为人”的民主共和国

费尔巴哈从他关于人的本质的观点出发，提出了他的国家学说。他反对封建神学的“君权神授”的观点，也反对黑格尔以法的伦理的观念为基础来解释国家的唯心主义观点。黑格尔把国家看成是“伦理观念的现实”。费尔巴哈认为国家是以“人成为人”的利益为基础的。他认为人与人的联系与依赖只有在国家中才能实现。“国家是人的天意。在国家中，一个人代替另一个人，一个人补足另一个人，——我所不能做到的，我所不知道的，别人可以做到。我不是听命于自然力的偶然性的孤独的人；别人会保护我，我处于共同的本质之中，我是整体的一员。”①同时，国家的利益又不应当与个人的利益相抵触，因为如果个人利益被牺牲了，人也就不成其为人了。因此，只有与全体人民的利益相适应的国家制度，才能使人成其为人。由于只有在国家中人才实际成为人，所以，“人类的实际愿望是政治的愿望，是积极参加国家事务的愿望，是废除政治教阶制度、消除人民的愚昧的愿望，是废除政治的天主教的愿望”②。人们之所以要求废除“政治教阶制度”即封建等级制和“政治的天主教”即君主专制政体，是因为君主专制的国家权力掌握在君主一人手中，他有至高无上的权力，完全剥夺了人们积极参加国家事务的权利，是与人的本质相违背的，使人不成其为人。在他看来，真正能够使人成其为人的国家，真正实现人的本质的国家只能是民主共和国。

费尔巴哈公开批判君主专制制度。他说：“在一个一切以专制君主的慈悲和专横为转移的国家中，每一个规章都会变为朝令夕改的，关于‘永恒的道德律条’的观念、关于德行的必要性的信念会从灵魂里连根拔掉；关于对任何人都一视同仁的严格公正的必要性的信念将连根拔掉；自主感、勇气和对于德行的憧憬将连根拔掉。无限制的君主国乃是无道德的国家。”③

费尔巴哈还把对君主政体的分析批判同对宗教神学的分析批判结合起

---

①《费尔巴哈哲学著作选集》上卷，商务印书馆 1984 年版，第 98 页。

②《费尔巴哈哲学著作选集》上卷，商务印书馆 1984 年版，第 98-99 页。

③《费尔巴哈哲学著作选集》上卷，商务印书馆 1984 年版，第 596 页。

来。他指出，想象乃是神学的力量，也是君主政体的力量。神学通过想象把人的本质加到上帝的身上，加以崇拜，上帝成了人的主宰和统治者。本来国王也是和我们大家一样的人，人们又通过想象把君主看成是高于人的神，加以崇拜，绝对服从，君主就成了人们的绝对统治者。神学和君主政体都是把一种实际上同自然和人没有多少不同的东西想象为更高的东西。他说："'君主是神'，是似乎与他们实际是的多少有些不同的实体，即事实上与别人并没有什么不同的实体，在想象中却被尊崇为别种更高的实体。"①

费尔巴哈指出，在君主专制统治下，"一方面是奢侈、堂哉皇哉、光辉夺目、重视外表，他方面是贫乏、困苦和贫穷，这就是君主政体的各种必然属性。"②只要君主制还存在，就不可能克服这些祸害。要克服这些祸害，必须要用人本学取代神学，用民主共和制代替君主专制。他说："在思维领域中把神学转变为人本学——这等于在实践和生活领域中把君主政体转变为共和国。"③

费尔巴哈的人本主义学说，在人类思想史上是有重要贡献的。

第一，在唯心主义长期统治德国的情况下，费尔巴哈打破了唯心主义的统治，恢复了唯物主义应有的权威，成为马克思主义哲学产生的直接理论来源之一。

第二，费尔巴哈把神、上帝说成是人的本质的异化，指出了不是神创造了人，而是人创造了神。这种观点打击了宗教神学，间接批判了封建专制制度，具有重要的进步意义。同时这种思想比 18 世纪法国唯物主义对宗教的批判又前进了一大步。18 世纪法国唯物主义者虽然提出"恐惧创造神"的重要思想，但把宗教看作是人民的愚昧无知和僧侣欺骗的结果，这就把宗教现象看得过分简单了。而费尔巴哈则进一步指出，神是人的自我分裂，是人的本质的异化，人对神的崇拜实际上是对自己的精神创造物的崇拜。这就揭开了宗教的神秘外衣，奠定了无神论的基础。这也说明了宗教现象具有相当复杂的性质，是不能简单地用"愚弄"和"欺骗"来解释的。费尔巴哈对宗教的分析对于马克思、恩格斯的宗教观的形成是具有启发意义的。

第三，在人性理论方面，费尔巴哈提出两点值得注意的思想。一是他把人与动物的最本质的区别说成是有没有关于自己类本质的意识，尽管这种观

---

①《费尔巴哈哲学著作选集》上卷，商务印书馆 1984 年版，第 598 页。

②《费尔巴哈哲学著作选集》上卷，商务印书馆 1984 年版，第 598 页。

③《费尔巴哈哲学著作选集》上卷，商务印书馆 1984 年版，第 598 页。

点并不正确，但较之于18世纪法国唯物主义者对理性的理解更深刻。他们都认为理性是人与动物的区别。二是他把人看成“社会实体”，认为孤立的个别人没有具备人的本质，人的本质包含在团体之中，包含在人与人的统一之中。尽管他并没有真正贯彻这一思想，但在对人的社会性的认识方面比18世纪法国唯物主义者也有所前进。

但是，费尔巴哈的学说仍有极大的局限性。

第一，费尔巴哈的唯物主义仍然是形而上学唯物主义，具有机械性、形而上学和不彻底性（即在历史观上是唯心主义的）。

第二，费尔巴哈对宗教的批判仍有严重缺陷。首先，他仅仅从人与自然的矛盾揭示了宗教产生的心理根源和认识根源，而没有进一步揭露出宗教产生的社会根源和阶级根源。实际上，宗教的产生还有深刻的社会根源。私有制出现之后，社会中的人们就分裂为两个对立的阶级。在阶级社会中，广大劳动人民身受重重剥削和压迫，灾难深重，在自己现世生活中找不到希望和出路，才产生了对来世和天国的信仰。同时反动阶级为了维持自己的统治也利用宗教麻痹人民。其次，由于费尔巴哈没有认识到宗教产生的社会根源和阶级根源，因此不可能把宗教的批判转变为对社会的批判，因而对宗教的社会作用揭示很不够。他主要揭露了宗教的虚伪性、欺骗性一面，而对宗教如何为反动统治者服务则揭露得不够，甚至不如18世纪法国唯物主义者。最后，由于费尔巴哈只看到宗教产生的心理根源和认识根源，因此认为只通过教育就可以消灭宗教。在他看来，只要指出宗教的虚伪性、欺骗性，人们都明白了神不过是人的本质的异化，神是人创造的，那么人们就会终止对神、对上帝的膜拜，宗教信仰就可以根本消除。实际上这是不可能的。消灭宗教的根本途径在于消灭阶级，大力发展生产力，使人们成为社会的主人，成为自己命运的主人。马克思针对费尔巴哈的宗教观指出：“费尔巴哈是从宗教上的自我异化，从世界被二重化为宗教的、想象的世界和现实的世界这一事实出发的。它致力于把宗教世界归结于它的世俗基础。他没有注意到，在做完这一工作之后，主要的事情还没有做哪。因为，世俗的基础使自己和自己本身分离，并使自己转入云霄，成为一个独立王国，这一事实，只能用这个世俗基础的自我分裂和自我矛盾来说明。因此，对于世俗基础本身首先应当从它的矛盾中去理解，然后用排除这种矛盾的方法在实践中使之革命化。”[①]

---

①《马克思恩格斯选集》第1卷，第17页。

第三，费尔巴哈虽然提出人的社会性问题，但仍然不是从人生活其中的现实社会关系出发去考察人，而是从唯物主义自然观出发，从抽象的人出发考察人，把人的生理需要和精神属性概括为人的本质，即把追求幸福、理性与爱说成是一切时代、一切人的本质。这样就完全忽略了人的社会性以及在阶级社会的阶级性这一最本质的属性，把人的本质看成是“单个人所固有的抽象物”，把人与人的关系归结为生物学上类的关系，认为人与人的关系应当建立在爱的基础上。费尔巴哈的人性学说基本上停留在 18 世纪法国唯物主义者的人性学说的水平上，仍然是抽象的人性论。至于他建立爱的宗教的主张，在经济利益根本对立的阶级社会中根本就是一种天真的幻想，客观上只能起到欺骗人民群众的作用。

第四，尽管费尔巴哈反对黑格尔把国家看成“伦理观念的现实”，但他把国家看成是人的本质的实现的观点也是历史唯心主义观点。国家是阶级压迫的工具。费尔巴哈认为国家是人的本质的实现，而他讲的人的本质就是抽象的、超历史、超阶级的人性，所以作为人的本质的实现的国家也必定是超阶级的。这就完全抹杀了国家的阶级实质。他说：“真正的国家是无限的、没有止境的、真实的、完全的、神化的人。”①当然这里指的是民主共和国。但是，即使是最民主的资产阶级民主共和国也是资产阶级压迫劳动人民的工具。这一点他是根本不理解的。

第五，费尔巴哈虽然反对君主政体，主张民主共和制，但在政治思想方面远远比不上 18 世纪法国唯物主义者。他对封建专制制度的统治的批判不太系统，也不太深刻，对资产阶级民主也没有多少论述，更没有敢于公开提出通过革命推翻封建专制，建立民主共和国。他只是主张只要用人本学代替了神学，抛开了对神的崇拜，人们就会抛开对君主的崇拜，用民主共和制代替君主专制。这是德国资产阶级的妥协性在费尔巴哈身上的表现。费尔巴哈只满足于同封建专制制度进行哲学理论上的斗争，没有把理论的批判与反封建的政治斗争实践结合起来。在 19 世纪 40 年代，马克思、恩格斯曾多次力邀他参加政治斗争，但都无效果。他满足于与世隔绝“和自然生活在一起”，同“信神的世界”作斗争。

---

①《费尔巴哈哲学著作选集》上卷，商务印书馆 1984 年版，第 98 页。

（六）黄宗羲的人性自私与君主是天下之大害

我国明代中叶以后，在封建社会内部产生了资本主义萌芽，商品经济有了明显发展。由于工商业的发展，在我国局部地区，如江浙太湖流域，湖广江汉地区出现了新的市民阶层。为了反对封建控制，这一阶层产生了初步的民主要求。明末清初的思想家黄宗羲则代表了这种新的市民阶层，对封建专制制度进行了猛烈的批判，提出了最早的民主思想。

黄宗羲（1610—1695），字太冲，号南雷，学者称梨洲先生，浙江余姚人。其父黄尊素是明末著名的东林党人，为阉党魏宗贤所害。黄宗羲从青年时就参加了反对阉党的斗争，并成为继东林党而起的复社领导人之一。清兵南下，他毁家纾难，召募义兵，成立“世忠营”，进行抗清斗争。失败后隐居乡间，讲学著述，多次拒绝清政府的征聘。他的著作很多，编著有《明儒学案》《宋元学案》两部断代哲学史。他的最著名著作是1663年（清康熙二年）写成的《明夷待访录》。

在《明夷待访录》中，黄宗羲反对历代封建统治者抑制工商业发展的政策，提出工商皆本的思想，主张大力发展工商业。秦汉以来的封建统治者在经济上都采取“崇本抑末”的政策，就是把农业说成是本，发展地主阶级的农业经济，把工商业说成是末，实行种种限制，抑制其发展。这种政策在明代中叶以后，就阻碍了当时资本主义萌芽的发展。黄宗羲反对这种政策，提出农、工、商都是本。他说：“世儒不察，以工商为末，妄议抑之，夫工固圣王之所欲来，商又使其愿出于途者，盖皆本也。”（《明夷待访录•财计三》，以下只注篇名）他认为工商业与农业一样推动生产的发展，也是本，只有那些不从事生产的寄生者，如佛巫、倡优才是末。他主张“投巫驱佛”。他还提出货币改革的主张。他认为应当废止只为封建朝廷所聚敛而很少进入市场流通的金银货币，铸造发行一种统一的铜币，以畅“公私之利源”。（《财计篇》）他认为货币单位必须统一，货币单位不统一，妨碍商品的流通。这些经济思想充分表明了黄宗羲代表中国资本主义萌芽阶段新兴市民阶层的思想。

黄宗羲还提出了与中国传统思想大不相同的人性学说，并对封建君主的专制统治进行了深刻的揭露和批判。

1. 人的本性是自私自利的，每个人的自私自利是正当的，亿万百姓得遂其自私自利就是天下之大公

在人性问题上，黄宗羲一方面沿袭了宋明理学关于人性的争论，批判了程、朱的天理之性与气质之性的划分，但并没有取得多大成就。他认为只有“气质之性”，没有什么“义理之性”。万物之性都是由气质决定的，如姜桂之性辛，稼穑之性甘，鸟之性飞，兽之性走。那么人之性就是“不忍”，又回到孟子，把“仁”说成人的本性。另一方面他在分析社会政治问题时则完全离开了传统人性论的观点，把自私自利说成人的本性。他说：“有生之初，人各自私也，人各自利也。”（《原君》）人人都是为了自己的利益而辛劳，就连古代圣贤也毫不例外。由于古代君主为天下兴利除害，比别人辛苦得多，所以许由、务光这样的高士不去当君主，尧、舜、禹这些圣王都想把君主的地位让给别人。根据这种情况，他说：“岂古之人有所异哉？好逸恶劳，亦犹夫人之情也。”（《原君》）

黄宗羲认为人的本性是自私自私，却没有得出人性恶的结论。他认为人各自私、人各自利是正当的，如果没有封建专制君主的限制，人人都可以发展其自私自利的本性，这样就可以实现天下之大公。“向使无君，人各得自私也，人各得自利也。”（《原君》）然而专制君主为了自己的利益，把自己的大私说成是天下之大公，“使天下之人，不敢自私，不敢自利”，（《原君》）这实际是违背人性的，给人民带来巨大灾难。这是黄宗羲所坚决反对的。

2. 专制君主把天下视为一己之产业，使天下人不敢自私自利。专制君主是天下之大害

黄宗羲从人的本性自私自利出发，论述了君主的真正职分是为民兴利除害。他说，由于人各自私自利，天下有公利不能兴，有公害不能除。这时，“有人者出，不以一己之利为利，而使天下受其利；不以一己之害为害，而使天下释其害”（《原君》），这个人就是君主。

然而后来的君主并不是这样，他们把天下当成私人的产业，成为殃害人民的罪魁祸首。他说：“后之为人君者不然。以为天下利害之权皆出于我，我以天下之利尽归于己，以天下之害尽归于人，亦无不可。使天下之人不敢自私，不敢自利，以我之大私为天下之大公。始而惭焉，久而安焉。视天下为莫大之产业，传之子孙，受享无穷。汉高帝所谓‘某业所就，孰与仲多’者，

其逐利之情，不觉溢之于辞矣。此无他，古者以天下为主，君为客，凡君之所毕世而经营者，为天下也。今也以君为主，天下为客，凡天下之无地而得安宁者，为君也。是以其未得之也，屠毒天下之肝脑，离散天下之子女，以博我一人之产业，曾不惨然，曰：'我固为子孙创业也。'其既得之也，敲剥天下之骨髓，离散天下之子女，以奉我一人之淫乐，视为当然，曰：'我产业之花息也。'然则为天下之大害者，君而已矣！向使无君，人各得自私也，人各得自利也。”（《原君》）这就指出了后来的专制君主并没按君主的为民兴利除害的职分去做，而是把天下当成自己的家产。汉高祖刘邦当了皇帝后对他父亲说：“过去你总说我无赖，不善于经营生产，不如老二，今天我成就的家业与老二相比，谁多呢？”专制君主把天下视为自己的家产，把自己之大私，说成天下之公。为了登上皇帝宝座，使人民妻离子散，肝脑涂地；登上皇帝宝座后，又对人民敲骨吸髓，使百姓家破人亡。无下之大却没有地方能得安宁就是专制君主造成的。君主是天下之大害。

3. 对视天下为一己之产业的暴君应予诛伐，忠于一人一姓的“君臣之义”应予否定

黄宗羲说，古代的君主为民兴利除害，因此受到人民的爱戴，而后世的君主为一己之私利为害百姓，因此人民把君主视为“寇仇”，称为“独夫”。君主成了广大人民的敌人。对于这样的暴君：就应当予以诛伐。所以桀、纣无道，汤、武诛之，这是应当的。然而小儒，如宋朝的二程、朱熹等却大讲君臣之义，甚至认为像桀、纣这样的暴君也不当诛。这些小儒效忠于一人一姓，却把人民的生命看得一钱不值。他说：“古者天下之人爱戴其君，比之如父，拟之如天，诚不为过也。今也天下之人，怨恶其君，视之如寇仇，名之为独夫，固其所也。而小儒规规焉以君臣之义无所逃于天地之间，至桀、纣之暴，犹谓汤、武不当诛之，而妄传伯夷、叔齐无稽之事。乃兆人万姓崩溃之血肉，曾不异夫腐鼠！岂天地之大，于兆人万姓之中，独私其一人一姓乎！”（《原君》）正由于小儒讲君臣之义，后世的专制君主既要视天下为私产，又要天下人对之如父如天，就连孟子也否定了。因为孟子讲过武王伐纣是应该的。明太祖朱元璋见到《孟子》中有“民为贵，社稷次之，君为轻”的话，认为非臣子所宜言，于是下诏去掉孔庙中孟子牌位，并于洪武二十三、二十七年下诏修订《孟子》，把书中有关“民贵君轻”的章节都予删除。

黄宗羲指出：“盖天下之治乱，不在一姓之兴亡，而在万民之忧乐。”（《原

臣》）那些视天下为私产的为害百姓的君主，被灭亡是好事。臣所应当关心的是天下万民，而不是君主一人一姓。那些不关心人民的臣，即使为君主而亡，也不合臣道，他只是一姓的忠臣，不是万民的忠臣。“为臣者轻视斯民之水火，即能辅君而兴，从君而亡，其于臣道固未尝不背也。”（《原臣》）他认为，君臣关系不同于父子关系，更不是主奴关系，他们都是为万民办事，为万民兴利除害的。“臣之与君，名异而实同耶！”“故我之出而仕也，为天下，非为君也；为万民，非为一姓也。”（《原臣》）如果做官为天下万民办事，这样的臣就是君的“师友”，才合于“道”；如果不为天下万民办事，只向一人一姓效忠，这样的臣就是君主的奴才、“仆妾”，是“非其道”。而君主专制制度下的官吏，主张“君臣之义”的小儒，都“视天下人民为人君橐中之私物”，（《原臣》）他们只是为君主奔走服役的“仆妾”，是君主对人民屠毒与敲剥的帮凶。

4. 黄宗羲的政治理想是天下为主，君为客，用君臣共治代替君主独治

黄宗羲所处的时代，资本主义刚刚萌芽，他只能在恢复古代之制的形式下描述他所设想的新制度。

他指出，在古代，天下为主，君为客，君主为天下万民兴利除害。而后世之君以君为主，天下为客，为害百姓，其结果是自取其祸或殃及子孙。所以必须明乎为君之职分，以天下为主，君为客，君主为天下万民兴利除害，这样才能使天下太平。

他认为，后世之法是君主一家一姓之法，是历代皇帝出于自己的利欲之私制定的，是用来害天下的“非法之法”。他说：“后之人主，既得天下，唯恐其祚命之不长也，子孙之不能保也，思患于未然以为之法。然则其所谓法者，一家之法而非天下之法也。”（《原法》）用这种“非法之法”，永远治不好天下。他主张恢复“三代之法”即不为一己而为万民所立的法，才能使天得到治理。

他认为，君主之职分是为民兴利除害，而天下之大，君主一人是办不到的，必须君臣共治。臣是君的师友，而不是听命于君主的奴才，只有君臣共同努力才能把天下治理好。他把君臣共同治理天下比作共同拉一块木头：“夫治天下，犹曳大木然：前者唱邪，后者唱许。君与臣，共曳木之人也。”（《原臣》）

黄宗羲借歌颂三代的学校制度，提出了他想建立的学校。他说，三代的

学校不仅是养士的机关，而且是议事的机关。“天子之所是未必是，天子之所非未必非，天子亦遂不敢自为是非，而公其是非于学校。”（《学校》）这样，学校不仅主管教育，培养人才，并且把学校变成了议政的机构，有点像议会的性质。学校不仅议政，还有监督弹劾郡县地方行政长官的权力。

黄宗羲在中国封建社会末期，代表新兴的市民阶层，提出了具有进步意义的思想。

第一，他提出人性自私自利的观点尽管是错误的，但它肯定了人民的物质利益要求的合理性，比长期以来程、朱、陆、王围绕着封建道德讲人性是一种进步。

第二，他在专制君主统治一切的时代，敢于把君主说成是天下之大害，这种思想如惊雷霹雳，震撼了思想界，起了十分进步的影响作用，他在封建社会末期预言了专制制度的灭亡。与他同时代的顾炎武（1613—1682 年）提出的以“众治”代替“独治”的思想，王夫之（1619—1692 年）提出的“不以天下私一人”的主张，都是与黄宗羲的影响分不开的。尤其是唐甄（1630—1704 年）继黄宗羲之后又对君主专制制度进行了激烈抨击。他指出，“天子虽尊，亦人也。”（《潜书·善游》）把至尊的君主降到与民同列。不仅如此，他还指出专制君主都是屠杀人民而掠夺其财富的贼。“自秦以来，凡为帝王者皆贼也。”“杀一人而取其匹布斗粟，犹谓之贼；杀天下之人而尽其布粟之富，而反不谓之贼乎？三代以后，有天下之善者莫如汉，然高帝屠城阳，屠颍阳，光武帝屠城三百。”“天下既定，非攻非战，百姓死于兵与因兵而死者十五六。暴骨未收，哭声未绝，目眦未干，于是乃服衮冕，乘法驾，坐前殿，受朝贺，高宫室，广苑囿，以贵其妻妾，以肥其子孙。”（《潜书·室语》）所以天子之罪重于杀人之匹夫。黄宗羲对专制君主的抨击被封建统治者视为大逆不道，乾隆时，《明夷待访录》被列为禁书，这种思想遭到压抑和禁止。但鸦片战争以后，清末资产阶级改良派为了推行变法维新，又把《明夷待访录》节抄、复印，秘密散布，成为“刺激青年最有力之兴奋剂”（梁启超语），对于鼓动民主思想起了一定积极作用。

但是，黄宗羲的人性学说与政治学说仍有很大的历史局限性。

第一，黄宗羲的人性学说是互相矛盾的。在把人性问题当作学术问题加以研究时，虽然他批判了程、朱的人性二元论，然而却陷入陆、王的唯心主义一元论，把仁说成人的本性。在他论述政治问题时，他又把自私自利说成人的本性，正好与其学术观点相冲突。当然把自私自利看成人的本性比把仁看成人的本性是一种进步，标志着初期资产阶级的人性理论的萌芽。不过这种人性理论也是错误的，实际是把资产阶级自私自利的阶级性看成人人具有的人的本性。

第二，黄宗羲揭露了专制君主的罪恶，指出君主是天下之大害，然而他还想不出用什么样的制度来代替君主专制制度，因此他并没有主张取消君主，而只是要君主明乎为君之职分，为民兴利除害，变君主独治为君臣共治，让学校参加议政。这实际上都是不切实际的幻想，在专制制度下是根本不可能实现的。这是由刚刚产生的市民阶层的软弱和不成熟的阶级局限性决定的。

不过，尽管黄宗羲的思想还没有突破封建思想的藩篱，但已经有了民主启蒙的内容。所以有人把他的《明夷待访录》誉为不太成熟的《社会契约论》。

（七）戴震的欲情知的人性理论与对宋明理学的批判

戴震生活在 18 世纪，即清代中期，我国已处于封建社会末期。从明朝中期出现的资本主义经济萌芽，已有了进一步发展，社会的阶级矛盾和各种矛盾进一步深化，市民阶级提出了平等的要求。在这种情况下，封建统治阶级为了维护专制制度，在意识形态领域里，一方面大兴文字狱，加强血腥镇压，另一方面强化程朱理学的思想统治，并且把两者结合起来，以压制和打击异端思想的抬头。清朝的雍正皇帝在处理文字狱时，不仅从“法”上处罚“犯人”，而且要求其从理论上承认错误。在 1728 年著名的曾静案中，他就针对曾静的观点逐条反驳，直到曾静表示服罪。接着他又下令把自己与曾静的辩论以及曾静的忏悔书《归仁录》编为《大义觉迷录》，颁至全国，以教诲天下。戴震的思想就是在这种历史条件下产生的。

戴震，字东原，安徽休宁隆阜（今属屯溪市）人，生于公元 1724 年，死于 1777 年。他出身于小商人家庭，年轻时曾随父亲当过商贩，后来靠教书维持生活。中年时，在当时文字狱中曾受胡中藻《坚磨生诗抄》的牵连，十多年不敢出头露面。他四十岁考中举人，此后六次参加会试，都未考中。晚年才由纪昀等人推荐进四库全书馆任纂修官。五十三岁时，他被乾隆赐为同进士出身翰林院庶吉士的虚衔。他在古籍整理的考据学方面很有造诣，对文字学、音韵学、经学有重要贡献，对于天文学、算学、地理学等自然科学也有深入研究。但他并没有完全陷在考据的圈子里，他还写了许多批判程朱理学的哲学著作，是一个唯物主义哲学家。他的主要哲学著作有《孟子字义疏证》《原善》。

戴震抓住理学“存天理、灭人欲”这一核心思想，进行了毫不留情的批判，并提出“体民之情，遂民之欲”的口号，表达了市民阶级的要求和愿望，因而具有强烈的时代特点。在理学的长期演变中，没有一位思想家像戴震这样尖锐而深刻地揭露、批判理学“祸斯民”；也没有哪一位思想家像戴震这样对“存天理，灭人欲”公开提出控诉，并指出这是“以理杀人”。从这个意义上说，戴震宣告了理学的终结，可以说他是一位真正的启蒙主义思想家。

在本体论上，戴震针对朱熹的“理在气先”“理在事先”的主张，提出理不能离开气、离开事而存在。戴震认为，世界的本体是物质性的“气”。物质世界永远处在发生、发展与运动变化过程中，这就叫“气化流行，生生不息。”（《孟子字义疏证》，以下简称《疏证》，卷中）而“理”就是气化流行、生生不息过程中的“条理”，即规律。他说：“由其生生有自然之条理，观于条理之秩然有序，可以知礼矣；观于条理之截然之不可乱，可以知义矣。……惟条理，是以生生；条理苟失，则生生之道绝。”（《疏证》卷下）戴震认为，理是事物运动变化的规律，理在事物之中，不能脱离事物而存在，它不在事物之外，更不是如朱熹所说它在事物之先就存在。他说：“诗曰‘有物有则’是也。物者，指其实体实事之名；则者，称其纯粹中正之名。实体实事，罔非自然，而归于必然，天地、人物、事为之理得矣。”（《疏证》卷上）这就是说，有物必有理，物是客观存在，是“自然”，理是自然中的“必然”。戴震指出理在气中，理在事中，“是故就事物言，非事物之外别有礼义也”（《疏证》卷上）。可是程、朱却把存在于事物中的理片面夸大即“尊大之”，把它说成是超乎事物之上的东西，这种理实际是根本不存在的，更是求而不得的。戴震说：“举凡天地、人物、事为，求其必然不可易，理至明显也。从而尊大之，不徒曰天地、人物、事为之理，而转其语曰‘理无不在’，视之‘如有物焉’，将使学者皓首茫然，求其物不得。”（《疏证》卷上）戴震坚持理在事中，就为批判程、朱的人性论奠定了基础。

戴震在哲学上的最大贡献是他的人性学说。

第一，戴震对人性和物性进行了比较和区分。他认为，性就是事物所具有的特点和本质。他说：“性者，分于阴阳五行以为血气、心知、品物，区以别焉。举凡既生以后所有之事，所具之能，所全之德，咸以是为本。”（《疏证》卷中）这就是说，性是一事物与其他事物区别开来的本质属性，一事物在既生之后的各种表现，都是性在发生作用的结果。每个事物的性都与其他事物不同，但还是可以把它们归为若干大类。“然性虽不同，大致以类为之区别。”（《疏证》卷中）各类事物都是阴阳五行气化流行的结果，在它们生成之后就形成各自特殊的性。他说：“凡有生，即不隔于天地之气化。阴阳五行之运而不已，天地之气化也，人物之生生本乎是，由其分而有之不齐，是以成性各殊。”（《疏证》卷中）气在运行而形体不能移动的是花草树木。动物都有血气，形体都能移动。动物之中也各有不同，比如它们的知觉就不同，鱼能相忘于水，陆生动物则不能；虫和鸟对季节都有感觉和反应，鸡对时辰有感觉和反应，这都是由它们性的不同造成的。又如乌鸦反哺，雎鸠成对共游，蜂和蚁群居，雌雄有分工并有蜂王、蚁王，豺和獭把捉得的兽和鱼排列在地上好像祭奠的样子，并不是因为它们有仁义道德，而是它们的性使之这样的，“各由性成”。人与动物虽然都有血气心知，都能知觉运动，但人与动物有本质的不同。他说：“人则能扩充其知至于神明，仁义礼智无不全也。仁义礼智非他，心之明之所止也，知之极其量也。知觉运动者，人物之生；知觉运动之所以异者，人物之殊其性。”（《疏证》卷中）就是说知觉运动是人和动物生来就有的，其知觉运动的不同是由于有不同的本性。人的特点是人的知觉达到理性思维的高度，达到仁义礼智这一最高境界。

第二，戴震提出欲、情、知三者都是人性，而欲望是最基本的人性，是人存在的基础。他认为人性包括三个内容，即欲、情、知，三者都是血气心知之自然。他说：“人生而后有欲，有情，有知，三者，血气心知之自然也。给于欲者，声色臭味也，而因有爱畏；发乎情者，喜怒哀乐也，而因有惨舒；辨于知者，美丑是非也，而因有好恶。声色臭味之欲，资以养其身；喜怒哀乐之情，感而接于物；美丑是非之知，极而通于天地鬼神。……是皆成性然也。”（《疏证》卷下）这就是说，人出生之后就有欲望、情感和认识能力，这三者是人的肉体精神本来具有的特性。对各种声色气味的欲望，可以维持人们生存；喜怒哀乐的情感，是感官接触外界而产生的反应；对美丑是非的认识，达到顶点，可以了解自然界的事物及其作用。这些都是人的本性的表现。用欲、情、知说明人的本性，这是戴震以前任何一个思想家都没有提出过的。戴震还认为，欲望是最基本的人性，是人生存的基础。他强调欲望是人生而具有的，是人的自然的生理需求，如果人没有欲望，也就不会有形体生命，更不会有人和人性了。他说：“人之血气心知，原于天地之化者也。有血气，则所资以养其血气者，声、色、臭、味是也。”“‘欲’根于血气，故曰性也。”

（《疏证》卷中）所以，欲望是最基本的人性。“口之于味、目之于色、耳之于声、鼻之于臭、四肢于安佚之为性。”（《疏证》卷中）

第三，戴震反对程、朱关于天理之性与气质之性的区分，认为理在欲中，欲与理的关系是自然与必然的关系。

戴震指出程、朱将人性分为天理之性与气质之性，是将人性看成是离开人的东西。程、朱都把人性分为二，天理之性与气质之性，天理之性是善的，气质之性往往使人流于恶。戴震反对程、朱把人性分为二，认为这是脱离血气心知来论人性。他说：“程子、朱子见常人任其血气心知之自然之不可，而进以理之必然；于血气心知之自然谓之气质，于理之必然谓之性，亦合血气尤、知为一本矣，而更增一本。”（《疏证》卷上）这就是说，性本是人的血气心知之性，而程、朱说这只是气质之性，此外还有天理之性，这就是离开人的血气心知，“更增一本”，并归之于天。这样就把性与人彼此分开了。他说：“以天别于人，实以性为别于人也。人之为人，性之为性，判若彼此，自程子、朱子始。”（《疏证》卷上）他认为人性就是气质之性，因为没有气质、没有血气心知就没有人。“人之为人，舍气禀气质，将以何者谓之人哉？”（《疏证》卷中）所以根本没有离开人的气质、人的血气心知的天理之性。

戴震针对程、朱主张的“天理人欲不能并立”，强调理在欲中，理欲关系是必然与自然的关系。程、朱认为，天理存则人欲亡，人欲胜则天理灭。戴震反对这种说法，他说：“理者存乎欲者也”，“欲，其物；理，其则也。”（《疏证》卷上）有物必有则，有欲必有理，理就是欲的理。这里的“理”就是指实现欲望的行为规则或原则。这样理与欲的关系就是必然与自然的关系。他认为，欲望是自然，“欲者，血气之自然”（《疏证》卷上）。而仁义礼智等道德原则是理，是必然之则。一方面，他认为，必然存在于自然之中，仁义礼智等道德原则不能离开人欲而存在。他说：“使饮食男女与夫感于物而动者脱然无之，以归于静，归于一，又焉有羞恶、有辞让、有是非？此可以明仁义礼智非他，不过怀生畏死，饮食男女，与夫感于物而动者之皆不可脱然无之，以归于静，归于一，而恃人之心知异于禽兽，能不惑乎所行，即为懿德耳。”（《疏证》卷中）就是说，仁义礼智等道德原则是理，本出于人欲之自然，出于饮食男女的自然欲求和“感于物而动”的情感，如果没有这些欲望与情感，就不会有人的活动，也就没有仁义礼智等道德原则，没有理。所谓仁义礼智并不是取消人的情感欲望，而是使人满足情感欲望的活动不同于禽兽而已。另一方面，他认为自然必须归于必然，人的欲望要符合道德原则。他说：“由血气之自然，而审察之以知其必然，是之谓理义；自然与必然非二事也。就其自然，明之尽无几微之失焉，是其必然也。如是而后无憾，如是而后安，是乃自然之极则。若任其自然而流于失，转丧其自然，而非自然也；故归于必然，适完其自然。”（《疏证》卷上）这就是说，所谓理，所谓仁义礼智，就是人的欲望实现的规则，人的欲望只有符合道德原则而无失，才能无憾，才能顺而安。如果放任人的欲望，就会转而丧失人的正当欲望。把自然欲望归之于必然的理，归之于仁义礼智，才能使自然欲望得到满足。

戴震指出，所谓天理、仁义礼智，并不是消灭和禁止人的欲望，而是使人的欲望得到正当满足。这就像对水不能塞其流，而只能依据水流的规律引导，使它不泛滥成灾。他说：“性，譬则水也；欲，譬则水之流也；节而不过，则为依乎天理，为相生养之道，譬则由地中行也；穷人欲而至于悖逆诈伪之心，有淫佚作乱之事，譬则洪水横流，泛滥于中国也。”（《疏证》卷上）戴震认为对人的欲望作适当节制就是天理，并不是天理为正，人欲为邪，更不是存天理，灭人欲。他说：“天理者，节其欲而不穷人欲也。是故欲不可穷，非不可有；有而节之，使之无过情，无不及情，可谓之非天理乎！”（《疏证》卷上）

第四，戴震提出人不能无欲，只能使欲不至于失为私，程、朱“存天理，灭人欲”的主张是完全错误的。在程、朱看来，人心中的天理为人欲所蔽，只有去掉人欲才能恢复心中的天理。戴震认为，人要活着并有所作为，无欲是不可能的，舍弃人的自然欲望人就不能生存。人要有所作为，就必有欲。“天下必无舍生养之而得存者，凡事为皆有于欲，无欲则无为矣；有欲而后有为。”（《疏证》卷下）他认为圣贤之道不在于无欲，而在于无私。圣人之所以为圣人，就在于他能“以无私通天下之情，遂天下之欲”，使天下人的正当欲望得到合理的满足。他说：“遂己之欲者，广之能遂人之欲，达己之情者，广之能达人之情。道德之盛，使人之欲无不遂，人之情无不达，斯已矣。”（《疏证》卷下）在戴震看来，无私就是使大家的欲望得到合情合理的满足。有欲而不自私就是“仁”。“人之有欲也，通天下之欲，仁也。”（《疏证》卷下）使大家的基本欲望都得到合理满足，就是“生生之德”的“仁”。所以程、朱的灭人欲的主张是错误的。戴震还指出，程、朱提出人欲之蔽的说法也是不妥当的。他说，朱熹总说“人欲所蔽”，认为无欲则无蔽，其实“蔽”的问题是认识何题，与欲无关。蔽是心知出现过失，把错误的认识当成正确的来坚持。“自以为得理，而所执之实谬，乃蔽而不明。”（《疏证》卷上）欲的过失并不在于蔽，而在于私。私就是只顾自己，不顾别人。蔽与私是两回事。有生而愚者，虽无欲也是蔽而不明的。古今不乏一些严气正性、疾恶如仇的人，他们是其所是，非其所非，他并不是出于欲，然而他们的认识却是错误的。这样是非一错，“天下受其祸而不可救，其人欲蔽之也哉？”（《疏证》卷下）所以他说：“欲之失为私，不为蔽。”“私生于欲之失，蔽生于知之失。”（《疏证》卷上）把欲和知这两个问题混同起来是错误的。戴震进一步指出，程、朱灭人欲的主张，是从老、庄、佛教那里来的。老、庄、佛教追求空无寂灭，提倡无欲，恰恰是最大的私。他们的无欲是为了达到自己的长生久视、不生不灭，这种无欲“皆起于自私，使其神离形体而长存”（《疏证》卷上）。他说：“是故圣贤之道，无私而非无欲，老、庄、释氏，无欲而非无私，彼以无欲成其自私也。”（《疏证》卷下）程、朱灭人欲的主张，是“杂乎老、释之言而为言”，完全是为了戕害人的正当合理欲望。

第五，戴震批判了程、朱“存天理，灭人欲”学说的反动作用。戴震指出，程、朱把理与欲割裂开来，认为人欲是恶，提出“存天理，灭人欲”，造成巨大的社会灾难。

首先，这种学说把人们的生活要求都名之为“人欲”，予以轻视和抹杀，这种学说是残忍的杀人工具。他指出，宋以来的儒者的理欲之辨“举凡饥寒愁怨、饮食男女、常情隐曲之感，则名之曰‘人欲’，故终其见欲之难制；其所谓‘存理’，空有理之名，究不绝情欲之感耳。”（《疏证》卷下）他还说，宋儒将理欲分为二，“举凡民之饥寒愁怨、饮食男女、常情隐曲之感，咸视为人欲之甚轻者矣。轻其所轻，乃‘吾重天理也，公义也’，言虽美，而用之治人，则祸其人。”（《疏证》卷下）这样离开人的情欲求理，实际上就会把残忍而不顾民之欲望要求当作“理”。所以，“此理欲之辨，适成忍而残杀之具，为祸又如是也”（《疏证》卷下）。

其次，这种“存天理，灭人欲”的学说造就伪君子。戴震认为，君子不求无欲，只求无私就行了。“是故君子亦无私而已矣，不贵无欲。君子使欲出于正，不出于邪，不必无饥寒愁怨、饮食男女、常情隐曲之感；于是谗言诬辞，反得刻议君子而罪之，此理欲之辨使君子无完形者，为祸如是也。”（《疏证》卷下）以“有欲”讥议君子，小人却依然干着贪邪的事，这样就会使人们成为伪君子。他说：“此理欲之辨，适以穷天下之人尽转移为欺伪之人，为祸何可胜言也哉！”（《疏证》卷下）

再次，程、朱讲的“理”完全是“尊者”“在上之人”压迫与残害“卑者”

“在下之人”的工具。他说：“尊者以理责卑，长者以理责幼，贵者以理责贱，虽失，谓之顺；卑者、幼者、贱者以理争之，虽得，谓之逆。于是下之人不能以天下之同情、天下所同欲达之于上；上以理责其下，而在下之罪，人人不胜指数。人死于法，犹有怜之者；死于理，其谁怜之？”（《疏证》卷上）戴震还把程、朱的“理”比之于酷吏之法。他说，后儒“其所谓理者，同于酷吏之所谓法。酷吏以法杀人，后儒以理杀人，浸浸乎舍法论理，死矣，更无可救矣”。“后儒冥心求理，其绳以理严于商韩之法，故学成而民情不知。天下自此多迂儒，及其责民也，民莫能辨，彼方自以为理得，而天下受其害者众矣。”（《与某书》）

戴震对明清时代占统治地位的官方哲学程、朱理学进行了批判，对其重要范畴都加以分析，建立了一个与程朱理学完全对立的哲学体系。戴震集中批判了程朱理学的核心思想“存天理，灭人欲”，他指出用“理”杀人比酷吏用法杀人还要残酷，这是对封建礼教的血泪控诉。对理学禁欲主义本质作如此尖锐的揭露，在近代以前，除戴震外还没有第二人。这些揭露对受理学思想统治的人民表示了极大的同情，喊出了他们的呼声。与“存天理，灭人欲”相对立，他提出“体民之情，遂民之欲”的政治主张。这种主张尽管不切实际，但对于揭露封建统治阶级的暴政，激发劳动人民和新兴市民阶层谋求平等，还是有一定启迪作用的。因而对后来的进步思想家有很大影响。近代资产阶级民主革命的思想家，乃至五四运动中激进的民主思想家，都从戴震的反理学斗争中寻找过启示。辛亥革命时期，章太炎等人研究并宣传戴震哲学的启蒙内容。他认为戴震是一位来自民间的“具知民生隐曲”的思想家，认为戴震的哲学“专务平恕，为臣民愬上天”，是“其言痛绝”的为民请命的哲学。五四时期，一些激进的民主主义思想家在打倒孔家店（实为朱家店）时，也曾利用过戴震反理学斗争的成果。

从对人性的理论探讨而言，戴震反对程朱理学抛去人的欲望要求、人的需要而讲什么天理之性、气质之性，而把人的欲望要求、人的需要纳入人性之中，这在对人性的理论探讨上也是大大前进了一步。

但是戴震的理论还有很大局限性。

其一，戴震反对程朱理学的斗争是在保卫孔孟的旗号下进行的，表现了其思想的局限性。戴震的主要著作《孟子字义疏证》，是通过解释孟子的观点来阐述自己的思想。他批判程、朱、陆、王，强调自己的学说与他们的学说“尽异，无毫发之同”。（《答彭进士允初》）然而，他却不反对孔孟，还以得孔孟之道的真传自居，并且口口声声说要保卫孔孟，要保卫“六经”“圣学”。要批判程朱理学，不批判孔孟，对程朱理学的批判是不会彻底的，因为程朱理学的总根源还是孔孟儒学。戴震借解释孔孟来反对程、朱，充分表现了他没有冲破封建主义的藩篱，表现了其严重的历史局限性。

其二，戴震在人性问题上，把人看成是自然的人，把人性归结为人的自然情欲，这当然比理学抹杀人的自然欲望有极大的进步，但还是很片面的，没有看到人的社会性。他虽然反对反动的禁欲主义，主张满足有节制的情欲，但他所谓的“无私”“无过情无不及情”等仍然没有摆脱封建地主阶级的道德规范和要求。如他承认人人性善，这个善性表现为人道，就是君臣、父子、夫妇、兄弟、朋友之伦。这说明他还没有彻底摆脱程朱理学的影响。并且，他提出的“体民之情，遂民之欲”，在封建制度下只能是一种幻想。

当然，戴震思想的局限性，是一种时代的局限。要生活在18世纪中国的戴震明确提出资产阶级的口号，那是不可能的。

（八）严复的人皆背苦向乐、生而自由与民为主君为仆

1840年鸦片战争后，帝国主义对中国的入侵，一方面刺激了中国资本主义的发展，产生了民族资产阶级，要求发展资本主义；另一方面又使中国面临着亡国灭种的危险。中国一些资产阶级思想家看到了中国封建制度的腐朽、落后和西方资本主义国家的强大，主张向西方学习，通过改良的办法，革除封建制度的弊端，发展资本主义，使中国富强起来。严复就是这样一名著名的资产阶级启蒙思想家。

严复（1853—1921），字又陵，又字几道，福建侯官（福州）人。他14岁时，父死，家贫，考入当时洋务派刚创办的“福州船政学堂”。严复毕业后在海军工作数年后，被派往英国海军学校留学三年。但严复不希望自己成为一名海军良将，而醉心于西方资产阶级哲学和社会科学，认为西方资本主义社会是理想社会，中国只有效法西洋，才能富强。他1879年回国，从1880年起担任天津“北洋水师学堂”总教习、总办约20年。

甲午战争的失败，给严复极大刺激。他在甲午战争后到戊戌变法前积极参加了资产阶级改良派的变法维新运动，成为一名提倡变法自强的理论家与宣传家。这一时期他主要做了三件事。第一，1895年，他连续发表四篇重要

论文，即《论世变之亟》《原强》《救亡决论》《辟韩》，对封建旧文化进行了猛烈的批判，全面提出了他的资产阶级民主思想。第二，1897年，他在天津创办《国闻报》，报道国内外大事，继续宣传变法，成为当时北方最著名的报纸。第三，他翻译出版了赫胥黎的《天演论》（现译《进化与伦理》），以“物竞天择，适者生存”的生物进化的学说警醒国人。《天演论》译成出版后，在社会上引起了巨大反响，“物竞天择，适者生存”成了救国和革命人士的理论根据，成了当时社会上最流行的口头禅。

在戊戌变法后至辛亥革命期间，严复翻译了一系列西方著名资产阶级学者的著作。他翻译的箸作，除《天演论》外，还有亚当。斯密的《原富》、斯宾塞的《群学肄言》、穆勒的《群己权界论》、甄克思的《社会通诠》、孟德斯鸠的《法意》、穆勒的《穆勒名学》（上半部）、耶芳斯的《名学浅说》。这些译著后来都收入商务印书馆印行的《严译名著丛刊》中。严复是最早系统地介绍西方资产阶级哲学、政治学、经济学、逻辑学的著名思想家。他所翻译的西方资产阶级理论著作，向当时要求进步和倾向资产阶级革命的广大知识分子提供了重要的第一手资料，为中国反封建的民主革命做了重要贡献。

严复在西方资产阶级理论的影响下，提出了与中国传统思想截然不同的人性学说和政治思想。

1. 人的本性是背苦趋乐，人是生而自由的

严复把人看成是一种自然有机物，一种动物。他说：“民人者，固动物之类也。”（《原强》）人的本性就和动物的本性一样，趋乐而避苦。他说：“然则人道所为，皆背苦而趋乐。”《《天演论》卷上《导言十八新反》按语）“夫背苦而向乐者，人情之大常也。好善而恶恶者，人性之所同具也。”（《政治讲义·自叙》）人之所以喜好善，因为能给人带来快乐的才是善；人之所以讨厌恶，因为能给人带来痛苦的便是恶。好善而恶恶，其实也就是向乐而背苦。严复这种人性学说与韩非的人性好利恶害的观点有些联系，但主要是受西方资产阶级关于趋利避害是人的本性的观点影响的结果。

严复反对中国历史的性善论、性恶论，以及程朱的天理之性气质之性的人性二元论，尤其不同意荀子的性恶论。他说：“荀子‘性恶而善伪’之语，诚为过当。不知其善，安知其恶耶？”（《天演论》卷下《论十八群治》按语）这就是说人性是无善无恶的，荀子认为人性是恶的，人性中没有善哪会有恶呢？不仅善是后天环境教育影响的结果，恶也是在后天环境教育影响下形成

的。这里严复与西方资产阶级思想是一致的，反对把人的趋乐背苦的本能要求说成是恶的。

严复接受了西方资产阶级天赋人权的观点，提出中国传统上从来没有提出而且十分忌讳的观点：人是生而自由的。“夫自由一言，真中国历古圣贤之所深畏，而从未尝立以为教者也。”（《论世变之亟》）自唐虞三代至今，中国的讲治理的书籍，浩如烟海，从来没有讲过人是可以自由的。然而实际上自由是自然赋予人的权利。“民之自由，天之所畀也。”（《辟韩》）西方人十分强调这一观点，认为人生在世界上都具有天赋的权利，得到了自由才算具备了天赋，任何人不能侵犯人的自由权利。“彼西人之言曰：唯天生民，各得赋畀，得自由者乃为全受。故人人各得自由，国国各得自由，第务令毋相侵而已。侵人自由者，斯为逆天理，贼人道。其杀人伤人及盗蚀人财物，皆侵人自由之极致也。故侵人自由，虽国君不能。而其刑禁章条，要皆为此设耳。”（《论世变之亟》）

严复进一步指出，中国与西方相比的落后，从根本上说是由于中国缺乏西方这种人生而自由的天赋人权观念。他说，中西比较，“顾彼行之而常通，吾行之而常病者，则自由不自由异耳”（《论世变之亟》）。由于中国不讲自由而西方讲自由，所以就产生了一系列的根本区别。他说：“自由既异，于是群异丛然以生。粗举一二言之：则如中国最重三纲，而西人首明平等；中国亲亲，而西人尚贤；中国以孝治天下，而西人以公治天下；中国尊主，而西人隆民；……”（《论世变之亟》）

2. 封建君主是祸国害民的“窃国大盗”，人民才是国家的真正主人，应该用资产阶级民主制代替封建君主专制

严复根据西方资产阶级的思想，特别是卢梭社会契约论的思想，对开宋明理学先声的韩愈进行了批判，把韩愈的维护君主专制的政治思想与资产阶级民主政治的思想相对照，否定了韩愈的君主至上论。

严复首先批驳了韩愈君主至上论的理论根据——圣人万能论。韩愈在《原道》中说，远古之世，由于人无羽毛、鳞甲以御寒热，无尖牙利爪难与其他动物争食，只有圣人教给人们衣、食、住、工、商、医、礼、刑、兵等，才使人类生存下来，如无圣人，人类早就灭绝了。严复驳斥说，如果真像韩愈所说的那样，圣人万能而且救了人类，那么圣人及其祖先必然不是人，而是有羽毛、鳞甲、尖牙利爪的禽兽。如果圣人及其祖先也是人，那没等他生下

来，或没等他长大早就遭遇祸害而夭亡了，哪能教人类生存下去呢？严复指出韩愈得出这样错误的结论，“则不思之过耳”。（《辟韩》）

接着严复驳斥了韩愈君主至上的观点。韩愈认为，正因为圣人救了人类，所以圣王、君主就是至高无上的。韩愈说：“君者，出令者也。臣者，行君之令而致民者也。民者，出粟米丝麻、作器皿、通货财以事其上者也。”（《原道》）严复指出，韩愈这样说明君、臣、民三者之间的关系是完全错误的。严复认为，人民从事生产，互通有无，是为了自己生活，绝不是为了供养国君。只是由于人民中间有各种纠纷欺夺祸害，人们忙于耕织工贾各项活动，不能自卫其性命财产，如果自卫其性命财产，则又耽误了耕织工贾等活动，于是人们拿出一部分财物，养活君和臣，让他们专门从事保卫人民性命财产的活动。君和臣是人民根据为自己锄强梗、备患害的需要而设立的。他说：“民者，出粟米丝麻、作器皿、通货财以相为生养者，有其相欺相夺而不能自洽也，故出什一之赋，而置之君，使之作为刑政、甲兵，以锄其强梗，备其患害。然而君不能独治也，于是为之臣，使之行其令，事其事。”“是故君也臣也，刑也兵也，皆缘卫民之事而后有也。”（《辟韩》）所以，严复得出结论：人民是国家的真正主人，而君臣都是人民的公仆。“斯民也，固斯天下之真主也。”“国者，斯民之公产也，王侯将相者，通国之公仆隶也。”（《辟韩》）君与臣是人民出什一之赋税来养活的，是为了给民锄强梗备患害而设立的，如果君和臣不能完成为民除害的使命，就应该废除。

严复进一步指出，人民设立君臣是出于历史上的不得已，根本不是像韩愈所说的那样，设立君臣是天经地义的“道”。之所以需要设立君臣，是因为民还没有进化到尽善，还有强梗欺夺的祸害。如果民进化到尽善，没有强梗欺夺的祸害，人民就根本用不着设立君臣来保卫自己。“是故君也者，与天下之不善而同存，不与天下之善而对待也。”“君臣之伦，盖出于不得已也。”（《辟韩》）

严复指出，本来人民设立君主是让他为人民除掉强梗欺夺者，可是自秦以来，君主却成了最大的强梗欺夺者。“夫自秦以来，为中国之君者，皆其尤强梗者也，最能欺夺者也。”（《辟韩》）韩愈却让人民必须尊崇、服从、供养这个最大的强梗欺夺者，韩愈是“知有一人而不知有亿兆”（《辟韩》）。本来国家是人民的国家，反而被君主窃去。韩愈让人们尊崇、服从、供养的君主实际上都是从人民手中窃取了权力的窃国大盗。严复说：“秦以来之为君，正所谓大盗窃国者耳。国谁窃？转相窃之于民而已。”（《辟韩》）这些窃国大盗为了保住窃来的权力，防止人民发觉并讨回这个权力，于是制订了许多法令。这些法令象刺猬的毛齐竖般地纷纷出现。这些法令十之八九是“坏民之才，散民之力，漓民之德”（《辟韩》）的，使人民既愚且弱，把人民变成君主顺从的奴婢，以长保所窃而永世。其结果是弄得民弱民穷，国力衰败，使整个国家有被外国侵略者吞并的危险。

所以，严复主张，要救亡图存，就必须改变封建君主专制制度，学习西方资产阶级“以自由为体，民主为用”（《原强》）的民主政治。只有实行民主制度，才能使人民得到自由，才能使民富而国强。“民主者，治制极盛也。”（《法意》按语）

3. 中国的当务之急是“鼓民力、开民智、新民德”

在严复看来，中国目前是否实行民主政治，必须视民在体力、智慧、道德三方面的情况而定。一国之强弱以及实行何种政令，归根到底取决于人民在体力、智慧、道德的状况。他说：“盖生民之大要三，而强弱存亡莫不视此：一曰血气体力之强，二曰聪明智虑之强，三曰德行仁义之强。是以西洋观化言治之家，莫不以民力、民智、民德三者断民种之高下，……至于发政施令之间，要其所归，皆以民之力、智、德三者为准的。”（《原强》）严复认为，中国人民在民力、民智、民德三方面目前都尚未达到能自治的程度，所以中国不能立即取消君主制而实行民主制，目前应当实行开明君主制，努力提高民力、民智、民德，国家才能富强。“是以今日要政，统于三端：一曰鼓民力，二曰开民智，三曰新民德。”（《原强》）

所谓“鼓民力”，就是培养人民强健的身体。他认为封建社会的礼俗有许多都是摧残人民身体的，其中尤以吸食鸦片和女子缠足最甚，必须改掉。所谓开民智，就是用资产阶级的新文化（“西学”）代替封建的旧文化（“中学”），废除孔孟儒学、科举制度和八股文章。所谓“新民德”，就是要用西方资产阶级的民主、自由、平等代替封建社会的宗法制度和伦理道德。严复说：“此三者，自强之本也，不如是则虽有伊尹、吕尚为之谋，吴起、李牧为之战，亦将浸衰浸灭，必无有强之一日决矣。”（《原强》）

严复作为中国资产阶级的启蒙思想家，学习和引进了西方资产阶级理论，批判了中国封建主义的人性论和专制主义政治思想，在历史上起过十分重要的革命作用。因此，毛泽东同志把严复称为“向西方国家寻找真理”的“先进的中国人”[①]之一。

第一，严复在人性论上基本摆脱了中国封建社会关于人性善恶争论的窠臼，把人的本性说成是背苦趋乐，并且反对把人的本性要求说成恶的。尤其是严复把西方资产阶级人生而自由的天赋人权的观点接受过来，大加宣传，对封建主义的人生而具有仁义礼智（即人生而忠孝）的传统人性观点以巨大冲击。

第二，严复批判了君主至上的封建专制主义思想，用西方资产阶级社会契约论的思想说明人民是国家的主人，君主是人民的“公仆隶”，然而秦以来的君主都是从人民手中窃取了权力的窃国大盗。这些思想对于使人民从专制主义思想束缚下解放出来，激励人民反对封建专制统治的斗争中起了重要作用。

然而，严复作为中国资产阶级的思想家，不可避免地带有其阶级的局限性，其思想有许多错误的地方。

第一，严复没有看到人的社会性，只是把人看成是一种动物，因而把人的本性看成是背苦趋乐，实际是把人与动物共具的自然本能说成人的本性。这种人性学说是资产阶级抽象的人性论。

第二，严复关于自由是天赋人权的观点尽管在反封建斗争中起了积极作用，但这种观点本身是错误的。自由的人权不是自然赋予的，而是一定社会的产物。资产阶级讲的自由实际上是资本主义商品经济的产物。这种自由实质是资产阶级剥削无产阶级的自由。

第三，严复用社会契约论反对君主至上的专制主义虽然有进步作用，但社会契约论本身是错误的。国家、君主并不是人民为了保卫自己的性命财产而设立的，国家是阶级矛盾不可调和的产物和表现。国家是经济上占统治地位的阶级进行阶级统治的暴力工具。在剥削阶级占统治地位的情况下，广大人民群众不可能是国家的主人，君主也绝不可能成为人民的“公仆隶”。只有在无产阶级和广大劳动群众掌握了政权的国家，人民才是国家的主人。

第四，严复反封建的思想是很不彻底的。他在戊戌变法期间，就认为中国人民在力、智、德三方面都尚未达到自治的水平，反对在中国取消君主。1898 年他又主张中国还应实行像俄国那样的极端专制：“今日之中国，不但当联俄，且当法俄。……及今地球君权无限之国，独我与俄罗斯、土耳其三

---

①《毛泽东选集》第 4 卷，人民出版社 1966 年版，第 1406 页。

国耳。夫君权之轻重，与民智之深浅成正比例。论者动言中国宜减君权、兴议院。嗟乎！以今日民智未开之中国，而欲效泰西君民并主之美治，是大乱之道也。”(《中俄交谊论》) 辛亥革命后，严复完全背叛了自己年轻时的主张，宣传孔孟之道，支持袁世凯称帝和张勋复辟，反对五四运动，成为宣传封建主义的顽固派。严复的思想变化说明中国的资产阶级不可能彻底否定封建主义，这个任务只能由无产阶级来完成。

（九）康有为免苦求乐的人性学说与“大同”社会的理想

康有为（1858—1927 年），字广厦，号长素，广东南海人。出身于官僚地主家庭，幼年受的是严格的封建正统教育。但鸦片战争以后国家的危亡，使他对传统文化逐渐发生了怀疑。1879 年，康有为和在北京任职的张鼎华相晤，接触到一些西方资产阶级思想的影响和正在酝酿着的改良主义思想。接着，他“薄游香港，览西人宫室之瑰丽，道路之整洁，巡捕之严密，乃始知西人治国有法度，不得以古旧之夷狄视之”(《康南海自编年谱》)，开始感到应当向西方学习。从此，为了挽救民族的危亡，走上向西方寻找真理的道路。“大攻西学书，声、光、化、电、重学及各国史志、诸人游记，皆涉焉。”(《康南海自编年谱》)

1888 年，康有为趁入京应试的机会，第一次向清朝光绪皇帝上书，请求改良政治，变法图强。这次上书为顽固派所阻，未能上达。于是回广东讲学和著书，宣传他的变法维新思想。

1894 年爆发中日甲午战争，清政府被打败。1895 年 4 月清政府与日本签订《马关条约》。消息传来，群情激奋。康有为联合在京应试的各省举人 1300 余人，发动了“公车上书”，提出“拒和、迁都、变法”三项主张。又被顽固派拒绝，不能上达。康有为就在北京、上海分别组织强学会，创办《万国公报》《中外纪闻》和《强学报》，进行变法维新的宣传鼓动，同时不断上书光绪皇帝，争取自上而下的政治改革。1998 年 6 月 11 日，光绪皇帝“诏定国是”，宣布变法维新，并于 16 日召见了康有为。康有为写了许多奏折，提出许多改革建议，其内容主要是：要求反对帝国主义侵略，确保民族独立；要求改革封建专制政体，实行君主立宪；要求发展民族资本主义经济；要求废除科举八股考试制度，兴办各类学校，学习西方文化科学知识。由于他所争取的只是一个没有实权的光绪皇帝，所以以慈禧太后为代表的顽固势力一反扑，戊戌变法迅即失败。光绪皇帝被囚，康有为只身逃脱，谭嗣同等“六君子”遭难。

康有为逃到日本后就从事反对革命的保皇活动。辛亥革命前，他反对革命，主张保皇；辛亥革命后，他反对民主共和政体，主张尊孔复古；1917 年又拥护张勋复辟，成了“复辟的祖师”。

在西方资产阶级思想的影响下，康有为提出了资产阶级人性学说和人道主义，批判了封建专制制度，提出使其人道主义得以实现的“大同”社会理想。这些思想集中体现在其《大同书》中。

1. 人是动物之一种，人的本性是“求乐免苦”

康有为把人看成一种自然物，认为人是动物中的一种。他说：“万物之生皆本于元气。人于元气中，但动物之一种耳。”（《大同书》）那么，人性就是人这种自然物的性质，也就是人的自然性质。他说：“夫性者，受天命之自然，至顺者也。不独人有之，禽兽有之，草木亦有之，附子性热，大黄性凉是也。”《长兴学记》）性就是人和万物自然生成的性质。

既然人性是人天生的自然性质就无所善恶。康有为说，“性者，生之质也，未有善恶”（《康先生口说》）。所以他既反对孟子的性善论，也反对荀子的性恶论，比较赞同告子的性无善恶论。他认为，性是天生的，善恶是人为的，是后天受环境影响和教育的结果。一个人的好坏在于他后天所习，“习于正则正，习于邪则邪”（《大同书》）。康有为也反对程、朱的人性二元论，他认为程、朱的人性二元论与孟子的说法是一样的，因为程、朱把人性分为天理之性与气质之性，又把天理之性就成纯善的。在康有为看来根本没有离开气质之性的天理之性，有的只是一种气质的自然之性。他说：“程子、张子、朱子分性为二，有气质，有义理，研辨较精。仍分为二者，盖附会孟子。实则性全是气质，所谓义理自气质出，不得强分也。”（《长兴学记》夹注）

人的自然天性究竟是什么呢？康有为认为人的自然天性就是求乐免苦。他说：“普天之下，有生之徒，皆以求乐免苦而已，无他道矣。”（《大同书》）在康有为看来，人具有灵魂和体魄，而人的脑筋尤其精明，同外界接触便会产生种种感觉。“其于脑筋适且宜者，则神魂为之乐；其于脑筋不适不宜者，则神魂为之苦。”（《大同书》）因此人就追求那种对人脑筋适者宜者，即追求感觉的快乐，拒斥、免除那种对人脑筋不适不宜者，即逃避、避免感觉的痛

苦。所有的人都是这样。他说："虽人之性有不同乎，而可断言之曰：人道无求苦去乐者也。"（《大同书》）

康有为从自然人性论出发，又改造了孔子"性相近"的思想，提出人性平等、人人平等的思想。他说："人性必不远。故孔子曰：'性相近也。'……夫相近则平等之谓。……故无所谓小人，无所谓大人也。"（《长兴学记》

2. 为人去苦求乐，才是"依人为道"的人道主义

康有为虽然把人只看成动物中的一种，但他却把人看成是世界上最宝贵的。康有为反对程、朱把天理说成是主宰一切、至高无上的，认为宇宙间最可贵的是人，人是"天地之精英"。（《大同书》）他说："故圣人不以天为主，而以人为主也，是'天理'二字非全美者。"（《康先生口说》）程、朱把天理作为判断善恶是非的标准，符合天理的（即符合封建道德的）为"善"，为"是"，违背天理的为"恶"，为"非"。康有为反对这种标准，主张人是善恶是非的标准。他说："善恶难定，是非随时，惟是非善恶皆由人生，公理亦由人定，我仪图之，凡有害于人者则为非，无害于人者则为是。"（《大同书》）

既然人是善恶是非的标准，那么，有利于人求乐免苦的，就是善的，是人道的；不利于人求乐免苦的，就是恶的，是不人道的。康有为说"人道者，依人以为道。依人之道，苦乐而已。"（《大同书》）

康有为指出，程朱理学的"存天理，去人欲"是违反人道的。他认为，求乐免苦的欲望出于人的天性之自然，"不能禁而去之，只能因而行之"（《礼运注》）。使民有欲，解决人民的物质生活问题，满足人们的欲望，使人们得到快乐，这是"人道"的根本。而程、朱则要人们"去欲"，反对人们求乐，这是"佛道"而不是"人道"。他说："宋儒言理最深，然深之至，则入于佛，绝欲则远人也。"（《万木草堂口说》）程朱理学要人们"去欲"是违反人的求乐免苦的本性的，是不人道的。

在康有为看来，去苦求乐的人道主义是衡量一切治教好坏的根本原则。他说："尽诸圣之千方万术，皆以为人谋免苦求乐之具而已矣，无他道矣。能令生人乐益加乐、苦益少苦者，是进化者也，其道善；其于生人乐无所加，而苦尤甚者，是退化者也，其道不善。"（《大同书》）

3. 封建专制社会使人们陷于无穷苦难之中，是非人道的

康有为所处的时代，中国社会正处在半封建半殖民地社会，人民苦难深

重。康有为在《大同书》第一章“入世界观众苦”中，广泛揭露了封建社会的种种苦难、罪恶、腐败、黑暗。他历数了人们遭受的种种痛苦，如“压制之苦”“阶级之苦”“卑贱之苦”“贫穷之苦”“刑罚之苦”等等，人们的苦是“无量数不可思议”的。他认为，这个世界是一个“大杀场”大牢狱”，是一个非人的世界，是违反人的本性的。

社会上种种苦难的根源是什么呢？康有为说：“总诸苦之根源，皆因九界而已。”（《大同书》）他讲的“九界”是：国界、级界、种界、形界、家界、业界、乱界、类界、苦界。

康有为讲的“九界”实质上指的是封建的君主专制制度和封建家族宗法制度。国界，是指封建君主专制的国家。级界，是指封建等级制度。家界，是指封建家族宗法制度。形界，是指封建的男尊女卑。九界主要是这几界。他说：“国法也，……以其遵将令而威士卒之法行之于国，则有尊君卑臣而奴民者矣。家法也，……以其尊族长而统卑幼之法行之于家，则有尊男卑女而隶子弟者焉”。（《大同书》）程朱理学将这种封建等级秩序合理化，制定了纲常名教，名之曰“天理”“义理”。封建制度的统治者和卫道士就是用这些“义理”对人们实行压迫和束缚，给人们带来无限的痛苦。他说：“凡人之情，身体受缚则拘苦无量，魂知受缚则神明不王。若夫名分之限禁，体制之迫压，托于‘义理’以为桎梏，比之囚于囹圄尚有甚焉。君臣也，夫妇也，乱世人道所号为大经也，此非天之所立，人之所为也。而君之专制其国，鱼肉其臣民，视若虫沙，恣其残暴。夫之专制其家，鱼肉其妻孥，视若奴婢，恣其凌暴。”（《大同书》）这就使人们处于苦难之中。

4. 只有实现每人独立自由平等之人权，才能达到“大同”社会，使人们进入免除苦难的极乐世界

康有为不仅从去苦求乐的人道主义出发揭露了封建专制社会造成的种种苦难，而且还提出了解除人的一切苦难、建立人间乐园的理想。

康有为认为建立理想社会就必须破除造成人类苦难的“九界”，而要破除“九界”，其前提和基础是实现每人独立自由平等之人权。他说：“全世界人欲去家界之累乎，在明男女平等各有独立之权始矣，此天予人之权也；全世界人欲去私产之害乎，在明男女平等各自独立始矣，此天予人之权也；全世界人欲去国之争乎，在明男女平等各自独立始矣，此天予人之权也；全世界人欲去种界之争乎，在明男女平等各自独立始矣，此天予人之权也；全世界人

欲致大同之世、太平之境乎，在明男女平等各自独立始矣，此天予人之权也；……”（《大同书》）这就是说要破“九界”，实现“大同”社会的始基是确定每个人平等独立之人权。他进一步说：“欲以度我全世界同胞而永救其疾苦焉，其惟天予人权、平等独立哉，其惟天予人权、平等独立哉！”（《大同书》）

康有为认为确定了每个自由平等之人权，就可以破除“九界”实现“大同”社会。他在《大同书》中对“大同”社会做了详尽的描述。

在“大同”社会里，“国界”消灭了，国家、军队都不存在了，但还保留警察，全地球成立了一个公政府，各地“由人民公举自治”，而统一于公政府。这样就可以免除最不人道的争杀大害。公政府的主要任务是管理公共生产与生活。

在“大同”社会里，“级界”“种界”都消灭了，没有等级之分、种族之别，全世界人类尽为平等。在“大同”社会里，在政治上实行民主共和制。“太平之世，人人平等，无有臣妾奴隶，无有君主统领，无有教主教皇。”（《大同书》）公政府只有议员，议员由人民公举，大事由多数决定。

在“大同”社会里，“家界”也消灭了，没有家庭，儿童由公政府负责抚养教育，人们的生老病死也是由公政府负责管理。这样，“可令人无出家之忍而有去家之乐也”（《大同书》）。

在“大同”社会里，财产属于公有，生产、分配都是有计划的。人人劳动，“禁懒惰”是社会的首要公共法规。

在“大同”社会里，经济上是工农业机器大生产，产品异常丰富，人们在衣食住行方面都非常美满。饮食“以备养生”“而人益寿”，居室“珠玑金碧，光彩陆离”，行则乘“飞屋飞船”“舟皆电运”。总之，“太平世之生人不知抽剥追敲之苦，只有领得工金，为歌舞游玩之乐”（《大同书》）。

康有为是中国资产阶级改良派的领袖，是戊戌变法的主要代表人物，他力图学习西方的君主立宪制，变革中国君主专制的政治制度，挽救中华民族的危亡。因此，毛泽东同志称康有为是向西方寻找真理的先进的中国人之一。[①]康有为的人性理论与政治学说是其变法维新的理论基础之一，是有进步意义的。

第一，康有为接受了西方资产阶级关于人的本性是趋乐避苦的人性学说，承认人的自然属性，肯定人的欲望的合理性，否定了孟子、程、朱把封建伦

①《毛泽东选集》第4卷，人民出版社1966年版，第1406页。

理道德归结为人的本性的封建主义的人性观点，否认人有什么先天的道德本性，并且从自然人性论出发强调独立、平等是天赋人权。这种观点对封建主义人性论的批判更为尖锐，具有明确的资产阶级性质。

第二，他提出依人为道的人道主义，把人作为判断是非善恶的标准、反对封建主义把“天理”（即封建统治秩序）作为判断是非善恶的标准，对于把人们从程朱理学的封建主义思想的束缚下解放出来，具有重要意义。

第三，他对封建君主专制制度和封建家族宗法制度进行了揭露和批判，提出了未来“大同”社会的蓝图，这对人们破坏封建的旧世界具有一定启迪作用。所以，康有为的“大同”思想受到封建顽固派的反对，他们著书骂康有为“外假大同之说，内溃名教之防”（叶德辉《〈长兴学记〉驳义》，《翼教从编》卷四）。

但是，康有为作为中国资产阶级的代表，不可避免地带有软弱性和妥协性，同时，康有为又是一个受封建思想影响很深的思想家，其思想不仅有资产阶级思想的固有局限性，而且还夹杂着许多封建主义的东西，而且在戊戌变法失败后表现得越来越严重。

第一，在他的资产阶级人性学说中夹杂着许多封建主义人性论的成分。他一方面反对孟子的性善论，认为人的自然本性无善无恶；另一方面又认为“仁”是人的本性，又回到孟子的性善论。本来他批判了程、朱的人性二元论，但后来在《中庸注》中又抛弃了自己早期“性全是气质”的反理学命题，肯定了把人性分为“义理之性”与“气质之性”。后来他甚至完全与程、朱一个腔调：“仁义礼智，忠信廉耻，根于天性。”（《以孔教为国教配天议》）有时又倒退到董仲舒、韩愈的“性三品说”。他说：“余固以孟轲言人性善者，有中人以上者也。孙卿言人性恶者，中人以下者也。扬雄言人性善恶混者，中人也。”（《孟子微》）

第二，康有为要否定封建专制制度，然而他一不敢否定和触动封建专制制度的思想基础——孔子的儒家学说，二不敢否定和触动封建专制统治的总代表——封建君主，这就决定了康有为对封建主义的否定是极不彻底的。他不但不敢触动孔子，反而歪曲历史，把孔子说成是具有民主意识和平等思想的改制的“教主”，主张立孔教为国教。他虽然主张在“大同”社会里实行民主共和政体，但认为不到“大同”时代不能去君，只能实行君主立宪制。他尤其吹捧光绪皇帝是“仁圣皇帝”，是“救民圣主”，反对资产阶级民主革命推翻皇帝。戊戌变法后康有为从事的活动一是“保教”，二是“保皇”，实质上是维护封建专制统治。

第三，康有为的“大同”思想是一种资产阶级改良主义的空想。他虽然提出了“大同”社会的理想，然而他反对阶级斗争，反对进行革命，妄图通过自上而下的点点滴滴的改良，充分发挥人性中的仁爱之心，就可以缓慢地演进到“大同”社会。这是十足的幻想。中国近代历史的发展充分证明了，只有通过阶级斗争和革命，才能消灭旧世界，建设美好的新世界。所以，毛泽东同志说：“康有为写了《大同书》，他没有也不可能找到一条到达大同的路。”①

①《毛泽东选集》第4卷，人民出版社1966年版，第1408页。

四、现代西方的人性理论

——对人的异化的抗议和对自由的追求，高扬人的创造性

现代西方的一些资产阶级思想家不满意现代资本主义对人的控制压抑和人的异化现象，提出了各种各样的与近代资产阶级人性理论差别较大的人性学说。它们的共同特点是，反对近代资产阶级关于永恒不变的人性的观点，把不确定性、创造性看成人的本性，主张改造现代社会，实现一种使人充分自由的社会，只有这种社会才符合人性，才能把人的创造性充分发挥出来。

（一）尼采的自我超越的人性理论与超人社会

尼采哲学产生于19世纪下半叶，这正是自由资本主义向垄断资本主义即帝国主义过渡的时代。由于资本主义的发展，不仅英、法先后成为称霸世界的帝国主义国家，而且长期处于落后状态的德国，由于1870年普法战争的胜利，国家统一的实现，也大大促进了资本主义的发展，并加速了向帝国主义的过渡。但是，正当资产阶级欣喜于经济发展、物质繁荣的背后，笼罩资本主义的精神危机产生了。因为资本主义的发展并没有给人们带来自由和幸福，反而使人的异化更加严重。在资本主义大工业生产的发展和欧洲传统文化的气氛下，“生命是受病了，它病于工艺及机械主义之破坏人性，病于工人之非人性，病于分工之经济学谬见”①。这不仅从根本上动摇了欧洲人对基督教信仰的基础，而且也使人们对物质文明以及科学、理性的迷信发生了动摇。这在当时初现端倪，尼采则极敏锐地感受到了现代文明的弊病和这种精神危机的产生。尼采哲学就是这个时代的产物。

① 乔治•勃兰兑斯：《尼采》，工人出版社1985年版，第10页。

尼采（F. W. Nietzsche，1844—1900）生于德国萨克森省勒肯村一个虔诚的宗教家庭，其祖上七代都是牧师，他从小深受基督教的熏染。1864年尼采进波恩大学学习神学和古典语言学。不久他抛弃了对宗教的信仰，进莱比锡大学专修古典语言学。同期他接受了叔本华哲学的影响。1869年他任瑞士巴塞尔大学语言学教授。1879年因病他被迫结束了十年教学生涯，开始过一种吉卜赛式的孤独飘泊生活，流浪于南欧一带。1900年终因反复发作的精神病死于魏玛市。他的主要著作有：《悲剧的诞生》（1871）、《欢悦的智慧》（1882）、《查拉斯图拉如是说》（1883—1884）、《偶像的黄昏》（1888）、《反基督》（1888）、《看哪，这个人!》（1890）、《权力意志》（1895）等。

尼采认为，哲学的真正使命是探索人生的真谛。他经过对人的反复思考，得出了他独特的人性学说以及社会学说。他认为人的本质是权力意志，权力意志是一种非理性的增强自己力量的冲动，因此人是不定型的动物，不断创造、不断超越是人与动物的最根本区别，因此他主张人要打破传统的价值观念，成为自己的主人，不断冒险、奋斗，不断超越自己，创造自己，人要做强者，做超人。他所向往的理想社会是强者自由发展并不断淘汰弱者的超人社会。

1. 人是非理性的，人的本质是权力意志——非理性的扩张自己的生命冲动和本能欲求

在欧洲哲学史上，从古希腊的哲学家苏格拉底、柏拉图、亚里士多德，到近代资产阶级哲学家霍布斯、卢梭、爱尔维修、霍尔巴赫、费尔巴哈等，都把人看成是理性的动物，认为人的精神中最重要的是意识、理性，理性支配人的行动，这是人与动物的本质区别。这种理性主义在欧洲哲学史上长期居于统治地位。理性主义在黑格尔哲学中达到了顶峰，他把理性看成是世界的本质。叔本华首先向黑格尔的理性主义提出挑战，指出世界的本质不是理性，而是意志，意志是一种盲目的冲动和欲求，理性只是意志的产物和工具。叔本华认为人的本质也是非理性的意志。尼采继承了叔本华的唯意志主义，也认为人的本质是意志，人是非理性的人。

尼采认为，非理性的本能冲动和欲求是人性中最根本的东西，人的行为归根到底是由非理性支配的，而不是由理性支配的。因此应当恢复非理性的

地位，颂扬“不朽的非理性”[①]。他指出，认为“每件行为的根源必须被看作有意识的”，这是“心理学中最基本的伪币制造”[②]。事实上，人的行为的真正根源是非理性的无意识冲动。他指出，意识是人类与生俱来的秉赋中最晚发展起来的，是最粗略、最无力的。“无数的错误皆源于意识”，“要是保护的本能不那么强而有力的话，……只用意识，人类就必定走向崩溃和毁灭”[③]。

尼采认为，理性会导致人性的片面发展，是摧残人性的。在理性的支配下，人类的物质文明奇迹般地增长了，可是理性只讲抽象的概念和理论，贬低和否定人们的感官生活和生命本能，使人的生命本能日益削弱，这是对人性的摧残。他指出，在为科学献身的“学者”身上明显地表现出理性对人性的摧残。学者关心概念、理论甚于关心人，长成了精神上的“驼背”，科学把其刻板冷漠的性格印在了学者身上，把他们的人性弄干枯了。学者没有感情，缺乏自信，只有愚钝似的勤勉。他们是生命力衰退的人。正由于理性压制了生命本能，使现代社会变成一个颓废的社会。他说：“一步步颓废下去（这是我给现代‘进步’下的定义……）。”[④]

尼采指出，理性主义者想用理性克服非理性，只能使人走向颓废和毁灭。他反对理性主义，把主要矛头指向理性主义的最古老先驱苏格拉底。苏格拉底认为人活着就是为了求知识，提出“理性＝美德＝幸福”的等式。尼采把苏格拉底看成欧洲两千年来“乐观主义科学精神”的始祖，是“衰退的典型”。他认为苏格拉底的等式就是主张理性统治一切，完全取消人的无意识的生命冲动。他说：“这一等式是同古希腊人的全部本能背道而驰的。”“‘理性＝美德＝幸福’仅仅意味着：人们必须仿效苏格拉底，制造一个永恒的白昼——理性的白昼——以对抗黑暗的欲望。”[⑤]但在尼采看来，如果克服了本能欲望，人将走向衰败和颓废，也根本不会有幸福。“必须克服本能——这是颓废的公式。只要生命在上升，幸福便与本能相等。”[⑥]

尼采同意叔本华把人的本质说成是非理性的意志，但不同意叔本华把人的意志说成求生存的生命意志以及由此引出的悲观主义。叔本华认为，世界的本质、人的本质都是一种求生存的冲动和欲求，因而叫生命意志。这种求

---

① 尼采：《偶像的黄昏》，湖南人民出版社 1987 年版，第 40 页。

② 尼采：《偶像的黄昏》，湖南人民出版社 1987 年版，第 48 页。

③ 尼采：《欢悦的智慧》，志文出版社 1982 年版，第 70 页。

④ 尼采：《偶像的黄昏》，湖南人民出版社 1987 年版，第 106-107 页。

⑤ 尼采：《偶像的黄昏》，湖南人民出版社 1987 年版，第 16、20 页。

⑥ 尼采：《偶像的黄昏》，湖南人民出版社 1987 年版，第 20 页。

生存的冲动和欲求总是永不满足，总是不断地受到阻碍和抑制，因此生命意志在本质上就是痛苦。人是意志客体化的最高等级，是千百种需要的凝聚体，有各种各样的欲求，这些欲求永无终点，这些欲求不断受阻。所以，人生在本质上是一个形态繁多的痛苦，人生是一场悲剧。人要想摆脱痛苦，只有否定生命意志，死亡寂灭。在尼采看来，叔本华没有回避现实的人生，看到了人生的悲剧性，比浅薄的“科学乐观主义”和虚假的“基督教乐观主义”自有真实和深刻之处。但尼采认为，叔本华完全屈服于人生的痛苦和悲剧，主张否定生命意志是完全错误的。在他看来，人生确有痛苦的一面，但人生的痛苦并没有使绝大多数人走向死亡寂灭，就足以显示了生命本身中有着摧毁不了的力量。人生是一场悲剧，但也可以把这场悲剧演得威武雄壮。为了否定叔本华的悲观主义，赋予人生以积极意义，尼采提出人的本质是权力意志。

尼采宣称，生命意志就是权力意志。他认为，叔本华所讲的那种单纯求生存的生命意志是不存在的，因为要生存就必须强化自己，扩展自己。他指出，在进化论中认为生命就是“为生存而挣扎”，这是一种“片面之见的教条”。“这种挣扎无论大小，在各处都会造成优势，会增加扩张，会形成一种与权力意志一致的力量，而这正是生存的意志。”“生命的基本天性，旨在权力的延展。”[①]他在《查拉斯图拉如是说》中指出，我曾随着生物发展的途径，研究生物的性质，我发现哪里有生物，哪里就有求权力的意志。“在求生存的意志的信条上去觅真理，必然迷途：因为求生存的意志并不存在！不能存在的便不能意欲：但已存在的又何能再求存在！只是有着生命的地方有着意志，但不是求生的意志，我教你——只是‘求权力的意志！’”[②]

权力意志（der Wille zur Macht，又译为“强力意志”或“冲创意志”）是尼采哲学的一个基本概念，其本义是增强自己力量的冲动和欲求。这里的“权力”并非指政治上权势（尼采蔑视权势），而是奋斗向上，扩展自己，以及要求支配、控制、占有、创造、超越一切的强大力量。尼采说：“生活本身本质上就是侵占，就是侵犯，就是对外人和弱者的征服，就是弹压。就是严酷，就是强人从我，就是兼并他人，而往最轻处说，最缓和处说，也是剥削……‘剥削’并不属于一个败坏不堪，残缺不完，原始粗陋的社会；它属于生命体的本质，而为其有机的基本作用：它是固有的权力意志的结果，而权力意志

① 尼采：《欢悦的智慧》，志文出版社 1982 年版，第 255 页。

② 尼采：《查拉斯图拉如是说》，湖南人民出版社 1987 年版，第 139-140 页。

正是生命意志。”[1]

尼采坚持人的本质是权力意志，既否定了叔本华把人的欲求受阻看成痛苦，又否定了爱尔维修等把人的本性看成是追求快乐和逃避痛苦。因为在尼采看来，人类所欲求的不是快乐，而是力量的增强和扩张，快乐与痛苦只是单纯的结果，单纯的伴随现象。在追求力量扩张的过程中，遇到阻碍这是正常的事。人们并不躲避阻碍和抵抗以及引起的痛苦和不快，反而经常需要这种抵抗和不快，每一种胜利，每一种快感，都是以一种抵抗和不快被克服为其先决条件。把感官和意志的满足看成是快乐的原因是一种肤浅的、荒谬的理论；希望没有阻碍和抵抗，成为不经受磨难和痛苦的幸运者，是庸人的理想。他说：“快乐乃在于意志永远向前冲进，永远制服住那阻拦他的东西。快乐感觉正在于意志的不满足，正在于：它如果没有对敌和反抗，就不能充分得到满足。”[2]所以他得出一个与 18 世纪法国唯物主义者的观点完全相反的结论：“人类并不追求快乐，并不避免不快：人们懂得我这个说法怎样与有名的成见互相抵触。……人类所欲求的，一个生命有机体的最小部分所欲求的，乃是一种多余的权力。”[3]

2. 自我超越和创造是人的本质的实现，人要冒险、奋斗，成为有创造性的超人

尼采认为，人的本质是权力意志，而权力意志的实现就要靠不断地创造，不断地超越自己，创造性和自我超越性是权力意志的特点，更是人的本质特征。

尼采提出，人是不定型的动物。在他看来，人与动物相比，有许多特点，但人最具有本质意义的特点是：“人是尚未定型的动物。”[4]因为各种动物在物种上都已固定了，按其固定的本能活动，没有选择自己的活动和前途的自由。而人却不同，人没有一成不变的既定本质，人有选择自己的活动和前途的自由，人可以改变自己，可以自己创造自己的本质。正是人的不定型性、可改变性、可塑性，把人与其他动物区别开来，并且战胜了其他动物。尼采说，我们人类是唯一这样一种创造物，“当其有错误时，能将自己删改，如删掉一

---

①《西方伦理学名著选辑》下卷，商务印书馆 1987 年版，第 792-793 页。

②《西方伦理学名著选辑》下卷，商务印书馆 1987 年版，第 811 页。

③《西方伦理学名著选辑》下卷，商务印书馆 1987 年版，第 809-810 页。

④ 周国平：《尼采：在世纪的转折点上》，上海人民出版社 1986 年版，第 85 页。

句错误的句子”[①]。人既是一种创造物，同时自身又是创造者，在人身上，创造物与创造者是统一的。

尼采认为，人生是一种试探或试验，人应当富有开拓精神和冒险精神。既然人是尚未定型的动物，人就面临着向各种不同方向发展的多种可能性，究竟向哪个方向发展，哪种可能性能够实现，都取决于个人的尝试、探索、奋斗和冒险。尼采把人看成是拿自己做试验的创造物。“是呀！人的本身就是一个试探。”[②]这种尝试和探索就是一种向命运挑战的过程，是一种奋斗和冒险的过程。因此，尼采十分赞赏冒险精神。他在《欢悦的智慧》的一开始就说：“朋友们，来冒险吧，我如是诚恳地邀请，为横在你眼前的命运。”[③]他认为真正的人是富于冒险的人，富于冒险的人也是最欢悦、最幸福的人。“更富危险性、创造性和欢悦的人！（相信我！要想体认一切存在之最大生产性和最高享受的秘诀就是生活在危险之中！）将你的城市建立在维苏威火山的山坡上！将你的船驶入浩翰无涯的海域！”[④]

他认为，人要试探、冒险，就不要怕失败。失败了也要“笑”，要欢欣鼓舞，继续竞争奋斗。他说，一个人奋斗失败了，就像虎的奋跃失败了，这有什么关系，谁不曾有过失败呢？人的未来，就是通过不怕失败的竞争奋斗来实现的。真正的人是永不服输者，永向未来者，永远是奋斗者。

尼采认为，真正的人的不断冒险和不断奋斗，就是人在不断自我超越，即不断超过现在的自己。人要为自己的生命提供一种意义，这意义超过生命本身的意义；人的自我创造需要一个目标，这个目标高于人自身，这就是人的自我超越性。尼采说，创造一个高于自己的人，这就是我们人的本质，超越我们自身，这是行动和创造的冲动。他认为人的高贵就在于人的自我超越性。他说：“你们的光荣不是你们从何处来而是你们向何处去；让这是你们新的光荣吧，——你们的意志和你们的脚意愿超越了你们！”[⑤]为了强调人的自我超越性，尼采说，生命的奥秘“便是那必须永远超越自己”[⑥]，“人是要被超越的一种东西”[⑦]。

---

① 尼采：《朝霞》，商务印书馆，第 206 页。

② 尼采：《查拉斯图拉如是说》，湖南人民出版社 1987 年版，第 89 页。

③ 尼采：《欢悦的智慧》，志文出版社 1982 年版，第 33 页。

④ 尼采：《欢悦的智惠》，志文出版社 1982 年版，第 204 页。

⑤ 尼采：《查拉斯图拉如是说》，湖南人民出版社 1987 年版，第 254 页。

⑥ 尼采：《查拉斯图拉如是说》，湖南人民出版社 1987 年版，第 139 页。

⑦ 尼采：《查拉斯图拉如是说》，湖南人民出版社 1987 年版，第 5 页。

在尼采看来，人是一个全新的东西、创新的东西，人的自我超越就是人的不断创造的过程，创造是人的本质和使命。人正是在创造性的权力意志的驱使下，不断进行创造，才能摆脱旧观念的束缚而自由，才能实现自我超越，才能解除痛苦而得到快乐与幸福。“创造——那是苦难的大救济和生命的慰藉。”①

尼采所讲的创造，主要指一种价值创造、价值评价。在他看来，事物本身没有意义和价值，是人根据权力意志的需要赋予某物以意义和价值，这就是评价，这就是创造。“人只是将评价分派于事物中以维持自己——他最先给事物以意义，一种人类的意义！因此他称自己为‘人’，即评价者。评价就是创造：听着，你们创造者哟！评价之自身就是被评价的事物之财宝和珠玉。评价最初给与价值；没有评价则生存不过是空胡桃壳。听着，你们创造者哟！评价的变动即是创造者的变动。要做一个创造者，总是要破坏。”②这就是说人的自我超越就是不断破坏旧价值创造新价值的过程，也就是赋予事物以新的意义的过程，这既是人的自我创造的过程，也是人类创造世界的过程。

既然创造与超越是人的本质的实现，人就要努力成为强者、超人。尼采说：“我教你们以超人。人是要被超越的一种东西。你们将怎样超越人？自来一切生物都创造某种东西超越了自己：你们将化作大潮的浪花，还是宁退为动物，不为超人呢？”③人类的产生是对动物的超越，人是一种超动物；人类本身也是可以起越的，出类拔萃的、强有力的、高一等类型的超人则是对人的超越。只有强者、超人才是真正的人，才是人类的希望。

要成为强者、超人必须从上帝的束缚下解放出来。尼采高喊：“上帝死了！”④他认为上帝之死具有划时代的意义。上帝死了，人就成了上帝，人自己主宰自己的命运，自己创造自己的人生。

要成为强者、超人必须从权威的束缚下解放出来。尼采反对崇拜权威。在他看来，没有一个现实的人是完美的，谁崇拜一个人，把这个人看得完美无缺，他就是在人性的可能性方面贬低了他自己。

要成为强者、超人必须从众人的束缚下解放出来。尼采认为强者无视众人的舆论。“天天听着关于我们的批评，甚至忖度人家心中对我们的心

① 尼采：《查拉斯图拉如是说》，湖南人民出版社 1987 年版，第 99 页。
② 尼采：《查拉斯图拉如是说》，湖南人民出版社 1987 年版，第 67 页。
③ 尼采：《查拉斯图拉如是说》，湖南人民出版社 1987 年版，第 5 页。
④ 尼采：《查拉斯图拉如是说》，湖南人民出版社 1987 年版，第 5 页。

想，——这将毁灭着最坚强的人。”①

要成为强者、超人必须从传统伦理道德的束缚下解放出来，做传统论理道德的破坏者。尼采认为传统道德，尤其是基督教道德，怜悯弱者，压抑强者，把服从、守旧视为善，把反抗、创新视为恶，把有创造精神的人判为恶人、罪人。要成为强者、超人就必须破坏、摒弃这种奴隶的道德。“自由的人是非道德的。”②

总之，人要从这四重束缚下解放出来，成为自己的主人，成为你自己，“成为你之所为你”③，成为坚强独立的人，才能成为强者、超人，才会不断创造和超越。只有这样，人类才能不断进化。

3. 理想的社会是优胜劣汰的超人社会

在尼采看来，被一切旧传统、旧道德浸透了的现实社会，乃是违背权力意志和人的本性的。与人的本性相适应的社会是强者、超人能充分自由发展的社会，这就是尼采孜孜追求的理想的超人社会。

超人社会是一种消灭了国家的社会。尼米认为，国家是为多余的人发明和设置的，它是保护多余的人、抵抗强者和超人的力量。国家是弱者的象征。他认为国家是一个冷酷的、说慌的“怪物”，扼杀人的创造性和自我超越，使人失去自我，伦为奴隶。“‘在大地上没有比我更伟大的了！我是上帝的统治的手指’——这怪物如是咆哮。不单是长耳朵和短视者都跪下了！”④“我叫那为国家，那里无论善与恶，一切人都丧失了自己。”⑤尼采对国家表示了极大的蔑视，认为那些争夺政权宝座的人们不过是“攀登的猢狲”。他们都争夺那政权宝座，好像幸福就在宝座之上，其实宝座安放在腐物之上，腐物也常放在宝座之上，那里发出逼人的恶臭。他主张消灭国家这个冷酷的怪物，消灭这个扼杀强者的“新偶像”。只有消灭了国家，才会有真正的人，才会有强者、超人的产生与自由发展。“只国家消灭了的地方，才开始有人，不是多余的人”，“我祈祷你们注视那里——注视着国家消灭了的地方！你们没有看见么——那达到超人的彩虹和桥梁？”⑥

---

① 尼采：《朝霞》，商务印书馆版，第 300 页。
② 尼采：《朝霞》，商务印书馆版，第 4 页。
③ 尼采：《查拉斯图拉如是说》，湖南人民出版社 1987 年版，第 297 页。
④ 尼采：《查拉斯图拉如是说》，湖南人民出版社 1987 年版，第 53 页。
⑤ 尼采：《查拉斯图拉如是说》，湖南人民出版社 1987 年版，第 54 页。
⑥ 尼采：《查拉斯图拉如是说》，湖南人民出版社 1987 年版，第 56 页。

超人社会是人与人不平等的社会。尼采认为，由于每个人的权力意志不同，人天生就是不平等的，任何时候都会有强弱、智愚之分。他说："我的学说是：有上等人，也有下等人，一个个人是可以使千万年的历史生色的——也就是说，一个充实的、雄厚的、伟大的、完全的人，要胜过无数残缺不全、鸡毛蒜皮的人。"[①]不平等是自然的，而社会上的弱者、愚者却要求平等，这是违背自然的，是极其有害的。平等的要求只能使强者、智者不能有效地发挥自己的主动性、进取性和创造性，结果是人类的普遍衰退。尼采自称自己的哲学是一阵狂风，要毫不留情地吹落那些残枝败叶，以使人类之树根深叶茂。他极端反对关于人人平等的宣传，说这种宣传"一直是谋杀高贵人类之最大的最恶毒的企图"[②]。

超人社会是实行等级制和超人专制统治的社会。尼采认为，由于人们的权力意志不同，社会只能由体现权力意志的强者、超人来统治，绝不能让弱者、平凡的大众都参与统治。他指出，在任何健全的社会中，都有三种不同的等级：最高的等级是强者、超人，他们是统治者，他们的统治并不是他们想要统治，而是他们就是统治者，他们不能随便成为次等人；第二等级是法律的守护者和秩序的维护者，他们是统治者的仆从、左右手和最好的学生；第三等级是从事工业、农业、贸易、科学、技艺各种专门活动的人，他们是平凡的大众。这种等级秩序并不是任何人随意想象确定的，而"只是自然秩序的认可，最高的自然合法性"，[③]是天经地义的，不可改变的。他说："要维护社会的生存，三个不同阶级（即等级——引者）的分离是必要的，也是使更高类型的人和最高阶级成为可能时所必要的。"[④]

超人社会是消灭了民主政治的社会。尼采反对民主政治，更反对工人阶级为争取政治权利进行的斗争。他认为，对于平凡的大众来讲，成为平凡乃是他们的幸福。他们只能安于被统治的地位，想平凡人所想，做平凡人应做的事。然而现在平等的观念、民主的观念以及多数人统治的观念潜入了政治，下等人相信了平等与民主的谎言，便产生了革命，上等人的统治就开始受到颠覆。而且今天没有人再有勇气要求特权，要求作主人，因此现在的政治是病弱的。尼采特别憎恨那些在工人中宣传平等和民主的社会主义者。他说：

---

①《西方现代资产阶级哲学论著选辑》，商务印书馆 1964 年版，第 22 页。

② 尼采：《上帝之死（反基督）》，志文出版社 1985 年版，第 106 页。

③ 尼采：《上帝之死（反基督）》，志文出版社 1985 年版，第 137 页。

④ 尼采：《上帝之死（反基督）》，志文出版社 1985 年版，第 139 页。

“在今天的贱民中，我最恨哪种贱民呢？我最恨社会主义者那种贱民，他们是下等人们的使徒，这种人毁了本能、快乐、工人对其渺小存在的满足之感——他使他们妒忌，他教他们报复。错误的来源绝对不是不平等的权利，而是对于‘平等’权利的主张。”[①]尼采反对抬高下等人的一切活动，公开主张向群众宣战。“上等人有必要向群众宣战！到处都是庸碌之辈成群结队，图谋当主人！一切使人弱不禁风的东西，抬高‘民众、或者抬高‘女性’的东西，全都在为 souffrage universel（普选）效劳，也就是为下等人的统治效劳。我们要求采取报复手段，把这套勾当整个拉到光天化日之下，拉到法庭上去。”[②]

超人社会是一种毫无怜悯的优胜劣汰的社会，是一种新的奴隶制。尼采认为，人要成为强者、超人，强者、超人应当有绝对发展的自由，对于那些自甘退化的弱者、奴隶，不应当同情和怜悯，而应当使他们受到奴役和统治，甚至淘汰他们，让更优秀的人来代替他们。这样人类才能不断超越和提高。如果对弱者、奴隶同情和怜悯，那是违背优胜劣汰的发展律的。“一般说来怜悯阻碍了发展律，也就阻碍了淘汰律，它保存行将毁灭的东西；它为那些被剥夺了生存权以及为生活所淘汰的人作辩护；而由于它使各种失败的人继续存在，因而赋生命本身以黯淡和可疑的一面。”[③]在他看来，如果建立一种制度，使弱者和愚者得到充分的同情与怜悯，那么只能使强者与弱者、智者与愚者一起脆弱起来，使人类衰弱和退化而不可救药。所以，超人社会是一种强者不断奴役和淘汰弱者的社会，是一种新的奴隶制。他说：“‘人’类的任何一种提高，从古到今，一向都是一个贵族社会的教化之功，而且将来也永远是这样：——这个社会相信人类品类不齐，优劣悬殊，构成一个长的阶梯，而且这个社会需要或此或彼的一种奴隶制度。”[④]“因为所有提升和强固‘人’的制度都会掺有一种新的奴隶制度。”[⑤]

尼采提出“打倒偶像”与“重估一切价值”的口号，批判了欧洲传统文化，提出了与欧洲古代哲学特别是近代资产阶级哲学的人性理论有很大不同的人性学说，从某一方面看有一定的进步。

第一，尼采提出了传统理性主义所忽略的人的一个重要方面——非理性

① 尼采：《上帝之死（反基督）》，志文出版社 1985 年版，第 140 页。
②《西方现代资产阶级哲学论著选辑》，商务印书馆 1964 年版，第 22 页。
③ 尼采：《上帝之死（反基督）》，志文出版社 1985 年版，第 49 页。
④《西方伦理学名著选辑》下卷，商务印书馆 1987 年版，第 790 页。
⑤ 尼采：《欢悦的智慧》，志文出版社 1982 年版，第 294 页。

的奋发向上的冲动，对于人们进一步全面揭示人的本质有一定启发意义。在古代，柏拉图也看到人的本能冲动和欲望，但认为这些是罪恶的，必须用理性加以限制。中世纪的基督教哲学用信仰取代了理性，但仍然把人的本能冲动和欲望等同于罪恶，主张禁欲主义。这当然是对人性的歪曲。自文艺复兴以来，资产阶级思想家反对禁欲主义，认为人的本性是追求自我保存，追求感官快乐，趋乐避苦，人的欲望要求是自然的、合理的，但应该由理性加以引导，人归根到底是理性的人，理性才是人与动物的根本区别。近代资产阶级思想家对于非理性问题并没有详尽认真地研究。实际上，人的精神是理性与非理性的统一，尽管理性因素在人的精神中占据统治地位，但非理性的情感、意志、本能欲望对人的思想行动都有不可忽视的重要作用。尼采批判和否定了传统的理性主义，把人的本质归结为非理性的权力意志。这种观点当然是错误的，但他揭示了人们长期忽视的人的精神中的非理性因素，并且指出了人的意志中有奋发向上的冲动和要求，这就为揭示人的本质打开了一个新的方面。从叔本华开始，尤其是尼采对传统理性主义的批判，开了现代非理性主义的先河。后来，柏格森（H. Bergson，1859—1941）提出强调非理性直觉的直觉主义，弗洛伊德提出强调非理性本能欲望的精神分析学说，存在主义者提出人的非理性情绪体验是人最真实的存在的观点，这些都是受尼采哲学影响的结果。曾经与弗洛伊德一起从事精神分析研究的著名心理学家阿德勒（A. Adler，1970—1937），后来反对弗洛伊德过分强调性本能，提出支配人的活动的是一种“向上意志”，即要求超过别人、追求优越感目标的意志，这更是直接受尼采学说影响的结果。

第二，尼采提出人是尚未定型的动物，反对人有一成不变的本质，强调人的创造性与自我超越性，这在人性理论的研究上起了重要转折作用。在欧洲哲学史上，古代、近代的哲学家都认为人都有一种不变的本性，而且论述的重点是人本性的善与恶。而尼采则跳出了人性善还是人性恶的窠臼，认为人是怎样的人是由自己创造的，把创造性看成人的最重要的属性。这也为现代西方的人性理论奠定了基础。存在主义者萨特提出人的“存在先于本质”的命题，就是“人是尚未定型的动物”这一命题的引申。弗洛姆、马斯洛的人性学说都十分强调人的创造性，尽管他们也谈到了人性的善恶，但对人性论述的主要之点在于人的创造性。

第三，尼采提倡人要成为自己，要敢于冲破旧传统的束缚，要勇于冒险、奋斗，要创造，要自我超越，要成为强者、超人，这些观点对于激励人们坚强独立、奋发向上也是有一定意义的。

但是，必须指出，尼采的学说中有许多错误的甚至反动的东西。

第一，尼采把人看成完全是非理性的，这是错误的。人是理性和非理性的统一，理性毕竟是居于主导地位的，这才使人不同于动物。只有靠理性，人类才能认识事物的本质和规律，才能使行动有正确思想的指导，从而有效地改造世界，成为世界的主人。所以必须重视理性，尊重科学，尊重真理。尼采的非理性主义，夸大非理性的意志，贬损理性，必然否定科学与真理，崇尚盲目的意志冲动，就会把人们引向愚昧和野蛮，这不是人类的进步，而是人类的倒退和衰败。

第二，尼采只看到人的创造性，看不到人的社会性，不可能正确揭示人的本质。尼采认为人的本质是权力意志，其实并没有揭示人与动物的根本区别，因为在他看来，所有有生命的东西的本质都是权力意志。尼采所讲的人与动物的区别只在于他不断创造和自我超越，人是什么，只是他自己创造的结果。尼采完全忽略了人是社会生活中成长起来的，其奋斗、创造是在一定社会关系、社会条件的制约和影响下进行的。离开社会，任何个人都不能存在，根本不可能有摆脱社会关系、社会条件个人孤独地奋斗和创造。实际上，任何人都是在一定社会关系的制约与影响下进行活动、奋斗、创造的。尼采离开人的社会性不可能正确说明人的奋斗和创造。因为人的奋斗与创造并不是单纯非理性意志冲动的结果，而都是有社会内容的。

第三，尼采反对平等、民主，主张等级制与贵族统治的专制制度，这种社会政治学说是反动的。尼采感受到了西方现代文明的弊病即现代文明对人性的摧残，他认为现代文明使人形体虚弱，精神颓废，成了从肉体到灵魂受了病的畸型动物。但是，尼采找不到一条克服这种病态的正确出路，把希望寄托在少数贵族统治的新奴隶制上。在他看来，为了使人类不断进化，强者应当支配弱者，智者应当支配愚者，甚至应当淘汰弱者、愚者。这种观点是对近代资产阶级思想家所鼓吹的自由、平等、民主政治学说的反动，是开历史的倒车。这种贵族专制制度不可能像尼采所设想的那样使人类进化，只能引起社会的倒退和人类的退化。人的进化是与社会的进步紧密联系在一起的，离开社会的进步，人的进化与超越是不可能的。而社会的进步只有通过人民群众创造物质文明和精神文明的实践活动，以及变革社会的革命斗争才能实现，人民群众是历史的创造者。少数杰出人物也只能从群众中涌现出来，并且只有依靠人民群众才能对社会历史的发展起推动作用。奴役甚至淘汰广大平凡大众的新奴隶制，只不过是过去多年存在过的贵族专制统治的翻版，在当代企图建立这种社会上无疑是一种倒退。在这种社会下，不可能造就强者、超人，只能造就俯首贴耳、唯命是从的奴才。因为在这种专制统治下，镇压和迫害的主要对象是那些敢于有独立见解、蔑视权威和勇于创造的人。并且那些自认为高于群众的贵族统治者绝大多数是卑劣、腐败、平庸之辈，他们与广大人民群众为敌，最后也是落个身败名裂的可耻下场。这种人不仅不是人类的进化、超越，还是人类的败类。

由于尼采这种超人社会的政治理想，就使他的学说在许多地方互相矛盾：一方面，尼采对国家进行了尖锐的批判，说它是冷酷的、说谎的“怪物”，主张消灭国家；另一方面，他又主张建立一种新的奴隶制，又把柏拉图的“理想国”的三个等级的观点抄袭过来，这样不仅不能消灭国家，反而要建立在历史上最反动、最腐朽的国家。一方面，尼采蔑视权势，反对崇拜权威；另一方面，又主张超人应该要求特权，应当成为统治者，要求平凡大众不要要求权利，服从最高等级的统治，这样不仅没有否定权势，而是肯定权势，不仅没有否定权威，而是推崇权威。一方面，尼采要求人们要破除旧传统的束缚，努力成为自己的主人，要勇于奋斗、创造，要成为坚强独立的强者、超人；另一方面，又主张任何社会最高等级的超人只是少数人，大多数平凡的大众要安于平凡，安于平凡还怎么能成为强者、超人？这样实际就把超人说成是少数贵族独裁者。正由于尼采哲学这种自相矛盾，他的学说在第二次世界大战期间就被希特勒等法西斯主义者所利用。希特勒等法西斯主义分子实践了尼采超人社会的理想，对人类的优秀分子和进步势力进行了灭绝人性的迫害和屠杀，造成社会的大倒退，不仅没有使人类进化，反而对人类造成巨大的灾难。那些自命为“超人”的法西斯主义者，也在人民群众的反对下彻底垮台。历史宣告了尼采人社会理想的破产。

（二）萨特的存在先于本质与自由社会的理想

萨特是现代存在主义哲学的著名代表。存在主义是现代西方哲学思潮中影响极大的流派，又叫“存在主义人学”。存在主义在第一次世界大战期间形成于德国，第二次世界大战期间流行于法国。德、法两国在两次世界大战时期饱受战争的创伤，使人们失去了对理性、科学的信心，对社会前途悲观失望。正如萨特所说的，战争使人觉得自己是赤条条无依靠的，因而对别的东西不再有任何幻想，理解到了只有自己才可以依靠。这时人的地位、作用、价值、命运成为各阶层人们普遍关心的问题。于是产生了存在主义人学，并得到广泛传播。第二次世界大战以后，资本主义社会科学技术和生产力的发展，使人进一步沦为机器的奴隶，扼杀人的精神自由，人的异化问题更加严重。作为抗议人的异化的存在主义人学在 20 世纪五六十年代成为一种国际性的、引起社会各阶层强烈反响的哲学、文学和生活方式运动。存在主义的著名代表在德国有海德格尔（M. Heidegger，1889—1976）、雅斯贝尔斯（K. Jaspers，1883—1969），在法国有马塞尔（G. Marecl，1889—1979）、萨特（J. P. Sartre，1905—1980）等。其中萨特是一位最有影响、最有代表性的存在主义哲学家。

萨特出身于巴黎一个海军军官的家庭，1929 年毕业于巴黎高等师范学院，1931 年任勒弗尔中学哲学教员。1933 年萨特留学德国，开始接受海德格尔的存在主义哲学。1934 年回国后继续在中学执教。1939 年第二次世界大战爆发后他应征入伍，1940 年 6 月被俘，1941 年 4 月获释回巴黎，继续任教。1944 年他辞去教职专门著述。他的主要哲学著作有《存在与虚无》（1943）、《存在主义是一种人道主义》（1946）、《辩证理性批判》（1960）等。同时，他还写了大量文学作品，如中篇小说《恶心》、长篇小说《自由之路》以及剧本《苍蝇》《禁闭》《肮脏的手》等。

萨特不是书斋里的哲学家，经常“介入”现实，对重大事件表态。第二次世界大战因抗击德国法西斯被俘获释后，就投身于“把德国人赶出法国”的抵抗运动。1945 年他创办《现代》杂志，揭露和谴责资本主义社会的非人道。1950 年，他反对美国的侵朝战争，公开支持法共。1954 年、1955 年他先后访问了苏联和中国，发表了热情赞扬的观感。1956 年苏联出兵匈牙利，他反对斯大林，并与法共断绝来往。他反对法国政府发动的阿尔及利亚战争，1960 年在《121 人宣言》上签名表示支持法国士兵在战争中不服从命令。1965 年他抨击美国侵略越南的战争。1968 年 5 月他坚决支持法国学生的造反运动，8 月谴责苏联入侵捷克。1979 年底他谴责苏联入侵阿富汗。1980 年 4 月 15 日，萨特病逝，出殡时数万群众自发地为他送葬。

萨特存在主义哲学的主旨是对资本主义造成的人的异化的强烈抗议，他最关切的问题是人的境况，认为人的存在是真正的存在，提出人的存在先于本质，十分强调人的冒险、创造与超越。他强调人就是自由，他所向往的是无政府的、人有充分自由的民主社会。

1. 真正的存在是人的存在，个人的存在

萨特认为，哲学的基本问题是“存在”问题，“存在主义”这一名称就足以表明它把“存在”第一性作为一个原则加以肯定。但存在主义所理解的“存在”，既不是唯物主义者所理解的客观物质的存在，也不是客观唯心主义者所理解的某种客观精神的存在，也不是基督教哲学所理解的上帝的存在，而是人的存在。因为只有人的存在才是真正的存在。

在萨特看来，既没有上帝，也没有什么客观精神，只有世界万物和人的存在。但世界万物都意识不到自己的存在，所以它们无所谓存在。只有人能意识到自己的存在，并能揭示外部世界的存在，赋予外部世界以意义。所以只有人的存在才是真正的存在。

萨特在《存在与虚无》中提出两种类型的存在：自在的存在，即“自在”；自为的存在，即“自为”。所谓自在是指人们的感觉内容，即外部世界。所谓自为是指人的意识的存在，人的存在。他认为这两种类型的存在是相互联系的、统一的，而不是双峰对峙的。一方面，自为离不开自在。就是说意识离不开感觉对象，离不开外部世界，如果离开了外部世界的内容，意识就成了绝对的虚无。“自为没有自在就是某种抽象的东西：它象一种没有形状的颜色，一种没有音高或音色的声音一样不可能存在；一种意识如果是对于乌有的意识，那就是一个绝对的乌有。”[①]另一方面，自在又离不开自为，并且以自为作为自己存在的基础。他认为任何存在要为自己的存在奠定基础，就必须能意识到自己的存在。而世界万物都不能意识到自身的存在，因而不能为自己奠定存在的基础。只有自为即人的意识才能意识到自己的存在，并揭示了世界万物的存在，从而成为世界万物的基础，也就使两种类型的存在统一起来。他说：“自为和自在是由一个综合联系重新统一起来的，这个综合联系不是别的，就是自为本身。”[②]自在与自为不可割的联系，只能设想为：“自在从使它获得对它的意识的虚无化那里获得它的存在。”[③]就是说外部世界从意识对它的揭示中获得它的存在和意义。所以，两者才是不可分割地联系在一起的。

萨特在《为什么写作？》中以较通俗的语言表达了以上思想。他指出，

---

① 萨特：《存在与虚无》，生活•读书•新知三联书店 1987 年版，第 791 页。
② 萨特：《存在与虚无》，生活•读书•新知三联书店 1987 年版，第 786 页。
③ 萨特：《存在与虚无》，生活•读书•新知三联书店 1987 年版，第 792 页。

在人的意识揭示以前，世界万物“停滞在永恒的默默无闻状态之中”，“停留在麻痹状态中”，只有人的意识才能唤醒它们，把它们的存在揭示出来。他说：“我们的每一种感觉都伴随着意识活动，即意识到人的实在是‘起揭示作用的’，就是说由于人的实在，才‘有’万物的存有，或者说人是万物借以显示自己的手段；由于我们存在于世界之上，于是便产生了繁复的关系，是我们使这一棵树与这一角天空发生关联；多亏我们，这颗灭寂了几千年的星，这一弯新月和这条阴沉的河流得以在一个统一的风景中显示出来；是我们的汽车和我们的飞机的速度把地球的庞大体积组织起来；我们每有所举动，世界便被披示出一种新的面貌。”①不过我们人只是外部存在的揭示者，而不是外部存在的生产者。可见萨特并不否认世界万物的存在，而是认为它们不能意识到自己，必须靠人来揭示，因而算不上真正的存在，只有人的存在才是真正的存在。

萨特认为，作为真正存在的人是个人，是具有独立性与个性的个别人。人都是个别的、具体的、特殊的人。每个人在宇宙长河中只出现一次，每个人都是独一无二的，没有两个完全相同的个人。在他看来，如果一个人能保持和发挥自己的独立性与个性，努力自觉做到与众不同，表现自己的特殊性，他就是人的“真正存在”。如果一个人失去了自己的独立性与个性，人云亦云，随波逐流，他就是人的“非真正存在”。因为他意识不到自己是个不可复制的真正存在，算不上一个真正的“个人”。他强调，人应该有自己的个性，生活应该有自己的特色，应该成为他自己。他说：“做随便哪一个人不等于无名无闻！这是要做自己，完全地成为他自己。”②

个别人是真正的存在，因而是存在主义的研究对象。萨特说：“存在主义的对象……就是在社会领域中的个别的人。”③

2. 人的存在先于本质，人是自己本质的创造者，这是人与物的根本区别

萨特认为，存在先于本质是人与物的根本区别，是存在主义的根本观点。他说，存在主义哲学家的“共同点只是认为存在先于本质——或者不妨说，

---

① 萨特：《为什么写作？》，见《萨特研究》，中国社会科学出版社 1981 年版，第 2 页。

② 萨特：《七十岁自画像》，见《萨特研究》，中国社会科学出版社 1981 年版，第 73 页。

③ 萨特：《辩证理性批判》（第一分册），商务印书馆 1963 年版，第 98 页。

哲学必须从主观开始”①。所谓存在，表示“有”，指世界上某物的确实在场。所谓本质，表示是什么，是属性中恒常之全体。

被创造的物的特点是本质先于存在。比如一把裁纸刀，工匠必须先有裁纸刀本性的概念，知道它的用途和制造工艺，即先有它的本质，然后把它制造出来，它才有存在。

但是，人与物根本不同，人的存在先于本质。

其一，上帝不存在，人并不是上帝按照人的概念把人创造出来的。长期以来基督教神学把上帝看成造物主，也就是看成一个超凡的工匠，上帝创造人，就像工匠制造裁纸刀一样，按照人的概念和一定程序把人创造出来。基督教神学坚持人的本质先于存在。实际上，上帝是不存在的，所以这种说法不能成立。他说：“如果上帝并不存在，那么至少总有一个东西先于其本质就存在了；先要有这个东西的存在，然后才能用什么概念来说明它。这个东西就是人，或者按照海德格尔的说法，人的实在（humanreality）。”②

其二，人是个别的人，没有普遍的人性。他指出18世纪的无神论哲学否定了上帝创造人的观点，但并没有否定人的本质先于存在，而是以另一种方式坚持这种观点。在伏尔泰、狄德罗，甚至康德的著作里，都主张：“人具有一种人性；这种‘人性’，也即人的概念，是人身上都有的；它意味着每一个人都是这个普遍概念——人的概念——的特殊例子。……在这里，人的本质又一次先于我们在经验中看见的人在历史上的出现。”③萨特认为这种普遍的人性是没有的，不能用普遍的人性来规定个别性的存在。“对我来说，不存在先验的本性；所以，人是什么还没有得到确定。”④他拒绝给予人以某种永远凝固的本性。

既然没有创造人的上帝，又没有人的普遍本性，那么人就是首先存在，然后自己选择和创造自己的本质，成为一个什么样的人。萨特说：“我们说存在先于本质的意思是指什么呢？意思就是说首先有人，人碰上自己，在世界上涌现出来——然后才给自己下定义。如果人在存在主义者眼中是不能下定义的，那是因为在一开头人是什么都说不上的。他所以说得上是往后的事，

---

① 萨特：《存在主义是一种人道主义》，上海译文出版社1988年版，第6页。

② 萨特：《存在主义是一种人道主义》，上海译文出版社1988年版，第7-8页。

③ 萨特：《存在主义是一种人道主义》，上海译文出版社1988年版，第7页。

④《今天的希望：与萨特的谈话》，见《存在主义是一种人道主义》，上海译文出版社1988年版，第47-48页。

那时候他就会是他认为的那种人了。”[①]在他看来，人开始只是存在着，他既不善，也不恶，既不是英雄，也不是懦夫，总之还不是一个具有本质的人。只是到了后来，人按照自己的意志，经过自己的选择，或者成为一个基督徒，或者成为一个无神论者，或者成为资本家，或者成为无产者。每个人成为什么样的人，是个人选择的结果，这才是他的本质。

人能选择自己、创造自己，这就是人与物的区别，也是人比物高贵之所在。他说：“我们讲主观性的意思除了说人比一块石头或者一张桌子具有更大的尊严外，还能指什么呢？”“人确实是一个拥有主观生命的规划，而不是一种苔藓或者一种真菌，或者一棵花椰菜。”[②]

人与物的不同就在于人是自己本质的创造者，人是自我超越的存在。萨特在《存在与虚无》中，就论述了自为与自在的区别。自在即外部世界的特点是：“自在的存在是其所是。”[③]这就是说外部世界与自身绝对等同，不包含差异，不包含任何否定性，没有自我运动、自我发展，它脱离了时间性。而自为即人的存在的特点是：“应该是其所是”，即“是其所不是和不是其所是。”[④]这就是说外部世界存在的规律是自身等同的无矛盾无发展的原则，而人的存在的规律是与自身不相符合的不断自我发展、自我超越的原则。人永远不满足，总是在追求什么，总是不断创造，超过现在的自己即自我超越。因此，人永远与自身不相符合，永远是他现在所不是的样子——是其所不是，或永远不是他观在所是的样子——不是其所是。这样，人永远是一个未完成的东西，是有待于是其所是或应该是其所是的东西。“人是靠追求超越的目的才得以存在。”[⑤]

萨特认为，人是被抛到这个充满偶然性的荒谬世界上来的，无依无靠，人生是不稳定的，一切行动都是没有把握的，人要活下去，唯一的出路是去冒险，去奋斗，去行动，这样才能创造出自己独特的本质，成为一个真正的个人。他说：“我不应当存在幻想，只应当尽力而为。”“我只知道凡是我力所能及的，我都去做；除此以外，什么都没有把握。”[⑥]人的本质和未来是自己创造的，是自己行动的结果。世界上没有天生的英雄或懦夫，是人们通过自

① 萨特：《存在主义是一种人道主义》，上海译文出版社 1988 年版，第 8 页。
② 萨特：《存在主义是一种人道主义》，上海译文出版社 1988 年版，第 8 页。
③ 萨特：《存在与虚无》，生活 • 读书 • 新知三联书店 1987 年版，第 26 页。
④ 萨特：《存在与虚无》，生活 • 读书 • 新知三联书店 1987 年版，第 786 页。
⑤ 萨特：《存在主义是一种人道主义》，上海译文出版社 1988 年版，第 30 页。
⑥ 萨特：《存在主义是一种人道主义》，上海译文出版社 1988 年版，第 18 页。

己的行动使自己成为英雄或懦夫，人们还可以通过自己的行动改变自己的本质。“是懦夫把自己变成懦夫，是英雄把自己变成英雄；而且这种可能性是永远存在的，即懦夫可以振作起来，不再成为懦夫，而英雄也可以不再成为英雄。”[①]萨特认为，存在主义用行动定义人，人除了他的行动外，什么也不是，人就是人的生活，而人的生活就是他行动的总和。所以，存在主义是一种行动哲学。他说，存在主义“不能被视为一种无作为论的哲学，因为它是用行动说明人的性质的；它也不是一种对人类悲观主义的描绘，因为它把人类的命运交在他自己手里，所以没有一种学说比它更乐观的。它也不是向人类的行动泼冷水，因为它告诉人除掉采取行动外没有任何希望，而唯一容许人有生活的就是靠行动。”[②]正因为这样，只有这种存在主义理论才配得上人类的尊严，这种理论是唯一使人不成为物的理论。

3. 人是自由的，自由与责任是统一的，人要勇于选择，勇于负责

萨特从人的存在先于本质这一原则出发，提出人是自由的。他说：“如果存在确是先于本质，人就永远不能参照一个已知的或特定的人性来解释自己的行动。换言之，决定论是没有的——人是自由的，人就是自由。”[③]这就是说，人的本质是自己的活动创造的，而人面临着多种选择，一个人如何活动、如何创造，完全是由自己选择决定的，这里没有决定论，即没有任何力量可以规定一个人必定这样或那样行动。人实际上是一系列活动，而如何活动是由自己决定的，人是自由的，人的存在与自由是同一的，人就是自由。“我们命定是自由”，“我们被抛进自由”[④]。

萨特认为，所谓自由，就是选择的自由，即自我选择在意向上的自主性。选择的自由并不在于选择的结果，并不意味着成功，而在于主体意向性的自主权，自由，“它意味着：选择的自主”[⑤]。他举例说，我们不能说一个俘虏有随时出狱的自由，这种自由不过是梦幻，但是我们可以说他随时有企图越狱的自由。一个人是甘心坐牢，还是企图越狱，完全是由自己决定的，不管他选择的行为的结果如何，他在选择的意向性上是完全自主的，因而是自由的。

---

① 萨特：《存在主义是一种人道主义》，上海译文出版社 1988 年版，第 20 页。
② 萨特：《存在主义是一种人道主义》，上海文出版社 1988 年版，第 20–21 页。
③ 萨特：《存在主义是一种人道主义》，上海文出版社 1988 年版，第 12 页。
④ 萨特：《存在与虚无》，生活 • 读书 • 新知三联书店 1987 年版，第 622 页。
⑤ 萨特：《存在与虚无》，生活 • 读书 • 新知三联书店 1987 年版，第 620 页。

萨特认为，人的自由是绝对的、无条件的。这是因为：第一，上帝并不存在，因而没有上帝为人规定行动规则和选择的依据，一切选择都由自己决定。“陀斯妥耶夫斯基有一次写道：‘如果上帝不存在，什么事情都将是容许的。’这对存在主义说来，就是起点。的确如果上帝不存在，一切都是容许的，因此人就变得孤苦伶仃了，因为他不论在自己的内心里或者在自身以外，都找不到可以依靠的东西。他会随即发现他是找不到借口的。”①第二，没有普遍的人性，也就没有一种普遍的伦理学原则指导人们应当如何做，人的一切行动都要靠自己选择决断。第三，世界是偶然的，没有任何客观必然性约束人的选择。因此，任何人都可以在多种行为的可能性中，自主地选择自己的行为。萨特举了一个例子说明人的选择是完全自主的，是自由的：第二次世界大战期间，有一位青年学生，他的父母不和，其父与敌人合作，其长兄死于德军炮火之下。他母亲由于丈夫的叛国行为和长子的牺牲而心境不佳。他母亲单独与他生活在一起，把他当作唯一的安慰。可是这个青年想奔赴前线，为祖国战斗，为长兄报仇。于是，这个青年学生就面临着选择：或者去英国参加自由法国军队，或者和母亲在一起，帮助她生活下去。去参军，这种行动是非常没有把握的行动，说不定会像水消失在沙里一样，毫无结果可言，却会使母亲陷入失望的深渊而死亡；不去参军，可是一个人应当为民族的利益而服务。他得在这两种行为之中作出抉择。有什么能帮助他选择呢？没有。譬如基督教教义说：要爱你的邻人，要为别人克制你自己。然而在这里他是应该爱母亲呢，还是爱那些战士？实际上，任何人、任何伦理学文献都没有规定应当怎么办。萨特说，如果他请教我应该怎么办，我只有一个回答：“你是自由的，所以你选择吧——这就是说，去发明吧。没有任何普遍的道德准则能指点你应当怎样做：世界上没有任何的天降标志。”②

萨特认为，既然人的一切行为都是自己的自由选择，那么，每个人是自己行为的无可争辩的作者，人就要为自己的一切行为负责。他说：“这种绝对的责任不是从别处接受的：它仅仅是我们的自由的结果的逻辑要求。”③因此，人要勇敢地承担起自己的选择、行为的全部责任，不要把责任推给他人或社会。他举例说，如果我被征调参加一场非正义的战争，我就犯了战争罪，因为我本来可以摆脱战争——当逃兵或自杀。但是我害怕耻辱和死，没有选

① 萨特：《存在主义是一种人道主义》，上海译文出版社 1988 年版，第 12 页。
② 萨特：《存在主义是一种人道主义》，上海译文出版社 1988 年版，第 16 页。
③ 萨特：《存在与虚无》，生活•读书•新知三联书店 1987 年版，第 708 页。

择当逃兵或自杀，那就是说，我选择了战争，我就成了战争的从犯，要负战争的责任。他说："如果我宁要战争而不要死和耻辱，一切就都说明我对这场战争是负有完全责任的。"①

萨特进一步指出，人不仅要勇于对自己的行为负责，而且要为他人以至全人类负责。因为人在为自己作出选择时，也为所有其他人的选择作出示范；人在塑造自己的形象时，也就创造了一个应当如此的人的形象，为所有其他人树立了楷模。他举例说，如果我是个工人，我决定参加一个基督教工会，这实际上就是宣称安分守己是最好的处事之道，我不仅自己安分守己，而且希望别人安分守己。他说："所以我这样既对自己负责，也对所有的人负责；我在创造一种我希望人人都如此的人的形象。在模铸自己时，我模铸了人。"②每个人的行为牵涉到他人以至全人类。

萨特强调人要对自己的行为负责，同时也强调人要勇于选择，勇于负责，不能因怕负责任而消极无为。当他听说一个妇女谈到自己的处境由自己负责而失去积极行动的勇气时说："我会对她说，我们是自由的，但是我们需要解放自己，因此自由必须起来反抗异化。"③

总之，萨特认为存在主义是一种人道主义，这种人道主义不是把人当成目的，因为人永远是未完成的。存在主义的人道主义的基本精神是强调人的创造、自我超越和自由。存在主义之所以是人道主义，"因为我们提醒人除了他自己外，别无立法者；由于听任他怎样做，他就必须为自己作出决定；还有，由于我们指出人不能返求诸己，而必须始终在自身之外寻求一个解放自己的或者体现某种特殊理想的目标，人才能体现自己真正是人"④。

4. 无政府的"融合集团"是最民主、最自由的理想社会，反对一切政党、政府和国家

萨特认为人就是自由，他所理想的社会是无政府限制的自由、民主的社会。

萨特在《辩证理性批判》一书中，提出社会集团理论，构造了个人实践—群集实践—集团实践的历史发展模式，表达了他的自由民主社会的

① 萨特：《存在与虚无》，生活•读书•新知三联书店 1987 年版，第 709 页。
② 萨特：《存在主义是一种人道主义》，上海译文出版社 1988 年版，第 9 页。
③ 萨特：《七十岁自画像》，《萨特研究》，中国社会科学出版社 1981 年版，第 127 页。
④ 萨特：《存在主义是一种人道主义》，上海译文出版社 1988 年版，第 30 页。

理想。

他认为，个人实践具有不可还原性，是全部社会历史活动的基础。在个人实践阶段，人为了生存，就产生了需求，于是投入外部世界。这样，一方面，人改造世界，使之适应人的需要，从而使外部世界人化，即“外在的内在化”；另一方面，外部世界的存在又要求人采用与它相适应的处理方法，又使人世界化，即“内在的外在化”。由于人的活动必须通过物来实现，人的自由就受到物的限制，人的实践沾染上物的惰性，成为“惰性实践”。这时，人既是他的活动产物的主人，他活动的产物又反抗人，导致人的异化。他举例说，中国农民为了扩大耕地面积，毁林造地，一个人这样干，其他人也这样干。大量的树木森林遭到砍伐，耕地面积扩大了，然而毁林造成水土流失，洪水泛滥，淹没、毁坏了耕地。人的创造物反过来反对人，这是一种异化。异化总是阻碍人的需要的满足。因此生活资料对每个人都是匮乏的。由于匮乏，一个人需要的满足都意味着他人的需要不能满足，从而导致人与人关系的异化，它是人类过去和现在一切对立和对抗的根源。同时正是由于匮乏，使众多的个人实践通过物的中介形成“群集”状态。

“群集”是最初的一种社会状态。在群集中，个人不是集合在一起从事共同的实践，而是一种被动的、消极的结合。他们不理解自己的共同利益，而是像排队等公共汽车一样偶然地来到一起，他们各有各的事，谁也无暇顾及他人，除了乘车外没有任何共同目标。但汽车座位的匮乏使他们成为潜在的敌人。群集阶段是异化的加剧。人们为了克服异化而形成各种社会集团，出现了集团实践。

集团有三种形态。

“融合集团”是集团的最初形态，是许多个人共同协同行动的一种集团。由于外来威胁的到来，使每个人在恐怖中意识到人们共同利益的存在，融合起来一致反抗外来的威胁。他认为 1789 年攻占巴士底狱的巴黎群众是一种典型的融合集团。本来巴黎市民处于分散的群集状态，但当他们听说国王要调遣军队到巴黎来时，立刻产生了恐惧，并意识到他们是一个整体，于是形成融合集团，把国王当作这个集团的共同敌人，并共同攻打作为国王统治象征的巴士底狱。他认为融合集团的本质特征是“自由的突然恢复”，是“人性的开始”。融合集团克服了群集那种异化状态，人们由于共同的目标和共同的行动融合成为一个符合人性的集团。在这里，人们松散而自由地发生着联系，个人的行动是出于自身的利益和自由，没有等级制，没有统治者。这种融合集团是最民主的社会形式。然而，融合集团没有永久性，一旦目的达到了，就会瓦解。如巴黎群众在巴士底狱打下来之后，人们就各自回家，融合集团就瓦解了。为了保障融合集团中实现的自由，必须使之发展为“誓愿集团”。

“誓愿集团”是一种要求每个成员发誓要牺牲个人的自由以保证公共自由的集团。为了保证誓愿的效力，就对违背者采取恐怖手段。于是个人的自由受到了限制，整体代替了个人，又产生了人的异化。为了使誓愿集团有效地发挥作用，在集团内部建立一定形式的组织而使其工作专门化，于是便过渡为“制度集团”。

“制度集团”是建立了层层官僚等级制度的集团。他认为职工会、政党、官僚国家都是制度集团。在制度集团中，逐渐形成了制定和执行制度的权力阶层，产生了少数主权者。但少数主权者的目的并非是集团成员的共同目的，为了把所有成员的意志统一起来，主权者必须借助恐怖手段。这样，事情就发展到了它的反面，本来用以维护集团成员自由的种种制度，反而成为取消个人自由的东西。个人必须服从统治者，个人没有任何自由和主动性，个人的实践完全被动化、异化了。个人没有自己活动的目的，而只是机械地履行某种义务，个人成了纯粹的手段。于是，个人又重新反抗这种异化。

从萨特的社会集团理论看，他把社会发展看成是由个人实践—群集实践—集团实践（融合集团—誓愿集团制度集团）的过程，这个过程实质上是异化—反抗—再异化—再反抗的循环往复的过程。同时，也可以看出，融合集团是他的社会理想，在他看来，个人恢复了在惰性实践中、在群集中失去的自由，人们自由地结合在一起，没有等级，不受限制，人人都是主权者，但没有一个主权者，个人的主动性、创造性得到充分发挥。因此，无政府的融合集团的本质特征是自由的突然恢复，是最自由、最民主的社会，因而是最理想的社会。

但是，集团与个人一样，总要不断陷入异化状态。若要维持融合集团的永久性，它就必然过渡为誓愿集团，最终陷入制度集团的异化状态。只有对制度集团进行反抗，摆脱一切异己政府的强制，个人的自由才能失而复得。所以，萨特的政治历史上的自由体现在不断对制度集团进行反抗的行动过程中。

萨特对一切政党、政权和国家都持否定态度，反对它们对个人自由的束缚。

他说：“我发现每个政党都是愚蠢的，因为主意都来自高层，并且影响下层的想法，那是提出愚蠢的主意的最好办法。因为主意是应该在下层想出来的，是不能从上面加以评价的。自从我二十岁以来，这就是为什么一个政党的观念总使我反感的原因。人们应该认识到一个政党并没有真理，并且也不能指望有真理。”① “简单地说，把事情搞得使人无法忍受的是党。”②

萨特在其剧本《肮脏的手》中，借贺雷德之口说：政权总是建立在谎言的基础之上，任何人都不可能天真无邪地掌权，政党和政府总是要限制、否定个人的自由，因此，政治总是肮脏的；任何政府都是不可信赖的。

1968 年法国发生五月风暴，学生罢课、工人罢工，他们示威游行，设置街垒路障对抗军警。萨特对这次活动表示赞赏，他说：“按照我的看法，五月运动是第一个暂时实现了某种与自由相近的东西的大规模的社会运动；从这一点出发，这个运动曾努力探索什么是行动中的自由。……归根结底，在街垒上造成 68 年五月事件的那些人要求的是什么呢？他们什么也不要求，至少不要求政府可以让给他们任何明确的东西。这就是说他们要求一切：要求自由。他们不要求政权，他们没有试图夺取政权，因为今天对于他们，对于我们来说，需要消灭的是使得行使权力成为可能的那个社会结构本身。”③

他说：“至少需要五十年的斗争，人民的权力才能从资产阶级权力那里夺到部分果实，斗争有时前进有时后退，成绩有限，但失败并非不能挽回，最终才能实现新社会，那时候一切权力都将被取消，因为每个个人都将完全地占有他自己。革命不是一个权力推翻另一个权力的时刻，它是一个漫长的放弃权力的运动。”④

他说：“我始终认为无政府主义，即一种没有权力的社会，是应该得到实现的。”⑤

萨特关于存在先于本质的人性学说，是尼采关于人是尚未定型的动物的观点的发挥和发展，又比尼采的学说前进了一步。

第一，他提出并试图解决现代资本主义条件下人们普遍关心的问题——人的异化和人的自由问题。在现代资本主义社会，随着机械化与自动化的发展

---

①《今天的希望：与萨特的谈话》，见《存在主义是一种人道主义》，上海译文出版社 1988 年版，第 41-42 页。

②《今天的希望：与萨特的谈话》，见《存在主义是一种人道主义》，上海译文出版社 1988 年版，第 43 页。

③ 萨特：《七十岁自画像》，见《萨特研究》，中国社会科学出版社 1981 年版，第 95 页。

④ 萨特：《七十岁自画像》，见《萨特研究》，中国社会科学出版社 1981 年版，第 123 页。

⑤ 萨特：《七十岁自画像》，见《萨特研究》，中国社会科学出版社 1981 年版，第 71 页。

以及现代化管理的发展，使人的个性丧失和被压抑的情况越来越严重，人越来越被自己所创造的东西和社会力量所支配。在这种情况下，人的异化和自由问题成为西方社会非常尖锐和迫切的问题。萨特的哲学提出并试图解决这个问题。他指出，人是无依无靠的，人的本质是自己创造的，人是自己的立法者，人的选择是自由的，人只有进行独立、自主的选择和奋斗，不断超越自己，才能创造出独特的“个人”。当然这根本不可能解决人的异化与自由问题，但这表明了他对现代西方社会人的异化的一种抗议，因而在一段时期内成为时髦。

第二，萨特关于存在先于本质的人性学说，认为人与物的根本区别、人比物的高贵之处在于人是自己本质的创造者，在于人的创造性和自我超越性。这是对人性认识上的一种新的探索。在古代及近代，哲学家们总是围绕着人生下来的本性是善还是恶的问题进行争论，而萨特则明确指出，人生下来只有存在，没有本质，既不善又不恶，既不是英雄又不是懦夫，他的本质是后来由自己选择的、自己创造的。由于每个人都是具体的、特殊的，其选择与创造各不相同，所以只有各自不同的人的本质，没有普遍的人性。这不仅否定了上帝创造人的观点，也否定了近代资产阶级哲学家抽象人性论的观点。因而这种观点在人性的探索方面是有一定意义的。

第三，萨特的人性学说强调人在世界上的独特地位，主张人要发展自己的独立个性，发挥自己的创造性和奋斗精神，在一定条件下有助于发扬人的积极进取精神。因为人是有一定自决力量的，一个人要成为一个什么样的人，一个人的选择与奋斗起着重要作用。此外，萨特把自由与责任统一起来，提出人要对自己的选择和行为负责，这一思想是值得参考的。

第四，萨特完全抛弃了尼采的超人与超人社会的观点，主张人人自由，反对等级制，反对对个人自由的限制。毫无疑问，这与尼采的反动政治学说是根本对立的。萨特以其激进的政治立场介入现实，对资产阶级的政府和国家进行批判和抨击，因而在国内和国际上都赢得了声誉。尽管这种批判是表面的，但对揭露资本主义的本质也是有一定作用的。

必须指出，萨特的人性学说及其政治思想仍然有许多错误的、应当批评的方面。

第一，萨特离开人的社会条件片面强调人的存在先于本质是片面的、不科学的。任何事物、任何人都是存在与本质的统不可能有本质而无存在（本质先于存在），也不可能有存在而无本质（存在先于本质）。人当然可以选择自己的生活道路。但当刚生下来还不能选择和创造自己的本质时，他作为社会的人还没有存在；当他作为一个独立的个人能选择和造就自己时，他作为社会的人存在着，同时也就具有了社会本质，他的本质是一切社会关系的总和。因为他的选择的意识是在社会环境中形成的，并且受着他所处的社会条件和所受教育的制约。如果一个人生下来不在社会中生活、长大，不具有社会的本质，他根本不能活下来，即使能活下来也不成其为人，更不会选择和创造自己的本质。萨特认为人的存在先于本质，就是把人看成自由选择的纯粹主观性。离开人生活的社会条件从人的纯粹主观性出发说明人的本质，这显然是错误的。

第二，萨特强调人的本质的特殊性，完全否定普遍的人性即人的共性也有其片面性。任何个人都是个性与共性的统一，他既有自己的特点，又与其他人有共同之处，不仅在肉体上有共同之处，精神上也有共同之处，不然就不成其为人。如果人与人之间毫无共同之处，就没有人类，也没有必要研究人性和人的本质。人的共性即普遍人性是存在的，关键在于：这个共性是什么？近代资产阶级哲学家认为是自我保存和爱。这种离开社会关系来讲的普遍人性当然是错误的。萨特否定这种观点，但并不能说没有普遍人性。其实萨特讲的存在先于本质就是讲的人的共性，即普遍的人性。马克思主义坚持人的社会性就是人的共性即普遍人性。

第三，萨特离开社会规律、社会关系片面强调人的自由选择和行动是错误的。萨特夸大历史的偶然性抹杀历史的必然性这也是错误的。他把人说成自由的。他讲的自由只是主观选择意向上的自主性，不管自由选择的结果，不管能否成功。这样的自由就是不受社会规律和社会关系制约的纯粹主观幻想的自由。这种自由是根本不能实现的。实际上人的选择自由只是相对的，因为它是受社会规律和社会关系制约的，在社会中绝对自由的选择和行动是根本不存在的。真正的自由并不只是选择的自主性，自由必须和它的实现联系起来，真正的自由是对必然的认识和对客观的改造，而且这种自由只有在集体和社会中才能实现和发展的。

第四，萨特的政治自由的理想是一种无政府主义思想，是错误的。萨特追求的政治自由不是具体的自由，而是绝对的自由；他所反对的政党、国家和政府不仅仅是具体的资产阶级政党、国家和政府，而是反对一切政党、国家和政府，实现一种每个人完全支配自己、没有权力的社会。这种无政府主义主张不可能使无产阶级和劳动人民形成统一的力量，彻底推翻资本主义制度，解决资本主义社会人的异化问题。这种无政府主义主张对于社会主义社会更是十分有害的。在社会主义社会，只有坚持共产党的领导，通过无产阶级专政，才能实现由阶级社会向无阶级社会的过渡。即使到了共产主义社会，也不可能实现没有任何权力的个人绝对自由，没有任何权力、人人绝对自由，社会就不能存在，个人及其自由也就不复存在了。所以，他的政治自由理想只是一种空。

（三）兰德曼的人是文化的创造者与人是文化的创造物

兰德曼（M. Landmann，1913—1985）是德国柏林自由大学教授，是当代著名哲学人类学家，是文化哲学人类学的主要代表。

哲学人类学是20世纪20年代由德国哲学家马克斯•舍勒（Max Scheler，1874—1928）创立的研究人的新兴领域或学科。哲学人类学与人类学这一关于人的科学相关，因此它包含实证科学的知识；同时它又是哲学，它只是围绕人类学内容作哲学思考。所以，哲学人类学是概括关于人的科学知识的哲学学说。哲学人类学主要是论述完整的人以及人在宇宙中的特殊地位。哲学人类学由舍勒创立以来，后来逐渐发展成为包括生物哲学人类学、心理哲学人类学，宗教哲学人类学和文化哲学人类学等分支的庞大哲学体系。兰德曼主要是继承并改造了舍勒的哲学人类学、格伦的生物哲学人类学的观点，提出自己的文化哲学人类学观点。

哲学人类学与存在主义是在同一时代产生的。两次世界大战以及经济危机给西方世界造成极大的混乱，昔日标榜的人性受到践踏，过去崇尚的自由遭到凌辱。第二次世界大战以后，科学技术不断加强对人的控制，人类创造的先进科学技术反过来压迫人、操纵人，并且造出了威力巨大的武器，使人面临着毁灭的威胁。正是在这样的社会背景下，产生了以个人的存在为中心的存在主义。

为什么在这种社会背景下又产生了以完整的人为标志的舍勒的哲学人类学呢？这是因为，从全局看，西方社会处于混乱与危机状态，但德国在两次世界大战之间曾一度存在相对的社会稳定和经济繁荣，1929年德国工业总产值达到战前的113%，再次超过英、法两国。这种短暂的社会景气现象，使一些哲学家把人看成是能控制环境、向世界开放的完整的人。舍勒也正是这个期间（1923 年—1928）创立了哲学人类学。

舍勒的哲学人类学主要论述了两个问题：一、人是什么？二、人在宇宙中的地位怎样？

人是什么？人是生命的精神化和精神的生命化。舍勒接受了叔本华和尼采的唯意志主义观点，把无机界、有机界和人都看成是由一种冲动和欲望驱使的。无机界是由一种盲目的冲动和欲望驱使，有机界由生命冲动驱使。生命冲动在植物、动物和人中表现为由低到高的四个不同层次。舍勒认为，虽然人是由生命冲动驱使，但是使人成为人的东西不是生命冲动，而是精神。精神是人区别于动物的本质特征。他又认为，精神虽是人的本质特征，但精神本身缺乏动力，也不能只把人归结为精神。所以不论把人归结为生命冲动还是归结为精神，所描述的都不是完整的人。人是生命冲动与精神的统一，两者是不可分割的：没有精神的人等于动物，没有生命冲动的人是鬼怪或幽灵。生命冲动与精神是相互补充的：生命冲动强大而富有活力，然而却盲目趋向困境，需要精神加以限制和引导；精神丰富多彩，然而本身却软弱无力，需要吸取生命冲动以实现其最终完美。生命冲动与精神互相补充的过程，也就是生命精神化和精神生命化的过程。

人在宇宙中的地位怎样？人向世界开放，推动和引导历史发展，与上帝同生共在。舍勒分析了人与环境的关系，认为人向环境世界开放。他指出人与环境的关系同动物与环境的关系是不同的。动物把自身同环境混为一体，动物被束缚在某一特定的环境世界中，它们与其环境世界的关系是一种封闭关系。以精神为本质特征的人，能把自身与环境区别开来，把环境世界作为自己认识的对象，从而构成人向世界的开放性。舍勒分析了人与历史的关系，认为人推动和引导历史发展。人是生命冲动和精神的统一，生命冲动和精神在历史发展中都起作用。生命冲动为历史的发展提供动力，推动历史发展。精神则引导历史的发展，为历史提供无限丰富多彩的发展样式。舍勒分析了人与上帝的关系，认为人与上帝同生共在。人的生命精神化和精神生命化不断趋向人自身的完善，但历史中发展着的人只能达到二者暂时的统一，只有在上帝那里，二者才能达到真正的统一。可见上帝成了人完善化的象征，上帝与完整的人是同一的。

舍勒创立的哲学人类学产生了广泛的影响，后来产生了生物哲学人类学，重要代表是德国生物学家格伦（A. Gehlen，1904—1976）。

格伦继承了舍勒开创的哲学人类学事业，但他不同意舍勒把人说成是生命冲动和精神的统一。他认为这样就把统一的人二元化了，这种二元化理论同过去柏拉图、中世纪神学、笛尔儿以及理性人类学把人看成是肉体和灵魂（理性）的统一的二元论是一样的，都没有正确说明人的统一性和完整性。格伦主张用以人的生物性为特征的一元论来取代舍勒的二元论。但他又反对达尔文主义把人归结为动物性的生物一元论。他认为在哲学领域进行人与动物的比较，没有必要考虑人的起源，人的起源与人的本质是无关的。虽然人是由动物进化而来的，但人与动物相比已经是完全不同的异类物种。只有用现在的人与动物相比较，才能找到人生存的特殊领域，找到人的本质特征。

格伦的生物哲学人类学的基本观点是：第一，人与动物的根本区别是非专门化以及未确定性；第二，人的非专门化和未确定性使人向世界开放，适应各种环境；第三，人的非专门化和未确定性使人创造文化来补偿自己的自然缺陷。

格伦认为，人存在于一个特殊的人的生物领域。从人的生物学领域来看，人与动物的最大区别是非专门化（unspecialization，又译为未特定化）。动物在身体器官上比人专门化，动物的器官适应于特殊的生存环境和生活条件，仿佛一把钥匙适合于开一把锁一样。如虎的尖牙利爪适于捕捉草食动物，虎的胃适合于消化肉类。鹿的腿适于奔跑以逃避敌害，鹿的胃适合于消化青草。动物这种专门化的结果和范围也就是动物的本能，本能规定了动物在各种环境中的活动。然而，人的器官并不指向某一专门单一的活动，是非专门化的。如人的牙齿既不是专门吃肉的，也不是专门吃蔬菜的，人没有特定的繁殖季节，在一年中的任何时候都可以爱恋和生育，人的感官不专门指向某一特定的对象，人也没有特别固定的居住地。

由于人的器官是非专门化的，因此人在本能方面是匮乏的，人是未确定性的，自然并没有规定人应该做什么或不该做什么。人没有尖牙利爪等锐利的攻击器官去获取食物，也没有能快速奔跑的腿以逃避敌害，也没有特别敏锐的感觉器官发现食物或敌害。因此，人的生存比其他专门适应某一环境的动物艰难得多，人是一种“易受损害的、易遭危险的”生物，格伦把人称为“有缺陷的存在”，“被剥夺的存在”。人的非专门化、未确定性最初被看成是人的生命发展的不利因素，但实际上却具有不可估价的优点。

人的非专门化、未确定性使人不为环境所封闭，从而向世界开放，适应各种环境。动物由于专门化的器官和本能，动物被限制在特定的外在生活条件之中。只是在这种条件下，它们才能生存。动物的每一物种都有其独特的生存空间。一些动物只能生活在海洋深处，另一些动物只能生活在矮树林中。动物在某一特定的环境中能安全地生活。但是一当环境改变，气候异常，食物来源枯竭或天敌产生时，动物常常不能经受这些变化而灭绝了。在通常情况有利于动物生存的专门化却成了它们生存的不利因素。然而，人的非专门化、未确定性，使人向世界开放，反映世界，学会适应各种环境。人的非专门化使人不受特定生存条件的限制，没有适合于人的唯一环境。人的未确定性和向世界的开放性，使人在每一种新的环境，通过反映环境世界，学会与这种环境相适应的行为。人或者依靠打猎或者依靠捕鱼来满足食用，或者用木头或者用石头甚至用雪块建造房子。外部环境的变化对人类的影响，远远小于对动物的影响。为适应外在环境的变化，人并不需要改变人的生物学本性，而只需要改变人的外在生活方式。因而，人是唯一可以遍及整个地球的动物。不管是在南北极还是赤道，在高山还是平原，在水上还是陆地，在森林还是沼泽，人总都能适应那里的生活条件而生存。

人的非专门化和未确定性，使人没有被本能所控制，发展了人的多种能力和创造性，使人不仅能适应变化的环境，而且创造了文化，来补偿自己的自然缺陷。文化就是人们在一定历史条件下通过创造活动产生的各种成果。文化首先是指人们在活动中产生的主体经验结构，包括知觉、意识、语言等。文化更重要的部分是与人相关的历史条件，包括家庭、民族、部落、国家、社会、制度、传统、法律、科学、技术、风俗、习惯、艺术以及道德等。文化是人的第二本性，能补偿人的自然缺陷。文化也是人创造的第二世界，为人超越自身的经验、获得支配自己的自由提供了条件。尽管动物有很好的自然装备去进行生存斗争，但由于人创造了文化，就远远超过了动物。

可见，格伦抛弃了舍勒的生命冲动与精神的二元论。他也承认精神、理性、语言等是人特有的属性，但认为它们都不是生命之外的东西，而是生物的人本性中所具有的现实可能性，它们是作为人的生物学意义上的非专门化的补偿而出现的。

兰德曼在生物哲学人类学的基础上创立了文化哲学人类学。兰德曼吸收了生物哲学人类学的积极成果，如关于人的非专门化、未确定性、开放性以及创造性等观点，抛弃了生物哲学人类学把人仅仅局限在狭隘的生物学领域的方法，把人置于更为广阔的文化、社会、历史、传统的背景中加以考察。兰德曼认为，生物哲学人类学从人的生物结构出发，不可能描述完整的人，而只有从文化出发，不仅把肉体和精神，而且把整个文化世界都看成人的存在，才能描述完整的人的形象。所以，他认为以前的各种哲学人类学只不过是真正哲学人类学的序曲，文化哲学人类学才是真正的、代表未来的哲学人类学，只有它才第一次描述了完整的人。他说："文化人类学是未来的人类学。以前所有的人类学只不过是它的序言。它是这样一种人类学，即没有人为地把人从生存的自然世界中抽离出来，而把人看作与自然世界紧密相联。自然是人的负荷者，人从自然中诞生。人生存的世界只是人的文化。因而文化人类学首先构造了一个整体的人。"①

兰德曼的文化哲学人类学的基本观点是：人既是文化的创造者，又是文化的创造物。

1. 人是创造性的、自由的，人是文化的创造者

（1）人是创造性的、自由的

兰德曼由人的非专门化、未确定性指出人是非完善的，人就要通过创造性活动达到自我完善，因此人是有创造性的、自由的。

兰德曼分析了生物哲学人类学的一个基本思想：动物——专门化的；人——非专门化的。他认为非专门化与专门化并不是互相平行的。动物可以在专门化中简单地生活，而人却不能在非专门化中生活，非专门化不能保障人安全地生存，必须由人的创造性来补偿。"非专门化包括了'非完善'。我们具有与生俱来的空缺。人的自由创造力，作为个人的反思和发明行为，正是为了保证填充这个空缺。"②对人类来说，非专门化和创造性在一起才能抵偿和超过动物的专门化。在自然的意义上，动物要比人完整，动物表现了自然界所赋予的完整性，它无须创造，只需要实观自然已给予的东西。然而人类的非专门化是不完善的。自然没有把人创造完整便把人放到世界上了，使人成为尚未确定的东西。因此，人出现在世界上之时必须要运用人特有的创造性去实现自我完善，去完成自己的完整性。兰德曼说："因而，人必须自我完成，必须自我决定进入某种特殊的事物，必须凭借自身努力力图解决自身出现的问题。人不仅可能而且必须是创造性的。"③创造性决定了人的本质。创造性不是专指传统美学意义的创造，也不是只限于少数人的活动，创造性

---

① 兰德曼：《哲学人类学》，工人出版社 1988 年版，第 244 页。

② 兰德曼：《哲学人类学》，工人出版社 1988 年版，第 245 页。

③ 兰德曼：《哲学人类学》，工人出版社 1988 年版，第 246 页。

“是必然根源于人类存在的结构”[①]。

作为植根于人类存在结构的创造性有两层含义。

第一，人通过创造完善自我并给予自我一种确定的形式，即通过创造确定自己的存在方式。动物的生存方式完全由遗传来确定，它们不会超出自然形成的本性而自由地选择其生存方式，它们既不能高于也不会低于所属物种的自然生存方式。然而由于人的本质依靠于自我决定，由于人的创造性能使自己在很大范围内生活，所以人有选择自己生存方式的权利，人的生存方式就可高可低，可富可贫。人可以把自己提升为值得惊奇和崇拜的东西，人也可以变得比野兽更低劣、更野蛮。

第二，人能通过创造性产生丰富的个体存在样式，人在任何意义上都是独特的个体。同一物种的动物的每一个体与其他个体的生活是极为类似的，而且越是低级的动物物种个体之间越是相似，区别越小。动物的生活仅仅是演奏物种已经谱写好的行为乐章。这就是说，缺乏创造性的动物个体是谈不到独立性与个性的。而人为自己的生存不断创造，每个人在创造活动中必然使个人产生某种新的东西，从而表现出其独立性与个性。兰德曼说：“人必须为自己建造一些新的东西。由于自身本质的使命，人在任何意义上都是独特的个体。因而，存在主义在这方面有些真理，它反对关于‘一般人’的人类学，它认为只有具体的、有时间规定的人才是完全的人。”[②]

在兰德曼看来，正是由于人的非专门化、未确定性，所以人是具有创造性的，从而也是自由的。他说：“非专门化在此显现为尚未规定。这用确切的词语来说的话，它意味着：首先，人可以决定自我的行为模式，即人是创造性的。第二，人能这样做，在于人是自由的。”[③]人的自由有双重意义：一是指人摆脱本能限制的自由；二是指人决定自我行为的自由。没有自由就没有人的创造性，没有创造性的人也没有自由可谈了。因此人是具有创造性的、自由的。

（2）人的创造是文化创造，文化是人创造活动的结晶

兰德曼认为，人为了补偿自己的自然缺陷，必须进行创造活动，人进行的创造是文化创造。他说：“自然自身迫使我们创造文化，这是我们的天性，甚

① 兰德曼：《哲学人类学》，工人出版社 1988 年版，第 246 页。

② 兰德曼：《哲学人类学》，工人出版社 1988 年版，第 247 页。

③ 兰德曼：《哲学人类学》，工人出版社 1988 年版，第 244-245 页。

至在动物水平上，我们也能自由地获得生活的形式，即我们必须创造文化。”[①]“文化这一概念的定义就是由人类自身的自由创造性加以创造的。”[②]他指出，当富兰克林把人称为“制造工具的动物”时，他只是表述了真理的一部分。人不仅制造工具，而且还创造了知识的传统和世界观，创造了技术、道德风尚、社会秩序、交往的手段和其他许多事情。总之，人创造了文化。

人的创造活动的成果是文化，文化是人创造活动的结晶。因为人不仅有创造文化的能力而且有保存文化的能力。每一人类个体积累起经验知识，这些经验知识就会在一定群体中传播并流传下来。人为了补偿自己的缺陷，创造了科学技术、道德法则、社会制度，它们被创造后并不马上消失，以各种形式被保存下来。这样，人们过去的创造活动就转化为一种客观形式，现在的创造活动是在此基础上的再创造。兰德曼说：“我们既有创造它们的能力，也有保存它们的能力，使它们成为固定的制度和传统的价值。当前的现实创造活动其实已结合了创造活动的第二聚集状态：已结晶为客观形式的过去的创造。”[③]正因为人有可借用的文化成果，每个人就无须每时每刻重新开始认识事物，无须每时每刻重新决定自己的行为。兰德曼认为人的创造力是一种主观精神，人创造的文化是“人创造力的凝固沉淀”，是“客观精神”[④]。文化最初是由个体创造而产生的，尔后又成为他人以及后代的思想、情感和活动所模仿和遵循的规范。“创造的人在他的文化创造中获得永生。人创造的成功是文化的创造。”[⑤]

尽管文化是由人创造的，并且是人使用文化，用文化来充实自己，但是文化并不是附属于人的，而是外在于人的独立存在。因为文化可以同它的创造者分开，也可以同它的使用者即承担者分开，并且可以由一个承担者向另一个承担者转移，被一代一代地向下传递。作为创造文化的个人必然要走向死亡和毁灭，而他们创造的文化成果却是不朽的。这样，文化世界同自然界一样获得了一种客观的意义。兰德曼说：“在一定程度上，文化与我们分离，如同自然先予的世界与我们分离一样。我们无法逃脱地站立在我们创造的文化世界中，也就象我们站在自然世界中一样。”[⑥]任何人一出生，必然面临着

① 兰德曼：《哲学人类学》，工人出版社 1988 年版，第 261 页。
② 兰德曼：《哲学人类学》，工人出版社 1988 年版，第 6 页。
③ 兰德曼：《哲学人类学》，工人出版社 1988 年版，第 259 页。
④ 兰德曼：《哲学人类学》，工人出版社 1988 年版，第 259 页。
⑤ 兰德曼：《哲学人类学》，工人出版社 1988 年版，第 260 页。
⑥ 兰德曼：《哲学人类学》，工人出版社 1988 年版，第 260 页。

两个世界，一个是自然世界，另一个是文化世界，他既要接受自然界的赋予，也要受到文化世界的影响。

但是，自然世界和人创造的文化世界对人的价值和意义是不同的。人类对自然的依赖远少于对文化的依赖。文化世界对人更具有本质意义。人类生活的基础不是自然的安排，而是文化形成的形式和习惯。这已为对人类历史的研究所证明。他说："正如我们历史地所探究的，没有自然的人，甚至最早的人也是生存于文化之中。我们人类学所探究的也是如此。"①历史研究证明，处于蒙昧时代和野蛮时代的人就生活在一定文化之中。甚至人类生活中最基本的事情，比如人们怎样渔猎采集，怎样吃饭和生殖，怎样养育后代等等，都不是基于自然，而是依据某种文化的习惯、风俗。德国人类学家利普斯用丰富的材料证明了这一点。原始人的文化集中体现在巫术中，原始人的世界是一个巫术的世界。在古老的部落中，原始人在狩猎以前往往用象征性的图画来代替狩猎的动物，用石击或用矛刺。古老的澳大利亚人在采集的季节里往往用哑剧模仿采集果实，把石头当作植物的块茎，拣起来放入篮中。印第安人在采集蔓陀萝草根之前必须致简短的祷词，不然他们不敢动神圣的蔓陀萝草根。当原始人获得一定的食物以后，也是按各地不同的风俗进行分配和处理。原始人的生育、对儿童的培育都是按一定风俗习惯进行的。兰德曼说，这些事实"显示了人并非仅仅只是在动物基础上加上一种特殊人性的动物。人性贯穿人之整体并始于人之根底"②。这就是说，人并不是附加在动物基础上有着特殊人的特征的一种动物，人一开始就是在文化的基础上产生的，并且是完整的。

兰德曼指出，人同时为必然和自由所统治。这里的必然是指人们必须吃饭、必须生产、必须与异性交往，如此等等，这是确定不移的；这里的自由是指人们能自由地决定如何吃饭、如何生产、如何与异性交往的生活方式，这种自由就是创造文化。"这是必然和自由的联盟。一旦人们出文化创造力驱动，人就可以使人超越必然而创造文化。"③人处在双重创造之中，一方面人们不断创造新的生活方式，另一方面在此同时人们就创造了一定的文化领域。

（3）离开人的文化创造不能正确说明人的创造性和自由

人是创造性的、自由的，在数千年的历史中，许多哲学家对之进行了论

---

① 兰德曼：《哲学人类学》，工人出版社 1988 年版，第 260-261 页。

② 兰德曼：《哲学人类学》，工人出版社 1988 年版，第 261 页。

③ 兰德曼：《哲学人类学》，工人出版社 1988 年版，第 262 页。

述。兰德曼对哲学史上关于人的创造性和自由的观点进行了简略的历史回顾。

在古希腊时代有过关于人的自由的论述，但只是讲了人决定的自由，没有论述人的创造的自由。真正关于创造的自由的思想是从文艺复兴时期开始的。人文主义者乔万尼•皮科借上帝之口描述了人的创造性和自由。当上帝创造了亚当之后，上帝对亚当说：“我没有给予你特别的形式，没有给你特别的遗传，于是，你将具有并掌握你所希望的装备，我们使其它所有创造物服从规定的法律。你是唯一不受限制的，并能够采用和选择你的意志所决定的东西。为了你的荣耀，你应该是自己的主人和建造者。你可能退化到动物，也可以上升到神性的高级阶段。”①

近代德国哲学家赫尔德（J. G. Herder，1744—1803）是现代哲学人类学的理论先驱，提出了人的创造性和自由的思想。赫尔德认为，动物只是卑微的奴隶，而人则是自由创造活动的人，是自由的有机体。人不再是自然界设计的一架驯服的机器，人把自己作为自己行动的目的。这正是人的伟大之处，同时也是人生是危险的之原因。自然把理性和自由交给人这个地球上如此脆弱的有机物，判断善恶、真假都依赖于人自己，并且人必须在这一切中作出选择。除了人自己，没有任何东西决定人的道路是上升还是下降。

兰德曼认为，人的创造性和自由的思想在存在主义哲学中达到了高潮。

存在主义的理论先驱尼采就论述了人的创造性和自由问题。尼采把人看成是未限定的可塑性，在人身上，创造物和创造者是统一的。人类的想象和不满足的意志永远建造新的理想形象，从而引导自己。尼采说：“与任何一种动物相比，人更不安全，更富于变化，更不确定……；与其它所有动物相比，人需要更大胆，更变化，更固执地反对命运。人是自身的伟大体验者，永远没法满足，永远不能达到。”人最大的危险是“过早停息，如同我们所见，动物以及大多数生物物种很早就到达了终点”②。

尼采的思想为存在主义哲学家海德格尔与萨特所继承和发挥。

兰德曼说：“海德格尔也认为自我设计自我。我们总是在筹划中已经超出我们，然后我们将计划变成现实。”③按照海德格尔的看法，个人的存在是优于一切其他存在的“此在”（Dasein）。个人在本体上是自由的，个人不断自我设计、自我筹划、自我创造，从而实现自我超越。海德格尔试图唤醒人们发

① 兰德曼：《哲学人类学》，工人出版社 1988 年版，第 249 页。

② 兰德曼：《哲学人类学》，工人出版社 1988 年版，第 253-254 页。

③ 兰德曼：《哲学人类学》，工人出版社 1988 年版，第 254 页。

挥自己的内在潜能，进行创造，表现自己的独特个性，走出碌碌无为的生活，走出与众人混同的“混沌”。

兰德曼对海德格尔的观点进行了批评。他指出，人的自我设计、自我筹划、自我创造的自由是受某种先定的事实限制的。第一，人的存在并不是从无开始，人从一开始就被抛入一定的历史环境之中，这种环境不是他自己选择的，在一定的历史环境中，共同的传统和所在的群体对个人都有塑造作用。传统和群体大致规定了个人未来的发展轮廓，我们的自我决定的可能性只在于深化它。“因此，当下决定自主权，皆由于过去生活的重量而被限制住了。”①第二，人的存在也不是悬挂在虚空之中，人从一开始就面对着具体生活环境的任务，这种任务也是我们自我决定的前提。我们依据这些具体任务，可以决定采用这种方式或那种方式来解决它。我们在这个任务规定的限度内有自我决定的自由，不可能有脱离生活环境的绝对自由。兰德曼指出，海德格尔仅仅看到人自我设计、发挥个人创造性的可能性，仅仅从极抽象的角度论述了人的创造性和自由的本体论结构，但他没有看到“创造内容自身”，即没有看到人的创造是一种文化创造，更没有看到这种文化创造是在一定历史条件下和现实环境中的创造。

萨特提出的人的存在先于本质的观点发挥了海德格尔的思想。在萨特看来，人的存在先于本质，就是说人既不是神按照自身的形象创造的，也不是理论上概括的人类永恒本质的样板，人的本质是由自己创造的。所以，人决定自己，人创造人，人总是不断地创造自身。因而人是自由的。自由不是人能拒绝和接受的礼物，它属于人的内在尚未决定性，人是被判定为自由的。自由是人高贵的基础，但也使人挑起了责任的重担。

兰德曼批评了萨特关于人的创造性和自由的理论，他说：“萨特的普罗米修斯的创造论，由于极大的夸张而陷入了错误。”②第一，萨特把人的创造性和自由问题狭溢地归结为伦理学问题。兰德曼认为人的创造性的发挥并不都是有意识的，人的无意识也起着重要作用，人的创造能力必须在人的无意识的沉默中成熟。而萨特只看到人应该有意识地创造自身，并要为自己的自由选择负责。“萨特的人类学狭隘地回归于伦理学：在伦理学中，有意识的决断居于最可敬的地位。”③第二，人的任何自由和创造性只是靠实现了客观的必

① 兰德曼：《哲学人类学》，工人出版社 1988 年版，第 255 页。
② 兰德曼：《哲学人类学》，工人出版社 1988 年版，第 257 页。
③ 兰德曼：《哲学人类学》，工人出版社 1988 年版，第 257 页。

然性才能获得其高贵性。在柏拉图那里，创造性服从理念，在康德那里创造性即普遍立法，也就是把必然规律给予自然界。他们的观点未必正确，但他们都意识到创造性同某种必然性的联系。而在萨特那里，离开客观必然性，仅仅描述了个体的自由和创造的不可重复性、独特性，这种表述就显得苍白无力了。因为甚至最独立的个性的创造也必须合乎规律，即“个人的规律”。如果不同任何规律相联系，那么创造就会成为任意的联系，就会退化为游戏。那样创造的主体不是真正自由的，而是狂想的。“这也是萨特的主体。作为一个哲学家，他不自觉地成为浪漫主义迷惑和放纵的同盟者。”①第三，从创造的两个层次看，人的创造者受外在力量的制约。第一层次是人的创造力之源，我们不能把创造完全归结于我们人自身，另外的力量，如社会的文化、民族、传统等，对人的创造性的发挥也有重要作用。第二层次是人的创造物，人所创造的东西也并不完全是人创造意图的沉淀，由于外在因素的影响，人创造的结果往往不是最初人的创造意图中的东西，有时我们会对我们创造的结果表示震惊。这正如歌德所说的：“我从祭坛上带来纯粹的火种，我点亮的却不是纯粹的火焰。”总之，在兰德曼看来，人不可能绝对自由地创造，萨特讲的个人的自由和创造，只是他头脑中的浪漫主义幻想。

通过历史的考察，尤其是通过对存在主义关于人的创造性和自由观点的分析批判，兰德曼认为脱离人的文化创造和文化背景，只是从逻辑和伦理的角度讲人是创造性的、自由的，是十分片面的。只有把人的创造看成是文化创造，并且把人放到文化背景中去考察，才能描述完整的人。

2. 人是文化的产物，人是文化的、社会的、历史的、传统的存在

兰德曼认为，人创造的是文化世界，而反过来人又成为文化世界的产物。完整的人既是创造文化的人，又是为文化所塑造的人，具体表现为以下四个方面。

（1）人是文化的存在

人是文化的存在有两层含义——“首先，我们是文化的生产者。但我们也是文化的创造物。”②在这种因果循环体系中，人创造文化，反过来文化塑造人。从文化的角度看，个人的创造力是文化产生的前提；从个体的角度看，

---

① 兰德曼：《哲学人类学》，工人出版社 1988 年版，第 258 页。

② 兰德曼：《哲学人类学》，工人出版社 1988 年版，第 264 页。

每个个体首先由文化决定，之后也许才会创造文化。人类始终生存于双重的历史意识中，人自身既是年轻的也是年老的，既站在历史的开头也站在历史的结尾。人创造未来文化时，他是年轻的，站在历史的开头；当他为过去的文化塑造时，他是年老的，站在历史的结尾。

没有一个人从萨特的“虚无”出发，一存在就具有自由的创造能力。人们一开始就需要采用人们过去的创造成果。人们能在广阔的运河中航行，而运河是在他人在很久以前开凿的。我们的诞生并非只带有个人的天赋，而是同时进入祖先积累承传给我们的“文化装备”之中。“除了我们自己创造的主观精神之外，文化给我们带来了客观精神。其实，我们的生活唯一要做的是，源源纳入供我们使用的客观精神的轨迹中。”[①]个人在其短暂的一生中只能创造很有限的一点，但每个人在文化中享受着人类世代创造的文化财富，从而使我们更加容易地生存，同时能达到比靠我们自身一人所能达到的更高的阶段。靠客观文化生存和创造，这是我们在陌生和充满敌意的世界上存在的唯一方式。

兰德曼认为人是文化的存在，文化就是人本身的不可缺少的一部分。人的生理，心理构造并不是人的全部，而只是现实的人的一部分。长期以来，人们只是探讨人的生理、心理特质，因此总是不能正确描述人。“只有在生理、心理特质之外加上其客观精神的根源，在自然规定之外加上文化规定，在物种的恒常遗传因素中加上虽然必然从属于其物种，但却因民族和时代的不同而变化的东西，这时人才得到完全理解。每一人类个体的生成，只是因为个体参与了超个体的且为整个群体所共有的文化媒介。”[②]人创造文化，文化构成人的一部分，人与文化是紧密联系在一起的。如果没有人的创造去实现文化，文化便不存在；如果没有文化，人也就是无。

（2）人是社会的存在

人是社会的存在的含义是：任何个人都不能离开其他人、不能离开人的群体而存在。关于这一思想，亚里士多德早就指出，人在天性上是社会的存在，任何人如果离开了与他人、与群体的联系，只能是野兽或神。费希特（J. G. Fichte，1762—1814）也指出，人只有在人之中才能成为人，如果人全然存在，那么人必然是复数。文化哲学人类学把人看成是社会的存在则立足于更

① 兰德曼：《哲学人类学》，工人出版社 1988 年版，第 265 页。

② 兰德曼：《哲学人类学》，工人出版社 1988 年版，第 266 页。

高的水平上，把人的社会性与人的文化性紧密联系起来。兰德曼说：“群体并非只是文化领域，它同时还是全部文化的保存者和转化者。为了成为全面意义的文化存在，我们必须首先和永远地作为社会的存在。因此，人是最有社会性的存在。”[①]这就是说，只有在人类群体构成的社会中，人所创造的知识经验、科学技术、规则制度等等文化成果才能作为客观精神保存下来并且传递下去，人只有在群体社会中生活才能成为文化的产物和文化的创造者，即人只有首先是社会的存在，才能是文化的存在。人是社会的存在，这与人同时又是最有个性的存在并不矛盾。“人是社会的，因为人是文化的创造物，人是个体的，因为人是文化的创造者。”[②]这就是说，人作为文化的产物是社会的，人作为文化的创造者是个人的。

由于文化起作用，人的社会群体比动物群体具有更深刻的作用。一个动物离开其物种的其他成员、离开其动物群体（例如为人所词养），它仍然能像在原来的环境中那样生长和活动，动物的活动是自然而然形成的。但人只有生活在由自己的同类结成的社会群体中，他的心理的、文化的潜能才能发挥出来，才能成为一个人。如果一个人从小孤独地成长，那么它的心理功能只能停留在儿童的水平上。如果一个人从小离开人类社会而在动物中生长，他会因为得不到社会文化的影响而接受动物的习性，他的文化才智必然泯灭。世界各地发现的狼孩和熊孩，就是因为从小离开社会群体，他们都不能直立行走和运用语言。

兰德曼认为，人是社会的存在，但只从人的社会内容中还不能完全理解人。因为社会不能建立完美的人性，建立完美的人性只有在文化中才能获得。社会是文化的保存者和传递者，只有通过参与社会才能获得文化。“但社会只是文化的前定条件。从人类学的观点出发，我们参与社会，只是为了获得更有决定性的东西，即变成文化的人。”[③]

（3）人是历史的存在

人是历史的存在有两层含义——“人具有超越和依赖历史的力量，他决定历史而且被历史所决定。”[④]

兰德曼认为人在长期的历史发展中创造的文化不是一种凝固不变的作为

---

① 兰德曼：《哲学人类学》，工人出版社 1988 年版，第 267-268 页。

② 兰德曼：《哲学人类学》，工人出版社 1988 年版，第 268 页。

③ 兰德曼：《哲学人类学》，工人出版社 1988 年版，第 269 页。

④ 兰德曼：《哲学人类学》，工人出版社 1988 年版，第 270 页。

单数意义的文化，而是无限丰富多样的作为复数意义的文化。上千年来，蜜蜂造的蜂巢永远是同样的形状，而人类创造的各种文化成果却不断变化。因此，人的文化本性包括了人的历史性。

一方面，人是一种超越历史、决定历史的力量。兰德曼认为，根本不存在一种永恒的、先验的、包含于人类本性中的“自然文化”（“自然国家”“自然宗教”等等），寻找这种“自然文化”的想法只是一种幻想。文化可以彻底规定为历史多变的现象。文化是人创造的，人与生俱来的或“先验的”东西并不是某种先定的文化标准或规范，而只是一种人的永不枯竭的创造文化的能力。这种创造能力是无穷的，它不会束缚在一定的内容上，它可以创造内容极为丰富多样的文化。人创造无限丰富多样的文化，人就超越和决定历史。他说：“文化最终不只是内在要素的发展，它也不是对外在东西的反应，它是自由的创造。我们超出历史的能力正在于此。”①

另一方面，人是依赖历史、被历史所决定的力量。兰德曼指出，不仅人创造了文化，文化也塑造了人。文化对人的塑造作用总是体现为一定历史条件下的文化对人的作用。人们创造历史的自由被束缚在一定历史之中，并且人们会随着变化了的历史环境而变化。在历史中人们的创造不仅模仿历史环境中的文化，甚至人们创造的文化都带有历史的风格。他说：“我们不同的过去使我们现在不同。”②因此从人类学的观点来看历史上的人，就把人划分为古希腊人、中世纪人、新教的人等等。

由于人依赖历史、被历史所决定，所以人是不断变化的。“正如不存在文化的永恒理想模式，也不存在人类的永恒理想模式。”③如同变化性是文化的规律一样，变化性也是人的规律。事实上，只是因为变化性是人的规律，因而也是文化的规律。人并不具有使自己保持永远不变的内在存在，人是历史地展示在外在领域中的。即使某些似乎独立于历史的最自主的活动，如祈祷和爱恋，也没有统一的、固定的准则，也是各不相同的。人的变化性以及复杂多样性是由历史的变化性和复杂多样性决定的。正如狄尔泰（W. Dilthey，1833—1911）所说：“人的类型溶化在历史之中”，“人是什么？他不靠对自己的苦思冥想来发现，而是通过历史来发现。”由于人类的存在和获得的内容只是由于历史的特殊性，所以对人类自身的系统分析必须服从对历史的分析。

① 兰德曼：《哲学人类学》，工人出版社 1988 年版，第 271 页。

② 兰德曼：《哲学人类学》，工人出版社 1988 年版，第 274 页。

③ 兰德曼：《哲学人类学》，工人出版社 1988 年版，第 274 页。

但是在复杂多样的人之中有没有统一的基础呢？兰德曼认为还是有的。他说："尽管人的历史显现方式存在着混淆的歧义性。在人的本性中必然有使它统一不变的基础的东西。人赋予自身的所有历史面貌不过是暂时的和变化的。"[①]那么，人的本性中统一不变的基础是什么呢？即人的本性是什么呢？在兰德曼看来，不确定性、创造性、可塑性与自我完善是人的本性。"人可以且必须总是从上一个不定性中重新赋予自己一定的面貌，这种模糊性、可塑性与自身完成的使命的交织，表现为一种历经所有变化而保持不变的人性。"[②]人创造的文化现象是历史的，人作为文化的产物也是历史的，但作为文化创造的核心——文化创造者则是永恒的。在这个意义上，人的本性确实存在。但人的本性不是作为创造的结果，而是创造其结果的过程。

（4）人是传统的存在

人是传统的存在有两层含义——人受传统的制约，人又超越传统。

传统是保存在某一群体中，并传给后代所使用的文化形式。支配动物行为的本能是靠遗传使之在同一条道路上流传下来。然而人的行为不是靠遗传，而是靠接受人们过去所创造的文化。人如何食用和生殖，如何穿衣和居住，如何说话以及如何看待这个世界，都是从过去人们所创造的文化传统中接受过来的。人必须接受和保存祖先造福后代的文化创造。人是文化的存在，也就必然是一种传统的存在。"通过传统，知识和技术如同救火线上的水桶一代一代地传递，而且靠典范传达给后世，于是前辈的传统引导着人们。"[③]

每个人都生活在传统之中，并为传统所制约。每个人都不可能离开传统，都会接受传统的影响。传统对人的影响一半是靠学习，一半是靠教育。通过学习和教育，人接受和保存了传统的文化，才能使人的内在能力得以发展。例如，语言的运用，人们从遗传得来的只是内在的说话能力，但人们只有生活在一定传统之中才能学会运用语言。如果一个人生活在另一种文化传统中，他必然会说另一种语言。如果一个人脱离了任何文化传统，尽管他有天生的说话的能力，他仍然会成为一个不会说话的哑巴。个人要想创造文化，就必须首先继承文化传统，站在文化传统的顶峰。"个体首先必须吸收与他相关的文化传统。个体首先必须爬上他出于其中的文化高度。"[④]人生活在传统中就

① 兰德曼：《哲学人类学》，工人出版社 1988 年版，第 276 页。
② 兰德曼：《哲学人类学》，工人出版社 1988 年版，第 276 页。
③ 兰德曼：《哲学人类学》，工人出版社 1988 年版，第 278 页。
④ 兰德曼：《哲学人类学》，工人出版社 1988 年版，第 278 页。

必然受传统的制约。“人根本上必须依靠个人决定和人同时必须依靠传统决定构成了矛盾冲突，在传统中，决定对人是先行的，必须接受的，人只有依照它而行事。”①

同时，人又创造和超越传统。兰德曼认为，一方面人受传统的制约，必须依靠传统来决定；但另一方面人所获得的一切并不都是传统给予的，又必须依靠个人的决定和创造。这是因为：传统同一定的现实总是有距离、有空缺的，它不可能把现在如何行动规定得十分详尽；传统本身不是十分清晰的，它们需要解释、甚至需要新的解释；传统不等于遗传，传统不是僵化的。遗传总是要求绝对遵循固定的路线，而我们与传统却可以保持一定的距离，我们可以肯定它，也可以否定它、放弃它，甚至背叛它。“尽管传统是保存的原则，但它是可选择的，因为它本身曾是被创造物，它由新的创造达到丰富和修正。”②个体最终并不是接受传统文化所提供给他的一切，而是有选择地接受，并不断创造新的文化，不断超越传统。所以，虽然人在身体方面一代比一代并无多大变化，但是，每一代在精神方面都进入了一个新天地。

由于人只有不断创造，不断超越传统才能不断进步，所以，越是把传统看得神圣不可侵犯，就会越压抑个体的创造性，社会发展就缓慢。相反敢于藐视传统而重视个人的创造性，社会就会加速发展。人类在早期虔诚地执着于不可侵犯的传统，把传统看成神圣的东西，是祖先的遗愿，任何对传统的背离都被认为是亵渎神灵，而受到惩罚。因此，社会基本上处于停滞状态。后来随着文明的发展，到古希腊以后，传统才逐渐失去了其僵化的性质，传统对个体的压抑也减轻了，个体可以藐视传统而相对自由地发展自己的内在创造力，从而为人类社会文化的发展开辟了新的方向。兰德曼认为，在文化转折时代，旧的传统已经崩溃，新的传统尚未形成，人的创造力会得到最充分的发挥，创造出伟大的文化成果。“个性的创造力，在文化的中间阶段显然会最自由地发展。这里是创造力的伟大时代。”③

哲学人类学从20世纪20年代创立以来，不断丰富发展，成为在当代颇有影响的哲学思潮。它之所以能引起人们重视，是因为哲学人类学尤其是兰德曼的文化哲学人类学对人的问题进行了有意义的探讨。

第一，哲学人类学适应哲学发展的趋势，把人的问题作为哲学的中心，

---

① 兰德曼：《哲学人类学》，工人出版社1988年版，第280-281页。

② 兰德曼：《哲学人类学》，工人出版社1988年版，第281页。

③ 兰德曼：《哲学人类学》，工人出版社1988年版，第284页。

对各门关于人的科学进行了概括，在研究人的哲学中独树一帜。古代哲学研究的重点是本体论，即世界是什么的问题。虽然普罗塔哥拉以及苏格拉底提出人的问题，把哲学从天上降到人世，但也未从根本上改变这一状态。近代哲学研究的主题是认识论问题。然而认识只是意识的一个功能，而意识也是全部人类生活的一部分。人不仅仅是意识的主体，而是生活的主体。只有弄清人本身，才能正确估价认识的地位和意义，19 世纪末，尤其是 20 世纪以来，产生了现代人本主义哲学，把人的问题作为哲学的主题。存在主义是现代人本主义哲学的典型。存在主义以孤独的个体作为其全部哲学的起点，专注于人内在的，不可重复的情感和心理状态，强调人的绝对自由和创造性。结构主义是作为反存在主义而出现的，它十分重视结构、整体、关系，否定部分与个体的意义，反对存在主义对个体人的强调，把个人看成是无足轻重的，如同乐谱中的一个音符一样，完全是由社会结构决定的，人是没有自由的。结构主义甚至主张把人从哲学中抹掉。哲学人类学也把人作为哲学的中心，把对人的哲学探讨同生物学、生理学、心理学以及各种人文科学结合起来。它不同于存在主义，也反对结构主义，在关于人的问题上独树一帜。它既重视人的整体，又强调人的个性、独立性；既强调人的创造性和自由，又重视社会文化对人的制约作用。正如兰德曼指出的，今天的哲学人类学已不再仅仅根据人类的抽象能力或人类分辨善恶的能力来解释人类，而是“把人类牢固地放在自然环境中，放在文化世界中，把人作为历史、文化、传统决定的存在进行研究”。[①]这为揭示人的本性开辟了新的途径。

第二，生物哲学人类学、文化哲学人类学反对把人二元化的理论，立足于用人的器官的特殊性来说明人的精神和创造性，并把人的创造与文化联系起来，这是对人的创造性认识的深入。从柏拉图到奥古斯丁的原罪说，以及笛卡儿的哲学和近代许多理性主义哲学家，都认为人是肉体与精神的统一，决定人之为人的是精神。这实际是把人的肉体和精神割裂开来的二元论。连哲学人类学的创始人舍勒也是如此。以格伦为代表的生物哲学人类学则从人与动物在身体器官上的区别出发说明人的非专门化、未确定性，并由此来说明人的精神和创造性。这就是说人的特殊肉体器官与特殊生物地位使人产生了精神，使人具有创造性，并且创造文化来弥补自己在自然方面的不足。兰德曼也正是这种思想的启迪下提出人是创造性的、自由的。这种把人的创造

---

① 兰德曼：《哲学人类学》“美国版前言”，工人出版社 1988 年版，第 8 页。

性和自由建立在人与动物在身体器官区别的基础上，较之于存在主义把人的创造性和自由选择建立在人的主观性之上更为恰当一些。并且兰德曼把人的创造看成是文化创造，这就把个人的创造性与社会生活联系起来，比存在主义只讲自己创造自己本质的创造性更深刻一些。

第三，兰德曼把人放在广阔的文化背景中，认为人是文化的、社会的、历史的、传统的存在，这样对人的认识就大大前进了一步。兰德曼认为，人创造了文化，人又是文化的产物——人是文化的存在；人作为文化的创造者与创造物只有在社会群体中才能实现——人是社会的存在；人既创造和超越历史，又受历史制约——人是历史的存在；人受传统的制约，又超越传统——人是传统的存在。这里他在一定程度上看到了人改造环境与环境制约人的辩证统一。这里讲的人对文化、社会、历史、传统的依赖，实际上是认为，自然赋予人的能动性和创造性只是一种潜在的素质，只有生活在一定社会历史的文化环境中，这种潜在的素质才会表观和发挥出来，转化为现实的创造活动。这就否定了存在主义脱离人的社会历史文化环境抽象地讲人的创造性和自由的观点。兰德曼指出，存在主义实际上是把人的创造性和自由的可能性当成了现实性，只不过是一种浪漫主义的幻想。他对存在主义的批判对我们正确认识存在主义是有参考价值的。

第四，兰德曼对人的本性的论述是有一定启发意义的。古代、近代哲学家大都认为人有一种固定不变的本性，并认为自己发现了这种不变的本性。现代西方的许多哲学家都否定了这种主张。尼采把人看成尚未定型的动物，萨特更认为人之初没有本质，是每个人创造了自己的特殊本质，完全否定人有统一的本性。兰德曼接受又改造了尼采的思想。他由文化的历史性论述了人的历史性，认为人是不断变化的，人是无限丰富多样的，反对认为人有永恒不变的固定本性。但同时又认为在不断变化、无限丰富多样的人中有其共同的统一的基础，在这个意义上存在着人的本性。人的本性不是一种固定的结果，而是一种创造结果的过程。

人的本性就是人的未确定性和创造性。这比存在主义完全否定人的本性又前进了一步。

但是，必须指出兰德曼的哲学人类学仍然存在着一些根本缺陷。

第一，兰德曼虽然对格伦的生物哲学人类学进行了批判，但他的文化哲学人类学仍然是建立在生物哲学人类学的基础之上的，仍然把人的生物学特性（非专门化）作为研究人的起点和基础，这是错误的。人不是在纯粹的生物条件下活动，人一开始就生活在社会文化的世界中。人类为了满足自己的需要进行的最初、最基本的活动是生产劳动，这些生产劳动在社会中是以文化创造的形式来实现的。因此生产劳动是人的真正现实的起点，是理解社会历史的钥匙。只有从生产劳动出发，才能正确揭示人的本质。

第二，兰德曼的文化哲学人类学对文化停留在笼统的、模糊的认识上，没有对文化进行深入的分析研究，因此不可能正确说明人的本质。兰德曼认为人自由创造的一切都是文化，把它们笼而统之地一样看待。其实人所创造的文化成果是丰富多样的，它们之间的关系是极其复杂的，它们所起的作用也是大不相同的。在人创造的文化成果中最基础的东西是生产工具，劳动者与生产工具相结合就形成了生产力，人们创造的知识经验、科学技术凝结或渗透到生产力的基本要素之中就转化为现实的生产力。人们在创造生产力的同时也创造了人与人的一定关系即生产关系。生产力与生产关系的统一是生产方式。生产方式虽然是人的文化创造，但却是不以人的意志为转移的客观存在，而且是整个社会生活的基础。是社会发展的决定力量。在一定生产方式下人们在生产和生活实践中创造了语言、文字，创造了一定的风俗、习惯等等。生产关系的总和构成社会的经济基础，在一定经济基础之上人们又创造了上层建筑，它包括道德、艺术、宗教、哲学、政治法律思想等意识形态，也包括国家、法律、军队、法庭等制度与设施。这些都是人创造的文化成果。整个社会归根到底是由生产力的发展引起生产关系的变革，并进一步引起上层建筑的变革的有规律的发展过程。只有在对人创造的文化成果进行深入分析研究的基础上，才能正确说明社会的本质和社会历史的发展规律，也才能正确说明这些文化因素对人的不同作用，才能正确说明人的本质。兰德曼把人说成是文化的存在，却对文化本身没有分析研究；把人说成是社会的存在，却把社会简单地理解人类的群体，根本没有分析复杂的社会结构；把人说成是历史的存在，却没有认真研究社会历史的发展规律；把人看成传统的存在，对传统也没有分析积极作用和消极作用。这样，虽然指出了人是文化的、社会的、历史的、传统的存在，但也不会正确地描绘人的完整形象。

第三，兰德曼没有对文化进行阶级分析，就完全忽略了人的阶级性。兰德曼把人创造的文化成果都说成是对人的自然缺陷的补偿，是为全人类服务的，这是错误的。人类在原始社会中创造的语言、知识、经验的发展以及生产工具的改进，使生产力不断发展，造成剩余产品的出现和生产资料私有制的产生，于是就产生了阶级。在阶级社会中，人们创造的文化成果中有一些是没有阶级性的，如工具、科学技术、语言、逻辑等，但有相当一部分是有阶级性的。在阶级社会中，生产关系本质上是一种阶级利益的关系。人们在不同的阶级地位中生活，创造了不同风俗习惯，创造了不同的理论观点、道德观念、宗教学说与哲学世界观，它们代表不同的阶级利益，为不同的阶级服务。在阶级社会中占统治地位的思想是统治阶级的思想，它是统治阶级统治人民群众的思想工具。至于统治阶级所建立的国家、法律等政治上层建筑，更不是为所有人服务的，它是经济上占统治地位的阶级进行阶级统治的暴力工具。人是文化的存在，文化中有相当一部分是有阶级性的；人是社会的存在，人在社会的不同阶级地位中生活，所以在阶级社会中人是有阶级性的。兰德曼对文化、对社会都没有进行阶级分析，也不可能看到在阶级社会里人的阶级性。

（四）弗洛伊德的人性即性本能与对非压抑文明的向往

弗洛伊德的精神分析学说，在当代西方人性理论中具有不可忽视的地位，有着十分广泛的影响。

弗洛伊德的精神分析学说产生于20世纪初。严重的经济危机、对犹太人的迫害、第一次世界大战，使精神病患者空前增多，这为精神分析学说的创立和发展提供了社会土壤。

弗洛伊德（S. Freud，1856—1939）是奥地利精神病医生。他出身于原奥地利弗莱堡镇（现属捷克）的一个犹太籍的商人家庭里，四岁时随全家搬到维也纳。1873年进维也纳大学医学系学习，1881年获得医学博士学位。第二年开始从事精神病的治疗和研究工作。在西方，长期以来，精神病患者被看成是妖魔附体，用残酷虐待患者的方法来驱赶附体的妖魔。18世纪法国大革命后，倡导尊重人权的人道主义思想得到广泛传播，精神病才被看成一种疾病，精神病患者才为社会所收容并给予治疗。弗洛伊德在人道主义思想的影响下，不顾当时的社会偏见，毅然决定从事精神病的治疗和研究。当时关于精神病的理论主要有两派。一派是从人脑的机体方面寻求精神病的原因，被称为“肉体派”，当时这一派占统治地位。另一派则认为精神病的原因不在于大脑机能的损坏，而在于精神，被称为“精神派”。弗洛伊德加入了“精神派”的学派，积极开拓治疗精神病的新途径。

弗洛伊德开始用催眠疗法，后来放弃了催眠疗法，采用精神分析法对患者进行治疗。精神分析法就是让病人在觉醒的状态下自由联想和谈话，医生对病人的心理进行分析，帮助病人发泄压抑的情绪，解除病人的精神压力。他正是在对病人精神分析的医疗实践中，创立了精神分析学说。这种学说的核心思想就是关于人的本性的学说。

1. 人是非理性的人，无意识的本能欲望是人的整个精神活动的基础

在西方古代和近代，长期以来是理性主义占主导地位，认为人是理性的人，也就是认为人的精神、心理是意识，是理性。而弗洛伊德则与此相反，认为人是非理性的，人的精神、心理主要是无意识（潜意识）的，无意识的本能欲望是人的精神活动的基础。

弗洛伊德通过对精神病患者的精神分析，发现并证明了无意识活动的存在。

弗洛伊德在对病人的治疗中发现，一些精神病患者做着别人无法理解的强迫性动作，患者在动作时也不了解自己为什么这样做，只是觉得不这样做内心十分焦虑与痛苦。患者痊愈之后，对自己的活动又完全遗忘。根据这种情况，弗洛伊德认为，这是由于有一种自己意识不到的精神历程（无意识或潜意识）在起作用。他说："她（即患者——引者）的内心一直有某些精神历程在进行着，而强迫动作乃是它的结果；她照常地知道结果；但在此结果之前的历程，在意识中则一无所知。这就是我们所说的在我们心中发生的潜意识的精神历程"。①

在弗洛伊德看来，这种无意识的精神活动是一种被压抑在内心深处的欲望和观念，并且有浓厚的感情色彩。这种被压抑的欲望并没有消失，仍潜藏在心中，在受到特殊心理刺激后，它就会冲出来，产生变态的心理反应，以身体的不正常的活动发泄被压抑的欲望，就造成精神病。他说："被囿限于潜意识的思想产物，由于其情感价值甚大，不能不力求表达力求宣泄，终于在歇斯底里症里经由转化的历程而以肉体的变化表现出来——这便是歇斯底里的症状。"②

---

① 弗洛伊德：《精神分析引论》，商务印书馆 1984 年版，第 218 页。

② 弗洛伊德：《性学三论》，见《爱情心理学》，作家出版社 1986 年版，第 41 页。

弗洛伊德不仅在精神病患者身上发现并证明了无意识活动的存在，而且通过对正常人的一些不被人注意的精神活动进行研究，指出无意识是人的正常精神活动。

首先，幼儿的活动是无意识活动的直接表现。幼儿时期是获取印象、保存记忆能力最强的时期，然而，人们却对自己幼儿时期的情景一无记忆。这是为什么呢？弗洛伊德认为，人们对幼儿时期活动的遗忘，类似于精神病患者痊愈后对自己病时活动的遗忘。这种遗忘并不是消失，而是被压抑到内心深处去了。因为幼儿的本能活动也是无意识活动的表现。如幼儿喜欢光着身子跑来跑去；想吃什么就要什么，不然就大哭大闹；随地大小便，等等。这些活动都是幼儿欲望的直接满足。但随着人的成长，意识越来越发达，这些无意识的活动为意识所不容，被压抑到内心深处，不许它们再现。弗洛伊德说："所谓的遗忘，并不是幼儿期印象的真正遗忘，却和成年的心理症患者所表现的遗忘症十分近似，它们皆远离意识。"①

其次，人们日常生活出现的大量错误行为——口误、笔误、动机性遗忘等——都是无意识存在的标志。对于这类错误，大多数人都认为这纯粹是偶然的现象，没有意义。弗洛伊德认为这类错误也有其因果必然性，这类错误的背后都有一种潜在的无意识活动在起作用。比如一位政治家在一天夜里做会议主席，在宣布开会时他站起来说："我宣布闭会！"这种口误是由于他过度疲劳，无意识中有闭会的愿望。在希特勒统治的德国，一个校稿员，把某文的公式化结尾"向希特勒致"（Heil Hitler）排成了"给希特勒治病"（Heilt Hitler），因而被抓进牢里，他辩称这是一个错误。弗洛伊德认为，他的错误潜意识地表达了他希望上帝能治好希特勒的疯狂病。在弗洛伊德看来，在正常情况下，人们的意识压抑着无意识，但一旦意识放松了对无意识的控制，无意识活动以种种形式表现出来，就出现了种种错误行为。他认为错误行为与精神病的机制是一致的，错误行为也是病态，只不过出现在较不重要的精神活动里。

再次，梦是被压抑在内心深处的无意识活动最重要、最普遍的表现。弗洛伊德在同精神病患者接触中，发现大多数病人谈到梦。他通过对病人的梦、自己的梦进行分析，指出梦既不是鬼神的显灵，也不是毫无意义的，梦是无意识欲望的满足。在睡眠状态中，意识放松了对无意识的控制，无意识的欲

---

① 弗洛伊德：《性学三论》，见《爱情心理学》，作家出版社 1986 年版，第 57 页。

望经过改装之后进入意识层，于是形成了梦。隐藏在内心深处的无意识欲望是“隐梦”，经过改装进入意识层的是“显梦”。由隐梦变做显梦的过程叫“梦的工作”，由显梦揭示隐梦即隐藏的欲望的过程叫“梦的解释”。他通过对梦的分析证明了无意识活动在正常人身上的存在：“梦提供了证据表明，受压抑的材料甚至在正常人身上也继续存在着并仍具有精神活动的能力。梦是这种受压抑材料的现象之一。……受压抑的精神材料在清醒状态中由于矛盾态度的相互中和而无法得到表达和为内部知觉所感受，但夜间在妥协构成物的指使下却找到了闯到意识的道路和方法。”[①]正因为这样，对梦的解释是认识无意识活动的重要途径。

弗洛伊德通过对精神病患者和正常人的一些精神活动的研究，发现并证明了无意识活动的存在，指出人的精神活动有三个不同层次：意识（conscious）、前意识（preconscious）、无意识（unconscious）。

意识是指人自己觉察得到或体验得到的一切心理活动，包括感觉、知觉、表象、想象、思维、情感、意志等。人们正常的活动都是有意识的活动。它具有自觉性、目的性、社会性和语言性的特点。

前意识是无意识的一部分，是意识与无意识的中介。它的内容来源于无意识，又充分利用从意识系统得来的东西装扮自己，像是无意识和意识的混血儿。因为它具有变成意识的可能，所以称之为前意识。它的主要功能是在意识和无意识之间充当检查者的角色。

无意识是被压抑在内心深处、不为人所知觉、不会回忆起来的精神活动。它的内容就是原始的本能欲望。它是最低级的、最初始的精神活动，具有原始性；它同脑神经冲动直接相联，犹如在人内心深处运行的火苗，时刻想要冲破意识的罗网，求得自我实现与自我发展，具有向上发展的活跃性；它没有知识的内容，无法用语言来表达，不受社会生活原则的制约，具有非理性、语言性、非社会性；它受到意识的控制与压抑，具有被压抑性。

意识、前意识、无意识三者之间的关系怎样呢？弗洛伊德用空间关系形象地说明三者的关系。他说：“这个关系最好说明如下：每一个单独的历程都先属于潜意识的心灵系统；然后在某种条件之下，由这个系统更进而为意识的系统。关于这些系统的最粗略而便利的概念是一种空间的概念。因此，潜意识的系统可比作一个大前房，在这个前房内，各种精神兴奋都象许多个体，

---

① 弗洛伊德：《梦的释义》，辽宁人民出版社 1987 年版，第 566 页。

互相拥挤在一起。和前房相毗连的，有一较小的房间，象一个接待室，意识就停留于此。但是这两个房间的门口，有一个人站着，负守门之责，对于各种精神兴奋加以考察、检验，对于那些他不赞同的兴奋，就不许它们进入接待室。这个比喻现在可用以扩充我们的名词。前房内，潜意识内的兴奋不为另一房子内的意识所察知，所以它们开始是逗留在潜意识内的。它们如果进了门口，而为守门人赶出来，那么它们就不能成为意识的；那时我们便称它们为被压抑的。但是就是被允许入门的那些兴奋也不一定成为意识的；只有在能够引起意识的注意时，才可成为意识。因此第二个房间可称为前意识的系统。”①

从弗洛伊德的论述可以看出，意识、前意识与无意识的关系是：（1）意识只是前意识的一部分。前意识好比一个黑暗的房间，意识好比一点流动的灯火，灯火照到什么地方，就亮到什么地方。两者虽有界限却无鸿沟。（2）意识与无意识之间壁垒森严，意识只有对无意识进行严格控制和捡查，才能排除无意识的干扰，保障人的正常活动。（3）无意识是前意识和意识的基础，这是三者关系中最重要的一点。

弗洛伊德认为，无意识是整个精神活动的基础和实质。他说：“撤消对意识性质的过高评价是真正洞悉精神事件过程所必需的开端。正如利普斯所说，必须把潜意识当作精神生活的一般基础。潜意识是包含了较小的意识范围的更大范围。每个意识内容都具有一个序言性的潜意识阶段，而潜意识却能停留在此阶段上，并仍需被看作具有充分的精神功能。潜意识是真正的精神现实。”②无意识之所以是整个精神活动的实质和基础，是因为：第一，无意识是原始的精神活动，意识是在无意识的基础上发展而来的，无意识与意识的关系是源与流的关系。比如幼儿出生以后，无意识本能不断表现出来，但现实条件和社会环境却不断地教训儿童本身，使他们那些不符合现实条件和社会生活的无意识活动不断遭受打击，使幼儿的无意识的一部分发展成为意识。

第二，无意识在整个精神活动中占绝大部分，而意识只是其中的一小部分。虽然幼儿无意活动中的一部分可以发展成为意识，但绝大多数未能发展成为意识，被压抑在内心深处。弗洛伊德把无意识比作一个大前房，前意识只是一个小接待室，意识只是小接待室里的一盏灯；把无意识比作一个大圆

① 弗洛伊德：《精神分析引论》，商务印书馆 1984 年版，第 233 页。
② 弗洛伊德：《梦的释义》，辽宁人民出版社 1987 年版，第 570-571 页。

圈，意识只是大圆圈中的小圆圈。

第三，无意识为整个精神活动提供动力。一方面，无意识直接从大脑的神经冲动获得能量，为意识活动提供能源；另一方面，无意识不断向意识冲击，使意识保持警觉性、活动性。

由于弗洛伊德把无意识看成是整个精神活动的基础，有人把他这种学说称之为“冰山学说”。即人的整个精神就象一座漂浮在海上的冰山，露出水面的部分是感觉得到的各种意识活动，藏在水下的部分是觉察不到的无意识。就像水下的冰块远远大于水面上的冰块一样，无意识就其数量而言大大超过了意识部分。而且，如同冰山的水下部分是水上部分的基础那样，无意识是一切意识活动的基础。一切心理活动都是以无意识的存在及活动为基础的，深伏于内心深处的无意识是决定一切心理现象的内在本质。

弗洛伊德说，精神分析学说有两个命题最足以触怒全人类，“精神分析的第一个令人不快的命题是：心理过程主要是潜意识的，至于意识的心理过程则仅仅是整个心灵的分离的部分和动作”①。以前人们认为心理的就是意识的，精神分析学否认这种说法，认为思想和欲望都可以是无意识或潜意识的。“对于潜意识的心理过程的承认，乃是对人类和科学别开生面的新观点的一个决定性的步骤。”②

2. 性本能是无意识活动的核心，是人的创造力的源泉

弗洛伊德把无意识说成整个精神活动的基础与实质，而无蒙识在内容上就是人的本能欲望，人的本能活动就是无意识活动的表现。在早期，他把本能分为自卫本能和性本能。自卫本能包括吃的本能和害怕危险的本能。性本能就是生殖本能。晚期，他把这两种本能结合在一起叫“生的本能”，与之相对又提出“死的本能”。这是他在第一次世界大战中，看到人们疯狂地屠杀和破坏，于是认为这是由于人有一种破坏和侵犯的本能，即死的本能。生的本能与死的本能是对立的两极。生的本能代表着爱和建设的力量，而死的本能则体现着恨和破坏的力量。生的本能欲望强烈追求某种器官的愉快和机能需要的满足。死的本能欲望则是追求在对外破坏和侵犯中获得满足。当对外界有所破坏时会感到满足，当对外侵犯受到挫折时，往往表现出一种自我破坏

---

① 弗洛伊德：《精神分析引论》，商务印书馆 1984 年版，第 8 页。
② 弗洛伊德：《精神分析引论》，商务印书馆 1984 年版，第 9 页。

的倾向。人的生命就是生的本能与死的本能相互结合、相互排斥的结果。

在人的本能中，弗洛伊德最强调性本能。但他对“性”有广泛的理解。通常人们把“性的”看成是“生殖活动”的。但弗洛伊德认为，性冲动是广义的快感冲动。生殖活动虽然是性的重要表现，但除此之外还有其他表现形式，如接吻、抚摸等，一切快感都直接或间接同性有关。所以弗洛伊德是个泛性论者。他说：就“性的”一词而言，“大多数人以为这个词和‘生殖的’——或者更精确地说，和‘生殖器的’含义相同，至于我们则把不属于生殖器的以及无关于生殖的各事也可以认为是性的’”[①]。他还认为性本能后面有一种心理能量“里比多”（Libido，亦译为“性原欲”），它驱使人们追求快感，就类似于饥饿感驱使人们去寻食。

为什么说性本能是无意识的的核心呢？

第一，精神病经常同性问题相关。弗洛伊德在《自转》中说，现在我已经从经验的快速增进积累中，知道在神经质现象的背后，并不是有任何情绪激奋在作祟，而通常都是因为早年的性经验或新近的性冲突所引起的。他认为病人不能在现实中满足的性欲目的，就无意识地在幻想中用症候来达到满足性欲的目的，所以症候实际上是不能满足的性欲的代替物。

第二，在人们被压抑的本能欲望中，最使人感到羞怯而不愿意表露的是性本能欲望。人的性本能欲望从小就受到父母、师长和社会环境的压抑，不允许表现，因此被压抑的本能欲望中绝大部分是性本能欲望。在弗洛伊德看来，梦是被压抑欲望在幻想中的满足，梦大多与性有关，梦中的许多形象都是性的象征。他说：“梦中大多数的象征都是性的象征。和性有关的事物很少，而其用以象征的数目则多得不可胜数。”[②]如梦中的树、杖、枪、刀、飞机、伞等，他认为都是男性生殖器的象征；如梦中的房屋、保险箱、火炉、船艇等，他认为都是女性生殖器的象征。

第三，孩童时期的性心理影响一个人一生的心理发展特征。弗洛伊德在分析性欲发展史时，一直追溯到儿童时期。他把性欲的发展分为四个时期：从出生到 5 岁为幼儿期；从 5 岁到 12 岁是潜伏期；从 12 岁到 18 岁为青春期；18 岁以后是生殖期。其中最重要的是幼儿期。

幼儿期的性欲发展又分为三个阶段。在每一个阶段上都有一个特殊的身

---

① 弗洛伊德：《精神分析引论》，商务印书馆 1984 年版，第 254 页。

② 弗洛伊德：《精神分析引论》，商务印书馆 1984 年版，第 115 页。

体区域成为兴奋和满足的中心，弗洛伊德称之为“性觉区”。第一阶段从出生到1岁半是口腔期，这时的性觉区是唇舌。婴儿的吸吮活动显示了他最初的性冲动。母亲的乳房是他性本能的第一个对象，以后儿童吸吮手指来取得性的满足。第二阶段从1岁半到3岁，这时的性觉区是肛门，儿童通过解大便所得到的轻松的快感为满足。第三阶段从3岁到5岁，是性器期，是最危险的阶段。在这个阶段，女孩产生恋父仇母情结，男孩产生恋母仇父情结，由于希腊神话中有一个俄狄浦斯不自觉地杀父娶母的故事，他把男孩这种情结叫“俄狄浦斯情结”（Oedipus-comlpex）。

弗洛伊德认为幼儿期的这三个阶段是否能顺利通过对儿童将来的心理特征具有决定意义。如果不能顺利通过，固定或回归到某一阶段，就会造成心理生活的不正常。固定于或回归到口腔期的人格，称为“口腔人格”，其特征是：惯于吸吮指头和咬指甲盖，好吸烟，贪食，过度的依赖性，不现实而富于幻想等。固定或回归于肛门前期的人格，称为“肛门人格”，其特征是：固执，吝啬，过度整洁，喜收藏，言辞富于学究气等。同理还有“性器人格”，其特征为：鲁莽、冲动，胆小怕事却故意装大胆等。只有所有阶段都顺利通过的“生殖人格”才是最健全的人。

第四，性本能是一切创造力的源泉，科学、艺术等是性本能的升华。

弗洛伊德认为，性本能的活力是不能被完全抑制住的，当它受到社会文明的限制而不能满足时，便升华到对社会有益的活动中，从而创造出科学、艺术等社会文化成果。他说：“性本能一旦受制于文化，没有能力求得全盘的满足，它那不得满足的成分，乃大量升华，缔造文明中最庄严最美妙的成就。”①

升华，指被压抑的本能欲望转向社会所许可的创造性活动，从而获得变相的、象征性的满足。比如，人有对外侵犯和破坏的本能，如果对他人和社会进行攻击和破坏，是社会不能容许的，如果人成为一名外科大夫，既对他人有所破坏，满足了自己的破坏本能欲望，同时又对他人对社会有好处，为社会所容许。在弗洛伊德看来，性本能欲望可以通过升华为科学和艺术等创造性活动，得到变相的满足。

弗洛伊德在1910年出版了《列昂纳多·达·芬奇》一书，用性本能升华的观点来解释达·芬奇的科学和艺术创造活动。弗洛伊德通过追溯达·芬奇

---

① 弗洛伊德：《爱情心理学》，作家出版社1986年版，第143页。

幼儿时期的性欲活动，说明他有强烈的恋母情结，指出其艺术创造就是恋母情结的升华。关于达•芬奇幼童时期的材料极少，在他所记的科学笔记中有这样一段："我似乎注定与秃鹫有缘。我想起我最早的一个记忆，那时我尚在摇篮中，一只秃鹫朝我飞落下来，以其尾撞开我的嘴巴，并以尾多次冲撞我的嘴唇。"弗洛伊德指出，达•芬奇在摇篮中的记忆是不真实的，与其说是记忆不如说是幻想。他认为秃鹫在古埃及神话中是母亲的象征，并传说只有雌性，所以秃鹫以尾撞开小芬奇的嘴象征母亲对他的哺乳和亲吻，充满性的意义。小芬奇在5岁以前跟随着被遗弃的生母卡特琳娜，过着有母无父的生活。母亲的亲吻刺激了他对母亲的依恋和性的早熟，这种恋母情结升华，为他后来的科学探索和创造活动提供了巨大的动力。达•芬奇还完成了名画《蒙娜丽莎》。弗洛伊德认为，达•芬奇从《蒙娜丽莎》的模特的脸上和唇间发现了他母亲那样的微笑，唤起了他无意识中对母亲的爱，于是便以高超的技艺把那迷人的美连同自己的感情全部表现在画布上，以致使那微笑具有巨大魔力。

弗洛伊德认为，艺术就是性本能升华的结果。文艺创作是想象的结果，是创造在现实中并不存在的人物和故事，来满足自己的本能欲望，并为社会提供文艺作品。莎士比亚失恋于玛丽•菲东，他在《哈姆雷特》中创造了阿菲利亚这一人物。屠格涅夫迷恋一个平庸的歌女，在他的作品中创造出许多热情奔放、博学多才、有理想的女性。弗洛伊德说："艺术家就象神经症患者一样，他退出无法得到满足的现实世界，进入一种想象的世界；但是，他又不同于神经症患者，他知道如何寻找一条回去的途径，并再在现实中获得一个坚实的立足点。艺术家的创造物——艺术作品——恰如梦一般，是无意识愿望在想象中的满足。"[①]同时，艺术作品又可以引起他人的兴趣和共鸣，唤起和满足他人相同的无意识的愿望冲动。

弗洛伊德指出，精神分析学说足以触怒全人类的第二个命题就是主张性本能是无意识的核心，是创造力的源泉。"第二个命题也是精神分析的创见之一，认为性的冲动，广义的和狭义的，都是神经病和精神病的重要起因，这是前人所没有意识到的。更有甚者，我们认为这些性的冲动，对人类心灵最高文化的，艺术的和社会的成就作出了最大的贡献。"[②]

① 《弗洛伊德自传》，上海人民出版社1987年版，第94页。

② 弗洛伊德：《精神分析引论》，商务印书馆1984年版，第9页。

3. 人的本能欲望与社会文明是对立的

弗洛伊德在晚期，注重从人的现实生活考察人的精神活动，提出精神人格与社会文明学说，论述了人的本能欲望与社会文明的冲突和对立。

弗洛伊德提出，人的精神人格由三部分构成：本我（Id）、自我（ego）、超我（superego，或超自我）。

本我就是被压抑的人的无意识的本能欲望。本我是同肉体联系着的，肉体是它能量的源泉，本我是贮存心理能量的地方。他说："我们是用比喻看待本我的：我们认为它是混乱的，象是一口充满了沸腾着的各种兴奋剂的大锅。我们假设它的某一点与躯体的影响相通，在那里本我吸取了各种本能的需要，使它们获得了精神表现。"①

本我与无意识有什么区别呢？弗洛伊德认为，无意识这个概念给人一种印象，似乎它就是意识不到、觉察不到。其实，觉察不到只是被压抑的本能欲望的一个表面特征，而且容易引起混乱。一是容易与前意识混淆，因为前意识也是当时觉察不到的；二是在超我和自我中有一部分也是觉察不到的。他指出："无意识与被压抑的东西并不一致；所有被压抑的东西都是无意识的，这仍然是正确的；但并不是所有的无意识都是被压抑的。"②因此，需要用一种更好的、不致引起误会的名字来称这种本能欲望，这个新名字就是"本我"，本我准确地抓住了被压抑的本能欲望的特点。

本我的活动原则是快乐原则，就是无条件地追求快乐和满足。它即不考虑现实条件、客观规律，也不顾社会的善恶、是非标准。弗洛伊德认为婴儿的精神人格完全属于本我。婴儿没有羞恶的观念，其全部生活都受欲望的支配，不管条件和社会道德，处处要求满足自己的欲望，寻求快感。他说，孩子在幼时常毫无隐蔽地暴露自己的利己主义，"他们都顺其自然地暴露自己的兽性"③。如 2 岁半到 4 岁的孩子，当小弟弟小妹妹出生时，常说自己不喜欢这个新孩子。有一个小孩汉斯，在 3 岁半时，对新生的小妹狂热地表示"我并不希望有个妹妹"，甚至希望母亲有一天会在浴缸里失手而使小妹淹死。随着小孩年龄的增长和经验的积累，教育和习俗的影响，人不再盲目追求满足，渐识时务，从本我中分化出自我。

---

① 弗洛伊德：《精神分析引论新讲》，安徽文艺出版社年版，第 81 页。

② 弗洛伊德：《自我和本我》，见《弗洛伊德后期著作选》，上海译文出版社 1987 年版，第 165 页。

③ 弗洛伊德：《精神分析引论》，商务印书馆 1984 年版，第 246 页。

自我是精神人格中的理性部分，是现实化了的本我。在弗洛伊德看来，自我就是本我中由于接近外部世界而改变了的那个部分。“当本我盲目地追求本能的满足时，它就会无视最强大的外力量，从而不可避免地导致自身的毁灭。”①即使不毁灭也会导致痛苦。为了避免痛苦和毁灭，就必须认识现实，就必须有自我。

自我的活动原则是唯实原则或现实原则。自我也是以快乐和满足为目的，但它不是立即直接地要求满足，而是考虑到现实条件。现实允许的就去做，满足本我的要求。现实不允许的则继续压抑到无意识领域中去。自我基本上是外部现实的代表，它是以对外部现实的知觉为核心的。所以，自我一般是有意识的，是理性的。

自我的功能在于满足或压抑、控制和调整本我的无意识活动。弗洛伊德说：“从整体来看，自我必须执行本我的意图，它通过发现能够使本我的意图完满实现的各种环境来完成这一任务。自我与本我的关系可以比作骑手与马的关系。马供给运动的能量，而骑手的权力则在于决定运动的目标和指导这个强壮动物的运动。但是在自我和本我之间却经常出现不理想的情形：在这种场合，骑手往往不得不引导马沿着它自己想要去的路行进。”②

超我是社会化、道德化的自我，是遵从社会原则和道德规范的精神活动。超我是一个由父母、师长指示而形成的、在人的精神世界起作用的结构。超我主要包括良心和自我理想。良心就是人的内心道德信念，良心能规范自己的行为，做了违反道德的行为，要受到良心的责备而自我悔改。弗洛伊德认为，良心是由父母施行惩罚的职权变成的。婴儿是无所谓道德的，他们并不具有对自己追求快乐冲动做内心抑制的能力，父母于是以惩罚限制儿童。后来这种外部的限制内在化了，“超自我取代了父母的力量，并采用和以前父母对待孩子完全同样的方法，来监视、指导和恐吓自我”③。自我理想就是说，人应有超越现实生活的更高精神境界，把个人生活与社会和人类联系起来。

超我的活动原则是理想主义和至善原则。“超自我代表了每一个道德限制，它是追求完美的倡导者——简单地说，超自我就是我们从心理学方面所能把握的、被描述为人类生活的较高层次的那种东西。”④超我是社会道德的

① 弗洛伊德：《精神分析引论新讲》，安徽文艺出版社 1987 年版，第 84 页。
② 弗洛伊德：《精神分析引论新讲》，安徽文艺出版社 1987 年版，第 86 页。
③ 弗洛伊德：《精神分析引论新讲》，安徽文艺出版社 1987 年版，第 67 页。
④ 弗洛伊德：《精神分析引论新讲》，安徽文艺出版社 1987 年版，第 73 页。

代表。它的主要职能是以社会道德原则指导自我，并通自我去限制本我的盲目冲动。

弗洛伊德认为，现实的人既是本能的人，又是理性的人和社会的人，是本我、自我、超我三者合为一体的人。由于三者的性质和遵从的原则不同，三者总是存在着激烈的冲突。本我是人的原始动物性，其本性按快乐原则活动，不服从理性和道德原则。自我努力使本我的要求合情合理，按理性原则行动。超我则更高一级，不但要求本我的活动是合理的、现实的，而且要求它与社会道德相一致，在远大理想指导下活动。这三者协调一致是很困难的。因为本我是不能泯灭的、难以约束的；超我是严厉的；现实外界又是冷酷无情的。弗洛伊德说："有一句格言告诫我们：一仆不能同时服侍两位主人。然而可怜的自我却处境更坏：它服侍着三位严厉的主人，而且要使它们的要求和需要相互协调。这些要求总是背道而驰并似乎常常互不相容。难怪自我经常不能完成任务。它的三位专制主人是外部世界、超自我和本我。"①"自我就是这样被本我所驱使，受超我所限制，遭现实所排斥，艰难地完成它的效益任务，使它所遭受种种内外力量和影响之间达到调和；现在我们能理解：为什么我们常常会抑制不住地呼喊：'生活多么不容易啊！'"②

尽管如此，要使本我与现实、本我与超我协调起来，还得靠自我调节它们的关系。自我根据现实情况有选择地满足本我的要求，自我一方面接受超我的影响，用社会原则来约束本我的冲动，另一方面给本我的要求以部分的或间接的满足，抵抗过大的社会压力。本我无原则地要求满足，超我有原则地进行压服，自我在中间调节，使行为既符合道德观念，又设法满足本我的要求。本我、自我、超我这三者协调一致的活动就表现为健全的精神活动，反之，就会出现精神失常。

从本我、自我、超我之间的关系可以看出，本我即人的本能欲望与超我是对立的，而超我是社会文明的代表，因而，人的本能欲望与社会文明是对立的：人的本能欲望破坏社会文明，社会文明压抑人的本能欲望。

弗洛伊德说："'文明'这个词是指所有使我们的生活不同于我们的动物祖先的生活的成就和规则的总和，它们具有两个目的，即保护人类抵御自然和调节人际关系。"③他是从两方面来考察社会文明的。人类改造自然、抵御

① 弗洛伊德：《精神分析引论新讲》，安徽文艺出版社 1987 年版，第 86-87 页。

② 弗洛伊德：《精神分析引论新讲》，安徽文艺出版社 1987 年版，第 87 页。

③ 弗洛伊德：《文明及其缺憾》，安徽文艺出版社 1987 年版，第 31 页。

自然势力的侵害是社会文明的重要方面。文明的最初行动就是使用工具、控制火和建造住房。科学技术使人制造了船和飞机，望远镜和显微镜，照相机和电话，等等，使人类改善了自己的运动器官和感觉器官。科学技术使人类由一个软弱无能的物种成了地球上的主人，人类成了上帝。然而，“现代人在他的上帝般的特性中并没有感到幸福”[①]。因为文明还有另一方面，即调节人际关系和社会关系的方式，这方面是压抑人的本能欲望的，而“幸福产生于被深深压抑的那些需要的满足”[②]。

在弗洛伊德看来，文明发展的最终结果就是所有人通过牺牲他们的本能创造了法律规则和道德规范，“文明的发展限制了自由”[③]。渴望自由可能是人的一种原始本性。在文明产生以前，个体的活动不受集体限制，自由程度最大，尽管那时自由没有多少实际意义。文明的发展要求个人服从集体，要求每个人都受到限制。

社会文明更是压抑人的性本能欲望的。即使是图腾崇拜的原始社会，也有许多针对人的性本能欲望的禁制。图腾禁制中最明显的一条是：同图腾的成员间不可以有性关系。同这种禁制相联系有许多清规戒律，如母亲不能把饭碗递到长大的儿子手里，必须放在地上让儿子去端；男孩稍大之后就要从家中搬出，不与姐妹见面，路上兄弟与姐妹相遇，必须一方躲到路边去，等一会再通过；岳母与女婿之间不准接触，等等。这些禁制都是针对人们无意识中的乱伦欲求的。他说：“已被我们压制于潜意识里的乱伦欲求，对野蛮人来说依旧是无时不在的威胁，而须以最严格的手段对付之”[④]。原始人的这些禁制，就演化为后来的宗教戒律、道德规范和法律规范。

社会文明不仅压抑性本能，而且压抑人的死本能，即进攻性。弗洛伊德认为，人类不是温和的动物，尽管人们不愿承认这一点。“相反，人类这一动物被认为在其本能的天赋中具有强大的进攻性。因此，他们的邻居不仅仅是他们潜在的助手或性对象，而且容易唤起他们在他身上满足其进攻性的欲望，即毫无补偿地剥削他的劳动力，未经他的允许便与他发生性关系，霸占他的财产，羞辱他，使他痛苦，折磨他并且杀死他。‘人对人是狼’。”[⑤]我们在自

① 弗洛伊德：《文明及其缺憾》，安徽文艺出版社 1987 年版，第 34 页。
② 弗洛伊德：《文明及其缺憾》，安徽文艺出版社 1987 年版，第 16 页。
③ 弗洛伊德：《文明及其缺憾》，安徽文艺出版社 1987 年版，第 38 页。
④ 弗洛伊德：《图腾与禁忌》，中国民间文学出版社 1986 年版，第 30 页。
⑤ 弗洛伊德：《文明及其缺憾》，安徽文艺出版社 1987 年版，第 56–57 页。

己的内心中可以觉察到这一进攻倾向，而且正确地设想它也存在于其他人身上。这与社会文明的目标正相冲突。社会文明的目标是把人们联系在一起，友好相处，而人的进攻性却是反对他人。因此，文明必须尽最大努力对人类的进攻本能加以限制。文明通过暴力、法律打击罪犯，来防止最赤裸裸的野蛮行为。更重要的是社会文明使人产生了精神结构中的超我，产生了良心。“良心一开始是通过对进攻性冲动的压抑产生的，后来则由于进一步的同类压抑而得到加强。”①

在弗洛伊德看来，社会文明为实现自己的目标，限制了个人的自由、个人的性本能和个人的进攻倾向，人的本能欲望得不到满足，人就得不到幸福。“如果文明把如此大的牺牲不仅强加于人类的性行为，而且还强加于人类的进攻行为的话，我们就能更好地理解为什么在这样一种文明里人们极难使自己感到幸福。”②弗洛伊德认为，社会文明与人的本能欲望的对立是很难调和的。如果不对人的本能欲望进行限制，任其为所欲为，就会严重地危害人类和社会。“性本能失去控制，必将溃决而不可收拾，则苦心建设而成的文化组织将被扫荡而去。”③他反对人的本能欲望泛滥破坏社会文明。同时，他又反对社会文明对人的本能欲望过份压抑。他是主张社会文明的，他说，我们对文明的批评，并“不是在表明我们自己是文明的敌人。我们可能希望在我们的文明中逐渐实现这样的变化，即它将更好地满足我们的要求”④。如果社会文明对人的本能欲望过分压抑和约束，就会使人发生心理变态，甚至成为精神病患者，造成一种病态社会。“社会苦心压抑那些它认为有害的精神动力，到头来还是一无所得。吃人的礼教带来心理症的增加，在个人的牺牲里，社会并没有得到什么好处——的确没有任何好处可得。”⑤弗洛伊德向往一种既有文明又能满足人的本能欲望的和谐社会——非压抑的文明，但找不到实现这种合谐社会的途径，得出了悲观的结论：非压抑的文明是不可能的。

弗洛伊德的精神分析学说，明确地提出了他对人的本性的看法。在他看来，人的本性就是本我，就是非理性的无意识本能欲望，其核心是性本能，性本能是人的创造力的源泉，此外还有进攻倾向的死的本能。本我的特点是

---

① 弗洛伊德：《文明及其缺憾》，安徽文艺出版社 1987 年版，第 79 页。

② 弗洛伊德：《文明及其缺憾》，安徽文艺出版社 1987 年版，第 61 页。

③ 弗洛伊德：《精神分析引论》，商务印书馆 1984 年版，第 2 页。

④ 弗洛伊德：《文明及其缺憾》，安徽文艺出版社 1987 年版，第 61 页。

⑤ 弗洛伊德：《“文明的”性道德与现代人的不安》，见《爱情心理学》，作家出版社 1986 年版，第 183 页。

无条件地要求满足，不顾他人和社会。所以，他把儿童说成是天生的小野兽，毫不隐蔽地表现自己的利己主义，“人对人是狼”。这说明弗洛伊德是一个性恶论者。这种对人性的看法，在柏拉图的人性学说中，在中世纪的“原罪说”中，在路德和加尔文的人性学说中，在霍布斯的人性学说中都曾经有过。但弗洛伊德的人性学说却比这些学说有较大的进步。

第一，弗洛伊德的人性学说是在对人的无意识领域进行探索的基础上提出的。以前的人性理论虽然也谈到人的本能欲望，但却没有对它进行认真的研究，而且只是停留在意识层，认识不到人的无意识。而弗洛伊德探索了长期被人们忽视的无意识领域，研究了无意识的特点、表现形式、对生活的影响等。这样他第一次系统地研究了无意识的本能欲望，这在对人性的研究上是有一定贡献的。

第二，弗洛伊德破除了在性问题上的神秘感，对人的重要本能之一——性本能进行了研究，研究了性问题对人的心理活动的作用，对人的生活的作用。这不仅破除了性神秘感，而且引起了医学、生理学、心理学、教育学、社会学对性问题的研究。这种研究是对人的研究不可缺少的方面。

第三，弗洛伊德提出了性本能是人的创造力的源泉，这种提法尽管是错误的，但他把人性与人的创造性联系起来，仍是值得注意的。

第四，弗洛伊德是维护人的自然望的，是反对禁欲主义的。以前的哲学家看到人的本能欲望的非道德性，大多数把本能欲望看成是罪恶，主张禁欲主义。而弗洛伊德虽然也看到了本能的非道德性，看到了它与社会文明的对立，但其思想的主导倾向是维护人的本能欲望，反对社会文明对人的本能欲望的过份压抑。正因为这样，后来法兰克福学派的著名代表弗洛姆指出，弗洛伊德虽然是一个性恶论者，但他也是一个人道主义者，他认为所有的人都有相同的无意识冲动，反对社会的习惯势力，捍卫了人的自然权利。

但是，弗洛伊德的人性埋论有着严重的错误。

第一，弗洛伊德过分夸大了非理性的无意识的本能欲望，而贬低了意识、理性在人的精神中的主导地位。人的精神中有非理性的本能欲望，但这并不是人与动物的区别，人之所以是人，是因为在社会中发展起来的理性在人的精神中占主导地位。弗洛伊德把非理性的本能说成是人的精神活动的实质和基础，是不符合实际的。

第二，弗洛伊德过分夸大了性本能的作用，把人的一切活动与行为都与性联系起来是错误的。人的活动主要是由理性支配的，并不是由本能支配的，而性本能又只是各种本能中的一种。由于弗洛伊德用性本能解释人的一切活动，受到了多方面的批评，他的学生与同事阿德勒与荣格（C. G. Jung，1875—1961）因此与他分道扬镳。

第三，弗洛伊德的人性理论主要是在对精神病患者即病态的人的心理进行研究的基础上提出的，而对精神健全的正常人却缺乏研究，因而，只看到人的自私、破坏性的一面，却忽视了人性中积极的、健康的一面，他提出的人性学说是片面的、错误的。美国著名心理学家马斯洛批评弗洛伊德过多地从精神病患者中概括出人性，这只是残废心理学，绝不是普通心理学。

第四，弗洛伊德人性论的根本错误在于离开人的社会性只谈人的本能欲望。人是社会的人，人的本质是由社会关系决定的。对人来说，人的生物的本能欲望是从属的，并且是被社会化了的。马克思说："吃、喝、性行为等等，固然也是真正的人的机能。但是，如果使这些机能脱离了人的其他活动，并使它们成为最后的和唯一的终极目的，那么，在这种抽象中，它们就是动物的机能。"[①]这就是说，人的本能只是一种可能性，它的实现表现为一种与社会关系联系在一起的社会性活动。如性本能，在动物是纯粹同生理要求和繁衍后代相联系的，而人的性本能却同爱情、婚姻、家庭生活、事业、交际等社会活动相联系的。如果离开人的社会性，只讲本能欲望，那就只是动物性而不是人性。弗洛姆也反对弗洛伊德把人性看成生物学的本能欲望的总和，指出人性并不是固定而生物的天性，而是社会过程的结果，人主要是一个社会动物。

第五，弗洛伊德把人的本能欲望与社会文明完全对立起来是错误的。他认为人的本能欲望破坏社会文明，社会文明压抑人的本能欲望，社会同个人之间存在着必然冲突。这种观点是片面的。人是社会的动物，人并没有先天的反社会的本能需要。实际上只有在社会中，个人才能存在，个人的需要和欲望才能得到满足。社会对个人的过分压抑，个人与社会的对抗，是由社会制度造成的。消灭人剥削人、人压迫人的社会制度，解决各种社会问题，提高人民的生活水平和思想水平，就可以使人成为文明的人，既满足人们的各种需要，使人得到全面发展，又使社会文明不断发展。

①《马克思恩格斯全集》第42卷，第94页。

（五）弗洛姆自发创造性的人性学说与人道主义社会的理想

弗洛姆（E. Fromm，1900—1980）是美籍德国哲学家和精神分析学家。他既是美国新精神分析学的创始人之一，又是法兰克福学派的西方马克思主义的著名代表。他长期研究弗洛伊德主义和马克思主义，主张把两种理论综合起来，来解决现代西方社会中人的异化问题。

第二次世界大战以后，西方资本主义国家采用发展科学技术和生产力的方针解决社会问题，经济迅速发展，人们的物质生活水平得到提高。与此同时，现代资本主义使人的异化问题更加严重，使人产生了严重的孤独感、疏离感与压抑感。在这种情况下，弗洛姆提出、发展了自己的人性学说和人道主义的社会理想。

弗洛姆一生有许多著述，其主要著作有：《逃避自由》（1941）、《为自己的人》（又译为《自我的追寻》，1947）、《健全的社会》（又译为《理性的挣扎》，1955）、《爱的艺术》（1956）等。他的著作的中心思想是：使现代社会变成健全的社会，使现代人发展成为健全的人。

1. 人性既不是固定不变的本能欲望的总和，也不是无限可塑的社会文化的影子，人性有其固有的特质

弗洛姆认为，要消灭人的异化现象，就必须使社会适合人性的发展，所以必须对人性有一个正确认识。他认为，关于人性问题主要有两个问题。一个是，人有没有固定不变的本性？另一个是，如果有，这个本性是什么？

人有没有固定不变的本性呢？弗洛姆认为，以往的研究有三种观点。

一种是极权主义思想家的观点，他们认为人性是固定不变的。但是他们所讲的固定不变的人性，不是对人性进行客观探讨的结果，而是极权者为了维护自己的利益和巩固自己的统治杜撰出来的。他们认为某种极权制度就是以某种固定不变的人性为基础的，因而这种极权制度就是天然合理的，不可改变的。弗洛姆坚决反对这一种观点。

第二种是弗洛伊德的观点，他把人看成是满身是本能和冲动，把人的本性看成是固定不变的欲望的总和。弗洛姆指出，弗洛伊德发现了人性中非理性和无意识部分，是有很大贡献的，但他把人的本性看成是固定不变的本能

欲望的总和的观点则是片面的。弗洛姆说，动物只要其生理需要——饿、渴与性的需要——获得满足，它就满意了。人既然也是动物，这些本能需要当然是必须予以满足的。但他既是人，这些本能需要的满足，并不足以使他快乐。“即使百分之百满足了他所有的本能需要，也并没有解决他的人的问题；他最迫切的热望与需要，并不是那些植根于他肉体的东西，而是那些植根于他生存特质里的东西。”[①]弗洛姆认为，使人类不同于动物的冲动，如爱与恨、贪求权力、渴望服从、感官乐趣的享受、对感官乐趣的恐惧等，并不是一种固定的生物天性，而是社会过程的结果。“社会不仅具有抑制的功能——而且还具有创造的功能。人的性情、情感及焦虑，都是文化的产物。”[②]这就是说，社会过程塑造人。比如从文艺复兴到现在，人们具有欣赏自然美的爱好，在文艺复兴以前则没有这种爱好。又如北欧国家从 16 世纪以来人们培养出一种喜欢工作的欲望。

第三种观点是一些反对极权主义的进步的思想家的观点，他们主张人性不是固定不变的，人性具有无限可塑性。既然社会过程塑造人，那么，人是不是具有无限可塑性呢？弗洛姆也不同意人具有无限可塑性的观点。

弗洛姆说，人类和动物相比确实显示出一种几乎无限的可塑性，简直没有一种精神状态是人不能忍受的。人可以自由自在地过自由的生活，他也可以在奴隶状况下活下去；他可以过富裕甚至奢华的生活，他也可以在半饥饿的状况下活下去；他可以成为一个争斗者，也可以与人和平相处，他可以做一个剥削者、强盗，也可以成为一名慈善家。根据这种情况，似乎可以得出这样的结论：根本没有人类共有的通性，人是无限柔顺的，具有无限的可塑性。弗洛姆认为这种看法是错误的。假如人真是具有无限的可塑性，“那么对人的幸福不利的规范和制度确将有一个机会把人永远塑造成适合于这些规范和制度的类型，而使人不可能利用本性所禀赋的力量去改变这些类型。人将仅是社会结构的傀儡，而不是历史所证明他的内在特性对不良的社会和文化形态的强大压力，会产生巨大反抗作用的社会行动者”[③]。这就是说，如果人具有无限可塑性，不合理的制度就会把人全塑造成这种制度的服从者，人永远不会反抗这种不合理的制度。然而这是不可能的。

弗洛姆指出，诚然，在一定程度上人本身能适应不满意的社会制度和环

---

① 弗洛姆：《理想的挣扎》，志文出版社 1975 年版，第 48 页。

② 弗洛姆：《逃避自由》，志文出版社 1986 年版，第 9 页。

③ 弗洛姆：《自我的追寻》，志文出版社 1985 年版，第 17-18 页。

境；但在这个过程中，他必然从精神上和情绪上对这种不满意的社会环境发生反应，而这种反应则是由他个人本性的特质而产生的。人本身可以适应奴役，但他对奴役的反应是降低其智力和道德上的素质；他本身能适应互不信任和充满敌意的社会环境，但他对这种环境的反应是变得软弱和无能；他本身能适应压制人的社会环境，但他对这种压制的反应是发生精神病。弗洛姆说："人并不是一张白纸可以任凭文化的浸染；他是独立的个体，具有能力而且具有特殊结构，当它本身产生适应的时候，系以特殊和确定的方式对外界反应。"[①]比如专制暴君可以支配和剥削人民，可是他无法阻止人民对这种不人道待遇的反应。他们的反应方式或者是不充分运用其才智和创造力，这个国家的组织就会在某些方面瘫痪；或者将怨恨越积越多，最后毁了自己；或者产生了独立的意念与对自由的渴望，会采取行动推翻暴君专制，创造一个更好的社会取而代之，他认为，假如人能适应一切：社会环境而不会同违反他本性的社会环境作斗争，人类就不会向前发展。人类的发展是植根于人的适应性和"某种不变的人类特质"，这种特质使人永不终止地追求适合人类特质的社会环境。

总之，在有没有固定不变的人的本性这一问题上，弗洛姆既反对认为人性固定不变，反对把人性看成固定不变的本能欲望的总和，同时又反对认为人性具有无限可塑性。他认为人既有适应性，又有某种不变的特质。"人性既不是生理上固有的种种欲望的总和，也不是文化型态的一个无生命的影子，可以一无阻碍地适应各种文化型态；人性乃是人文演化的产物，但是，人性也具有某种固有的机构和法则。"[②]他还说："虽然没有固定不移的人性，但是我们不能认为人性是可以无限地顺应环境，而不会发展出其自己的心理动力。人性固然是历史演变的产物，也具有若干固有的机构和法则。"[③]

2. 人的本性不是邪恶的，而是良善的，爱人也是人的本性

弗洛姆主张人有"某种不变的人类特质"，或"某种固有的机构和法则"，即人有某种本性。那么，人这种不变人类特质即本性究竟是什么呢？弗洛姆说，在这个问题有两种观点，一种是性恶论，主张人的本性是邪恶的；一种是性善论，主张人的本性是良善的。这两种对立观点的争论是西方思想史上

① 弗洛姆：《自我的追寻》，志文出版社 1985 年版，第 19 页。
② 弗洛姆：《逃避自由》，志文出版社 1986 年版，第 18 页。
③ 弗洛姆：《逃避自由》，志文出版社 1986 年版，第 11 页。

长期争论的基本问题之一。

弗洛姆认为，一方面，在弗洛伊德的著作中，性善与性恶这两种对立的观念是掺杂在一起的。弗洛伊德在许多方面代表了 18 世纪法国启蒙思想家的典型精神，维护人的自然欲望，认为人有权反对社会对人的本性要求的压抑。这表现了他性善论的观念。另一方面，弗洛伊德又认为人有追求快乐的放纵的本性，性本能欲望只有受到压抑，才会升华到艺术创造等创造性活动中去。尤其是第一次世界大战以后，弗洛伊德对破坏欲的力量产生了极深刻的印象，修改了自己的本能理论，把自卫本能和性本能合称为“生的本能”，又提出人有一种“死的本能”，即破坏本能。如果死的本能指向外界目标，则自己就成了破坏性的；如果保持在自己体内，这种本能以自我破坏为目的。这表现了他性恶论的观念。弗洛姆说：“弗洛伊德的理论，是二元性的理论。他没有确定人的本性是良善或邪恶，而是受两种相等而对立的势力的驱使。”①

人的本性中是否天生具有生存性的生的本能与破坏性的死的本能两种程度相等的驱动力呢？如果人的本性中有死的本能，那人的本性就不是良善的。如果说人的本性是良善的，那又如何解释人的一些破坏性行为呢？

弗洛姆是个性善论者，否认人的本性中有破坏性，认为破坏性行为的产生是由于人的正常发展受到了阻碍。“破坏性的产生，是因为生活不合理想的后果。那些阻碍生活增进力的个人与社会因素，产生了破坏性的力量，继而成为各种邪恶表现的泉源。”②

弗洛姆指出，按照弗洛伊德的观点，破坏性是一切人的天性，人与人的差异主要在于破坏的对象不同，有的破坏别人，有的破坏自己，而且破坏别人与破坏自己成反比，即破坏别人越多，破坏自己越少。弗洛姆说，弗洛伊德的这种说法恰恰与事实相矛盾。事实是：一个人对别人的破坏越大，对自己的破坏也越大。并且观察到的事实进一步证明，无论对别人还是对自己的破坏性的大小与他在生活中所受阻碍的大小成正比。他说，生命有其自己的内在动力，生命有生长及表现自己的趋势，如果生命发展的趋势受到阻碍，不能实现他感官的、情感的和心智的潜能，这样以发展生命为目的的精力就会转变为以破坏为目的的精力。“求生的冲动受阻越大，想要破坏的冲动则

① 弗洛姆：《自我的追寻》，志文出版社 1985 年版，第 196 页。

② 弗洛姆：《自我的追寻》，志文出版社 1985 年版，第 199 页。

越强；生命实现的越多，则破坏行为的力量越小。‘破坏行为是生命受阻的结果’。”①

如果破坏性是由于生命的发展受到阻碍产生的，那么，是否可以认为良善与邪恶是我们人内在的两种同等程度的潜能呢？弗洛姆认为，如果把邪恶也说成是人的一种潜能的话，那它只是“第二潜能”，即在反常情况下表现出来的能力。所谓“潜能”，就是指一种现实的可能性，它将来会出现，但并非将来必然出现。如一粒树种中已经有树木的潜在，但并不是说每一粒树种都会发展成树木。潜能的具体化有赖于某些条件的存在。种子生长为树木需要适当的土壤、水分、阳光。如果具备了这些条件，种子就会长成为树木。如果没有适当的条件，比如过于潮湿，种子就会腐烂，不会生长为树木。可以说种子具有两种潜能，其一是“第一潜能”，如果有适当的条件，它便会具体化，成长为大树；其二是“第二潜能”，不具备适当的条件，即具备与它的发展相反的条件，它就会烂掉。弗洛姆说，良善是人的第一潜能，破坏性是人的第二潜能。“邪恶没有独立存在性”②，它是由于缺乏良善发展的环境而产生的后果。

弗洛姆的性善论主张人的本性是良善的，人本身就具有发挥自己良善潜能的趋向。因此，他反对这样一种观点，这种观点认为人本身并无发展本身力量的任何动机，发展良善行为的适当条件中必须包括奖励和惩罚。弗洛姆说：“正常的个人，本身具有发展、成长及具有创造力的趋向。如果这一趋向停顿，是他本身有了心理病的征象。心理的健康，一如生理的健康，并非个人必须受外力驱使而争取的目标，而是出于个人内心动机的要求。”③人有某种行为的力量，就会产生运用这种力量的需要，如果不运用这种力量，就会形成功能的丧失和不幸福。在生理上，人有行走和运动的能力，如果他运用这一能力受到阻碍，便会导致生理上的不舒服或疾病。妇女具有生育子女和抚养孩子的能力，如果妇女不做母亲，不能运用她生育和抚养孩子的能力，便会产生一种挫败的感觉。就是弗洛伊德也提出，人的性精力发泄的障碍，可能是形成精神病困扰的原因。弗洛姆认为，虽然弗洛伊德过分重视性满足的意义，但他的理论说明，人如果不能运用他的力量，便是疾病与不幸福的原因。在生理方面是这样，在心理方面也是这样。人具有语言和思想的能力，

① 弗洛姆：《逃避自由》，志文出版社 1986 年版，第 123 页。
② 弗洛姆：《自我的追寻》，志文出版社 1985 年版，第 200 页。
③ 弗洛姆：《自我的追寻》，志文出版社 1985 年版，第 200 页。

如果这些能力的使用受到阻碍，他便感到受到严重损害。人具有爱的能力，如果这种能力不能发挥，他就会感到不幸和痛苦。“活着的人必然希望继续生存下去，他的唯一生存之道，便是运用他的能力，发挥他的所有。”①

总之，在人的本性是什么的问题上，弗洛姆认为人的本性是良善的，良善是人的第一潜能，邪恶不是人本性中的独立成分，而是良善的发展受到阻碍的结果，因此是人的第二潜能。人的本性具有趋向良善、发挥自己潜能的要求，并不是由外界的奖励与惩罚所驱使的。

弗洛姆认为人的本性是良善的，因为人的潜能中具有爱的能力，弗洛姆称之为“自发的爱”或“创造性的爱”。

弗洛姆认为，人的生存状况是人越来越独立，同时人也就变得越与别人隔离，变得越孤独，人不能忍受这种隔离与孤独，就需要寻求与别人的联系与一致。只有爱才能使人摆脱隔离与孤独。他说，一切时代的人都永远面临着同一个问题：如何脱出隔离，如何达到结合，如何超越个人生命而达到与他人的合一。“这种对人与人之间的融合之渴望，是人生命中最强有力的挣扎。它是最基本的热情，是驱使人类相聚的力量，是家庭、氏族与社会的成因。这方面的失败即意味着精神错乱或毁灭——自我毁灭，或者毁灭他人。没有爱，人性一天都不能存在。”②

弗洛姆认为，一切自发的爱，都是人生命中一种积极主动的活动，而不是被动的倾向。爱的主动性表现为：“爱首要的意义是给予，而非接受。”③所谓给予，不是被剥夺，不是牺牲。对具有创造性的性格来说，给予是能力的最高表现，正是在给予的行为中，我体验到我的力量、我的丰饶、我的生气勃勃，因而我是欢乐的。给予的主要领域不在于物质，重要的在于把自己生命中活生生的东西给予出去，把自己的喜悦、兴趣、关怀、知识、幽默以及忧愁给予出去。把自己活泼生命的一切表现、一切自然流露都可以给予出去。在这样的生命给予中，充裕了他人，增强了他人的生命感。他不是为了接受才给予，给予本身就是极大的喜悦。但是在真正的给予中，他自然而然就接受到对方反馈回来的东西。他说：“特别就爱而言，其意义乃是：爱是一种唤起爱的能力；爱的无能就是不能够唤起爱。”④

---

① 弗洛姆：《自我的追寻》，志文出版社 1985 年版，第 202 页。

② 弗洛姆：《爱的艺术》，志文出版社 1975 年版，第 29 页。

③ 弗洛姆：《爱的艺术》，志文出版社 1975 年版，第 33 页。

④ 弗洛姆：《爱的艺术》，志文出版社 1975 年版，第 36 页。

弗洛姆认为真正的爱叫自发的爱，一切自发的爱都具备以下的基本要素：照顾和责任，尊重和了解。他认为自发的爱必须尊重被爱的人的独立性，不能把爱的对象变成自己的占有物和控制对象。如果把被爱的人变成自己的占有物，那是病态的、虐待狂的爱。同时，自发的爱也要保持自己的独立性，不能完全放弃自己的个性。如果完全服从被爱的人，那是病态的、被虐待狂的爱，因此自发的爱不是把自己融化在另一个人里，也不是占有他人，而是以保留自己为根据，自发地肯定他人，把自己与他人合为一体。"成熟的爱是在保存自己的完整性、保存自己个人性之条件下的结合。"[①]成熟爱一方面要脱出孤独与隔离，突破他与人类同胞的隔阂与墙堵；另一方面要保留自我和对方的完整性，爱并不取消个人的独立性，而是在保持各自独立性与个性基础上的融合。

因此，自发的爱是爱人与爱己的统一。弗洛姆反对这样一种传统观念：爱人与爱己是互不相容的。他认为这是一种错误的理论。如果我爱我的邻人为人类一分子是一项美德，则爱我自己必然也是美德，而非恶行，因为我也是人类。"圣经中所说'爱邻人如爱自己'，就意味着尊重自己人格的完整性及独立性，意味着对自己的爱和了解，同对于他人的尊重、爱及了解是不可分的。对于我自己的爱和对于任何他人的爱都是密切相连，不可分离的。"[②]我把别人作为爱的目标时，对我自己也该同样作为爱的目标。如果一个人能够建设性地去爱，他也爱他自己；如果他只能爱他人，他就根本不能爱。

弗洛姆认为，爱己与自私是根本不同的。"自私与自爱，不但根本不同，实际上是两相对立。"[③]自私的人只关心自己，不爱别人，实际上也并不爱自己。他似乎过于关切自己，急于攫取生活上的满足，但必然不会愉快，他并不关切真正的自我。所以自私并非爱己。另外，不爱自己的人也不可能真正爱别人。患有"舍己"的神经病患者，他们为自己毫无所求，完全为了别人工作、生活，但他们却并不愉快，与那些最亲密的人之间的关系并不理想，爱情关系破裂。爱己与自私相反，是真正地关切自己，充分发挥他固有的潜能，发挥自己的爱的能力。"人本主义伦理学的最高价值不是无我，也不是自私，而是爱己；不是否定个人，而是肯定真正的自我。"[④]

---

① 弗洛姆：《爱的艺术》，志文出版社 1986 年版，第 32 页。

② 弗洛姆：《爱的艺术》，志文出版社 1986 年版，第 73–74 页。

③ 弗洛姆：《爱的艺术》，志文出版社 1986 年版，第 75 页。

④ 弗洛姆：《自我的追寻》，志文出版社 1985 年版，第 5 页。

3. 自发的创造性是人的本性最重要的表现

弗洛姆认为，人的本性就是人的第一潜能。人的第一潜能主要包括自发的爱、自我意识和自发创造性。自发的爱是自发创造性在人与人关系上的表现，没有自发创造性的人也不会有成熟的、自发的、创造性的爱。自我意识是自发创造性的前提，基本上属于自发创造性。所以人的本性就是人的自发创造性，就是把人的潜能充分发挥出来。

弗洛姆认为，自我意识是人的基本精神需要，是自发创造性的前提。他认为人与动物的不同，很重要的一条是人有自我意识，可以把人定义为是能说"我"的动物。动物属于大自然并不超越大自然，没有对自己的意识，也不需要自我肯定的认同感。人类从大自然中分离出来，超越了大自然，就需要形成关于他本身的概念，需要感觉到并说出："我是我。"因为人已经丧失了与大自然原有的一体性，并不是被动地活着，而是主动地去生活，他不得不自作决定。人知道自己是与别人不同的个体，他必须能够感到自己是他行动的主体。这种自我肯定、自我意识的需要是非常强烈的，如果不能以某种方式予以满足，就无法保持人的健全。有时这种自我肯定的需要比肉体存在的需要还来得强烈。他说："我们最感到羞耻的事莫过于，我们所作所为不是我们自己想做想为的，而最令人感到骄傲和快乐的则是，我们的所作所为是发自内心的。"①弗洛姆认为，保持自己的独立性和自我意识极为重要，有自我意识才会有自主的自发创造活动，才会有自发的爱。

弗洛姆认为，自我超越和自发创造性是人的本性，是人最基本的精神需要。人是在不经自己的同意的情况下被抛到这个世界上来的，就这一点而言，人与动物、植物或无机物并没有什么不同。可是由于人有理性和想象力，他不会以这种被动的、消极的生物角色为满足，不会以掷骰子似的决定命运为满足，他要做一个"创造者"来超越他生物的地位，超越他生存的偶然性和被动性。人不仅像所有生物一样创造生命，即生孩子，而且能种植植物、生产物品、创造艺术、创造概念等等。在创造中人类超越了他的生物地位，将自己提升到超出他存在的被动性和偶然性之外，而进入目的性和自由的领域。所以他说："人不仅是理性与善于社交的动物，他也可以被称为一种有自发创造性的动物，能够使用理性和想象力改变现有的物质。他不但'能够'创造，

---

① 弗洛姆：《逃避自由》，志文出版社 1986 年版，第 149 页。

为了活下去，他‘必须’创造。”①

弗洛姆讲的“创造”，是指使用人的力量实现其固有的潜在能力，不仅包括物质的创造，还包括对其他人、对自己、对一切事物的精神的、情绪的反应。他认为艺术家是自发创造性的最有力的代表，他们创造出了原来没有的艺术作品。但不是艺术家的人，也能达到富于创造性的经验、感觉和思想。他说：“创造性乃是每一个人都具备的一种态度，除非他在精神上和情绪上有问题。”②

在弗洛姆看来，自发创造性具有如下几点特征。

第一，自发创造性的活动必须是自主的、理性支配的活动。

他认为，创造性活动是自主的，是人对其特有潜能的实现。他说，必须把“自发创造性”和“活动性”相区别。“活动性”只是指人使用力量促成现有形势发生变化的行为，它不管支配这些活动的基本精神状态。有许多行动属于“活动”，但不是自发创造性活动。一个人在催眠状态下的活动就是非自发创造性活动最明显的例子。处在深度催眠状态下的人，也能走路、谈话和做事，他也做了活动，但他的活动不是由自己支配的，而是由催眠师支配的。在从催眠状态清醒之后，他某些强迫性活动，表面上是自主的，实际仍然是催眠师暗示下的活动。被催眠者所感觉到的、想到的，并不是“自己的”感觉与想法，他的行为也不是由他自己真正支配的，而是由另一个人加之于他的。与这种活动相类似的是屈从或依赖于权柄的活动，这种活动的起因是受到权柄的指使，做有权柄的人要做的事情。还有一些人的活动虽然不依赖明显的权威，但却依赖看不见的权威，如依赖社会舆论、常识、文化形态等。他们所想和所做的不是由他们自己精神和情绪的经验中产生的，而是由外界力量产生的，他们的活动也不是自主的，因而也是非自发创造性活动。所以自我意识是自发创造性的前提。

他还认为，创造性活动是由理性支配的。有的人一些活动是由非理性的冲动所驱使的。如受吝啬、嫉妒、贪婪以及被虐狂等所驱使的活动，不是理性的，实际上是被迫的，也不是自主的。凡是这种人都会一再重复某些动作，而且越来越顽固，越来越刻板。他们的活动也是非自发创造性的活动。

第二，自发创造性活动是“再生经验”与“新生经验”相互作用的结果。

① 弗洛姆：《自我的追寻》，志文版出社 1985 年版，第 75 页。

② 弗洛姆：《自我的追寻》，志文版出社 1985 年版，第 76 页。

弗洛姆认为，一方面，一个人对外部世界可以以两种方式来体验：一种是“再生经验”，另一种是“新生经验”。再生经验就是像照片一样精确记录现实的一种理解现实的方式。新生经验是借一个人自己的精神力量的自发活动构造和重新创造现实。每个人都有这两种经验，但有时其中一种会相对萎缩。如果新生经验相对萎缩，他能认识事物的表面状态，但不能使自己的内在理解力、创造力活跃起来，现实对他来说只是现在已实现的全部。弗洛姆称这种人是十足的“实在论者”(realist)。另一方面，再生经验的萎缩会引起精神失常，这种人是失去了了解现实能力的精神病患者。精神病患者以幻想的内在世界代替真正的现实世界，根据自己的感觉和想象解释一切，而不顾实际情况。患妄想症的人会相信他正受到别人的虐待，而且对一次偶然的谈话，也会认为是要有计划地侮辱或毁谤他。

弗洛姆认为，“实在论者”只看到事物的表面特征，失去了创造性；精神失常的人不能看到真正的现实，他的幻想也不是创造，这两种人都是病态。与这两种病态相对立的是创造。具有自发创造性的人，能够了解现实世界，能够想象未来的世界，并能运用自己的力量创造未来世界。他说：“再生和新生的能力是创造的先决条件；这两种是极端的能力其相互作用就是创造的能力。……创造并不是两种力量的总和，而是这种相互作用所产生的新东西。”①

第三，自发的创造性既可以创造物质上的东西，又可以创造艺术作品及思想体系等精神上的东西，“但最重要的创造对象是人自己”②。创造人自己就是发挥人的潜能，实现、发展人的自我。弗洛姆为了说明创造是发挥人的潜能，特别引述了歌德对创造性活动的阐述。歌德认为，能满足人的追求的，既不是占有，也不是权力，也不是感性的欢乐，而是创造性活动，这种活动等于善行。在《浮士德》第二部的结尾，浮士德说：

> 是的，我信守这思想，坚定不移；
> 最后智慧证实了真情：
> 天天不断的克服，奋斗，
> 才能挣得自由和生存。

---

① 弗洛姆：《自我的追寻》，志文出版社 1985 年版，第 81 页。

② 弗洛姆：《自我的追寻》，志文出版社 1985 年版，第 81 页。

弗洛姆认为，自发创造性的活动不仅是自主的、理性的活动，而且是一种发挥、实现自我的活动。“何谓自我的实现？……靠积极地表现人的情感与心智潜能，才能实现自我。每一个人都有这些潜能；唯有把它们表现出来，它们才成为真实有用的。”①

4. 现代人有变成机器人的危险，必须对现代社会进行全面改革，实现人道主义社会

弗洛姆提出，社会是否健全，不能以个人是否适应于社会来判定；相反，必须以社会是否适合人性的基本需要来判定，以社会对人的健康发展是否有促进作用来判定。“社会精神健康的衡量标准，并不是个人对某一社会秩序的适应与否，而是社会对人类生存的问题，能否提供一满意的答复——这是适用于所有人类的一个世界性准绳。”②健全的社会扩展人的爱人的能力、对工作的创造能力，扩展其理性与客观性，使其具有自我肯定的意识。不健全的社会则造成人们之间的相互憎恨与不信任，把人变成供他人利用和压榨的工具，剥夺了人的自我肯定的意义。

现代西方社会是健全的吗？弗洛姆认为现代西方社会使人变成了机器人，与人性的基本需要是相违背的，现代西方社会是不健全的、有病的社会。他说，19 世纪西方社会的特征，可以说它在本质上是竞争的、囤积的、侵略的、个人的。剥削与囤积的态度造成了对工人无情剥削，而不顾及个人价值，造成了人的苦难。那时的社会是病态的。经过半个多世纪的演变，20 世纪工人在经济上、政治上都发生了较大变化。用 19 世纪的标准来看，20 世纪的西方社会似乎已经成为一个较健全的社会。弗洛姆认为，情况并不是这样。“实际上，二十世纪尽管拥有物质的繁荣，政治与经济的自由，可是在精神上，二十世纪似乎比十九世纪病得更严重。史蒂文森曾经简明地说，的确‘我们不再有成为奴隶的危险，可是，我们却有变成机器人的隐忧’。”③因为现代社会与人性的基本需要是背道而弛的。

保持自己的独立性和自我意识是人性的基本需要，然而现代社会却把人变成失去自己的人。他指出，随着资本主义市场经济的发展，出现了一种市场型人格的人。市场型性格就是把自己当作商品的性格指向。市场型的人失

---

① 弗洛姆：《逃避自由》，志文出版社 1986 年版，第 145-146 页。

② 弗洛姆：《理性的挣扎》，志文出版社 1975 年版，第 33 页。

③ 弗洛姆：《理性的挣扎》，志文出版社 1975 年版，第 91 页。

去了自体感与自我意识。精神健全的人体验到自己是自己行为的支配者，这种感觉可以说："我是我。"而市场型的人关心的不是自我实现，而是在售卖自己的过程中是否成功。为了在售卖中成功，他失去了自我意识，不是"我是我"，而是"我就是你需要的"。也就是说，别人需要我、希望我是什么样的人，我就是什么样的人。在现代社会，市场型性格浸入社会各阶层，人无法体验到自己是个主动体，体验到自己象是一件在市场上出卖的商品。人跟自己发生了异化。这样人必定丧失几乎所有的自我意识。丧失了自我意识，人就变成了物。"'物'无所谓自己，而人一旦成了物，也就可以没有了自己。"①自我意识的缺乏会造成人的痛苦和极度不安。

自发的爱是人性的基本需要，然而现代社会使人与人之间冷漠与疏离。他说，现代人与其同胞的关系，是两个抽象体、两部活机器互相利用的关系。这样人与人的关系本质上变成了相互疏离的机器人之间的关系。表面的友好关系并不少，可是在这表层之下却是疏离与冷漠。弗洛姆说："对于我们西方的生活，任何客观的观察者都可以看出，爱——兄弟爱、母爱、情爱——是相当罕有的现象，它的地位被各种假爱所取代——而事实上，各式各样的假爱就是各式各样的爱之瓦解。"②

自发的创造性以及创造性的工作是人性的基本需要，然而现代社会把人变成了缺乏创造性的机器人。他认为，在现代西方社会，人并不感到他自己是他充实生命与本身力量的主动支配者，并不觉得自己是自己本身行为的创造者。他所体验到的是，他的行为以及这些行为的后果都成了他的主人。人的异化突出地表现在人与自己创造性工作的关系上。本来在创造性的工作中，人发挥了自己的潜能，改变了自然，同时也改变了自己，逐渐发展起合作与理性力量以及美感，工作是一种享受人的创造性工作越发展，他的独立性越发展。然而在现代社会，工人对生产并不感兴趣，他只是机器的一部分，而不是机器的主动的主人，机器反倒成了他的主人。不是机器是人力的代替品，而是人成了机器的代替品。人的工作只不过是尚不能用机器操作的活动。对工人而言，工作成了不自然的、不愉快的、无意义的、蠢笨的活动，工作本身既不值得尊重，又无重要性可言。工人的劳动是异化劳动，工人成了机器人，这是对工人自发创造性的扼杀。

---

① 弗洛姆：《理性的挣扎》，志文出版社 1975 年版，第 110 页。

② 弗洛姆：《爱的艺术》，志文出版社 1975 年版，第 101 页。

总之，弗洛姆认为，现代社会与人性的基本需要是相违背的，使人失去了自我意识、自发的爱和自发的创造性，使人变成了机器人。因此，现代社会是不健全的、病态的社会。为了消灭人的异化现象，促进现代人走上健全之路，就必须对现代社会进行全面改革，即进行经济、政治、文化、精神齐头并进的改革，对社会疾病进行治疗，使病态社会变成健全社会。

弗洛姆认为，通过改革，使社会变成与人性相适合的、有利于人健康发展的社会。在这种社会里，没有人再是别人达到目的的工具，每个人都是为了实现自身的力量而用自己。在这种社会里，人是中心，所有经济与政治的活动都是为了人的健康成长，贪婪、剥削、占有、个人崇拜都无技可施。个人参与社会事宜，这样一来，社会事宜也就成了个人事宜。这样的社会使人做一个积极而且负起责任的参与者，使人成为他自己生活的主人。这种社会促进人们的团结，激励他们彼此相爱，并且激励人在工作中的创造性，促使人理性的展现，使人性得到实现。这样才使人成为健全的人，不致于沦为无意志力的机器人。这样的社会才是健全的社会。他认为现代社会走上健全的途径不是资本主义，也不是社会主义，而是人道主义。他说："免于沦为机械人危险的唯一途径，是人道的共享主义。"①

弗洛姆在对人性的研究上，在现代西方哲学、心理学领域达到一个较高的水平。

第一，在有没有人的本性的问题上，弗洛姆一方面反对弗洛伊德把人的生理本能欲望说成是人的固定不变的本性，提出人性是社会文化的产物。这种观点无疑比弗洛伊德的学说大大前进了一步，同时也反对了近代资产阶级的离开社会文化的抽象人性论。另一方面，弗洛姆又反对认为根本没有人的本性的观点。这种观点把人看成是无限可塑的，把人看成是纯粹社会塑造的结果。他主张人仍有其固有的本性，不然人就不会反抗违背人性的社会制度、社会环境。这不仅否定了人性无限可塑的观点同时也反对了尼采、萨特等认为人没有固有本性，自己创造自己本性的说法。这样在人性问题上就确立了一个较为正确的立足点。

第二，他否定了弗洛伊德关于死的本能即人有侵犯与破坏的本性的说法，提出人的破坏性是由于其发展的趋向在社会生活中受阻所产生的。这样他就把人的进攻性与破坏性说成是一定社会环境造成的，而不是人的本性，对否

① 弗洛姆：《理性的挣扎》，志文出版社 1975 年版，第 223 页。

定性恶论的观点进行了有益的探索。

第三，弗洛姆从人区别于动物的基本精神需要出发来探索人的本性，这一点是值得注意的。人不仅有对物质生活条件的需要，而且在社会生活中产生了动物所没有的基本精神需要。即使人的物质生活需要都得到了满足，这些基本精神需要得不到满足，他也不会感到幸福，而且会产生极大的痛苦。探索人的本性，不能脱离人的需要，但不能只看到人与动物相同的需要，而必须从人与动物区别的角度探索人的需要，才能揭示人的本性。

第四，弗洛姆对自我意识、自发的爱，尤其是对自发创造性等这些人的基本精神需要进行了较为深入的研究，这对人性的研究深入了一步。每个人都有自己的个性，个性的核心是独立性，就是个人意识到自己是支配自己的主体，而不是一个依赖别人、被别人支配的消极被动的东西，这种意识就是自我意识。个性、独立性就是要求独立思考、自主行动。这种需要受挫会使人感到苦闷、痛苦。正如弗洛姆所说的，最大的痛苦莫过于自己所说所做的不是自己想说想做的。人不仅有保持自己个性的需要，而且还有与他人交往、联系，进行情感与思想交流的需要，即友谊与爱的需要。孤独，尤其是精神上的孤独是人非常害怕的。所以每个人又想得到别人的赞许和肯定，做一个合群的人。而且创造性的活动与工作也是人的基本精神需要。过去一般把需要理解为索取性的，弗洛姆则把自发创造性的发挥，即发挥自己的潜能为他人与社会做奉献，也看成是人的基本需要，而且是最重要的需要。科学家需要研究，作家需要写作，演员需要表演这是人的一种高级需要，这种需要的满足既可以给自己带来极大的精神快乐，同时对社会有一定贡献。人区别于动物的重要特点是人的创造性活动。

第五，弗洛姆对现代资本主义社会的病态进行的揭露和批判尽管是肤浅的，也有助于我们对现代西方社会本质的认识。

必须指出，弗洛姆的人性学说和社会理想还存在着许多错误。

第一，弗洛姆虽然从人与动物相区别的基本精神需要来探索人的本性，但却没有把人的社会性看成是人区别于动物的本质属性，没有看到人的本质是由社会关系的总和决定的。实际上，弗洛姆所讲的基本精神需要并不是人类一产生就具有的，而是在长期的社会生活的实践中，在一定社会关系的制约下形成的，并一代一代地积淀下来，形成了人的基本精神需要。离开人的社会性不能说明人的基本精神需要。

第二，弗洛姆提出判断一个社会是否健全的标准是看其是否适合人性的基本需要，是否有利于人的健康发展，这针对资本主义社会人的异化现象是可取的，但作为判断社会是否进步的标准是片面的。因为，虽然社会离不开个人，但社会一旦形成就具有不以人的意志为转移的规律。比如，奴隶社会代替原始社会，如果仅从是否适合人性的需要的角度看，那是一种退步，而实际上是历史的巨大进步。并且个人的发展与社会的发展是统一的，没有个人的发展就没有社会的进步，反过来，没有社会的进步也不会有个人的发展。所以判断社会是否健全，应该既看其是否促进生产力的发展，又看其是否促进人的健康成长，把二者统一起来。

第三，弗洛姆对现代资本主义的批判是肤浅的。他只是从现代西方社会与人的基本精神需要相违背的角度，揭露现代社会的病态，这是表面的。他没有对资本主义的生产关系和上层建筑进行分析批判，这样就不可能抓住资本主义病症的要害——社会化大生产同生产资料私人占有之间的矛盾。

第四，弗洛姆所设想的人道主义社会是一种空想的乌托邦。弗洛姆提出要对现代西方社会进行全面改革，然而他提出的改革方案只是做一些零零星星的变动，根本不触及资本主义的生产关系和政治制度。这些方案根本行不通，即使行得通，他的改革方案完全被实施了，现代资本主义社会仍然不会有什么变化。所以他的改革目标只是一种空想。

（六）马斯洛自我实现的人性学说与充分自由的尤赛琴文化

亚伯拉罕·马斯洛（Abraham Maslow，1908—1970）是当代美国最著名的心理学家之一，1967年至1970年曾任美国心理学学会主席。20世纪50年代，马斯洛等一批心理学家，批评传统的心理学，尤其是批判了弗洛伊德的心理学（第一思潮）和行为主义心理学（第二思潮），创立了人本主义心理学。后来马斯洛成了美国最有影响的一位心理学家，马斯洛的心理学已成为西方心理学史上的“第三思潮”，马斯洛的心理学对人的本性问题进行了更为深入的研究。《纽约时报》曾经评论说：第三思潮是人类了解自身过程的又一块里程碑。

马斯洛的主要著作有：《动机与人格》（1954）、《存在心理学探索》（1968）、《人性发展能够达到的境界》（1971）等。马斯洛的心理学在人性理论上的主要观点有以下几个方面。

1. 要探索人性，不能只研究病态的人，更不能只研究动物，必须研究出类拔萃的人即自我实现的人，他们才是人性的代表

马斯洛指出，弗洛伊德的理论体系有一个基本特征，就是他提出的各种思想同他的临床治疗实践密切联系在一起，他的材料大多来自他对精神病患者和心理变态者的观察和研究。这就是说，弗洛伊德是通过对病态人的研究而得出人性自私和具有破坏性的结论的。马斯洛认为，弗洛伊德是通过观察人类中的渣滓而不是人类中的精英来得出他的结论的。这样他把研究重点放在人的缺陷上，对于诸如幸福、健康、欢乐、满意等积极方面则视而不见，更忽视了仁慈、慷慨、友谊等人的好的秉性，对人的潜力很少或根本不加考虑。马斯洛说，由于我们关于人性的绝大部分知识来自对病态的人的研究，所以心理学“向我们展示了人类的大量缺点、疾病、罪恶，但很少揭示人类的潜力、美德、可能的抱负、或者可能达到的心理高度。心理学似乎自愿放弃其合法管辖区域的一半，而局限于另一半，即黑暗、平庸的一半”①。

马斯洛把这种只研究人类不健康心理的心理学叫“低限度心理学”。在他看来，弗洛伊德以及其他一些人之所以陷于低限度心理学，是由于他们或者只研究病态的人，或者只研究处于极坏环境中的人而得出人性理论。他说：“汉密尔顿、弗洛伊德、霍布斯和叔本华根据对人类最坏状况的研究创立了人性理论。这就好比我们研究被迫乘木筏在大洋上漂流，没有水和食物，时刻受到死亡威胁的人们，并以此作为研究人性的主要途径。以这种方法，当然我们所获得的更多的是关于绝望心理学的知识而不是普遍人性的知识。汉密尔顿是从贫穷未受教育的人当中进行抽象、概括的，弗洛伊德则过多地从神经病患者中概括出一般。霍布斯和其他哲学家观察的对象是处于极为恶劣的社会、经济和教育状况下的民众，他们得出的结论不应该延伸到良好的经济、政治和教育状况中的人们我们可以称此为低限度心理学或者残废心理学或者贫穷心理学，但绝不是普通心理学。”②

马斯洛反对弗洛伊德等人只对病态的人进行研究。他说：“如果一个人专注于研究精神错乱者、神经病患者、精神变态者、罪犯、违法者和意志薄弱者，他对于人类的希望必然会越来越有限制，越来越现实，越来越退缩。他

---

① 马斯洛：《动机与人格》，华夏出版社 1987 年版，第 334 页。

② 马斯洛：《动机与人格》，华夏出版社 1987 年版，第 338 页。

对人的期待会越来越少。”[1]他认为弗洛伊德等对人性的描述是不恰当的，他们剔除了人身上所具有的上帝般的品质，只为我们提供了心理病态的那一半，“而我们现在则必须把健康的另一半补上去”[2]。

马斯洛不仅反对第一思潮把对人本性的研究建立在对病态人的研究上，而且反对第二思潮即行为主义心理学把对人本性的研究建立在对动物行为的研究上。行为主义是美国现代心理学的主要流派之一。基本理论由华生（J. B. Watson，1878—1958）在 1913 年提出。他主张心理学是研究动物和人类行为的自然科学，以“刺激—反应”公式作为的解释原则，认为意识是无法直接观察的，不能作为心理学的研究对象。后期代表有斯金纳（B. F. Skinner，1904— ）等。行为主义理论大多是基于对动物的研究，主要是基于对白鼠行为的研究。马斯洛认为，人是由动物进化而来的，为研究人的本性而研究动物的本性也是无可非议的，但是现在一些人在这方面的研究存在着不当之处。

不当之一表现为，一些人为了把人的动物性说成是恶的，他们只看到一些与人类相差很大的、恶的动物，而不去研究与人类最接近的类人猿的本性。这样就不可能正确认识人的本性。马斯洛说，西方文明已普遍相信，我们身上的动物性，是一种恶的动物性，我们大多数的原始冲动是邪恶的、贪婪的、自私的、敌意的。神学家把它叫做原罪，或魔鬼。弗洛伊德把它叫本我。达尔文也赞同这种看法。“这种世界观的表述方式之一，就是把我们的动物性看成与狼、老虎、猪、秃鹫、或蛇的本性一样，而不是用稍好些或至少温顺些的动物，如鹿、象、狗、或猩猩来比较。这种表达方式，是‘将我们的内在本性解释为恶的动物性’，但应指出，如果必须从动物类推到人的话，我们最好选择那些与我们最接近的动物，例如类人猿。总的说来，既然这些动物是令人愉快的、可爱的，同我们分享许多善良的特性，那么比较心理学也不会支持恶动物性这种说法。”[3]

不当之二表现在抹杀了人与动物的本质区别。比如行为主义心理学的著名代表斯金纳说：“我们能观察到的老鼠的行为与人的行为之间的唯一区别（除了在复杂程度上的巨大区别之外），只在语言行为方面。”马斯洛认为，行为主义学派、早期本能论者的“一个严重错误是过分强调人与动物世界的连

① 马斯洛：《动机与人格》，华夏出版社 1987 年版，第 339 页。

② 戈布尔：《第三思潮：马斯洛心理学》，上海译文出版社 1987 年版，第 18 页。

③ 马斯洛：《动机与人格》，华夏出版社 1987 年版，第 95-96 页。

续性，而没有在同时强调人种与其他物种的深刻区别”[①]。他说，既然信鸽、鲑、蛙、猫等等都有自己特殊的不同于其他物种的本能，为什么人种不能有自己特殊的本性呢？一些本能的需要是只有人才有的，可是通过研究动物来研究人性的思想家却看不到这些。他指出，这种研究方法一开始就注定要忽视人类才有的能力，如自我牺牲、爱国、理想爱情、良心、美、艺术、科学、哲学等。要认识人与动物的共同特征，动物心理学是十分必要的，可是要研究人类所独具的或者使人类大大优于其他动物的特性，动物心理学就用不上了。马斯洛在多年研究的基础上指责行为主义观点过于狭隘。他说，通过对动物作实验得来的结论，对人类是不适用的。

在马斯洛看来，对研究人性而言，研究精神病患者是有价值的，但是远远不够的；研究动物也是有价值的，更是远远不够的。他认为要研究人性，不仅不能停留在对精神病患者和动物的研究上，而且也不能停留在对“一般的人”的研究上，而是必须研究人类中出类拔萃之辈，就是人类中“不断发展的那一部分”自我实现的人。他用一个比喻说明自己的观点：如果你想知道一个人跑 1 英里能跑多快，你不应研究一般的跑步者，而应研究最出色的跑步者，因为只有最出色的跑步者才能使你知道人在跑完 1 英里上所具有的潜力。

马斯洛认为，要想研究人性，在研究对象上就必须淘汰精神病患者、精神变态者、不善于运用自己独特能力的人、充分适应病态社会文化的人、基本需要没有满足的人，只选择相对完善的人类代表作为研究对象。“总之，如果我们对关于人类的心理学感兴趣，我们就应该限于使用自我实现的人，心理健康的人，成熟的人和基本需要已经满足的人作为研究对象，因为他们比通常符合一般标准或者正常的人更能够真实地代表人类。”[②]

根据这种思想，马斯洛经过无情的淘汰，选择了自己的研究对象。他的研究对象有：7 名非常理想的当代人和 2 名很有希望的当代人；2 名非常理想的历史人物（晚年的林肯和托马斯·杰弗逊）：7 名很有希望的知名历史人物（爱因斯坦、埃利诺·罗斯福、简·亚当斯、威廉·詹姆士、阿尔伯特·史怀彻、阿尔德斯·赫胥黎和斯宾诺莎）；5 名虽未达到要求但仍可作为研究对象的当代人；20 名朝着自我实现发展的年轻人。此外，还有华盛顿、富兰克林、

① 马斯洛：《动机与人格》，华夏出版社 1987 年版，第 104 页。

② 马斯洛：《动机与人格》，华夏出版社 1987 年版，第 340 页。

罗素、惠特曼等 39 人。马斯洛对这些人以及他们的习惯、特点、个性和能力进行了研究，这些研究使马斯洛提出了对人性的全新看法。他说："我们越来越清楚地看到、研究有缺陷、发育不全、不成熟和不健康的人只会产生残缺不全的心理学和哲学，而对于自我实现者的研究，必将为一个更具普遍意义的心理科学奠定基础。"①

这些自我实现的人有哪些重要特点呢？

第一，他们对现实的观察采取一种客观态度，有极强的洞察力。

第二，他们具有极强的自发性和创造性。

第三，他们具有极强的独立性和自主性。

第四，他们对人类有深厚的爱，比普通人具有更良好的人际关系。

第五，在他们身上，欲望与理性、自爱与无私、独立与融合相互吻合，他们既是最有个性的人，又是最富有爱人之心、富有利他主义精神的人。

马斯洛指出，自我实现的人也不是尽善尽美的，也有缺陷。因为尽善尽美的人是根本不存在的。但对他们来说，这些缺陷是极次要的。马斯洛说："金无足赤，人无完人。其实好人，非常好的人，乃至伟人都是可以找到的。事实上确实存在着创造者、先知、哲人、圣人、巨人和发起人。即使这些人十分罕见、凤毛麟角，也给人类的未来带来了希望。"②他认为自我实现的人数虽少，然而他们却是人性的代表，代表了人类的未来。马斯洛通过对自我实现者的研究，来反对弗洛伊德、行为主义者以及其他性恶论者的观点，指出人是可以走向积极、友爱和健康的。

2. 人的本性是种微弱的"似本能"，它不象动物本能那样强大；同时这种本性还是人所固有的，人不是没有本性的完全由社会文化塑造的产物

在有没有人的固有本性这个问题上，马斯洛坚持与弗洛姆的观点相似的看法，并且提出"似本能"这个概念来反对本能论和文化相对论。

本能论承认人有其固有的本性，这种固有的本性就是与动物一样的遗传本能。马斯洛说："本能理论家所使用的范例是动物的本能。这导致各种错误。例如，不去寻找人类独有的本能。然而从低等动物研究中得出的最有害的经

① 马斯洛：《动机与人格》，华夏出版社 1987 年版，第 211 页。

② 马斯洛：《动机与人格》，华夏出版社 1987 年版，第 206 页。

验酿成了这样一个原理：本能是强大的、牢固的、不可更改、不可控制、不可压抑的。但是，这对鲑，蛙，北极的旅鼠来说也许是真实的，对人类却并非如此。”[①]马斯洛指出，本能论者忽略了人区别于动物的一些基本需要，如爱的需要。这些需要是人生而具有的，但却是很微弱的，很容易为社会习惯、文化压力等所改变和抑制。他说：“人与其他所有生物的重要区别在于：人的需要、偏好、和本能的残余弱而不强、含糊而不明确，有怀疑、犹豫、冲突的余地；它们极容易被文化、学习以及他人的爱好所窒息，进而消失得无影无踪。”[②]然而许多世纪以来，人们却把人的本能看成和动物一样是明确的、牢固的、强大的，因而只看到人的生理需要。实际上，动物的本能是十分清晰、强大而不容怀疑的，而人区别于动物的基本需要则是微弱的、混肴不清和容易被忽略的，马斯洛称之为“似本能”。

文化相对论则走上另一个极端，它否认人有类似动物的强大本能，并进而否认人有任何本性，把人完全看成是社会文化塑造的产物。马斯洛反对这种文化相对论。他说：“这种极端的环境论意含人类无限的可塑性和揉曲性以及现实的不可变性。因此它就是现状，体现了宿命论的观点。同时它也是不真实的。人类的可塑性并非无限，现状也是能够改变的。”[③]马斯洛认为社会文化只是人成长的环境，而人的成长靠人的本性。他说，人按照自己的本性，向越来越完善、越来越实现其人性的方向发展，正像一粒橡树籽向橡树发展一样。社会文化是人成长的环境，正像阳光和水分是橡树成长的环境一样，真正发展的在橡树是其树籽，在人是人的本性。同一个母亲或同一种社会文化，完全以哺育儿童一样的形式对待一只小猫或小狗，也绝不会把它们哺育成人。马斯洛说：“人最终不是被浇铸成或塑造成人、或教育成人的环境的作用，最终只是容许或帮助他使他自己的潜能现实化，而不是实现环境的潜能。环境并不赋予人潜能或智能；是人自身以萌芽或胚胎的形态具有这些潜能。”[④]

因此，马斯洛主张，尽管人的似本能很微弱，容易为社会文化所吞没，人还是有其固有本性的。他说：“人类有自己的基本性质，即某种心理结构的框架，可以象对待人体结构那样来研究、讨论它；人类有由遗传决定的需要，

---

① 马斯洛：《动机与人格》，华夏出版社 1987 年版，第 93 页。

② 马斯洛：《动机与人格》，华夏出版社 1987 年版，第 324 页。

③ 马斯洛：《动机与人格》，华夏出版社 1987 年版，第 318 页。

④ 马斯洛等：《人的潜能和价值》，华夏出版社 1987 年版，第 80-81 页。

能力和倾向，其中一些跨越了文化的界线，体现了全人类的特性，另一些为具体的个人所独有。”①他认为驱使人类活动的就是这种遗传的、似本能的需要。这些似本能的需要不仅是生理的，而且主要是心理的。一些人只是把人的低级的生理需要看成是人的本性，而认为心理的高级需要都与遗传无关，是在后天社会生活中获得的或学来的，因而不把这种心理的高级需要看成人的本性。而这些心理的高级需要是人的本性即人的似本能中最重要的部分。

马斯洛认为，似本能的概念可以克服本能论和文化相对论的片面性，既肯定了生物的遗传因素，又尊重了社会文化因素。一方面似本能的需要坚持要求获得满足，一旦受挫就会产生严重的病态后果；另一方面社会文化是比似本能需要更强的力量，似本能需要很可能被社会文化所吞没。“如果我们要使柔弱、微薄的似本能的需要不被更强、更有力的文化所吞没的话，就应该保护它们，而不是相反。”②

3. 要想了解人的本性，必须研究人的基本需要即锻本能的需要，其中人的高级需要才代表人性的需要

马斯洛认为，要想了解人的本性，必须研究人的需要，只有真正认识了人的需要，才能把握人的本性。他说：“当我们探索究竟想从生活中得到什么之时，我们就接触到了人的本质。”③

要研究人的需要，必须确定哪些需要是人的基本需要。怎样确定某种需要是人固有的基本需要呢？马斯洛认为，一种需要如果符合下述情况，就可以看成基本需要。第一，这种需要如果遭受挫折，就会导致心理疾病；第二，这种需要若得到满足则能培养起健康的性格，导致良好的心理状态；第三，在自由的状况下，这种需要自然地作为人的偏好而表现出来；第四，在相对健康的人那里可以直接细察到这种需要。根据这种标准，马斯洛指出了五个层次的需要是人固有的、基本的需要。

第一，生理需要。

生理需要是维持人的生命有机体的需要。人们对于食物、饮料、住所、衣服、性交、睡眠、氧气等的需要都属于生理需要。生理需要是人的需要中最基本、最强烈、最明显的一种。

---

① 马斯洛：《动机与人格》，华夏出版社 1987 年版，第 320 页。

② 马斯洛：《动机与人格》，华夏出版社 1987 年版，第 94 页。

③ 马斯洛：《动机与人格》，华夏出版社 1987 年版，第 67 页。

马斯洛说："生理需要在所有需要中占绝对优势。"①具体地说，假如一个人在生活中所有的需要都没有得到满足，生理需要最有可能成为他的主要动机，其他需要可能会全然消失，或者退居幕后。一个同时缺乏食物、稳定、爱和尊重的人，对于食物的需要最为强烈。对于一个极度饥饿的人来讲，除了食物，其他任何兴趣都不存在。他梦见的是食物，记忆的是食物，想到的是食物，他感情的对象是食物。在这种情况下，他会认为乌托邦就是一个食物充足的地方，生活本身的意义就是吃，其他任何东西都不重要。自由、爱、公众感情、尊重、哲学等，都被当成无用的奢侈品弃置一边，因为它们不能填饱肚子。可以说，这种人仅仅是为了面包而活着。

马斯洛认为："不能否认这类情况的真实性，但可以否认它们的普遍性。"②因为在大多数已知的社会里，经常处于危机状态的极度饥饿是罕见的，而不是普遍的。行为主义心理学只看到人的生理需要，这种观点是错误的，其错误除了把对动物的研究移到人身上之外，还在于把人在极度的生理需要匮乏时的行为普遍化，在这种极端的情况下来衡量人的全部目标和欲望，就会使行为主义心理学家对许多事实视而不见。马斯洛指出，生理需要对人的行为有强有力的影响，但这只限于生理需要没有得到满足时。"'人只靠面包活着'并不是谬论——但这只有在没有面包时才是事实，那么当面包充足，并且人们腹中长期有食时，欲望又会发生什么变化呢？其他（更高级的）需要会立即出现，这些需要（而不是生理上的饥饿）开始控制机体。当这些需要满足后，又有新的（更高级的）需要出现了，依次类推。我们说人类基本需要组成一个相对的优势层次，就是指这个意思。"③这就是说，在生理需要长期得到满足时，生理需要就不再是行为的活跃的决定因素，它们只以潜能的方式存在，即如果再遭受挫折，它们会再次出现并控制机体。满足了的要求不再是要求，支配人行为动机的只能是未满足的需要。如果饥饿得到满足，它在人目前的原动力中就变得无足轻重了。

第二，安全需要。

如果生理需要相对充分地得到了满足，接着会出现安全的需要。安全的需要包括安全，稳定，依赖，免受恐吓、焦燥和混乱的折磨，对体制、秩序、法律、界限的需要，对于保护者实力的要求等等。因为在健康的成人身上，

---

① 马斯洛：《动机与人格》，华夏出版社 1987 年版，第 41 页。
② 马斯洛：《动机与人格》，华夏出版社 1987 年版，第 43 页。
③ 马斯洛：《动机与人格》，华夏出版社 1987 年版，第 43 页。

安全需要都得到了满足，所以观察儿童和患精神病的成人更容易理解这种需要。例如幼儿突然受到干扰，或者跌倒，或者受到闪电的惊吓，或者受到粗鲁的对待等等，他们会全力以赴地作出反应，仿佛遭遇到了危险。儿童的安全需要还表现在他喜欢一种安稳的秩序或节奏，需要一个可以预见的有秩序的世界。家庭内部父母的争吵、动手殴打、分居、离婚都会给孩子造成巨大的恐惧和创伤，让一个普通的孩子在短时期内同父母分离，面对陌生的面孔，在这种情况下孩子会发疯似地依附于父母，这雄辩地证明了父母作为保护人的作用。一些患精神病的成年人在对于安全的渴望上，在许多方面与感到不安的儿童一样。“一个患神经病的成年人，可以说一举一动都仿佛是真的害怕要被打屁股，或者惹母亲不高兴，或者被父母抛弃，或者被夺走食物。”①不正常的人对秩序和稳定有迫切的需要，对新奇和出人意料的事表现出惊慌失措的反应。正常人也寻求秩序和稳定，但并不十分迫切，对于新奇和未知事物倒有一种健康的兴趣。

第三，归属和爱的需要。

假如生理需要和安全需要得到满足，爱、感情和归属的需要便会产生。“现在，个人空前强烈地感到缺乏朋友，心爱的人，妻子或孩子。也就是说，他一般渴望同人们有一种充满深情的关系，渴望在他的团体和家庭中有一个位置，他将为达到这个目标而作出努力。”②他会把友谊和爱看得高于世界上任何东西，他甚至可以忘记当他饥肠漉漉时曾把爱看成是不必要的和不必需的。这种需要如果得不到满足，他会强烈地感到孤独，感到遭受抛弃和拒绝，会产生一种浪迹人间、举目无亲的痛苦。

马斯洛强调不要把爱与性混淆起来，他反对弗洛伊德把爱说成是来自性欲，把爱说成是目标受抑制的性欲。他认为这是一个极大的错误。他说：“性可以作为一种纯粹的生理需要来研究。一般的性行为是由多方面决定的，也就是不仅由性的需要，也由其他需要决定，其中主要是爱和感情的需要。爱的需要既包括给予别人的爱，也包括接受别人的爱。”③马斯洛很赞成这样一个爱的定义：爱是深深的理解和接受。

马斯洛说，虽然归属与爱的需要很重要，但心理学对它们的研究却少得惊人。尽管这个问题是小说、诗歌、戏剧以及新兴的社会问题文学的一个常

---

① 马斯洛：《动机与人格》，华夏出版社 1987 年版，第 48 页。

② 马斯洛：《动机与人格》，华夏出版社 1987 年版，第 49 页。

③ 马斯洛：《动机与人格》，华夏出版社 1987 年版，第 51 页。

见的主题，然而这方面的科学资料则很少。

第四，自尊的需要。

马斯洛认为，除了少数病态的人之外，社会上所有的人都有一种自尊、自重和来自他人的尊重的需要或欲望。这种需要可分为两类：第一是自尊，包括对获得成就、实力、优势、胜任、自信、独立和自由等的需要和欲望。其中独立自主和自由的需要是很强烈的。他说："根据众所周知的临床数据我们可以认为一个已知真正自由为何物的人（这种自由不是以放弃安全感为代价得来的，而是建立在充分的安全感之上的）是决不会自愿或轻易地允许他的自由被夺走的。"[①]第二是来自他人的尊重，包括对名誉、地位、威信、声望、公认、重要性、赞赏等的需要和欲望，这些欲望和需要比较被阿德勒所强调，却为弗洛伊德所忽视。弗洛伊德强调性本能欲望，阿德勒反对弗洛伊德的观点，认为驱使人们行动的不是性本能，而是"向上意志"，即对优越感目标的追求，就是想超过别人。马斯洛认为这种向上意志就是自尊的需要。自尊的需要是否能得到满足对人是十分重要的。他说："自尊需要的满足导致一种自信的感情，使人觉得自己在这个世界上有价值、有力量、有能力、有位置，有用处和必不可少。然而这些需要一旦受到挫折，就会产生自卑、弱小以及无能的感觉。这些感觉又会使人丧失基本的信心，使人要求补偿或者产生神经病倾向。从对严重的创伤性的神经病的研究我们很容易明白基本自信的必要性，并且理解到，没有这种自信的人们会感到何等无依无靠。"[②]

不过，马斯洛指出，只是基于他人的看法，而不是基于自己的真实能力、成就的自尊是危险的。最稳定和最健康的自尊是建立在当之无愧的来自他人的尊敬之上，而不是建立在外在的名声声望以及无根据的奉承之上。

第五，自我实现的需要。

马斯洛指出，即使以上所有的需要都得到了满足，经常又有新的不满足和不安迅速发展起来，除非个人正在独特地干着他适合干的事情。一个作曲家必须作曲，一个画家必须绘画，一个诗人必须写诗，否则他始终都无法安静。"一个人能够成为什么，他就必须成为什么，他必忠实于他自己的本性。这一需要我们就可以称为自我实现（Self-actualization）的需要。""它可以归入人对于自我发挥和完成的欲望，也就是使他的潜力得以实现的倾向。这种

① 马斯洛：《动机与人格》，华夏出版社 1987 年版，第 51 页注。

② 马斯洛：《动机与人格》，华夏出版社 1987 年版，第 52 页。

倾向可以说成是一个人越来越成为独特的哪个人，成为他所能够成为的一切。”[①]马斯洛还说：“自我实现也许可大致被描述为充分利用和开发天资、能力、潜能等等。这样的人似乎在竭尽所能，使自己趋于完美。这使我们想起尼采的告诫：‘成为你自己！’”[②]可见自我实现的需要就是把自己的独特能发挥出来的需要，把自己的能力充分表现出来的需要。这种需要也就是弗洛姆讲的自发创造性的需要。

在马斯洛看来，自我实现的需要的出现，通常要依赖于生理、安全、爱和自尊的需要的满足。满足自我实现的需要的方式在人与人之间是大不相同的。有的人可能想成为一位理想的母亲，有的人可能想在体育上大显身手，还有的人可能想表现在绘画上或创造发明上。在自我实现的需要这一层次上，个人之间的差异是最大的。

除了以上五种基本需要之外，还有与之相联系的两种需要：对认识和理解的欲望与需要，即求知欲；审美的需要。

马斯洛把人的基本需要分成低级需要与高级需要。由低级到高级的发展顺序是：生理需要、安全需要、归属与爱的需要、自尊的需要、自我实现的需要。前两项属于低级需要，后三项属于高级需要。

低级需要与高级需要有什么关系呢？在他看来，它们的关系主要表现在以下几点。

第一，低级需要比高级需要更强烈，对于维持人的生存更迫切，因而低级需要出现得早；基本需要的层次越高，它们就越弱，越容易被改变和压制，高级需要出现得迟。从人类个体发展与人类种系发展上看都是这样。任何一个人类个体，一出生就显示出有生理需要，并且还以一种初期方式显示出有安全需要。只有在出生几个月之后，婴儿才初次表现出有与人亲近迹象和有选择的喜爱感。等儿童稍大一些，才表现出对独立、自主以及被表扬的要求，至于自我实现的需要则最晚出现，甚至莫扎特式的人物也要等到三、四岁以后。人类种系的进化过程也是如此。我们和一切动物都具有进食的生理需要，也许我们与高等类人猿共有爱的需要，而自我实现的需要则是人类所独有的。越是高级的需要也就越微弱，也越为人类所独有。

第二，低级需要是有限度的，高级需要是无限的。比如吃一定的食物就

---

① 马斯洛：《动机与人格》，华夏出版社 1987 年版，第 53 页。

② 马斯洛：《动机与人格》，华夏出版社 1987 年版，第 176 页。

可以解除饥饿，然而友爱、尊重、自我实现需要的满足则几乎是无限的。

第三，高级需要的满足要求更多更好的前提条件。比如友爱的需要与安全的需要相比，不仅要求免于互相残杀，而且要求更好的环境条件（好的家庭、经济、政治、教育等环境条件）。

第四，高级需要的出现有赖于低级需要的满足，但只有高级需要的满足才能既造成更大的生物效能，又产生深刻的幸福感，高级需要的满足比低级需要的满足具有更大的价值。生活在高级需要的水平上，高级需要的满足给人带来精神的愉快，可以使人吃得香，睡得好，很少有疾病。而焦虑、爱的丧失往往造成吃不香，睡不好，造成不良的生理后果。不仅如此，“高级需要的满足能引起更合意的主观效果，即更深刻的幸福感，宁静感，以及内心生活的丰富感。安全需要的满足最多只产生一种如释重负的感觉。无论如何它们不能产生象爱的满足那样的幸福的热狂与心醉神迷，或宁静、高尚等效果”①。因此，高级需要的满足具有更大的价值。人们愿意为了高级需要的满足忍受低级需要满足条件的丧失，人们普遍认为自尊比填饱肚子更有价值，人们可以为了原则而抵挡危险，为自我实现而放弃钱财和名声。

第五，高级需要的追求与满足，既有利于社会公众，又会造就真正的健康的个人，这是一种健康的趋势。马斯洛说：“高级需要的追求与满足具有有益于公众和社会的效果。在一定程度上，需要越高级，就越少自私。饥饿是以我为中心的，它唯一的满足方式就是让自己得到满足，但是，对爱以及尊重的追求却必然涉及他人，而且涉及他人的满足。已得到足够的基本满足继而寻求友爱和尊重（而不是仅仅寻找食物和安全）的人们，倾向于发展诸如忠诚、友爱、以及公民意识等品质，并成为更好的父母、丈夫、教师、公仆等等。”②追求高级需要的人既是最爱人类的，又是个人特质发展得最充分的人。这里爱己与爱人是一致的，而不是对抗性的。高级需要的追求与满足导致更伟大、更坚强以及更真实的个性。因此，“追求和满足高级需要代表了一种普遍的健康趋势，一种脱离心理病态的趋势”③。

马斯洛认为，看到人的高级需要与低级需要的不同性质，认识到高级需要与低级需要都是似本能的，都是来源于人的本性，这一定会在心理学和哲学理论引起许多革命的后果，其中最重要的是引起人性观点的革命——高级

① 马斯洛：《动机与人格》，华夏出版社 1987 年版，第 115 页。
② 马斯洛：《动机与人格》，华夏出版社 1987 年版，第 116 页。
③ 马斯洛：《动机与人格》，华夏出版社 1987 年版，第 115 页。

需要也是人的本性所固有的，而且是代表人性的需要，那么，人的本性就不是自私的、邪恶的。

4. 人的本性是善良的，爱是人的本性中最强烈的冲动之一

马斯洛指出，大多数文明同它们的政治、教育、宗教等理论有密切联系，许多传统的哲学家和心理学家，一直把人性限制在对于食物、性之类的生理需要上，认为人对爱、真理和美的追求不是人的本性的要求，而是社会文化加到人身上的，而且认为人的高级需要与低级需要是相对抗、排斥而不断发生冲突的。他们不相信人有什么诚实、慷慨、仁慈等品格，只相信人与人之间的弱肉强食，认为人的本性喇自私的、邪恶的，教育、宗教、法律都是控制和限制人的本性的。

马斯洛认为这种传统观念是错误的。其根本错误在于只看到人的低级需要，没有看到人的高级需要，只看到人的生存价值，没有看到人的发展价值或成长价值。马斯洛说："除了达尔文的生存价值（survival value）外，我们现在还可以提出'成长价值'(growth values)。对于个体来说，不仅生存是好的，努力去发展完美的人性，使人的潜力得到发挥，追求更大的幸福、更深的宁静以及高峰体验，走向超越，获得对现实更丰富、更准确的认识，这一切也是有益的。"①这就是说，人不仅有生存的低级需要，而且有要发展的高级需要，而这些高级需要也是人的本性所固有的，而且是人所独有的，是最能代表人性的需要。这些高级需要的满足既有利于社会，又可以给自己带来更大的幸福、更深的宁静。这些需要的满足不是自私的、邪恶的，而是既利己又利人的所以把人的本性说成是自私的、邪恶的观点是错误的。

马斯洛还指出，由于发现人的高级需要的相对独立性，我们还可以解决神学家的一个古老难题。神学家总是感到必要调和肉体和精神、魔鬼和天使的对立，即人类有机体的低级需要和高级需要的对立，但却没有找到过一个满意的方法和答案，现在可以找到一个合适的答案。"高级需要生活的机能自主似乎就是答案。高级需要的发展只有建立在低级需要的基础上，但最后一旦牢固建立，就可以相对地独立于低级需要。"②这就是说，正因为人的高级需要有相对独立性，所以，高尚的人才可以为了追求高尚的精神境界而放弃

① 马斯洛：《动机与人格》，华夏出版社 1987 年版，第 121 页。
② 马斯洛：《动机与人格》，华夏出版社 1987 年版，第 120 页。

一些肉体生理需要的物质条件。

马斯洛主张人的本性是良善的，而不是邪恶的，非常重要一点就是认为人的高级需要中的爱的需要是人的本性中最强有力的冲动。

他指出，有不少人把爱的需要不是看成人的本性，却认为是在后来社会生活中获得的或学来的。比如，我们之所以爱父母，是因为父母供给我们吃的东西，满足我们各方面的需要，抚养我们长大成人。他说，这样就把爱看成是满足或交易的副产品，其实这种观点是与观察的事实不符的，是漏洞百出的。母亲为什么那么热切地关心幼儿、满足幼儿的一切要求呢？怀孕的损害、分娩的痛苦、哺育的辛劳又能带来多少好处呢？如果说母亲对子女的爱是一种交易，那么母亲为什么做这种赔本的买卖呢？

马斯洛认为，爱的需要既包括得到爱，又包括给予爱，都是人的本性固有的。临床工作者一致认为，婴儿不仅需要食物、温暖、良好的护理等，而且也需要爱。育婴堂里的孩子无论受到多好的照顾，生理上得到多好的满足，他们仍然常常出现病态的发展，就是因为他们被爱的要求没有得到满足。20世纪的一次调查发现，在美国的10家育婴堂里，除了有一个例外，每个婴儿在不满两岁时就夭折了。在家庭生活中，一个贫穷然而慈爱的母亲远比富有的、满足孩子的生理要求的但却没有爱的母亲更多地赢得孩子的爱。一些心理学家做了一个著名实验，让一群猴婴离开它们的母亲，代之以两个假做的母猴，一个是由金属做成的可以喂奶的母猴，另一个是不能喂奶但裹了一层毛圈织物的母猴。这群猴婴宁肯选择可以拥抱和依恋的不能喂奶的毛圈织物母猴，而不选择能喂奶的金属母猴。这个实验说明，即使对猴子仅仅有食物而没有爱也是不行的。

马斯洛还指出，一些人患有精神病同他们早期爱的缺乏有关。他说，几乎所有的治疗家都承认，当我们对一种精神病追根寻源时，我们会频繁地发现他们生命早期爱的匮乏现象。这就是说，爱的匮乏会导致疾病。这些疾病如果尚未达到不可救药的地步，通过给予患者以感情和慈爱是可以治愈的，对于儿童尤其如此。甚至对成人的心理治疗，也必须使患者得到使他痊愈的爱。“爱对于人类的健康发展是一种基本需要。”①正如机体为了维持健康防止疾病而需要盐、碘、维生素一样，为了人的健康发展也需要爱。他说：“爱的饥饿是一种缺乏症，就象缺乏盐和缺少维生素一样……我们需要碘和维

① 马斯洛：《动机与人格》，华夏出版社1987年版，第327页。

生素 C，这一点对每个人来说都是毋庸置疑的。我提醒你们，我们需要爱的证据与此完全是属于同一类型的。”①

既然爱是人的本性的固有趋势，人的本性是良善的，那么如何解释人的一些破坏性行为呢？破坏性是不是人的似本能呢？马斯洛通过对动物的考察、对儿童的考察、对一些原始部落的考察，指出破坏性不是人的本性，“是基本需要受挫所产生的习以为常的后果”②。

马斯洛指出，通过研究动物而研究人性还是有必要的，但这种研究中有一种伪科学的思维：首先建立一套理论，或树立一种偏见，比如认为动物的本性是恶的，人的本性也是恶的，然后再从动物的整个进化领域中选取最能说明这一点的动物，如狼，而对不适宜于证明这一理论的动物，如兔子，却置若罔闻。而且，这种伪科学的思维不考虑动物的进化，研究人的本性却不研究与人类关系最近的类人猿。克服了这种伪科学的思维方式，通过考察动物的行为，我们可以发现：

其一，具有原发性的破坏性倾向的动物不多，不少动物根本不存在这种倾向。有些动物确实具有原发性的破坏性倾向，如一只狐狸跑到鸡窝里会把所有的鸡都咬死，这些鸡是它一次吃不了的。但这类动物不太多，在不少动物种类那里，这种倾向完全不存在。

其二，许多动物的进攻行为是对各种刺激物所作的继发性和派生性反应。当一群鸟为自己选择好繁殖的处所之后，别的鸟只要进入这片范围就会遭到攻击。但是，这群鸟只是攻击贸然闯入的不速之客，而不攻击别的鸟。

其三，动物愈是向高等进化，它的纯粹的原发性进攻本能就变得越来越微弱，到类人猿那里，关于这种本能的证据，似乎就根本找不到。他说：“象黑猩猩这种在所有动物中与人类关系最近的动物，我们丝毫也不猜想它的某一行为是为进攻而进攻的，这样的行为绝不存在。这些动物特别是在幼小的时候是如此地可爱，如此地富于合作精神，如此地友好，以至于在某些群体中我们几乎看不到任何形式的、不管是为什么原因而采取的残暴的进攻行为。”③在这里，有关原发性的恶意进攻的证据几乎完全找不到。相反，我们却能找到大量有关友爱、合作精神和利他主义的证据。“如果说人有来自动物方面的遗传因素的话，那多半都是来自类人猿的，而类人猿与其说是富于进

① 戈布尔：《第三思潮：马斯洛心理学》，上海译文出版社 1987 年版，第 44 页。

② 马斯洛：《动机与人格》，华夏出版社 1987 年版，第 150 页。

③ 马斯洛：《动机与人格》，华夏出版社 1987 年版，第 138 页。

攻性的，还不如说是富于合作精神的。”①

其四，多数肉食动物杀死它们的猎物都纯粹是为了获取食物，而不是为了施虐，如同我们取得牛排是为了食物而不是出于戕杀的欲望一样。

总之，通过这样的考察，马斯洛认为我们应该拒绝认为人的动物性驱使他为进攻而进攻、为破坏而破坏的观点，即应该拒绝认为人的动物性就是破坏性的观点。

马斯洛还考察了儿童的行为。他指出，许多人大谈儿童的天生的自私和破坏性，心理学家和精神分析学家们经常把小孩看成是“小鬼”，天生都带着原罪，内心深藏着仇恨。马斯洛认为这种描述是虚假的。从正常的儿童身上有时可以发现其行为是怀有敌意的、具有破坏性的和自私的，有时又可以发现他们是慷慨的、富有合作精神的和无私的。决定这两类行为出现的相对频率的主要原则是，当儿童感到不安全时，当他的安全的需要、爱的需要、归属的需要和自尊的需要方面受到根本阻碍和威胁的时候，他就会更多地表现出自私、仇恨、进攻性和破坏性来。在那些基本上受到父母的爱和尊重的儿童身上，破坏性则要少一些。他说：“这意味着，儿童的敌意都是反应性的、手段性的或防御性的。”②他指出，如果我们观察一个 1 岁或更大一些健康的、得到爱和关心的儿童，那么，我们就不可能看到任何可被称为邪恶、从伤害他人中取得乐趣、破坏性、为敌对而敌对或者故意实施暴行的情况。恰恰相反，可以发现他们可爱的、令人钦佩和羡慕的品质。正因为儿童在头一、二年完全没有明显的邪恶与恶意，所以人们都喜欢儿童。

如何解释儿童的这样一些行为呢？如儿童会把一个钟拆得七零八落，有人把这看成是儿童的破坏性。马斯洛认为，其实这是由儿童的好奇心驱使的，这种行为是儿童的一种活动、游戏与创造。亲族敌对是一种特殊的、时常令人不解的情况。一个两岁的儿童对刚出生的小弟弟或小妹妹会做出某种危险的进攻行为，有时他的敌意还表现得十分天真和直率。弗洛伊德据此把儿童看成自私的小野兽。马斯洛则认为，两岁的儿童只是不能想象他的母亲能够同时爱两个小孩，他不纯粹是为了伤害而伤害，而是为继续占有他母亲的爱。

马斯洛还通过对原始部落的考察说明破坏性不是人的本性。马斯洛曾到加拿大阿尔伯它北部的黑足印第安部落，与那里的印第安人生活了一个夏天。

---

① 马斯洛：《动机与人格》，华夏出版社 1987 年版，第 139 页。

② 马斯洛：《动机与人格》，华夏出版社 1987 年版，第 141 页。

这个部落的固定人口是 800 人，在过去 15 年里他们中间仅仅发生过五次打架斗殴事件。他曾极力寻找他们社会内部的各种敌对行为，但他发现这些敌对行为与文明社会相比是微乎其微的，他们在本质上是友好的，而不是恶毒的。他们平常的闲聊起着传播新闻的作用，而从不对人说三道四、谩骂诽谤。巫术和宗教几乎无一不是为整个部落服务的，都用于治病救人，而从不用于破坏、进攻或复仇。儿童很少在肉体上受到惩罚，这个部落的人都蔑视那些残酷对待自己的小孩和同胞的白人。这个部落的人一点也不软弱，有强烈的自尊心，他们把进攻看成是错误、可怜或疯狂的表现。通过考察，马斯洛认为，破坏行为和进攻行为的多寡在很大程度上是由文化决定的。他说："来自人类学方面的证据使我们完全有理由把人身上的破坏性以及那些恶毒或残酷的行为看成是基本需要受到挫折或威胁而产生的继发性的和反应性的后果。"①

总之，马斯洛通过对自我实现的人的研究，通过对人的基本需要尤其是人的高级需要的研究，通过对动物、儿童、原始部落的考察和研究，认为人的本性是善良的，坚决驳斥了那种认为人性在根本上是自私的和邪恶的对人类绝望的观点。他认为自己的人本主义心理学的产生是一场"货真价实的革命"。他说："目前正在发生一次人的形象的改变。这是从关于深入人们骨髓的人类本质的哲学开始的，其余一切便随之而来……人本主义和第三思潮的人的形象明白无误地表明有史以来我们一直没有给人类本性以足够的评介；而这种人的形象的改变就其后果来说无疑是一场革命。它能够改变也将要改变世界以及世界上的一切事物。"②

5. 理想的社会文化是充分适合人性发展的"尤赛琴"社会文化

马斯洛认为，关于人性的两种不同观念，就会产生出具有天壤之别的关于社会的观念。传统心理学与传统哲学把人的本性看成是自私的、邪恶的，因此，把社会文化、社会文明看成是一个压抑、禁止、约束人的本性的系统。纪律、控制、镇压是这种社会文化的口号。现在在人性的观点上发生了根本性的革命，那毫无疑问必须改变过去关于社会的理论。社会文化不再是压抑和控制人的系统，而是促使人性得到满足和实现的系统。那么新的关键的词

① 马斯洛：《动机与人格》，华夏出版社 1987 年版，第 145 页。

② 戈布尔：《第三思潮：马斯洛心理学》，上海译文出版社 1987 年版，第 14 页。

语将是自发性、释放、自然真实、自我认可，是对冲动的觉知、满足、容许。他说："如果我们的本能冲动不是被理解为狮子而是理解为羔羊，如果我们的本能冲动与其说是掠夺性的不如说是友爱性的，与其说是使人憎恶的，不如说是令人赞美的，我们当然应给它们以自由，让它们充分表现自己，而不会将它们禁锢在用于犯人和疯子的约束衣之内。"①

理想的社会文化不应干扰人性的实现，而应该满足人的基本需要，为人性的实现提供更优越的条件。他认为，由于人的似本能是微弱的，尤其是人的似本能中的高级需要更弱，而社会文化是强有力的。所以，应该保护这种似本能，使之不受不良社会文化的干扰，并对不良的社会文化进行改革。改革社会文化的意义就在于给予人们内在的生物倾向以一个更好的实现自身的机会。他说："文化显然是，或者至少应该是满足需要的，而不是禁止需要的。此外，它不仅是为人类的需要而创造的，而且也是由人类的需要创造的。"②

理想的社会是有利于人的自我实现的善有善报的社会。马斯洛说："一个优秀社会的定义就是善有善报。"③这就是在一个优秀的理想社会中，任何成功、财富、地位都应该完全与能力、才干和技术联系起来。这种社会里，出类拔萃的人能够出人头地，优越的人能得到奖励。这样才会使人们努力把自己的潜能充分发挥出来，努力满足自我实现的需要。他认为，如果不是善有善报，优秀社会是不会到来的。如果恶有善报，那将贻害无穷。

理想的社会是一种无政府的、人人充分自由选择自由发展的、人与人之间又充满爱的社会。马斯洛说，在理论上建立一个心理学乌托邦一直是我的乐趣。在这个乌托邦中，人人都是心理健康的，我称之为精神优美。根据我们关于健康人的知识，我们能否预见到，假如一千户健康人家移居一处荒原，在那里他们可以随意设计自己的命运。他们会发展怎样一种文化呢？我对某些事情没有把握，尤其是经济情况，但对另一些事情我可以非常肯定。"其中之一是，几乎可以肯定，这样是一个高度无政府主义的群体，一种自由放任但是充满爱的感情的文化。在这个文化中，人们（包括青年人）的自由选择的机会将大大超出我们现已习惯的范围，人们的愿望将受到比在我们社会中更大的尊重。人们将不象我们现在这样过多地互相干扰，这样易于将观点、宗教信仰、人生观，或者在衣、食、艺术或者异性方面的趣味强加给自己的

---

① 马斯洛：《动机与人格》，华夏出版社 1987 年版，第 120 页。

② 马斯洛：《动机与人格》，华夏出版社 1987 年版，第 119 页。

③ 戈布尔：《第三思潮：马斯洛心理学》，上海译文出版社 1987 年版，第 110 页。

邻人。总之，这些精神优美的居民将会在任何可能的时候表现出宽容，尊重和满足他人的愿望，只是在某些情况下会阻碍别人（对此我暂不阐述），他们允许人们在任何可能的时候进行自由选择。在这样的条件下，人性的最深层能够自己毫不费力地显露出来。”①

不过，马斯洛指出，人人充分自由地选择指的是精神健康的成人或者人格尚未扭曲变形的儿童。自由选择不适于精神不正常的人，因为他们会进行错误的选择。他说，给独裁者以自由和信任，只会使他为非作歹；自由、放任和信赖会使真正依赖成性的人因忧虑和恐惧而精神彻底崩溃。

总之，马斯洛认为真正理想的社会文化是一种适合人性发展的社会，是满足人的基本需要、有利于人的自我实现、充分自由又充满爱的社会文化。这种社会文化他曾名之曰“心理学乌托邦”。因为“乌托邦”这个词有不切实际的含义，后来马斯洛自己造了一个词“尤赛琴”来表示他所理想的社会文化。“尤赛琴”（eupsychian）一词由希腊词根 eu-（好）与 psyche（灵魂）组成，意为有利于心理健康的。按照马斯洛的定义，“尤赛琴”指的是“由一千名自我实现者在一个与世隔绝的岛上，在没有外界干涉的情况下所倡导的文化”②。实际上也就是原来所设想的“心理学乌托邦”。

马斯洛关于人性的观点，我们可以把它概括为以下几点。

（1）人的本性不像动物本能那样强大而牢固，然而人仍是有其本性的，人不是毫无本性的纯粹社会文化的塑造物。人的本性是微弱的似本能。

（2）人的似本能需要即基本需要是分层次的，愈是高级的需要愈微弱，然而越为人所独有，越能代表人性的需要。高级需要的满足有赖于低级需要的满足，但只有高级需要的满足才能产生更令人满意的主观效果，或更深刻的幸福感。高级需要的满足比低级需要的满足具有更大的价值。

（3）高级需要包括爱的需要，高级需要的追求与满足同利他主义是一致的。人的本性是善良的，恶是派生的，是人的基本需要受挫引起的。

（4）创造性潜能的发挥是人的最高需要，是人生追求的最高目的，这一目标的实现就是自我实现。自我实现或创造性潜能的发挥，能给人带来极度愉快的高峰体验。

（5）人的本性与社会文化并无本质矛盾。人的需要越高级，必然也越少

---

① 马斯洛：《动机与人格》，华夏出版社 1987 年版，第 330 页。

② 戈布尔：《第三思潮：马斯洛心理学》，上海译文出版社 1987 年版，第 13 页。

自私，创造性潜能的发挥具有更高的社会价值。只有充分实现自己潜能的人，才能成为自由的、健康的、自我实现的人，才能在社会中充分发挥作用。理想社会的主要职能在于促进人的潜能的发挥。

可见，马斯洛人性学说的核心问题是人的创造性潜能发挥的问题，即人的自我实现问题。人具有创造性潜能，这是人与动物最根本的区别。能量需要释放，潜能需要发挥，这是自然的倾向。健壮的人喜欢运用他们的体力，有爱的能力才有爱的需要，有智力必然趋向智力的发挥或进行创造性活动。正象一颗橡籽“迫切趋向”长成一棵橡树那样，人在自己本性中也“迫切趋向”人性的完善实现。

认这些思想可以看出，马斯洛的人性学说同以前的心理学相比，有许多值得认真研究的东西。

第一，马斯洛的人本主义心理学较之于弗洛伊德的精神分析学说（第一思潮）和行为主义心理学（第二思潮），在研究方法上和所得出的结论上都大大前进了一步，使对人性的认识大大前进了一步。

在人与动物的关系问题上，达尔文的生物进化论出现以前，占统治地位的思想是神学观点，认为人与动物根本没有联系，人是由神单独创造的。达尔文的生物进化论引起一场争论，争论的结果是科学战胜了宗教，人是由动物进化而来的观点普遍被人们接受。弗洛伊德的精神分析学说和行为主义心理学都是从人与动物界的连续性来研究人和人性的。但是，肯定人与动物的连续性，只解决了人性问题的一半。而人性问题的另一半，即人与动物的区别性问题却仍未解决。所以，他们一方面取得了一些成就和贡献，另一方面也得出了一些错误理论，产生了对人性的曲解。正是在这种情况下，才产生了以马斯洛的理论为代表的人本主义心理学，研究了人性问题的另一半，对贬低人性的倾向表示了强烈的抗议。

从研究方法看，弗洛伊德主要研究精神病患者，而没有认真研究正常人，更没有研究出类拔萃的人。马斯洛批评他从研究精神病患者而得出一般人性的结论是片面的。行为主义者主要通过研究动物来形成对人的看法。马斯洛批评行为主义者，指出，研究动物只能揭示人与动物的连续性，根本不可能揭示人与动物的根本区别。马斯洛认为，要研究人性，研究精神病患者和研究动物都是必要的，但是远远不够的，必须要研究正常的人，尤其是必须研究精神健康的自我实现的人。马斯洛专门选择了出类拔萃的人进行研究。这种研究方法比精神分析学和行为主义心理学的研究方法就大大前进了一步。

在对人性的看法上，马斯洛与弗洛伊德也有相同之处，就是他们都强调人的内因即人的遗传性作用，同属于动力论心理学。但是他们对人的内因的看法却有极大的不同：①弗洛伊德把人的内因理解为不可更改的、强大的动物本能；马斯洛把人的内因理解为一种特殊有机体的潜能，是比较微弱的先天因素，这就给社会文化环境的作用留有余地。②弗洛伊德把人的内因主要理解为性本能；马斯洛把人的内因理解为潜能，这种潜能包括社会性与创造性在内。③弗洛伊德认为人的破坏性是人性固有的、原发性的，人的社会性、创造性不是人性固有的，是社会文化强加于人的结果；马斯洛认为人的社会性、创造性是人性固有的，是原发性的，人的破坏性不是人性固有的，是人的基本需要得不到满足遭受挫折后派生的。④弗洛伊德认为人的本性是自私的，人性与社会文明是敌对的，对人类的未来持悲观态度；马斯洛则认为人的本性是良善的，人性与社会文明没有本质的冲突，对人类的未来持乐观态度。

马斯洛的人性学说较之弗洛伊德的人性学说更符合人的实际一些，弗洛伊德的理论受到越来越多的批评，马斯洛的理论越来越为人们所肯定，并且在管理学、社会学、教育学等方面得到广泛运用。

马斯洛的人性学说较之行为主义心理学理论也是一个大的进步。近代心理学从哲学中分化出来，这在人类认识史上是一个进步。心理学的独立是以强调实验法为特征的。行为主义心理学是实验心理学的最高发展。但它走上了极端，认为人的意识是无法进行实验研究的，因而，心理学只能以外观行为作为研究对象，并进而定认人的内部意识和人的本性的存在，认为社会文化是人的行为的决定因素，导致一种彻底的外因论。行为主义心理学注重实验是有贡献的。但人是复杂的社会存在物，人的许多复杂心理活动是无法用严格的实验分析来证明的。那么，现在不能用实验室方法证明的东西是不是就不存在呢？马斯洛肯定人的内部意识和人的本性的存在，反对行为主义者否认人的本性的外因论，认为人的行为主要是由人的本性决定的，社会文化只能为人性的发展提供环境和条件。这就使心理学的发展又前进了一步。许多西方心理学史家曾指出，行为主义把对心理的内向研究转为外观研究（行为研究）时曾扩大了心理学的研究领域，而人本心理学再次转为从内部研究时则又一次扩大了心理学的研究领域，丰富了关于人的精神生活的研究。

第二，马斯洛明确提出，要探索人的本性就必须研究人的需要，并且在人类认识史上第一次提出需要的分层理论，系统地探讨了人的低级需要和高级需要，尤其是分析了人的高级需要与低级需要的关系，指出高级需要是代表人性的需要，高级需要的追求与满足不是自私的，从而得出人的本性并不是邪恶的结论。这就使对人本性的认识大大前进了一步，同时也是对贬低人性的性恶论比较有说服力的驳斥。

第三，马斯洛把人的创造性潜能的发挥即自我实现看成人的最高需要，这样就把人与动物的根本区别看成是创造性活动，这就抓住了人性的一个最显著的特征。这既是对人性认识的深化，也是现代西方思想领域的一项重要成就。

第四，马斯洛的人本主义心理学是对现代资本主义社会弊端的一种抗议，呼吁合理社会要促进人的潜能的发挥，这是有一定进步意义的。第二次世界大战以后，美国的经济得到比较迅速的发展，人民的物质生活水平有了提高，但是许多社会问题更加严重，如失业、犯罪、吸毒、离婚、道德堕落、人的异化等现象愈演愈烈，人民的精神生活极度空虚。马斯洛等人本主义心理家认为，单凭技术进步、繁荣、财富只能满足人的低级需要，并不能给人带来真正的幸福。因此，马斯洛设想出现一种无政府的“尤赛琴”社会文化，使人人充分自由发展、自我实现，并且人与人之间充满友谊与爱的关系。这实际上也是对现代资本主义制度的一种批判。

同时，我们必须看到马斯洛的人性学说仍有一些错误和值得进一步探讨的问题。

第一，马斯洛过分强调人性中的先天因素而相对忽视了后天现实社会对人格发展的影响，否定了社会存在和社会实践对人的成长与发展所起的决定作用，所以，归根到底马斯洛的理论仍然是强调人的生物性而否定人的本性是其社会性，是一种唯心主义的抽象人性论。马斯洛把人与社会文化的关系看成是内因与外因的关系，反对否定人的本性的文化相对论，这是有意义的。但是他简单地把人与社会文化的关系比拟成橡树籽与自然环境的关系，是不科学的，这必然过分强调了人性的先天因素，导致了两个错误：一是忽视了社会存在、社会文化在塑造人上的巨大作用。社会文化对人而言不仅仅是为人的生存与发展提供环境和条件，而且在使人成为什么样的人方面起着决定性的作用，社会存在决定社会意识，当然就决定人成为什么样的人。正因为社会文化有如此巨大的作用，18 世纪法国唯物主义者才把人说成是社会环境的产物。二是从这种关系出发必然导致否认人的创造性，与他的强调自我实现的理论相矛盾。因为人与社会文化的关系不同于种籽与自然环境的关系的，不仅在于社会文化塑造人，而且在于人创造社会文化。人的潜能的发挥，人的自我实现，其实主要是创造社会文化。社会文化塑造人，人创造社会文化，这种关系远远复杂于种籽与自然环境的关系，而对这种关系马斯洛是没有认真分析的。

第二，马斯洛认为人的需要的内容、需要的产生和实现不是由社会环境、社会存在决定的，而是由人自身的本性决定的，是人自己内在本性的产物和充分发展，这样就割断了人的需要的社会物质根源，把人的需要说成是纯粹主观自生的东西，陷入历史唯心主义。历史唯心主义的根本缺陷之一就是只考察支配人们活动的思想动机，而不进一步探究人们思想动机背后的物质原因即社会经济根源。

第三，马斯洛强调了人的创造性潜能的发挥，强调了人的自我实现，但是他强调的只是把个人的能力发挥出来、表现出来，却没有把这种自我实现与社会需要联系起来，结合起来，这只能导致一种无视社会需要的个人奋斗。社会主义社会就是要促进每一个人的潜能的充分发挥，调动每个人的积极性、主动性、创造性，但是我们所追求的不是单纯的个人的自我实现，而是要将个人的自我实现与社会需要结合起来，能为社会主义事业做出贡献。

第四，马斯洛的“尤赛琴”社会文化的理想，对现代资本主义的批判是肤浅的，而且也是一种空想。马斯洛不满意现代的西方社会，认为它不能满足人们爱的需要和自我实现的需要，构想了一种“尤赛琴”社会文化。这表达了他对现代西方社会的抗议和批判，但这种批判是极不深刻的。因为现代西方社会的弊端植根于其经济制度和政治制度，不触及其经济制度与政治制度，不可能消除这些弊端。此外，他所构想的“尤赛琴”社会文化本身就是一种空想。因为他所设想的一千户成熟的人到与世隔绝的荒岛上，在经济上会怎样没有把握的情况下，肯定会建立一种无政府的、人人自由选择、人人相爱的社会文化，这是值得怀疑的。因为一个社会，经济是基础，人们有什么样的生产力和生产关系，才会形成与之相适应的政治关系与思想关系。在经济上无法设想的情况，而设想其政治关系与思想关系，这种设想只能是一种空想。

五、马克思主义人性学说

——不是用人性说明社会而是用社会说明人性，使人成为全面自由发展的人

从古至今许多中外思想家都从不同的角度和侧面探索了人的本性，都取得了一定成果，但都没有能够正确地说明人的本性。这些人性理论有两个共同的缺点：第一，离开人的社会关系来探索人的本性，是抽象的人性论。人是生活在现实社会关系中的具体的人，而这些理论却离开人的社会关系来探索人，实际上探索的只是抽象的人，得出的人性理论只能是抽象的人性论。第二，不是用社会去说明人性，而是用抽象的人性去说明社会，构造所谓符合人性的理想社会。实际上，虽然社会是由人来构成，是人创造出来的，但社会是一个客观物质体系，它的发展是个有规律的自然历史过程，根本不是由抽象的人性决定的。

关于人的本性问题，也是马克思主义十分重视的问题。马克思主义在人性理论上有两大革命变革：一是反对从抽象的人出发、主张从现实的社会的人出发来探索人的本性；二是反对用抽象的人性来说明社会历史，主张社会历史是一个有规律的自然历史过程，并用社会历史来说明人性。

马克思主义从现实的、社会的人出发，得出三个紧密相连的人性观点：第一，人的需要就是人的本性。第二，人的类本质是自由自觉的活动。第三，人的本质在其现实性上是一切社会关系的总和。马克思主义反对人性自私的观点。马克思主义还揭示了社会发展的规律，认为人的发展与社会进步是紧密相连的，只有随着社会有规律的发展，到了共产主义社会，人才能得到充分自由的发展。

（一）人的需要就是人的本性

在马克思和恩格斯关于人的本性的论述中，有一个重要思想。人的需要就是人的本性。关于这一思想，马克思和恩格斯有一系列直接论述。

1844年，马克思在《詹姆士·穆勒〈政治经济学原理〉一书摘要》中说："我的劳动满足了人的需要，从而物化了人的本质，又创造了另一个与人的本质的需要相符合的物品。"①这里马克思是把人的本质与人的需要联系起来考虑的。

马克思在《1844年经济学哲学手稿》中指出，人的需要的对象是表现和确证人的本质力量的不可缺少的重要对象。他说，人直接地是自然存在物，人作为自然存在物，一方面具有生命力，是能动的自然存在物；另一方面又是受动的、受制约的存在物，他的欲望与需要的对象是不依赖于他而存在于他之外的。"但这些对象是他的需要的对象；是表现和确证他的本质力量所不可缺少的、重要的对象。"②这就是说，人的本质力量就是强烈追求自己需要对象的力量，人的本质力量的确证就是人的需要的满足，人的本质与人的需要是同一的。

在《1844年经济学哲学手稿》中，马克思在对资本主义制度的批判和对共产主义的论述中也表述了这一思想。他指出资本主义社会人的本质的异化就是扼杀人的需要。他说："工人在他的对象中的异化表现在：工人生产得越多，他能够消费的越少；他创造价值越多，他自己越没有价值、越低贱；工人的产品越完美，工人自己越畸形；工人创造的对象越文明，工人自己越野蛮；劳动越有力量，工人越无力；劳动越机巧，工人越愚钝，越成为自然界的奴隶。"③人的需要引起人的劳动，劳动是人的本质的实现，是用来满足人自身需要的手段。然而在资本主义社会，劳动的结果不是满足和增进人的需要，而是扼杀人的需要，所以人的本质发生了异化。马克思接着指出，共产主义是对私有制的扬弃，也就是对人的本质异化的积极扬弃，这种扬弃就是要使人"对人的本质的真正占有"。而人对自己本质的真正占有就是对人自身

---

①《马克思恩格斯全集》第42卷，第37页。

②《马克思恩格斯全集》第42卷，第167-168页。

③《马克思恩斯格全集》第42卷，第92-93页。

需要丰富性的全面肯定和发展。他说:“在社会主义的前提下，人的需要的丰富性，从而某种新的生产方式和某种新的生产对象具有何等的意义：人的本质力量的新的证明和人的本质的新的充实。”[①]这里，马克思把人的需要的丰富性看成人的本质的充实。

1845—1846年，马克思、恩格斯在《德意志意识形态》中更明确地阐述了这一思想。他们指出，人类社会历史的第一个前提是：人们为了创造历史，必须能生活，但为了生活首先需要衣、食、住以及其他东西，因而人必须投身于生产满足需要的生产活动中去。人的需要是人的历史活动的前提。他们又说，作为现实的人必然有其内在规定性，其内在规定性是由于他的需要及其与现实世界的联系所产生的。马克思、恩格斯指出，在现实世界中，人有许多需要，“他们的需要即他们的本性”[②]。这就明确指出了人的需要是人的本性，因而是人的全部生命活动的动力和根据。

在1867年发表的《资本论》第一卷中，马克思指出:“假如我们想知道什么东西对狗有用，我们就必须探究狗的本性。这种本性本身是不能从‘效用原则’中虚构出来的。如果我们想把这一原则运用到人身上来，想根据效用原则来评价人的一切行为、运动和关系等等，就首先要研究人的一般本性，然后要研究在每个时代历史地发生了变化的人的本性。”[③]这就是说，什么东西对人有用，并不只取决于事物本身的特性，而主要取决于人的需要，即取决于人的本性。这里更明确地指出了人的需要就是人的本性。

马克思主义关于人的需要就是人的本性的思想要求我们，要研究人的本性就应该认真研究人的需要。

离开人的需要不可能真正认识人的本性。如中国古代的孟子提出性善论，认为人生来就具有仁、义、礼、智的品德，其实是把封建专制制度所要求的道德观念说成是人的本性，是一种先天道德论。这种人性理论的最大错误就是离开人的需要讲人性，这样不会正确说明人性。宋明理学的程朱理学讲的所谓天命之性，陆王心学讲的吾心良知，都是离开人的需要把封建道德说成人的本性，是根据封建统治的需要杜撰出来的。

有些人虽然在讲人的本性时看到人的需要，然而只看到人的生理需要，并且只看到人的生理需要可能引起的破坏作用，得出人性恶的错误结论。比

① 《马克思恩斯格全集》第42卷，第514页。

② 《马克思恩斯格全集》第3卷，第514页。

③ 《马克思恩格斯全集》第23卷，第669页原注。

如中国古代的荀子提出性恶论，认为人生而具有的需要和欲望会引起人们之间的争夺，破坏社会秩序，因此圣人必须制礼义法度来改造人的本性。欧洲中世纪的基督教神学也认为人的需要和欲望都是罪恶，人的本性是邪恶的，人只有通过教会才能得到上帝的恩典而得救。这些性恶论者只看到人的吃、喝、住、穿以及性本能等生理需要，而且只看到这些需要可能将人引向恶，于是就把人的需要和欲望说成是邪恶的，把人的本性说成是邪恶的。其实，人的需要和欲望是天然的，它本身无所谓善恶，它可能把人引向恶，去侵害别人；它也可能把人引向创造性的劳动。人如果没有任何需要和欲望要求，就不会有生产劳动和各种社会实践活动，就没有人类社会。所以，这种否定人的需要和欲望的性恶论是错误的。它只能导致禁欲主义，阻碍人的发展和社会的进步。

资产阶级的思想家否定这种禁欲主义的性恶论，把人的需要和欲望说成是人的本性，认为这些需要和欲望是天然合理的。然而他们只看到人的低级生理需要，而没有看到人所特有的高级社会性需要，因而把人的自然属性说成人的本性。文艺复兴时期的人文主义把人的本性说成是人的“自然”，认为追求幸福是人的天性。17 世纪英国哲学家霍布斯把自我保存说成人的本性。20 世纪奥地利精神分析学家弗洛伊德把性本能看成人的本性。他们在论述人的本性时没有把人与动物区别开来。有些哲学家虽然也考虑到人与动物的区别，但仍然是从人的自然属性上去找。18 世纪法国启蒙学者卢梭认为人性既有自我保存的一面，又有对同类的同情和怜悯，这两方面都是自然的人所具有的自然属性。18 世纪法国唯物主义者爱尔维修、霍布巴赫把自爱与爱人，19 世纪德国哲学家费尔巴哈把追求幸福、理性与爱，都看成人的自然属性，看成人的本性。

现代西方一些思想家，如美籍德国哲学家弗洛姆、美国心理学家马斯洛主张研究人的本性就必须探索人的需要，并且反对把人的本性归结于低级的生理需要和本能欲望。他们从人与动物相区别的角度研究了人的高级精神需要，得出了自己的人性理论。正因为这种研究，使弗洛姆、马斯洛的人性理论达到较高的水平，远远超过了近代资产阶级的人性理论。但是弗洛姆、马斯洛没有看到这些高级需要的社会性，没有把社会性需要看成是人与动物的根本区别，甚至夸大了这些高级需要的先天性。

要研究人的本性就必须研究人的需要，必须从人与动物区别的角度来研究人的需要，还必须认真研究人的社会性需要。人的需要是多种多样的，按需要的起源可分为生理需要和社会性需要。生理需要是人与动物所共同具有的，因此生理需要不是人区别于动物的本质特征。在人类历史的发展过程中，人在生理需要的基础上，形成了人类所特有的社会性需要，如劳动的需要，对劳动工具的需要，人与人交往与友谊的需要，求知与学习的需要，审美的需要，等等。这些社会性需要就构成人区别于动物的本质特征。人的本质属性是人的社会性。

（二）人的类本质是自由自觉的活动

人与动物的区别不仅在于二者的需要不同，而且还在于满足的方式不同。动物为了满足自己的需要，是利用自己的器官，如四肢、牙齿等获取自然界现成的东西，靠自然界现成的天然物质来满足自己的需要。这是动物的本能的活动。动物的本能活动是世代遗传下来按固定模式进行的活动，根本没有选择的自由，也没有自觉意识的支配。而人为了满足自己的需要进行的是自由的、自觉的活动，这也构成人不同于动物的本质特征。马克思说："人的类特性恰恰就是自由的自觉的活动。"①所谓自由的活动，就是说人的活动不是像动物那样只按遗传的本能去活动，而是在几种可能的活动中去选择自己如何活动，这种举择是自由自主的。所谓自觉的活动，就是说人的活动是在一定意识和目的支配下的积极能动的活动。自由自觉的活动就是人的社会实践活动。

人的社会实践活动中最基本的形式是物质资料的生产劳动。人是靠制造工具、利用工具改造自然的劳动，自己生产满足自己需要的对象，人类的劳动不同于动物的活动的特点之一，就是人的劳动是自觉的、有目的的活动，是一种创造性活动，马克思在《资本论》第一卷中指出，劳动首先是人和自然之间的过程，是以人自身的活动来引起、调整和控制人和自然之间的物质变换的过程。人自身作为一种自然力与自然物质相对立。为了在对自身生活有用的形式上占有自然物质，人就使他身上的自然力——臂和腿、头和手运动起来。当他通过这种运动作用于他身外的自然并改变自然时，同时也就改变他自身的自然。他使自身沉睡着的潜力发挥出来，并且使这种力的活动受

①《马克思恩格斯全集》第42卷，第96页。

到他自己的控制。"我们要考察的是专属于人的劳动。蜘蛛的活动与织工的活动相似，蜜蜂建筑蜂房的本领使人间的许多建筑师感到惭愧。但是，最蹩脚的建筑师从一开始就比最灵巧的蜜蜂高明的地方，是他在用蜂蜡建筑蜂房以前，已经在自己的头脑中把它建成了。劳动过程结束时得到的结果，在这个过程开始时就已经在劳动者的表象中存在着，即已经观念地存在着。他不仅使自然物发生形式变化，同时他还在自然物中实现自己的目的。"[①]这就是说，人的劳动不同于动物的活动，而是一种自觉的创造性活动。人的劳动的这一特点说明，人不仅能反映事物的现象，而且能经过对感性材料创造性的加工制作反映事物的本质和规律；人不仅反映事物的现状，而且能推测事物的未来，在头脑中创造出当前世界上尚不存在的新事物的观念，形成一定的目的；人不仅在头脑中构想新事物的观念，而且通过支配人的生产劳动创造出原来世界上没有的新事物。人类劳动不同于动物活动的特点之二，是人的劳动是创造工具、使用工具改造自然的过程。人的创造性最主要地表现为创造工具。工具的创造强化和延长了人的器官，使人改造自然的能力远远超过了动物。正是在这个意义上，马克思说："劳动资料的使用和创造，虽然就其萌芽状态来说已为某几种动物所固有，但是这毕竟是人类劳动过程独有的特征，所以富兰克林给人下的定义是 *a tool-making animal*，制造工具的动物。"[②]

劳动创造了人，劳动是人类生存和发展的基础，也是人区别于动物的根本特征。马克思、恩格斯说："可以根据意识、宗教或随便别的什么来区别人和动物。一当人们自己开始生产他们所必需的生活资料的时候（这一步是由他们的肉体组织所决定的），他们就开始把自己和动物区别开来。人们生产他们所必需的生活资料，同时也就间接地生产着他们的物质生活本身。"[③]劳动是人同动物的根本区别，在生产劳动的过程中不仅创造了工具，创造了各种各样的物质生活资料，而且创造了知识、科学、技术、艺术等宝贵的精神财富，创造各种社会关系和各种社会组织形式，劳动创造了人类社会的一切，劳动的观点是历史唯物主义首要的和基本的观点。

在探索人性的思想史上，古希腊智者学派的普罗塔哥拉就提出了人的创造性的观点，他用神话的形式指出了人与动物的区别在于人的智慧和创造力，人依靠自己的智慧和创造力发明了语言，创造了衣、食、住、行所需要的一

① 《马克思恩格斯全集》第 23 卷，第 202 页。

② 《马克思恩格斯全集》第 23 卷，第 204 页。

③ 《马克思恩格斯选集》第 1 卷，第 24-25 页。

切，并创造了政治、法律以及社会风俗，使人超过了动物。他的这些思想是很宝贵的。现代西方的一些思想家，如尼采、萨特也强调人的自由、人的活动，这种认识有积极意义，但他们只是抽象地讲人自己创造自己的本质。弗洛姆、马斯洛也十分强调人的创造性活动，弗洛姆称之为自发创造性活动，马斯洛称之为自我实现，这较之于尼采、萨特有所前进，但还只是片面地强调人需要把自己的潜能发挥出来、表现出来，即只是强调了创造性活动的主观方面。兰德曼的文化哲学人类学不仅强调了人的创造性和自由，而且强调了人创造了文化，包括语言、知识、工具、科学、艺术、国家等等。人创造文化的观点比尼采、萨特、弗洛姆、马斯洛的观点更明确了，但仍是片面的，因为他没有对文化进行深入的分析，笼而统之地把人类创造的一切都称之为文化就止步了。只有马克思主义不仅强调了人的自由自觉的创造性活动，而且十分强调生产劳动这一最基本的创造性活动，指出人类在生产劳动的基础上才创造了各种文化成果。这不仅正确地指出了人与动物的区别，而且抓住了解释人以及人类社会的关键，找到了理解全部人类社会史的钥匙。

（三）人的本质在其现实性上是一切社会关系的总和

马克思主义认为，人们为了满足自己的需要进行的生产劳动，必然使人们结成一定的生产关系。人们只有结成一定的生产关系，才能改造自然，获取物质生活资料。马克思说："为了进行生产，人们便发生一定的联系和关系；只有在这些社会联系和社会关系的范围内，才会有他们对自然界的关系，才会有生产。"[①]所以，生产活动只能是在一定社会关系下的生产，从事生产活动的人只能是处在一定生产关系中的人。人们在生产关系的基础上形成一定的政治关系、思想关系等各种社会关系。人都是处在一定社会关系中的人，脱离社会关系的单独的孤立的个人是根本不存在的。马克思曾讽刺那些鲁滨逊的故事是一种"毫无想象力的虚构"。即使有鲁滨逊式的人存在，他也是在人类社会中长大成熟，掌握了人类社会教给他的生产知识和生产本领之后再离开社会才能生存下来。如果他从小就离开人类社会，就根本无法活下去，即使能侥幸地活下去，也只能成为类似狼孩的"人"，但已不是真正的人了。

---

①《马克思恩格斯选集》第1卷，第362页。

从古到今的历史证明，现实的个人总是处在一定社会关系之中的。马克思说：“人是最名副其实的社会动物，不仅是一种合群的动物，而且是只有在社会中才能独立的动物。”①

人在社会关系中生活，社会关系就制约人的需要，决定人的现实本性。一个人来到人世间，一开始就遇到历史强加给他的生产关系以及各种社会关系，因而他的需要是和社会相联系的，他以后的各种活动都是社会性活动。个人要满足自己的需要，就必须在一定的社会关系中形成对别人、对社会的交错复杂的关系，并把社会的需要当作自己的需要，唯其如此，才能满足自己的需要。人在这种错综复杂的社会关系中生活，人的本质就是由各种社会关系决定的。人生下来无所谓性善性恶，其思想品德都是在后天形成的，是在各种社会关系的制约和影响下形成的。马克思说：“人的本质并不是单个人所固有的抽象物。在其现实性上，它是一切社会关系的总和。”②人的本质是一切社会关系的总和的观点，同社会存在决定社会意识的历史唯物主义根本观点是完全一致的。

人的本质是一切社会关系的总和的论断，坚持了全面和重点的统一。人的社会生活、社会实践是多方面的，人与人的联系和关系也是多方面的，社会关系具有多方面的丰富内容。因此不能把现实的人性归结为一种社会关系，例如阶级关系。在阶级社会里，阶级关系是一种很重要的社会关系，它是由生产关系产生并表现在政治关系和思想关系方面。但除此之外还有民族关系，两性关系，亲属关系，同事、师生、朋友关系等各种社会关系，这些社会关系对现实的人性都有重要作用。所以，把阶级社会中人的社会性说成人的阶级性是不全面的。在现实的人身上汇集着现实社会关系的各种因素，所以只有通过现实的各种社会关系，才能把握具体的人性。但是，各种社会关系在决定现实的人性上不都是具有同等意义的，而是有主次之分的。生产关系是最基本的社会关系，现实的人性主要是由他在一定生产关系中所处的地位决定的。在阶级社会中，生产关系体现为阶级关系，现实的人性总是带有阶级性的具体的人性。

现实的人性是由社会关系的总和决定的，而社会关系都是具体的、历史的，是随着生产力和生产关系的矛盾运动不断发展变化的，不存在永恒不变

---

①《马克思恩格斯全集》，第 12 卷，第 734 页。

②《马克思恩格斯选集》第 1 卷，第 18 页。

的社会关系。因此，现实的人性也是具体的、历史的，是随着社会关系的变化而变化的，根本不存在超历史的、抽象的、永恒不变的人性。

在人类对自己本性探索的过程中，一些思想家在一定程度上也认识到人的社会性。中国古代的荀子提出人是“能群”的动物，人力不如牛，行不如马，而牛马为人所用，就是因为人“能群”，即许多人组织在一起，力量就大，就能“胜物”。人必须生存在群体社会中，“人之生不能无群”。当然荀子讲人离不开社会群体，是为了必须分出上下等级，必须遵守圣王制定的礼义法度。尽管如此，荀子提出这一思想也是很宝贵的。古希腊智者学派的普罗塔哥拉用神话的形式说明了人的社会性。他说，人们虽然由于智慧和创造力创造了各种生活资料，但他们由于分散居住不足以和野兽对抗。迫于自保的要求，人们不得不联合起来，实行群居，组成社会，建立城邦。为了使社会中的人们不彼此为害，人们又创造了政治和法律。普罗塔哥拉以神话的形式表述了与荀子基本相同的思想。只不过由于他们所处的社会条件不同，荀子论证了实行专制统治的必要性，普罗塔哥拉论证了实行奴隶主民主制的必要性。古希腊著名哲学家亚里士多德曾提出“人天生是一种政治动物”的著名命题，他说人都不能离开群体社会，如果能离开群体社会而存在，他不是野兽就是神。马克思非常重视亚里士多德这一命题，他说：“人即使不象亚里士多德所说的那样，天生是政治动物，无论如何也天生是社会动物。”①

近代一些资产阶级思想家也在一定程度上认识到人的社会性。18 世纪法国唯物主义者霍尔巴赫指出人不仅是自然的肉体的人，而且是社会的人，人坚持过社会生活，乃是凭着他的本性的倾向。人不能独自使自己幸福，社会对人的幸福是必需的和有益的。世纪德国哲学家费尔巴哈则进一步指出人是一个社会实体，孤立的个别的人不具备人的本质。现代哲学人类学家兰德曼又大大前进了一步，把人看成文化的、社会的、历史的、传统的存在。

虽然古代、近代、现代的思想家在一定程度上看到了人的社会性，但仅仅是看到了人离开社会群体不能生存发展，却都没有认识到社会关系的总和决定着现实的人性，更没有认识到阶级社会里人性的阶级性。

马克思、恩格斯关于人性的三个论断是密切联系在一起的。人的需要即是人的本性；人为了满足自己的需要才从事包括生产劳动在内的自由自觉的活动，创造性的自由自觉的活动是人类本质；人们进行的生产劳动不仅创造

①《马克思恩格斯全集》第 23 卷，第 363 页。

了满足自己需要的各种物质财富，而且创造了生产关系和各种社会关系，一切社会关系都是人的需要的现实产物，同时，社会关系又是实现人的需要的现实基础，制约着人的需要，决定着人的本质，人的本质在其现实性上是一切社会关系的总和。

因此，必须把三个论断结合起来，才能全面地理解人性问题。如果仅仅看到第一点而忽略了第二、第三点，就会认为人有永恒不变的本性，甚至把人的本能欲望看成人的本性。如果离开第一、第二点，仅仅看到第三点，也不会正确理解它，甚至会陷入“文化相对论”的错误，就是认为人没有本性，人性是无限可塑的，完全是由历史环境和社会关系塑造的。这也是不符合实际的。比如，人有独立自尊的需要，扼杀人的独立和尊严的封建专制统治尽管可以造就一些丧失独立性和自尊心的奴才，但是绝大多数人还是要求独立与自尊的，是会不屈不挠地反抗专制统治和压迫的。而且在恶劣的社会文化中也会产生少数不受恶劣社会环境影响的人。弗洛姆、马斯洛对“文化相对论”的批判，对正确理解马克思关于人性的论断是有一定参考意义的。总之，人有区别于动物的基本需要，这是人的本性；至于这些基本需要以何种方式满足、人会形成什么样的现实人性，则取决于一切社会关系的总和以及人在社会关系制约下的创造性活动。

（四）自私不是人的本性

马克思主义关于人性的观点，是反对把人的本性看成自私的。人性自私的观点是离开人的社会关系从抽象的人出发得出的错误结论。

首先，自爱与爱人（利他、为公）是人的本性中的两个方面，自私不是人的本性。根据马克思关于人的需要即人的本性的思想，以及人的本质在其现实性上是一切社会关系的总和的思想来分析，人的本性具有自爱和爱人（为公）两个方面。因为人有生理需要，要满足自己的生理需要就必须有一定的物质生活条件，因此人们不可避免地考虑个人的物质利益，争取和维护个人的物质利益，这是正当的。马克思指出：“人们奋斗所争取的一切，都同他们的利益有关。”[①]人们争取和维护个人的利益是人性的一个方面，我们称之为

①《马克思恩格斯全集》第1卷，第82页。

“自爱”。这个方面在实现过程中，在不同社会关系的制约和影响下，有可能发展成为自私，也可能不发展为自私。现实的人的自私是社会关系的产物，不能离开社会关系来抽象地谈论人的自私。人是不同于动物的，除了低级的生理需要外，还有高级的社会性需要，如与其他人交往和友谊的需要，独立与自尊的需要，求知与审美的需要，劳动与创造性工作的需要等等。这些高级的社会性需要也是人不能缺少的，而且是区别于动物的人的需要。这些高级社会性需要的满足不仅离不开他人和社会，而且必须有利于他人和社会，同时可以给自己带来更大的幸福和欢乐。比如，一个人只有为他人或社会做了贡献，才会得到他人和社会的尊敬，才会与他人结成友好的关系。又如劳动和创造性工作使自己的能力发挥出来，一方面满足了自己劳动的需要，因此马克思说劳动是一种享受，另一方面又给社会创造了物质财富或精神财富。所以人的本性中又有爱人、为公的方面，这是人性中的一个重要方面。人的高级社会性需要的满足与实现也必须通过一定的社会实践，必然受社会关系的制约与影响。在不同社会关系的制约和影响下，人性中这种爱人、为公的方面可能发展为大公无私，也可能泯灭或扭曲。所以，不能离开社会关系抽象地谈论人性的良善。自爱与爱人（为公）是人本性中的两个方面，这两方面在其实现过程中，由于受不同社会关系的制约和影响，使人既有可能成为自私自利的人，也有可能成为大公无私的人，这里起决定作用的是社会环境和社会关系。所以，自私不是人的本性。

其次，自私不是生存概念，而是社会概念，自私是私有制的产物。

所谓自私不是生存概念，就是说自私与个人利益不同，个人利益是生存概念。每个人为了生存和发展，都必须有其个人利益，个人争取和维护自己正当的个人利益，这不能叫自私。如果把个人利益都称之为自私，就会引起极大的错误和混乱。那样，就会把广大农民反抗地主阶级残酷剥削和压迫的斗争归之于自私，也会把工人阶级反对资产阶级剥削和压迫的斗争归之于自私，更会由于人人都有个人利益从而把人的本性说成是自私的。其实这是根本错误的。所谓自私，指的是在社会生活中只考虑自己的利益而不顾他人和社会的利益，并且为了个人的利益不惜损害他人和社会的利益这样一种思想观念。自私是一种社会概念，是私有制的产物，它既不是从来就有的，也不是永恒存在的。

在原始社会时期，生产力水平极低，个人只有依靠集体的力量才能勉强活下去。这时人们只有通过集体才意识到自己，人们不仅没有自私的观念，而且没有清晰的个人观念。这时生产资料公有，人们共同劳动，产品平均分配，这种社会存在决定了人们产生的是原始的集体观念。许多人类学家、心理学家对原始部落的考察证明了这一点。他们发现在原始部落中，人们之间非常友好，基本上没有人与人之间的攻击和破坏。原始社会末期，随着生产力的发展，出现了生产资料私有制，出现了穷人与富人的区别和对立，就逐渐产生了私有观念，产生了自私的观念以及与之相联系的自私自利、损人利己、损公肥私等行为。在私有制社会里，剥削阶级占有生产资料，自私的观念和心理首先在他们头脑中产生、扎根，同时也影响着被剥削阶级。资本主义社会是私有制社会的顶峰，资产阶级的自私自利观念也达到顶峰。当代美籍德国哲学家弗洛姆指出：19 世纪资本主义的最大特点是，对工人作无情的剥削，资金所有人为了追求利益，如果对他雇来的工人作最大程度的剥削，他的这种行为在道义上也被认为是对的。资产阶级把自私自利看成是道德的。然而，由于大规模的集中的工业生产和工人阶级反对资产阶级的斗争，在工人阶级中间形成了团结友爱、互相帮助的关系，在同资产阶级斗争中，他们又坚决勇敢、富有自我牺牲精神。马克思、恩格斯总结和概括了工人阶级的优秀品质，制定了共产主义的道德原则和规范。在马克思主义的指导下，工人阶级形成了大公无私的集体主义精神，以反对资产阶级自私自利的极端个人主义。随着无产阶级力量的壮大，无产阶级思想在社会生活中的影响也越来越广泛。到了社会主义社会，消灭了剥削制度，建立了以生产资料公有制为基础的生产关系，这就基本上消灭了产生私有观念的根源，为无产阶级集体主义思想的发展提供了可靠的基础。当然，由于种种复杂的社会经济、政治、思想因素的存在，自私的观念还会在一些人头脑中长期存在。但是随着社会主义事业的发展，自私的观念一定会被历史所淘汰。认为人的本性是自私的这种观点，是不符合历史事实的。

再次，把人的本性看成自私的，在思想方法上犯了片面性的错误。片面性之一就是只看到社会生活中那些自私自利的人，忽略了那些不自私自利的人。片面性之二是只看到人的低级生理需要，看不到人的高级社会性需要。这两种思想片面性就会得出人性自私的错误结论。在历史上，在现实社会中，确实有不少自私自利的人，但同样也确实出现了不少不自私自利、为人类事业献身的人。为人类的事业而工作，这是人的一种高级社会性需要，这种需要的满足既为人类做了贡献，自己也会感到幸福和快乐。马克思为人类的解放事业奉献了自己的一生，他在回答女儿的“您对幸福的理解”这一问题时说："斗争。"在平凡的劳动人民中，我们也可以发现大量普普通通的人，对别人无私地帮助，为集体事业默默地奉献。当代美国心理学家马斯洛就曾经指出，许多哲学家及心理学家对竞争、自私、犯罪研究得很多，对于合作、利他主义和无私研究得很少，所以得出人性自私的结论。

在对人性探索的历史上，有不少思想家提出人性自私的观点。如中国古代荀子的性恶论，韩非的性好利论，欧洲中世纪的原罪性恶论，17 世纪英国哲学家霍布斯的人性即自我保存的观点，20 世纪弗洛伊德的人性即性本能的观点。这些主张人性自私的理论有一个共同的缺陷，就是只看到人的低级生理需要，根本看不到人的高级社会性需要。在对人性探索的历史上，也还有不少思想家批判了人性自私论。如文艺复兴时期的人文主义批判了原罪性恶论，18 世纪法国启蒙学者卢梭、法国唯物主义者爱尔维修和霍尔巴赫、19 世纪德国哲学家费尔巴哈都否定霍布斯人性自私的观点。这些批判有两个共同特点：一是把人的生理需要及人对幸福的追求说成是正当的、天然合理的；二是不同程度看到了人的一些高级社会性需要，特别是人离不开别人、与别人交往和友好相处的需要，因而，主张人不仅有自爱自保的本性，而且有怜悯人、爱人的本性。尤其是现代思想家弗洛姆、马斯洛，认真分析研究了人的高级社会性需要，批判了弗洛伊德的人性学说，否定了人性自私的观点，指出攻击性、破坏性不是人的本性，而是人的发展受挫的结果。这些对人性自私观点的批判，对正确认识人的本性是有意义的。但是他们的批判还很肤浅，除了卢梭指出自私观念是私有制的产物外，各种批判都没有从社会关系的角度去分析。只有马克思主义关于人性的观点才能彻底驳倒人性自私的错误观点。

（五）社会发展并不是由人性决定的，社会进步促进人的全面自由发展

马克思以前的思想家离开社会关系来讲人性，并用抽象的人性来解释社会历史。这是一种历史唯心主义。马克思最伟大的贡献之一就是创立了历史唯物主义。马克思主义的历史唯物主义不是以抽象的人性来解释历史，而是以生产劳动、生产方式来解释社会历史和社会发展的动力。

第一，生产劳动是人类社会得以存在和发展的基础，人类社会发展不是

由抽象的人性或意识决定的，而是由生产劳动决定的。马克思说："整个所谓世界历史不外是人通过人的劳动而诞生的过程。"①社会发展史归根到底是生产劳动发展史。

第二，在生产劳动过程中形成的社会物质关系是一切社会关系的基础，是社会发展的决定力量。人们在生产劳动过程中形成了人与自然的关系，即生产力。生产力是人类征服自然满足社会需要的客观物质力量。人们在生产劳动中还形成人与人的关系，即生产关系。生产关系也是一种不以人的意志为转移的客观物质关系。生产力与生产关系的统一就是生产方式，是人们在生产劳动过程中形成的社会物质关系。历史唯物主义坚持生产方式是社会发展的决定力量。这样它就破天荒第一次系统地用唯物主义观点来解释人类社会的历史。所以，人类社会的历史不是什么人们的思想动机、理性发展的历史，更不是什么抽象的人性实现自己的历史，而是物质资料生产方式发展的历史。

第三，社会基本矛盾是社会发展的根本动力，阶级斗争是阶级社会发展的直接动力。生产力与生产关系的相互作用和矛盾运动推动社会发展。生产力与生产关系的矛盾与经济基础和上层建筑的矛盾是紧密联系的。在一定社会占统治地位的生产关系的总和构成社会的经济基础，在经济基础之上又竖立着社会意识形态以及与之相应的制度和设施，即思想上层建筑和政治上层建筑。生产力与生产关系的矛盾、经济基础与上层建筑的矛盾结合在一起就构成社会基本矛盾，社会基本矛盾的矛盾运动过程就形成社会由低级到高级不断发展的过程。在阶级对抗的社会里，社会基本矛盾必然表现为阶级斗争，而且只有通过阶级斗争才能解决。

第四，人民群众是历史的创造者。历史唯物主义认为，社会发展史首先是物质生产发展史，当然也就是物质生产者劳动群众活动的历史。人民群众是社会物质财富的创造者，是社会精神财富的创造者，是变革社会制度的决定力量，因而人民群众是社会历史的创造者。历史唯物主义坚持人民群众是历史的创造者，反对宣扬少数英雄人物创造历史的唯心史观。各种用抽象人性解释历史的唯心史观，也都不同程度地坚持少数英雄人物创造历史的英雄史观。中国古代思想家提出的人性学说，无论是孟子的性善论，还是荀子的性恶论、韩非的性好利论，无论是董仲舒的、王充的、韩愈的性三品说，还

①《马克思恩格斯全集》第42卷，第131页。

是李翱的性善情恶论，无论是程朱理学的人性二元论，还是陆王心学的人性一元论，都极力夸大圣人、圣王的作用。柏拉图所设想的理想国中极力夸大哲学王的作用。就是资产阶级思想家，如 18 世纪法国唯物主义哲学家爱尔维修、霍尔巴赫，虽然提出人是环境的产物，认为要改变人的缺点，必须改变造成人的缺点的社会环境，由此得出否定封建专制制度的革命结论。但怎样才能改变社会环境呢？他们又只得求助于天才人物，认为只有天才人物才能制定好的法律和政治制度，推动社会的进步。这样仍然陷入英雄史观。

第五，社会的发展是个有规律的自然历史过程。历史唯物主义反对用人性解释社会，因为社会的发展是一个有规律的发展过程。人类社会历史是人们自觉活动的结果，而人的活动都是在一定思想动机的支配下进行的，但这也不能抹杀社会历史的客观规律性。这是因为支配人们自觉活动的思想动机是由社会物质生活条件决定的，而社会物质生活条件的变化是有规律的。社会生产力的发展，决定生产关系的变化，而生产关系的变化即经济基础的变化必然引起思想上层建筑与政治上层建筑的变化，从而就引起整个社会关系的变化。这就是社会有规律地发展的一般过程。

马克思在《〈政治经济学批判〉序言》中对历史唯物主义观点做了经典的论述，同一切唯心史观划清了界限。他说："人们在自己生活的社会生产中发生一定的、必然的、不以他们的意志为转移的关系，即同他们的物质生产力的一定发展阶段相适合的生产关系。这些生产关系的总和构成社会的经济结构，即有法律的和政治的上层建筑竖立其上并有一定的社会意识形态与之相适应的现实基础。物质生活的生产方式制约着整个社会生活、政治生活和精神生活的过程。不是人们的意识决定人们的存在，相反，是人们的社会存在决定人们的意识，社会的物质生产力发展到一定阶段，便同它们一直在其中活动的现存生产关系或财产关系（这只是生产关系的法律用语）发生矛盾。于是这些关系便由生产力的发展形式变成生产力的桎梏。那时社会革命的时代就到来了。随着经济基础的变更，全部庞大的上层建筑也或慢或快地发生变革。"①

马克思主义的历史唯物主义坚持社会发展不是由人性决定的，而且认为社会的发展与进步促进人的全面自由发展，认为正确处理个人与社会的关系是促进人不断发展的关键。

---

①《马克思恩格斯选集》第 2 卷，第 82-83 页。

个人是指具有肉体、精神和社会属性的单个的人。社会则是在生产劳动基础上建立的人与人各种关系的有机整体。个人与社会有着密不可分的相互依赖的关系。

一方面，社会是人的社会，社会离不开个人。正由于社会是由人构成的，在社会结构和社会运动中人是主体。所以马克思主义反对片面强调社会而抹杀个人的奴隶主阶级的、地主阶级的人性观点。马克思说："专制制度的唯一原则就是轻视人类，使人不成其为人，而这个原则比其他很多原则好的地方，就在于它不单是一个原则，而且还是事实。专制君主总把人看得很下贱。……君主政体的原则总的说来就是轻视人，蔑视人，使人不成其为人。"[①]欧洲中世纪神学的原罪性恶论是抹杀个人的，中国的封建主义的人性理论也是抹杀个人的。在封建社会中，广大群众个人的地位是微不足道的，个人的地位被淹没在封建秩序之中。封建主义不讲人的尊严、人的幸福，不允许群众有个人要求，要求个人完全服从社会。那么谁代表社会呢？只能是专制君主。所谓个人服从社会实质上就是臣民绝对地服从君主的专制统治。这种抹杀个人的封建主义人性理论极大地扼杀了个人的积极性和创造性，严重地阻碍了社会的发展和进步。

另一方面，人总是社会的人，个人不能离开社会。凡是看到个人的地方，都包含着人与人的关系、个人与社会的关系。所以，马克思主义反对离开社会而片面强调个人的观点。固然，强调个人比抹杀个人是一个很大的进步，但如果离开社会强调个人也是不科学的。尽管社会由个人组成，但是社会作为人与人关系的有机统一整体，就具有了自己的特点和规律，并不是简单地由个人决定的。并且在既定社会中，社会对个人一般总是起决定作用。从文艺复兴时期的人文主义开始，资产阶级的人性理论大都否定了宗教神学对个人的抹杀，但却走上了片面强调个人的错误道路，片面强调个性解放、个人自由。现代西方资产阶级思想家的这种倾向更加严重。尼采离开社会强调人的冒险、创造与自我超越。萨特片面强调人的自我创造和自由选择。弗洛姆则提出，判断一个社会是否健全的标准是看其是否有利于人的健康发展。这针对资本主义社会人的异化现象，是可取的。但仅仅把人的发展作为判断社会的标准是不够的。判断社会是否健全，应该首先看它能否促进生产力的发展，同时又要看其是否促进人的健康成长。

---

① 《马克思恩格斯全集》第 1 卷，第 411 页。

马克思主义认为个人与社会密不可分地联系在一起，并且社会一般总是起决定作用，所以人的发展与社会进步是统一的。没有个人的发展不可能有社会的进步，反过来，没有社会的进步也不可能有个人的真正发展。马克思主义不是根据抽象的人性构想所谓适合人性发展的理想社会，而是揭示随着社会的发展和进步实现人的全面自由的发展。

人的全面自由的发展是随着社会的进步逐步实现的历史过程。在原始社会没有私有制，没有剥削和压迫，没有体力劳动与脑力劳动的分离，人们似乎是全面自由发展的。但这时生产力水平极其低下，饥寒交迫，人们既无力支配自然，也不是自己社会关系的自觉主人，这种类似于动物的自由实际是极不自由的。可见离开社会生产力的提高，人的全面自由发展只是一句空话。生产力的发展使奴隶社会代替了原始社会，社会物质财富有所增多，人类摆脱了蒙昧野蛮状态，进入了文明时代，但人与人之间的阶级关系使大部分人处于奴隶地位，只不过是一种“会说话的工具”。对奴隶而言，根本谈不到什么人的全面自由的发展所以也不能离开社会经济制度和政治制度来谈人的全面自由发展，生产力的进一步发展使封建社会代替了奴隶社会，农民相对于以往的奴隶享有一定的自由，但他们仍然受着残酷的剥削和压迫，他们的自由是少得可怜的。生产力的继续发展使资本主义社会代替了封建社会。资本主义带来生产力的迅速发展，人从自然力中争得了更多的自由，同时也把农民从对地主的部分人身依附关系中解放出来。工人可以自由地出卖自己的劳动力。而且，资产阶级民主制取代了封建的专制统治，消灭了封建等级制度，实现了在法律面前的人人平等。资本主义社会是在私有制范围内的最大历史进步，也使人在私有制范围内的自由发展达到最高程度。

然而。在资本主义社会，社会化大生产与生产资料私人占有制之间的矛盾不断发展导致不断爆发经济危机。工人仍处在受剥削的地位，人的异化现象更加严重，造成人的畸形发展，使人沦为机器人。资本主义的平等是形式的、虚假的，资产阶级的民主制是资产阶级维护其政治统治的工具，人民群众仍然处于无权地位。只有用社会主义、共产主义代替资本主义，才能使社会不断进步，实现人的全面自由的发展。

只有在通过社会主义社会而实现的共产主义中，才彻底消灭了生产资料私有制，消灭了阶级剥削和阶级压迫，才能实现社会生产力水平的极大提高和产品的极大丰富，才能使人们的思想觉悟极大提高。只有共产主义社会才实现了人类从必然王国向自由王国的飞跃，实现了人的全面自由的发展。马克思、恩格斯在《共产党宣言》中说：“代替那存在着阶级和阶级对立的资产阶级旧社会的，将是这样一个联合体，在那里，每个人的自由发展是一切人的自由发展的条件。”[1]

①《马克思恩格斯选集》第1卷，第273页。